REIHE APOSTROPH
HÄNSSLER-VERLAG
NEUHAUSEN-STUTTGART

ASTRID VON BORCKE

Unsichtbare Weltmacht KGB

Die Autorin, Dr. Astrid von Borcke, studierte an der Harvard University (Radcliff College) und promovierte in Genf in der Fachrichtung politische Wissenschaften. Seit 1972 arbeitet Frau Dr. von Borcke im Bundesinstitut für ostwissenschaftliche und internationale Studien in Köln.

Das vorliegende Buch ist eine persönliche Forschungsarbeit der Autorin und repräsentiert deshalb nicht die Meinung des Bundesinstitutes.

CIP-Titelaufnahme der Deutschen Bibliothek

Borcke, Astrid von:
Unsichtbare Weltmacht KGB / Astrid von Borcke. – Neuaufl. –
Neuhausen-Stuttgart : Hänssler, 1989
(Reihe Apostroph; Bd. 17)
ISBN 3–7751–1462–9
NE : GT

Apostroph-Reihe Band 17
Neuauflage 1989
Bestell-Nr. 78.017
© Copyright 1987 by Hänssler-Verlag, Neuhausen-Stuttgart
Umschlaggestaltung: Daniel Dolmetsch
Satz: Typo Schröder, Dernbach
Printed in Austria

Inhalt

Vorwort

Dieses Buch behandelt eine der größten und einflußreichsten, gleichzeitig jedoch auch dem Normalbürger unbekanntesten Institutionen unserer Zeit: den sowjetischen Geheimdienst KGB. Die Arbeit des KGB und seiner Vorläufer- und Tochterorganisationen trägt nicht nur entscheidend dazu bei, das mächtigste kommunistische Regime unserer Zeit an der Macht zu halten; sie hat auch den Verlauf der neueren Weltgeschichte an zahlreichen Punkten beeinflussen können. Diese Arbeit umfaßt dabei keineswegs nur klassische Militär- und Wirtschaftsspionage, sondern auch gezielte Unterstützung und Lenkung terroristischer Gruppen und sogenannter »Befreiungsbewegungen«, die Verbreitung irreführender Informationen über die Sowjetunion und die Förderung solcher Strömungen im Westen, die für eine Politik der Nachgiebigkeit gegenüber der Sowjetunion eintreten. Manche scheinbar völlig spontanen Entwicklungen unserer Tage, beispielsweise die Friedensbewegung, lassen sich erst dann richtig verstehen, wenn man hinter die Kulissen schaut und sich über die Rolle des KGB im klaren wird.

Das KGB ist das mit Abstand größte Staatssicherheits-, Spionage- und Sabotageunternehmen der Welt. Es ist buchstäblich eine »unsichtbare Weltmacht«. Um so bedenklicher ist es, daß der durchschnittliche Bürger im Westen so gut wie nichts über das KGB weiß – sehr zu seinem Schaden, zielt die Strategie dieser »Weltmacht« doch nicht zuletzt darauf, eines Tages auch ihn dem kommunistischen Machtbereich einzuverleiben. Diesem Mangel will dieses Buch abzuhelfen versuchen. Die beiden ersten Teile führen dabei in Entstehung, Geschichte und Arbeitsweise des KGB ein; während der dritte Teil speziell die Rolle des KGB in der sowjetischen Religions- und Kirchenpolitik behandelt.

Die zahlreichen Abkürzungen und die im Text erwähnten Geheimdienste sind im Anhang aufgeschlüsselt. Dort findet der Leser auch eine Chronologie der wichtigsten Daten zur Geschichte der sowjetischen Geheimdienste sowie ein umfangreiches Literaturverzeichnis und Register.

Zur Schreibung der russischen Wörter und Namen: Im Text ist eine »populäre«, phonetische Transkription benutzt worden, damit auch der des Russischen nicht mächtige Leser die Namen

und Wörter ungefähr richtig aussprechen kann. Im Literaturverzeichnis ist dagegen die wissenschaftliche Transkription benutzt
worden. Im Interesse der Auffindbarkeit wird aber gegebenenfalls ein Name so angeführt, wie ihn der jeweilige Verlag transkri-
biert hat. Die wissenschaftliche Transkription wird dann in Klammern beigefügt.

Eine volle wissenschaftliche Transkription der polnischen
Namen war drucktechnisch nicht möglich.

Vorwort zur Neuauflage

Seit dem ersten Erscheinen dieses Buches unter dem Titel:»KGB,
Die Macht im Untergrund« hat sich die innenpolitische Lage in
der Sowjwtunion dramatisch verändert. Für den Normalbürger im
Westen sind dabei nur spektakuläre Erscheinungen sichtbar, wie
etwa die bürgerkriegsähnlichen Unruhen im Kaukasus oder die
nationalen Unabhängigkeitsbestrebungen im Baltikum.

Neben diesen, ins Auge springenden offensichtlichen Krisen
gibt es jedoch weniger sichtbare, aber im Grunde noch viel ent-
scheidendere Auseinandersetzungen und Prozesse in den Apparaten der Weltmacht Sowjetunion.

»Unsichtbare Weltmacht KGB« beschreibt diese Entwicklung
bis in unsere Gegenwart hinein. Dabei kommen zahlreiche,
sowjetische Stimmen zum Thema »Perestrojka« und »Glasnost«
zu Wort. Gegenüber der Erstauflage hat sich außer dem Titel in
der vorliegenden Neuauflage einiges geändert. So wurde das Buch
durchgehend aktualisiert und vom Umfang nahezu verdoppelt.
Völlig neu sind dabei die Teile über »Gorbatschows Perestrojka«
und über dessen neue Religionspolitk.

Die Zitierweise der ersten Auflage wurde beibehalten, das
heißt die Quellenangabe erfolgt immer direkt hinter dem Zitat in
Klammern.

Astrid von Borcke

I. Teil:
Phänomen KGB

Das KGB *(Komitet gosudarstwennoj besopasnosti,* also das »Komitee für Staatssicherheit«) ist ein Schlüsselinstrument zur Absicherung der sowjetkommunistischen Form von Einparteivorherrschaft. »Ohne eine solche Institution«, so berufen sich die »Tschekisten«* auf Lenin, »kann die Macht der Werktätigen nicht bestehen ...« *(Pr,* 20.12.1977). In der Tat: Jede Diktatur bedarf auch einer politischen Polizei.

In der westlichen Politikwissenschaft und Zeitgeschichte sind Geheimdienste lange Zeit praktisch terra incognita, ein unerforschtes Gebiet geblieben. Die geringe Beschäftigung speziell der deutschen Öffentlichkeit mit derartigen Fragen, darauf verwiesen seinerzeit Zolling und Höhne (1971, S. 9), ist historisch zu erklären:

> »Jahrzehntelang war der deutsche Geheimdienst eine Domäne des Militärs, das die Presse immer davon abschreckte, allzu sehr in das Geschäft der Spionage hineinzuleuchten ...
> Als sich die SS des Geheimdienstes bemächtigte, erstarrte vollends jedes öffentliche Interesse an nachrichtendienstlichen Angelegenheiten ... Die Spionage wurde zu einer Todeszone, in die sich kein Deutscher begeben mochte. Die Schreckensherrschaft der Gestapo wirkte noch Jahre später so sehr nach, daß Politik und Wissenschaft die Geheimdienste möglichst aus ihren Überlegungen aussparten.«

Es waren die »Totalitarismus«-Forscher, die – unter dem Eindruck des Hitler- und Stalin-Regimes – auf den polizeilich-staatlichen Terror als geradezu konstitutiv für die großen revolutionär-»postdemokratischen« Diktaturen des 20. Jahrhunderts verwiesen haben (über den Totalitarismus-Begriff vgl. von Borcke/Simon, 1980, S. 72 ff.). Doch seit etwa Ende der sechziger Jahre wurde im Zuge einer Art neomarxistischer Renaissance die Totalitarismus-Konzeption mit ihrer Betonung bestimmter *politischer* Techniken moderner revolutionär-diktatorischer Macht zuneh-

---

* Von *Tscheka,* dem Namen der sowjetrussischen politischen Polizei der Jahre 1917–22; vgl. das Verzeichnis »Zitierte Geheimdienste und Institutionen« am Ende des Buches. Es handelt sich um eine Wortschöpfung Lenins (vgl. *IHT,* 21./22.3.1987).

mend verpönt. Seitdem neigte auch die Sowjetunion-Forschung, ja in gewissem Sinne das westliche politische Bewußtsein schlechthin dazu, die Rolle der politischen Polizei und Geheimdienste – und neben dem KGB sollte man die GRU, die »Staatliche Verwaltung für (Feind-)Aufklärung« des sowjetischen Generalstabs (vgl. Suvorov, 1984, 1985 und 1987), nicht ganz vergessen – fast schon demonstrativ zu übersehen.* Im Osten gilt die Arbeit der Geheimdienste als Sache einer professionellen Elite, ein Spezialfach, das sogar auf Universitätsniveau (vgl. Ulč, 1983, S. 155) gelehrt wird. Im Westen dagegen waren tiefere Kenntnisse über dieses Gebiet lange Zeit so etwas wie die Domäne von Romanschriftstellern; zu den besten Vertretern dieses Genres rechnen u.a. John Le Carré und Frederick Forsyth.

In den siebziger Jahren fand die große Kampagne gegen die CIA statt, die so manche Enthüllungen mit sich brachte. Sonderbarerweise fand das KGB hierbei so gut wie gar keine Erwähnung!

Doch gerade seit den 70er Jahren hat sich das KGB der Aufmerksamkeit buchstäblich aufgedrängt. Im November 1982 geschah das bis dahin »Undenkbare«: Mit Jurij Andropow wurde zum ersten Mal in der Geschichte der Sowjetunion ein KGB-Chef sogar Generalsekretär der Partei. Das war der Höhepunkt eines unauffälligen, aber zielstrebigen Comeback der »Organe« (für Staatssicherheit) in der sowjetischen Innenpolitik im Verlauf der Ära Breschnew (1964–82).

Andropows erste bedeutende personalpolitische Entscheidung, nachdem er am 12. November 1982 neuer Generalsekretär geworden war, bestand in der Ernennung von G. A. Alijew zum Ersten Stellvertretenden Ministerpräsidenten zehn Tage später. Alijew war seit 1969 Parteichef von Aserbaidschan gewesen; laufbahn-

---

* In der 1979 erschienenen, von J. Hough radikal überarbeiteten Neuauflage von M. Fainsods klassischem Werk *How Russia Is Ruled* (2. Auflage 1963) sind die ursprünglichen Ausführungen Fainsods über den staatlichen Terror und die Sicherheitsorgane (Kapitel 13, S. 421–462) weitgehend ausgelassen worden. In dem Standard-Nachschlagewerk *Sowjetsystem und demokratische Gesellschaft* (Hrsg. C. D. Kernig, 1966–1972) findet sich zu den Stichwörtern »Tscheka«, »KGB«, »Geheimdienst«, »Polizei« usw. nichts, nur »Subversion« wird angeführt – unter Verweis auf »Aggression«. In der renommierten Zeitschrift *Osteuropa* wird der Leser, soweit der Verfasserin bekannt, vergeblich eine Analyse des sowjetischen Geheimdienstes suchen, während alle anderen sowjetischen Institutionen immer wieder behandelt wurden.

mäßig aber war er ein professioneller »Gebist«*, der als »einfacher Mitarbeiter« der Staatssicherheit begonnen hatte, 1964 stellvertretender Vorsitzender des KGB beim Ministerrat der aserbaidschanischen SSR wurde und drei Jahre später zum KGB-Chef dieser Unionsrepublik avancierte (als Nachfolger von K. S. Zwigun, der 1967 Erster Stellvertretender KGB-Chef der Sowjetunion geworden war). Bezeichnenderweise war Alijew zunächst als ein möglicher Nachfolger Andropows im Amt des Allunions-KGB-Vorsitzenden im Gespräch gewesen.**

---

* Der Ausdruck »Gebist« kommt von der Abkürzung »GB« (für *Gosudarstwennaja besopasnostj* – »Staatssicherheit«).

** G. A. Alijew wurde vom ZK-Plenum am 21.10.1987 pensioniert: aus Gesundheitsgründen, wie es in diesem Fall scheinbar glaubwürdig hieß. Er soll im Frühjahr 1987 einen schweren Herzinfarkt erlitten haben (AFP, 30.5.1987). Das letzte Mal war er im März 1987 in der Öffentlichkeit erschienen und tauchte erst am 8.9.1987 wieder auf.
Er war kein Gorbatschow-Mann, ja wahrscheinlich nicht einmal recht eigentlich ein Andropow-Mann, sondern stand über seinen früheren Chef K. S. Zwigun der Breschnew-Fraktion mindestens ebenso nahe. Er war ein Verfechter der alten Apparate-Privilegien. Vor Journalisten verteidigte er im Februar 1986 ungeniert die Sonderprivilegien leitender Funktionäre und die Existenz staatlicher Devisenläden (*rtr*, 22.10.1987). Er betonte die »Disziplin«. Unter diesem Gesichtspunkt der Disziplinierung stellte er 1983 das so konservativ ausgefallene Gesetz über die Arbeitskollektive vor, das Gorbatschow dann auf dem XXVII. Parteitag 1986 kritisierte.
Mochte Alijew kein ausgeprägter Konservativer sein, so vermutete man doch sogleich, daß sein Ausscheiden aus der Führung Gorbatschow mit seiner zusehends auf Liberalisierung abzielenden Perestrojka sehr gelegen kam.
Inzwischen wurde deutlich, daß Alijew in Wirklichkeit nicht unbescholten geblieben ist. Am 14.8.1988 brachte die aserbaidschanische Tageszeitung *Bakinskij rabotschij* einen scharfen Angriff gegen den ehemaligen KGB- und Parteichef der Republik. Alijew habe Breschnew sklavisch nach dem Munde geredet. Unter ihm sei die Korruption in Aserbaidschan weit verbreitet gewesen. Ein gewisser Mamedow habe gegen unwahre Erfolgsmeldungen in der Wirtschaft protestiert und sei dafür selbst gerichtlich verfolgt worden (*RFED/ RLD*, 25.8.1988).
Aus Samisdat-Quellen erfuhr man Näheres. Der Staatsanwalt der Republik, Gambaj Mamedow, hatte sich im Dezember 1978 auf der Sitzung des Obersten Sowjet unerwartet zu Wort gemeldet:

> »Ich möchte die Abgeordneten darüber informieren, daß ich seit 1971 in meiner Eigenschaft als Staatsanwalt die leitenden Organe, d.h. das ZK der KP Aserbaidschans, das Präsidium des Obersten Sowjet und den Ministerrat der Republik und Genosse Alijew persönlich systematisch schriftlich über den großen Umfang antistaatlicher Praktiken in der Republik, sowohl im Bereich der Landwirtschaft als auch der Industrie, infor-

Auf dem Dezember-Plenum 1983 wurde auch der neue KGB-Chef, W.M. Tschebrikow – damals ein Jahr in diesem Amt –, zum Kandidaten des Politbüros befördert und im April 1985, zu Beginn der »Ära« Gorbatschow, zum Vollmitglied (wofür Andropow von 1967 bis 1973 gebraucht hatte). Der damalige Verteidigungsminister, Marschall S. Sokolow, der Chef des anderen großen Sicherheitsapparats, blieb nur Kandidat. Der heutige Außenminister und frühere Parteichef von Georgien (1972–85), E. Schewardnadse, war zuvor (1965–72) MWD-Chef (also Innenminister) der Kaukasus-Republik und damit Chef der »Ordnungspolizei«.

Mit dieser Entwicklung waren »Tschekisten« in einem bislang nicht gekannten Maße in der obersten Partei- und Regierungsführung vertreten; denn unter Stalin wurde nur F. E. Dzierziński, der Gründer der Tscheka, Politbürokandidat (1924–26) – und Trotzkij meinte, unter Lenin wäre das undenkbar gewesen – sowie nach der weitgehenden Zerschlagung der Partei als Institution in der Großen Säuberung von 1937–38 L. P. Berija (ab 1939 Kandidat, ab 1946 Vollmitglied des Politbüros).

Mittlerweile hat der XXVII. Parteitag vom 25. Februar bis 6. März 1986 verdeutlicht, daß der neue Parteichef M. S. Gorbat-

miert habe. Aber alle unsere Informationen blieben ohne die entsprechende Reaktion.«

Nach diesem Auftritt vor dem »Parlament« der Republik hatte dann Mamedow wie in einem Mafia-Film Baku fluchtartig verlassen müssen. Er ging nach Leningrad und suchte Schutz beim damaligen Parteichef der nordischen Metropole, G. Romanow, der angeblich mit Alijew verfeindet war (*RFED/RLD*, 25.8.1988). Doch Alijew erreichte es dennoch, daß Mamedow wegen Korruption abgeurteilt und schließlich sogar hingerichtet wurde.

Der berühmte Gerichtsreporter A. Waksberg berichtete im September 1988 in der *Literaturnaja gaseta* ausführlicher über diesen Skandal. Vertreter der Justiz, die die weitverbreitete Korruption in Aserbaidschan bekämpften, habe Alijew kaltgestellt, darunter G. Mamedow. Andererseits habe er als Parteichef von Aserbaidshan sogar Kriminelle vor der Strafverfolgung geschützt.

Die wirkliche »Schuld« Mamedows, der fast zwei Jahrzehnte lang mit Alijew im KGB der Republik zusammengearbeitet hatte, war offenbar, daß er auf die Berichte einer KGB-Kommission gestoßen war, aus denen hervorging, daß Alijew seine Personalakten aus der Kriegs- und Nachkriegszeit gefälscht hatte. Alijew hatte seine Freistellung vom Wehrdienst durch Vorlage eines Attests erwirkt, das ihm Tuberkulose bescheinigte. Damals hatte er dann begonnen, als Bote im Archiv des KGB zu arbeiten. Nach Kriegsende aber legte er Papiere vor, die ihm bescheinigten, den Militärdienst geleistet zu haben (*rtr*, 21.9.1988)!

schow seine Politik einer radikalen Erneuerung der Kader nicht zuletzt auch auf ein Bündnis mit dem KGB gründet.

Auch bei der Aufrechterhaltung der sowjetkommunistischen Form von Parteivorherrschaft in Osteuropa hat die Staatssicherheit eine im Westen bislang allzu wenig beachtete Schlüsselrolle gespielt (vgl. die Aufsätze bei Adelman, 1984). Die nach Moskauer Vorbild geschaffenen Sicherheitsdienste Osteuropas werden (mit der bedingten Ausnahme von N. Ceauçescus Rumänien) auch weiterhin vom Moskauer Zentrum überwacht und angeleitet.

Das haben erneut die Entwicklungen in Polen verdeutlicht, wo sich seit dem Sommer 1980 ein kommunistisches Einparteiregime zum ersten Mal einer echten und wohlorganisierten Arbeiteropposition gegenüber sah. Diese Geschehnisse zeigten wieder einmal, daß das KGB zusammen mit seinen östlichen »Bruder«diensten weiterhin als ein wesentlicher Garant der sowjetischen Hegemonie in Osteuropa fungiert. Haben sich doch die vom KGB bis heute weitgehend koordinierten Sicherheitsapparate der ehemaligen »Satelliten«-Staaten als diejenigen Institutionen erwiesen, die für die Viren des Nationalismus und Liberalismus am wenigsten anfällig gewesen sind und damit im Osten eine Art supranationaler Fraternität bilden.

Ferner hat das KGB in der seit den siebziger Jahren so aktivierten sowjetischen Dritte-Welt-Politik eine wichtige, wenn auch allenfalls erst teilweise ergründete Rolle gespielt. Das gilt sowohl im Hinblick auf die Destabilisierung von Regimen, die den sowjetischen Interessen im Wege standen, als auch bei der Organisation neuer Sicherheitsapparate verbündeter oder befreundeter Regime.

Schließlich führt die Sowjetunion geheimdienstliche, über »klassische« Spionage weit hinausgehende »aktive« Methoden auch gegen die westlichen liberalen Demokratien ins Feld – Methoden, die von der latenten Einflußnahme bis zur heimlichen Kriegführung reichen können. Zu letzteren gehört ein unter Breschnew gegen Ende der sechziger Jahre eingegangenes heimliches Bündnis mit terroristischen Bewegungen.

Ein »Stiefkind« der »Ostforschung«. Methodische Probleme und Einwände

Robert Slusser nannte seinerzeit die sowjetischen Geheimdienste das »vernachlässigte Stiefkind« der Osteuropaforschung (*Slavic*

Review, Dezember 1973, S. 825).* In der Tat ist jede politikwissenschaftlich-zeitgeschichtliche Analyse der Rolle der Geheimdienste mit besonderen Problemen befrachtet. Sie sind eben Institutionen, die im »Dunkeln« arbeiten: »Der ganze Sinn des Geheimdienstes ist, daß er geheim bleibt« (»The whole point of the Secret Service is that it should be secret«), bemerkte C. Mackoenzie, der Autor des Buches *Water on the Brain* (zitiert von Philby, 1968, S. 41). Geheimdienste arbeiten nach dem Prinzip des »plausible denial« (plausiblen Ableugnens), wie es so schön im Englischen heißt. Ihre Statuten, Struktur, Personalpolitik, Ressourcen und Methoden sind Staatsgeheimnis, auf dessen Bruch gerade im Sowjetregime die strengsten Strafen zu stehen pflegten, und das womöglich bei Sippenhaft (vgl. Orlow, 1953, S. 276). So berichtete der ehemalige sowjetische Diplomat A. Kasnatschejew, der Mitte der fünfziger Jahre vom Geheimdienstchef in Rangun angeworben wurde, daß er folgende Erklärung zu unterzeichnen hatte:

> »Ich, Kasnatschejew, Alexander Jurjewitsch, schwöre, alle Befehle und Anordnungen meines Vorgesetzten im Dienst des Sowjetregimes und unserer kommunistischen Sache pflichtbewußt auszufuhren ... Wenn ich absichtlich oder unabsichtlich eines der mir anvertrauten Geheimnisse preisgebe, weiß ich, daß mir jede Strafe einschließlich der Todesstrafe droht.« (Kasnatschejew, o.J., S. 182; Vgl. die ähnlichen Aussagen u.a. bei Kopaści, 1979, S. 340; Romanov, 1972, S. 48; Solženicym, 1973, Bd. I, S. 152; Suvorov, 1984, S. 162.)

Auch an diesem Schwur hat sich offenbar grundsätzlich nichts geändert. Im Westen scheint die Ansicht zu kursieren, dieses Verfahren gebe es nicht länger. Mögen die östlichen Dienste im Westen bei der Rekrutierung »informeller Mitarbeiter« hierauf verzichten, um diesen Gewissenskonflikte zu ersparen, so ist das schwerlich der Fall bei der Einstellung von Führungsoffizieren. W.Stiller, ehemaliger hoher Funktionär des MfS der DDR, berichtete z.B., wie er »zur Kenntnis« nehmen mußte, »daß mich die volle Härte der Gesetze des Arbeiter- und Bauernstaates tref-

---

* Das hat sich kaum geändert. Von 299 Artikeln, die in den Jahren 1976–85 über geheimdienstliche Fragen verfaßt wurden, behandelten nur 33 das KGB und seine verbündeten Dienste (Mark W. Lowenthal, in: International Security, 2, 1988, S.370).

fen würde, falls ich meine Verpflichtungen bräche« (Stiller, 1986, S. 71).

Informationen über Geheimdienste pflegen meist nur dann an die Öffentlichkeit zu gelangen, wenn etwas »schiefgegangen« (eine Aktion gescheitert, ein Mitarbeiter abgesprungen) ist, und auch derartiges Material ist zumeist nur die Spitze eines Eisbergs. In offenen sowjetischen Quellen werden die Geheimdienste nur sehr selektiv behandelt, aber immerhin, sie werden behandelt (vgl. Wolin und Slusser, 1957, S. 104). Das widerlegt in gewissem Maße die These von T. Colton (1979, S. 226), der behauptet, die Rolle der Staatssicherheit sei aufgrund offener Quellen praktisch nicht zu ergründen. Richtig aber ist zweifellos K. W. Frickes Bemerkung in seiner glänzenden Studie über die DDR-Staatssicherheit (Stasi), der bis vor kurzem einzigen politikwissenschaftlichen Analyse eines derartigen östlichen Apparats (1982, S. 47):

> »Aus den veröffentlichten gesetzlichen Bestimmungen läßt sich die Frage, wo das Ministerium für Staatssicherheit in der Staats- und Rechtsverfassung der DDR zu verorten ist, nicht beantworten.«

Das gilt erst recht vom KGB, das seine Arbeitsweise und innere Struktur eher noch besser zu verheimlichen verstanden hat (vgl. Barron, 1978, S. 16).

Dennoch gibt es selbst über Geheimdienste mehr Informationen als allgemein angenommen (vgl. Z. Steiner, *TLS,* 12.10.1984, S. 1163). Geheimnisse, erreichen sie einmal eine »kritische Masse« (darauf verweist T. Powers, Autor der wohl besten CIA-Studie: 1979, S. 288), drängen ans Licht der Öffentlichkeit. Ein Riesenapparat wie das KGB, das noch dazu ein »internationaler Multi« ist – und als solcher soll er nach westlichen Schätzungen zwischen einer halben (so der Rockefeller Commission Report 1975; vgl. Rees, 1979, S. 15) und eindreiviertel Millionen Personen (Dobson und Payne, 1984, S. 212) beschäftigen! –, ein solcher Mammut-Apparat *kann* nicht in völligem Dunkel operieren; ja, er will das auch gar nicht immer. Seine heute »globalen« Missionen müssen unweigerlich gewisse Spuren hinterlassen. Hinzu kommt, daß Einschüchterung eine seiner Aufgaben ist.

Eine große Menge von Überläufern aus den östlichen Diensten hat über ihre persönlichen Erfahrungen berichtet. 1945–1972 setzten sich nach R.Deacons Berechnung (1972, S. 46) über 800 in den Westen ab. Bis zum Mauerbau vom 13.8.1961 waren ca. 300 Stasi-Funktionäre abgefallen, später folgten noch einmal ca. 50 (Schlomann, 1984, S. 48). 1971–1986 liefen etwas 150 Mitglieder der sowjetischen Nomenklatura über, ca. die Hälfte davon Stabsoffiziere der sowjetischen Geheimdienste (H. J. Horchem, W. 24.12.1986). Das sind erheblich mehr Primärquellen, als wir über jeden anderen sowjetischen Machtapparat besitzen – etwa die Führungsgremien der Partei (Politbüro, ZK-Sekretariat, ZK), der Wirtschaft (Ministerrat, Gosplan), des Militärs (Verteidigungsministerium, Generalstab). Obgleich diese Materialien also von unbestreitbarer politischer Bedeutung – und Brisanz! – sind, hat sie die westliche Sowjetunionforschung seit den siebziger Jahren praktisch gar nicht mehr (!) beachtet.

Ende Juni 1985 setzte sich der Resident des KGB in London, O. *Gordiewskij,* ab, der bereits seit Jahren mit den Briten kollaboriert hatte. Am 28. Juli 1985 tat *W.S. Jurtschenko**, der stellvertretende Leiter der sowjetischen Spionage in den USA und Kanada, das gleiche – einer der ranghöchsten Überläufer seit langem. Weitere prominente Überläufer der letzten Jahre sind *S. Lewtschenko,* Major des KGB, der zuletzt in Tokio tätig war und dort vor allem im Interesse des sowjetischen Einflusses auf die japanische Politik zu wirken hatte; *I. Dschirkwelow,* der sich 1979 von seinem Posten an der UNO absetzte (vgl. Dzhirkvelov, 1987); *A. Mjagkow,* der erste Überläufer aus der Hauptverwaltung Streitkräfte; 1971 fiel der stellvertretende Chef der Spionage in England, *O. Ljalin,* ab, u.a. ein Sabotage-Experte.

---

* Jurtschenko war erst seit April 1985 auf seinem amerikanischen Posten gewesen; zuvor (1980–85) war er Chef des Sektors im KGB, der Informations-»Lecks« nachzugehen und eventuelle Doppelagenten im sowjetischen Geheimdienst aufzuspüren hat, und davor (1972–80) stellvertretender Leiter der Dritten Abteilung der Ersten Hauptverwaltung, die für das Commonwealth und Skandinavien zuständig ist. Nachdem er der CIA eine ganze Reihe wichtiger Informationen übermittelt hatte (die u.a. zur Aufdeckung der Spione R. W. Pelton und E. L. Howard führten), setzte er sich unter mysteriösen Umständen bereits im November 1985 wieder ab – sei es, daß er wirklich an Depressionen litt, sei es, daß er ein komplexes Doppelspiel für Moskau betrieben hatte. Vermutet wurde, daß er in Wirklichkeit (zum Preise der in solchen Fällen unumgänglichen echten Informationen) den Schaden abschätzen helfen sollte, den O. Gordiewskijs Abfall nach sich gezogen hatte. Sollte Jurtschenko tatsächlich zuvor im Bereich Commonwealth und Skandinavien gearbeitet haben, schien er als ehemaliger Chef Gordiewskijs besonders qualifiziert dazu, zumal Großbritannien wichtige geheimdienstliche Informationen auch den interessierten höchsten Stellen in

In der Ära Carter – als die CIA weitgehend ruiniert wurde – gab es bezeichnenderweise keine hochrangigen Überläufer. Aus früheren Jahren sind zu nennen: *A. Golizyn,* ein Desinformationsexperte und Fachmann für westliche Geheimdienste, der Anfang der sechziger Jahre aus der sowjetischen Botschaft in Helsinki absprang, sowie GRU-Oberst *Penkowskij,* der zunächst der CIA und dann (von dieser abgelehnt) den Briten seine Dienste antrug, weil er zu dem Schluß gelangt war, Chruschtschow arbeite auf den Atomkrieg hin. Dank seiner besonderen Beziehungen zur sowjetischen Militärführung lieferte er seit dem April 1961 vitale Informationen über die sowjetischen Hintergründe der Kuba-Krise. Er wurde im Herbst 1962 verhaftet und im März 1963 hingerichtet –

den USA zukommen läßt. (Die These ist aber chronologisch nicht überzeugend, da Gordiewskij sich offenbar erst *nach* Jurtschenkos Flucht absetzte.) Gordiewskij hielt Jurtschenko allerdings für den, als der er sich ausgab (und die CIA scheint ihn denkbar schlecht geschützt zu haben). Auch war die Publizität, mit der seine Rückkehr in die Sowjetunion begleitet wurde (u.a. zwei »Pressekonferenzen«), nicht gerade typisch für einen wirklich vorhergeplanten Auftrag. Der Fall zeigt in besonders starkem Maße, wie schwer es sein kann, sich immer ein richtiges Urteil zu bilden.

Im September 1988 (*dpa,* 14.9.1988) veröffentlichte *Moscow News* ein neues »Lebenszeichen« von ihm, in dem der Ex-Spion beteuerte, jeder sowjetische Bürger, der im Ausland in eine schwierige Lage gerate, müsse wissen, daß er von der Heimat nicht im Stich gelassen werde. Die Gerüchte über seine Erschießung seien eine Lügenkampagne, um sowjetische Bürger einzuschüchtern.

Faktisch bleibt Hochverrat jedoch weiterhin eines der Delikte, das auch künftig, nach der umfassenden Justizreform, mit der Todesstrafe geahndet werden soll, so daß westliche Spekulationen über Jurtschenkos Schicksal bzw. seine wahre Identität durchaus gerechtfertigt sind. Richtig an dieser Nachricht war allerdings, daß Moskau seine Politik gegenüber den sowjetischen Emigranten inzwischen radikal ändern möchte und diese nun nicht mehr verfolgt, sondern umwirbt.

Die Nutzung derartiger »Interviews« im Interesse der »Public relations« der Staatssicherheit ist nicht neu. Stiller berichtete z.B., wie die DDR-Staatssicherheit die (unfreiwillige) Rückkehr das langjährigen Atomspions »Helmut Gärtner« (Harald Gottfried) in die DDR derart »ausschlachtete«. Anläßlich des 20. Gründungstags der DDR ließ das MfS eine Fernsehsendung organisieren, in dem dieser Mann als großer Friedensheld und Kämpfer an der unsichtbaren Front auftrat, sich über vermeintliche »Atomwaffenpläne« der Bonner Regierung ausließ (obwohl man genauestens informiert war, daß es solche gar nicht gab), über angeblich grausame Vernehmungspraktiken nach seiner Festnahme, und »unmenschliche« Zustände in der Haftanstalt anprangerte (in Wirklichkeit war er korrekt, sogar freundlich behandelt worden). In der Akte zu seinem Fall stand genau »das Gegenteil« von all diesen Aussagen. Es war »eine einzige vom MfS fabrizierte Lüge« (Stiller, 1986, 91).

das Vorspiel zu einem organisatorischen und personalpolitischen Revirement in der GRU. Mitarbeiter der CIA stellten seine »Memoiren« aufgrund der zahlreichen Dokumente und seiner wiederholten »debriefings« (Befragungen) in Westeuropa zusammen.

Auch aus Osteuropa sind eine ganze Reihe prominenter Überläufer zu nennen, deren Memoiren (soweit vorhanden) und Aussagen bei der vorliegenden Arbeit ebenfalls genutzt werden konnten (vgl. Bibliographie): *F. August*; der Desinformationsexperte *L. Bittman; J. Frolik; J. Sejna*, bis 1968 Sekretär des Verteidigungsrats der Tschechoslowakei; »*Mr. X*« und *P. Monat* vom polnischen militärischen Geheimdienst Z-2; *S. Swerdlew*, stellvertender KDS-Chef Bulgariens, der sich 1979 in den Westen absetzte. Oberstleutnant *J. Swiatlo*, stellvertretender Leiter der Abteilung 10 (Parteisicherheit) des polnischen Ministeriums für Staatssicherheit, der im Dezember 1953 absprang, arbeitete eine ganze Serie von 80 Radiovorträgen für das Free Europe Committee aus, die über den Sender Radio Free Europe nach Polen ausgestrahlt wurden und erhebliche personalpolitische und organisatorische Konsequenzen im dortigen Sicherheitsapparat hatten (vgl. *Swiatlo*, 1954, 1955, 1986). Nicht zu vergessen auch die 1986 erschienenen Memoiren des MfS-Offiziers *W.Stiller* und die des Rumänen *Ion Pacepa* (1988).

Dann gibt es die Memoiren einer ganzen Reihe von Männern der Staatssicherheit aus der Stalinzeit und speziell der Zeit der Machtkämpfe nach dessen Tod: *I. Gusenko* (der als erster das ganze Ausmaß der Atomspionage dem Westen ins Bewußtsein brachte); *A. Kasnatschejew*, ein Diplomat, der, wie bereits erwähnt, von der Staatssicherheit in Rangun »kooptiert« wurde; *P. Deriabin*, einer der ranghöchsten Kommandeure von Stalins Elite-Kremlwache; *W. Petrow*, nach Stalins Tod Resident pro tempore in Australien; *I. Achmedow* von der GRU; *W. Kriwitzkij*, GRU-Mann und Resident für Westeuropa; *E. Porezkij*, die Lebensgefährtin des in der Schweiz ermordeten »*Ignaz Reiss*«; *A. Orlow* (L. Fel'dbin), hoher Funktionär der EKU des NKWD, der sich 1938 absetzte.

Schließlich gibt es mittlerweile auch Überläufer aus Diensten der Dritten Welt, die nach dem sowjetischen Modell und mit sowjetischer Hilfe organisiert worden sind, wie *Castro Hidalgo* aus Kuba.

Kurz, die These vom totalen Fehlen aller Primärquellen ist offenkundig ein Mythos, so wenig *alle* Aussagen dieser Männer der Forschung zugänglich sind oder diese auch nur unbedingt alles gesagt haben werden, was sie wußten.

Was also fehlt, sind nicht so sehr Informationen an sich, als vielmehr deren kritische Systematisierung und Deutung. Und das scheint bislang mehr ein Problem der westlichen Psychologie und nicht zuletzt der dieser bedingenden politischen Kultur als das eines absoluten Quellendefizits zu sein: Geheimdienste, gewissermaßen Ausdruck Hobbes'scher Zustände* (des »Krieges aller gegen alle«) in der Weltpolitik, stehen in erheblichem Maß außerhalb der Verfassung und Legalität und sind insofern der liberalen Lebenswelt fremd und zuwider. Es gebe Dinge, so bemerkte der amerikanische Senator L. Saltonstall 1956 einmal sehr bezeichnend, die er als Mensch und Bürger lieber nicht wissen wolle (Ransom, 1971, S. 169). Doch das ist schwerlich die richtige Reaktion auf eine Herausforderung, die zur existentiellen Bedrohung für die liberalen Rechtsstaaten werden könnte. Bloßes Ignorieren wird jedenfalls das Problem, mit dem die sowjetischen Geheimdienste die westlichen Staaten konfrontieren, nicht aus der Welt schaffen, ja womöglich deren »Aktivmaßnahmen« sogar noch zusätzlichen Auftrieb geben.

Natürlich wird in Anbetracht der Quellenlage jeder zeitgeschichtlich-politikwissenschaftliche Versuch, die Rolle der sowjetischen Geheimdienste zu umreißen, in mancher Hinsicht womöglich zu mehr Fragen als endgültigen Antworten führen. Auch gibt es schwerlich irgendwelche Quellen oder Zeugen, die man nicht letztlich anfechten und in Frage stellen könnte.

Indizien würden oft nicht ausreichen, daß westliche Gerichte ein Urteil fällen könnten. Das zeigte kürzlich erneut die Freisprechung der in den Anschlag auf den Papst verwickelten Bulgaren wegen *juristisch* nicht ausreichender Beweise. Das Erbringen sicherer Beweise ist zumeist mit enormen Schwierigkeiten verbunden. So brauchte z.B. die schwedische Sicherheitspolizei SAPO zwanzig Jahre, um den Superspion Stig Wennerstrom zu überführen (MISTA, vol. V, no. 5, Nov.–Dec. 1987, S. 4).

---

* Thomas Hobbes (1588–1679), Autor des *Leviathan* (1651). Seine berühmteste These lautete:
  »So that in the first place, I put for a generall inclination of all mankind, a perpetuall and restless desire of Power after power, that ceaseth onely in Death« (1950, S. 79).

Trotz alledem, so meine ich, kann man die Rolle der Geheimdienste – die gewissermaßen »vierte«, unsichtbare Dimension der sowjetischen Außen- und Sicherheitspolitik – nicht einfach unter Verweis auf nicht restlos unproblematische Quellen auf die Dauer außer acht lassen, jedenfalls sofern man möchte, daß die erstellten sicherheitspolitischen Analysen relevant und wirklichkeitsnah sind.

Diese Dienste und Aktivitäten sind nun einmal eine politische Gegebenheit, eine Tatsache unserer Zeit. Es ist durchaus möglich, sich ein einigermaßen fundiertes Bild über die Rolle der sowjetischen Geheimdienste zu machen:

Es gibt, wie oben im einzelnen angeführt, die Berichte der sogenannten Überläufer. Es ist schwerlich haltbar, dieses Material *pauschal* als befangen oder gar grundsätzlich als pure Desinformation abzutun. Natürlich gilt es, die Kredibilität solcher Aussagen zu überprüfen. Aber in ihrer Masse ergeben sie doch wiederum ein *Gesamt*bild, das schwerlich als solches gefälscht werden kann: Desinformation ist nur »punktuell« möglich oder dann, wenn sie das vorgefaßte Weltbild des Angesprochenen exploitiert, ihm mit F.Dzierziński das erzählt, was er ohnehin gern hören möchte.

Ein Kritiker, der wie Thurston (1988) die von mir angeführten Quellen fast schon pauschal verwerfen möchte, schuldet zumindest nähere Erläuterungen, wieso er zu diesem Schluß kommt.*

Im übrigen gilt von allen Memoiren und persönlichen Berichten, daß sie nicht restlos »objektiv« zu sein pflegen, sondern von der Subjektivität des Autors geprägt sind, wie etwa seinem Wunsch, sich möglichst in besonders günstigem Licht zu präsentieren usw. Kein Mensch aber würde deshalb in der Geschichtsschreibung oder in politischen Analysen all derartiges Material pauschal als unfundiert zurückweisen! Im übrigen können gerade auch die Subjektivität und die besonderen Perzeptionen eines Autoren relevant sein.

---

* Ich erlaube mir einmal die Gegenfrage, ob ein lässiges Abweisen von Hunderten von Belegen durch eine – meist nicht einmal durch eigene Arbeiten auf dem behandelten Gebiet ausgewiesene – Kritik unter Verweis auf nicht *restlos* sichere Quellen nicht ihrerseits von beträchtlicher intellektueller Arroganz (oder Naivität) spricht, es sei denn, man könnte so die kritisierten Autoren einfach einschüchtern. Denn jedem politisch Informierten ist bekannt, daß die Archive des KGB eben *nicht* offen sind, ebensowenig wie der Entscheidungsprozeß im Kreml. Wir haben jedenfalls keine anderen Primärquellen über die letzten »arcana«, die Staatsgeheimnisse des Sowjetregimes, als diese Leute, die selbst direkten Einblick hatten.«

Offizielle sowjetische Mitteilungen erlauben zumindest gelegentliche Einblicke in die politische Stellung und Personalpolitik auch der Geheimdienste. In den Worten des Agitprop-Blattes *Argumenty i fakty*:

> »Im Prinzip ist das Thema der Arbeit der Organe des KGB, ungeachtet der offenkundigen Besonderheit ihrer operativen Aktivität als der eines Sonderdienstes, ständig in den Massenmedien und der periodischen Presse« (2.4.1988, S. 7).

Der *Gesamtkontext*, in dem die Aktionen dieser sowjetischen Apparate stattfinden, hilft, die Plausibilität verschiedener Hypothesen noch weiter einzuengen. J. Angleton, bis Ende 1974 zuständig für die »covert actions« der CIA und ein Mann, der mit seinen besonderen Beziehungen zu dem äußerst effektiven israelischen Geheimdienst lange Zeit als einer der Spitzenfachleute für den Kommunismus und das KGB galt (Steven, 1980, S.97), hat den Ausspruch getan, daß bei aller »intelligence« *Kontext* entscheidend sei.

Auch P. Wright, ein bis Mitte der siebziger Jahre führender Vertreter der britischen Spionageabwehr (MI5), hat auf diesen Sachverhalt verwiesen:

> »Spionage ist ein Spiel, bei dem es fast keine Beweise gibt, weshalb Intuition, zum Guten oder Bösen, immer eine große Rolle bei erfolgreichen Aufdeckungen spielt.
> Alles, was einem Spionageabwehr-Offizier gewöhnlich zur Verfügung steht, wenn er seinen Verdächtigen konfrontiert, ist ein Hintergrund, eine Spur, eine Reihe von Zusammentreffen, die auf verschiedenerlei Weise interpretiert werden können, die aber … zu der Epiphanie führen – zu dem Augenblick, in dem alle Tatsachen sich zu einer einzigen Schlußfolgerung verdichten« (1987, S. 300).

Vergleiche sind schließlich möglich mit anderen Geheimdiensten, und zwar sowohl denen des Ostblocks als auch in gewissem Maße mit den (in einem sehr viel restriktiveren Kontext operierenden) westlichen Diensten.*

Denn schließlich gibt es auch in der Arbeit der Geheimdienste so etwas wie einen übernationalen Professionalismus.

---

* Geheimdienste in den Ostblockstaaten unterscheiden sich von denen westlicher Verfassungsstaaten in entscheidenden Hinsichten. Sie verbinden nicht nur die

Das Ergebnis eines derartigen komparativ-»makropolitischen« Ansatzes (vgl. von Borcke 1980(a)) mag zwar nie über alle Anfechtungen und Zweifel erhaben sein; auf jeden Fall aber dürfte es *sehr viel besser* sein als die bisher vorherrschende Haltung, nämlich das Schwanken zwischen totalem Ignorieren und wildem Spekulieren. Nötig ist zunächst einmal die Sensibilisierung von Aufmerksamkeit.

»Schwert und Schild« der Partei: Ursprung, Entwicklung und Funktionen der sowjetischen Staatssicherheit

Funktionen und Stellung der politischen Polizei im Sowjetregime haben sich gewissermaßen spontan-pragmatisch herausgebildet, also nicht etwa nach »Plan«, sondern in Reaktion auf die jeweiligen Anforderungen des Augenblicks und besonders auf bestimmte

Funktionen einer politischen Polizei im Innern mit geheimdienstlichen Aufgaben im Ausland – Aufgabenstellungen, die in westlichen Verfassungsstaaten im Interesse der »checks and balances«, der Kontrollierbarkeit dieser Dienste grundsätzlich voneinander getrennt sind, auch auf Kosten der Effizienz. Die kommunistischen Geheimdienste »haben auch einen völlig andersartigen Charakter« (Stiller, 1986, S. 27).

»Nicht das Interesse und der Schutz des Gemeinwesens ist der Auftrag, sondern die Absicherung der Macht des Regimes gegenüber dem eigenen Volk sowie die Erweiterung des kommunistischen Machtbereichs nach außen.«
Auch im Ausland gehen die Aufgaben dieser Dienste über »klassische« Auslandsaufklärung und Spionage weit hinaus und umfassen Industriespionage, Beschaffung geheimer Informationen aus den Regierungszentralen nichtkommunistischer Länder zum Nutzen der eigenen, »ideologischen, langfristig auf Expansion angelegten Außenpolitik« (a.a.O), schließlich gar gezielte Schädigung, Destabilisierung und Subversion (a.a.O.), mit anderen Worten, sie führen heimlich Krieg an einer »unsichtbaren Front«.
Stiller berichtete, wie sein Sektorleiter im MfS in komprimierter Form die MfS (und DDR)-Strategie zur Zeit der Entspannung erläuterte, die langfristig zum Sieg des Kommunismus in der Welt führen sollte:

»Unterwanderung der nach dem Zerfall des imperialistischen Kolonialsystems entstandenen jungen Nationen in Afrika und Asien, Installierung marxistischer Systeme in ausgewählten Ländern, Schürung innenpolitischer Differenzen im Westen, Untergrundarbeit der westeuropäischen Kommunisten, Einflußnahme auf Protestbewegungen, Verschärfung der letztlich doch antagonistischen Gegensätze zwischen den einzelnen kapitalistischen Ländern, Plazierung wichtiger Einflußagenten, um nur einiges aus dem umfangreichen Katalog zu nennen« (1986, 230).

Krisen. Im Grunde gilt das ja von der gesamten sowjetischen Exekutive, als deren Instrument und Waffe die Staatssicherheit gedient hat. So erschließt sich die Rolle des KGB auch am besten in einem historisch-erzählenden Kontext. Ein solcher historischer Ansatz hat zusätzliche praktische Bedeutung, da sich die Grundstrukturen und -funktionen der politischen Polizei durch große Kontinuität auszeichnen (Deriabin und Gibney, 1959, S. 92, Anmerkung 2; *Commonwealth of Australia, 1955,* S. 73; Romanov, 1972, S. 191; vgl. auch Fricke, 1982, S. 52, 53, 56).

Heute gliedert sich die sowjetische Staatssicherheit in vier Hauptverwaltungen: Ausland, Inland, Grenztruppen und Gegnerbekämpfung, sowie fünf (einfache) Verwaltungen: Streitkräfte (von manchen Quellen als Hauptverwaltung genannt, was eigentlich plausibler erscheint)*, Allgemeine Verwaltung, Beschattung, Kommunikation, Personenschutz (vgl. das Organisationsschema in *Sp,* 1984, S. 128). Es hat schon aus konspirativen Erwägungen immer wieder Umbenennungen und Umnumerierungen in diesem Apparat gegeben. Auch die Zahl der Verwaltungen hat geschwankt (am Ende der Stalin-Ära waren es 13 Verwaltungen), ja selbst die Prioritäten haben sich zum Teil verschoben. So ist z.B. unter Andropow die ursprüngliche Zweite Hauptverwaltung, Auslandsaufklärung, auf den ersten Platz befördert worden, und im Zuge der Auseinandersetzung mit den Dissidenten wurde von der ursprünglichen Hauptverwaltung Inland eine neue Hauptverwaltung, nämlich die für Gegnerbekämpfung (die sich gegen Religionsgemeinschaften und Dissidenten richtet), abgezweigt. Im Zweifelsfall aber gilt auch für die sowjetische Staatssicherheit, was Fricke im Hinblick auf das Ministerium für Staatssicherheit (»Stasi«) der DDR bemerkte: In seiner horizontalen Struktur änderte es sich nur wenig; es wuchs einfach in die Breite (1982, S. 56).

Auch K. S. Zwigun, bis Anfang 1982 Erster Stellvertretender Vorsitzender des KGB, betonte in einem von ihm über die Tscheka (1917–22) herausgegebenen Werk (Cvigun, 1975; mir bislang nicht zugänglich), die Grundprinzipien der 1917 gegründeten Organe für Staatssicherheit hätten ihre Bedeutung beibehalten (Leggett, 1979, S. 199). Ehemalige »Insider« pflichten dem bei: Der Charakter der sowjetischen politischen Polizei wurde gleich zu Anfang ihrer Existenz mehr oder minder »festgelegt«

* In der DDR ist es eine »Hauptabteilung I« (Stiller, 1986, S. 187).

(K. Shteppa (»W. Godin«), in: Wolin und Slusser, 1957, S. 66; vgl. auch a.a.O., S 175–177; Romanov, 1972, S. 191). Als 1954 diese Institution den neuen Namen KGB annahm, blieb ihre Struktur doch die gleiche wie die des MGB (Ministerium für Staatssicherheit), GUGB (Hauptverwaltung für Staatssicherheit), MWD (Innenministerium). Die sowjetische Staatssicherheit – so faßt es P. Deriabin, als Kommandant einer von 13 Abteilungen der Kremlwache (Deriabin und Gibney, 1959, S. 123) einer der wichtigsten Überläufer aus Stalins Sicherheitsapparat, zusammen – ist in einem technischen Sinne die konservativste aller Institutionen: »Eingefahrene Praktiken sind so dauerhaft und so systematisiert wie die Etikette an der New Yorker Börse« (1959, S. 83). Übrigens ist eine solche Kontinuität der Strukturen nicht nur für die sowjetische Staatssicherheit und ihre osteuropäischen Filialen typisch; auch über ihr amerikanisches »Gegenstück«, die CIA, ist bemerkt worden:

>»Die Grundstruktur der amerikanischen ›intelligence‹-Maschinerie ist im wesentlichen seit vielen Jahren die gleiche.« (Cline, 1976, S. 221; vgl. auch Barnds, 1975, S. 8.)

Dahinter stehen gewichtige funktionale Zwänge. Hinzu kommt, daß ungeachtet der wiederholten »Enthauptungen« der sowjetischen Staatssicherheit infolge radikaler Säuberungen ihrer Spitzenführer es doch auch eine erhebliche personelle Kontinuität gegeben hat: Am Ende der Ära Breschnew, so berichtete A. Knight (1980, S. 146), hatten zehn von vierzehn der ranghöchsten Führer des KGB ihre Laufbahn in diesem Apparat noch unter Stalin begonnen. Die »Tschekisten«, eine Gruppe von erheblichem Elitebewußtsein und esprit de corps, pflegen selber ihre »glorreiche« Tradition zu betonen. Ein geschichtlicher Ansatz hilft also, eine sonst womöglich allzu schmale Datenbasis nicht unerheblich zu erweitern.

Die politische Polizei war von Lenin, dem letztlich doch nicht restlos konsequenten Theoretiker der revolutionären Diktatur (von Borcke, 1977), vor 1917 nie als eine Hauptinstitution der neuen »proletarischen« Macht herausgestellt worden (vgl. Besprechung von Leggett, 1981, in: *Slavic Review*, 3, 1982, S. 500) – obwohl sich deren Rolle mit geradezu zwingender Notwendigkeit aus seiner Vorstellung der »Diktatur des Proletariats« als gesetzloser Gewalt ergeben mußte.

Doch Lenin selbst, stark geprägt vom russischen anarchistischen Erbe ebenso wie von der letztlich ebenfalls anarchistischen, staats- und »entfremdungs«freien Marxschen Utopie, war nicht bereit und fähig, dieser Konsequenz voll ins Auge zu blikken. Er verstand den Staat der Sowjetmacht denn auch zunächst als historisch neuartiges Phänomen, ohne Bürokratie, ohne stehendes Heer und ohne Polizei – das Thema von *Staat und Revolution,* eine Schrift, die er kurz vor dem Coup vom November 1917 verfaßte und an die er später nicht mehr gern erinnert wurde.

Bezeichnenderweise war denn auch die *Tscheka,* die »Außerordentliche Kommission zum Kampf gegen Konterrevolution und Sabotage«, eine der ersten staatlichen Institutionen, die aus dem bolschewistischen Umsturz vom 24.–25. Oktober bzw. 7.–8. November* 1917 hervorging. Sie bildete institutionell die Fortsetzung jenes Militärisch-Revolutionären Komitees, das den Coup organisieren sollte, ein Ausschuß, dem damals Ja. M. Swerdlow, J. W. Stalin, A. F. Bubnow, M. S. Urizkij und F. E. Dzierziński angehörten. Die Tscheka selbst wurde im Zuge der Auflösung dieses Komitees des Petrograder Sowjets am 7. bzw. 20. Dezember 1917 auf die persönliche Initiative von F. E. Dzierziński als »ein Organ zur Abrechnung mit den Gegenrevolutionären« (Leggett, 1981, S. 17) gegründet. Unter einer Reihe verschiedener Namen hat diese Institution dann die gesamte Entwicklung des Sowjetregimes und später auch jede seiner Machtausdehnungen – 1945 nach Osteuropa, unter Chruschtschow und besonders in den siebziger Jahren auch in die Dritte Welt – begleitet: *Tscheka* (1917–22); *GPU* (1922/23); *OGPU* (1923–34); *NKWD* ab 1934; *NKGB* im Zweiten Weltkrieg; *MGB* ab 1946; ein einheitliches *MWD* unter Berijas kurzer Vorherrschaft 1953; *KGB* ab 1954.

Ihre Entstehung verdankte die politische Polizei bezeichnenderweise nicht etwa einem Gesetz, sondern einem bloßen (unveröffentlichten) *Dekret* des Sownarkom, des Rats der Volkskommissare unter Lenins Vorsitz. Der Name brachte es treffend zum Ausdruck: die Tscheka entstand als Organ des Ausnahmezustands und stellte sich damit sehr bald (wie ihre führenden Vertreter selbst betonten) außerhalb jeder Verfassung – eine neue Art

---

* Der bis zur Revolution in Rußland gültige Gregorianische Kalender war 1917 13 Tage hinter dem westlichen Kalender zurück.

von »Comité de salut public«*, wie es Stalin *(Sočinenija,* Bd. X, S. 234), der Polizeiexperte der bolschewistischen Führung, zusammenfaßte, eine Instanz, die sich alle Rechte eines Revolutionstribunals anmaßte. Damit aber war die Tscheka auch mehr als eine bloße Fortsetzung der zaristischen politischen Polizei, der Ochrana, auf deren Personal und Methoden man zunächst diskret zurückgegriffen hatte.

Der Gründungsbeschluß hatte der Tscheka (Tscheka = Kurzform für WTscheka) folgende Aufgaben übertragen:

– Verhinderung aller Anschläge, konterrevolutionärer Akte und Sabotage in ganz Rußland;
– Vorbereitung von Maßnahmen gegen Saboteure und Konterrevolutionäre und deren Übergabe an die revolutionären Gerichtshöfe;
– Durchführung von Voruntersuchungen, soweit sie zur Verhinderung konterrevolutionärer Anschläge erforderlich waren (Pietsch, 1969, S. 90).

Diese Institution war zunächst – wie ja überhaupt die gesamte sowjetische Exekutive – als Provisorium gedacht. 1918 konnte sich G. Je. Sinowjew, der Chef der Petrograder Parteiorganisation sowie – ab 1919 – der Komintern, noch zu der Prophezeiung versteigen, eines Tages würde in der Lubjanka, dem Hauptquartier der »Organe«, ein »Kindergarten« eingerichtet werden! Leider aber haben sich in der Geschichte gerade die Provisorien oft als besonders dauerhaft erwiesen ...

Im Zuge des »Roten Terrors« der Jahre 1918–1920 – der sich bezeichnenderweise erst *nach* dem Ausscheiden des letzten Koalitionspartners, der linken Sozialrevolutionäre, aus der bolschewistischen Regierung (Mitte März 1918) im Sommer 1918 mit ganzer Wut entfaltete – drohte die Tscheka mit ihrem Drang nach Autonomie zu einem Staat im Staat heranzuwachsen; jegliche Oberaufsicht durch das Justizkommissariat wies sie weit von sich (und wurde dabei von Lenin unterstützt). Die erste Allrussische Konferenz der Außerordentlichen Kommissionen vom 11.–14. Juni 1918 in Moskau erklärte in einer Resolution:

---

* Das Comité de salut public (= »Wohlfahrtsausschuß«) war in der französischen Revolution 1793–95 das oberste Exekutivorgan des Nationalkonvents. Eines seiner führenden Mitglieder war Robespierre (Schreckensherrschaft, 1793–94).

»Die Außerordentlichen Kommissionen sind die höchsten Organe der administrativen Gewalt in Sowjetrußland, und ihnen allein obliegt der Kampf und der Schutz der revolutionären Ordnung« *(Iz istorii Vserossijskoj Črezvyčajnoj Komissii*, 1958, S. 138).

Eine förmliche Bestätigung dieser Rolle der »Organe« durch den Rat der Volkskommissare bzw. durch das Allunions-Exekutivkomitee der Sowjets war in dieser Darlegung bezeichnenderweise nicht einmal mehr vorgesehen: Die WTscheka übte die höchste Organisationsgewalt aus und teilte sich die ihr hierfür notwendig erscheinenden Kompetenzen selber zu. Nach den Attentaten auf den Vorsitzenden der Petrograder Tscheka, M. S. Urizkij, sowie auf Lenin im August 1918 erließ der Rat der Volkskommissare das Dekret »Über den Roten Terror«; damit erhielt die WTscheka unbegrenzte Vollmachten zum Schutz der Revolution. Eine Instruktion der WTscheka an die lokalen Kommissionen ermächtigte letztere, ohne Anrufung der revolutionären Tribunale Todesurteile zu vollstrecken. Die WTscheka war zu einer unkontrollierbaren Macht geworden, die vorübergehend jede geordnete Verwaltung außer Kraft setzen konnte.

Überhaupt hatte die WTscheka durch die Gründung von örtlichen Außerordentlichen Kommissionen einen Instanzenzug bis hinunter zu den Kreisverwaltungen aufgebaut und stellte damit ein echtes Zentralorgan dar. Derart wurde sie – neben der Roten Armee – die entscheidende Kraft, die den zentralistischen Einheitsstaat durchsetzte (Pietsch, 1969, S. 158), allerdings zum Preise erheblicher Friktionen sowohl mit dem Innenministerium als auch mit dem Militär. Mit dem Ende der unmittelbaren Notstandssituation (des Bürgerkriegs und der ausländischen Intervention) Ende 1920 wurden denn auch die Kritiken an der WTscheka immer lauter.

Die Einführung der NEP (»Neuen Ökonomischen Politik«) 1921 – Lenins Konzession an die Bauern und erster Versuch einer Aussöhnung von Regime und Gesellschaft – verlangte auch eine neue »revolutionäre Legalität«, wie es Lenin ausdrückte, und damit eine Regularisierung vor allem der Aktivitäten der Staatssicherheit.*

---

* Niemand in der Führung sah das klarer als N. I. Bucharin. Ende 1924 schrieb er einen Brief an F.E.Dzierziński, der jetzt von *Voprosy istorii KPSS* abgedruckt wurde: »Ich meine, daß wir *schneller zu einer ›liberaleren‹ Form von Sowjet-*

Doch die Verfassung von 1924 machte klar, daß die Institution der politischen Polizei als entscheidender Bestandteil jener »beherrschenden Höhen«, die Lenin auch künftig nicht zu räumen entschlossen war, von einem Provisorium zum integralen Bestandteil des neuen Herrschaftssystems aufgerückt war (vgl. Adelman, 1984, S. 87).

Anfang 1922 wurden die Funktionen der GPU, der »Staatlichen Politischen Verwaltung« (wie die »Organe« euphemistisch umbenannt worden waren) folgendermaßen umrissen:

– Unterdrückung offen gegenrevolutionärer Aktivitäten und des Banditentums;
– Spionage-Abwehr;
– Schutz der Eisenbahnen und Kanäle;
– politische Sicherheit der Grenzen der RSFSR;
– Grenzschutz gegen illegale Übergänger und Schmuggel (Pietsch, 1969, S. 344).

Hinzu kamen vielsagende »Sonderaufträge« des Allunions-Exekutivkomitees bzw. des Rats der Volkskommissare »zur Aufrechterhaltung der revolutionären Ordnung«.

Die »Organe« durften nicht länger standrechtlich Urteile fällen und exekutieren und verloren auch das Recht, aufgrund administrativer Order Menschen in Lager einzuweisen. Fälle reiner Kriminalität waren an die Gerichtshöfe und revolutionären Tribunale weiterzuleiten. Die Formen der Inhaftierung und Verhöre wurden regularisiert: So mußte ein Inhaftierter innerhalb von 14 Tagen über die Gründe der Verhaftung informiert werden; und nach zwei Monaten war er freizulassen oder vor Gericht zu stellen, es sei denn, die GPU erhielt die Zustimmung des Präsidiums des Allunions-Exekutivkomitees zur Verlängerung seiner Haft. Das Volkskommissariat für Justiz hatte darüber zu wachen, daß die GPU die Bestimmungen über Verhaftungen und Haftbedingungen auch einhielt. Zunächst wurde auch das Personal der »Organe« reduziert, nämlich von 143 000 im Dezember 1921 auf 105 000 im folgenden Mai (Pietsch, 1969, S. 345).

macht übergehen sollten: weniger Repressionen, mehr Legalität, mehr Diskussionen, Selbstverwaltung (unter Leitung der Partei, naturaliter) usw.« *(Voprosy istorii KPSS*, 11/1988; *UT* 8.12.1988, F-574-57).

Die neue Verfassung der UdSSR, die im Januar 1924 verabschiedet wurde, enthielt ein gesondertes Kapitel 9 »Über die Vereinigte Staatliche Politische Verwaltung«:

> »Artikel 61. Zur Vereinigung der revolutionären Anstrengungen der Unionsrepubliken im Kampf gegen die politische und wirtschaftliche Konterrevolution, gegen Spionage und Bandenunwesen wird beim Rat der Volkskommissare der Union der Sozialistischen Sowjetrepubliken eine Vereinigte Staatliche Politische Verwaltung (OGPU) gebildet, deren Vorsitzender dem Rat der Volkskommissare der Sozialistischen Sowjetrepubliken mit beratender Stimme angehört.
> Artikel 62. Die Vereinigte Staatliche Politische Verwaltung der Union der Sozialistischen Sowjetrepubliken leitet die Arbeit der örtlichen Organe der Staatlichen Politischen Verwaltung (GPU) durch ihre Bevollmächtigten bei den Räten der Volkskommissare der Unionsrepubliken, die ihre Arbeit nach einer speziellen, im Gesetzgebungswege erlassenen Ordnung ausüben.
> Artikel 63. Die Aufsicht über die Gesetzlichkeit der Handlungen der Vereinigten Staatlichen Politischen Verwaltung der Union der Sozialistischen Sowjetrepubliken wird vom Staatsanwalt des Obersten Gerichts der Union der Sozialistischen Sowjetrepubliken auf der Grundlage eines speziellen Beschlusses des Zentralexekutivkomitees der Union der Sozialistischen Sowjetrepubliken ausgeübt« (Schneider, 1978, S. 98).

Faktisch wuchs der Polizeiapparat unter seinem neuen, verharmlosenden Namen – GPU und ab 1923 OGPU – weiter, ohne auch nur die Führung immer voll im Bilde zu halten (Baschanow, 1977, S. 178), die sich im übrigen auch für die Übergriffe der Polizei auf die Rechte von Individuen und Gesellschaft herzlich wenig interessierte.

Schon 1918 waren die Grenztruppen der Staatssicherheit gegründet worden, Streitkräfte, die bald zu Elite-Einheiten werden sollten, stets in Sollstärke gehalten, mittels derer das Regime sich hermetisch von der Außenwelt abzuschirmen versucht hat.

Die Übernahme der Spionage-Abwehr in den Streitkräften durch die Staatssicherheit (seit 1918) führte zur Einrichtung von »Sonderabteilungen«. Im Februar 1919 erschien ein Statut »Über die Sonderabteilungen der Allrussischen Außerordentlichen Kommission zum Schutz der Roten Armee vor den Intrigen der Gegenrevolution und zum Kampf gegen Spione und Amtsmißbrauch«. Damit wurde die Rivalität dieser beiden großen Machtapparate – Sicherheitsdienst und Militär – begründet, die die Führung im Interesse des »divide et impera« (»teile und herrsche«) hinfort bewußt gegeneinander auszuspielen pflegte. Die Militär-Tschekisten spielten unter anderem eine große Rolle bei der Niederschlagung von Bauernaufständen sowie der sogenannten Basmatschi (wörtlich: »Bettler«), also der antisowjetischen Guerillakämpfer in Zentralasien 1919–24 und noch einmal 1929–32.

1919 wurde auch eine Wirtschaftsabteilung eingerichtet. Im Zuge der Stalinschen Zwangsindustrialisierung (seit 1929) wurde diese zur größten des gesamten Sicherheitsapparats. Aus einem von den Deutschen gefundenen Wirtschaftsplan ging hervor, daß das Wirtschaftsimperium der politischen Polizei 1941 über ein Sechstel der Mittel des Staatshaushalts verfügte (Pethybridge, 1962, S. 21), darunter 18 Prozent der Kapitalinvestitionen der Kommissariate für Transport, Verteidigung und Marine (Fainsod, 1963, S. 459). Mit der Einrichtung des GULAG (1930) wurde die Zwangsarbeit zum integralen Bestandteil der sowjetischen Wirtschaft; auf dem Höhepunkt des Terrors wurden derart ca. 12–13 Millionen Menschen eingesetzt (R. und Zh. Medvedev, 1976, S. 19).

1921, im Zuge der ersten »friedlichen Koexistenz« mit der Außenwelt, entstand auch eine Auslandsabteilung (unter M. A. Trilisser, dem Leiter des bolschewistischen Parteiarchivs; vgl. Seth, 1965, S. 20). Ihre Aufgabe war zunächst der Kampf gegen regimefeindliche Emigranten. Bald aber zog sie umfassende Spionagefunktionen und »Aktivmaßnahmen« an sich, womit sie sich in ein Konkurrenzverhältnis zu der am 28. Oktober 1918 gegründeten militärischen Aufklärung (*Razwedupr* = »Verwaltung für (Feind-)Aufklärung«) begab. Nach der Zerschlagung dieses militärischen Apparats in Stalins Großer Säuberung wurde 1937 die Staatssicherheit unter N. I. Jeshow zeitweilig auch die einzige Quelle für die Auslands-Aufklärung – womit Jeshow Stalin womöglich zu mächtig wurde (Suvorov, 1984, S. 178).

Ab 1923 wurde von der Staatssicherheit unter Leitung von Stalins Gefolgsmann G. G. Jagoda ein Spitzelsystem ausgebaut, das ab 1925 auch die angeblich sakrosankte Partei erfaßte. Gegen Ende der Stalinzeit, so berichtet Deriabin, waren derart ca. 8 Prozent (!) der Gesamtbevölkerung in den Dienst der Staatssicherheit gestellt (Deriabin und Gibney, 1959, S. 75).*

---

* Spitzelsysteme bestehen in den kommunistischen Staaten bis heute. Stiller z.B. berichtete, der Ermittlungsapparat, den der Staatssicherheitsdienst im Innern der DDR aufgebaut hat, sei unvorstellbar ausgedehnt.

1926 starb Tscheka-Gründer F. Dzierziński, ein Verbündeter Stalins. Stalin wurde damit zum wahren Herrn der Sicherheitsmaschinerie (Orlov, 1953, S. 216–217).

Ende der zwanziger Jahre, nach seinem Sieg zunächst über die »linke«, dann über die »rechte« Opposition, ordnete Stalin die radikale Kollektivierung der Landwirtschaft an – gegen die sogar Polizeichef G. G. Jagoda die schwersten Bedenken hegte (worüber er sich der »rechten« Opposition um N. I. Bucharin annäherte) (Wolin und Slusser, 1957, S. 14). Im Rahmen der schnellstmöglichen Stärkung der militärischen Macht wurde 1929 die Zwangsindustrialisierung in die Wege geleitet. Eine solche Politik mußte automatisch zur weiteren Stärkung der Repressivorgane führen, die, wie gesagt, künftig auch bei der Mobilisierung für die Wirtschaftsentwicklung eine entscheidende Rolle spielen sollten. Bereits Ende der zwanziger Jahre hatte man mit den ersten Schauprozessen begonnen.

Stalin organisierte in der »Geheimabteilung« des ZK – einer für die VS-(Verschlußsachen-)Materialien und Codes des Parteiapparats zuständigen Abteilung – einen Geheimsektor, den ab 1928 sein Vertrauensmann A. Poskrjobyschew leitete.

Nach der Rjutin-Affäre 1932** wurde der Sondersektor erweitert. Die Existenz dieser Organisation, die auch die politische Polizei anleitete, wurde zum ersten Mal 1934 offiziell bekanntgegeben. Dieser »Sondersektor« wurde zum eigentlichen informations- und machtpolitischen Kern von Stalins künftiger, höchstpersönlicher Diktatur. Er war eine Instanz, die alle »intelligence«

»In fast jedem größeren Mietshaus, in jeder Siedlung, in jeder Kleingartenanlage gibt es einen Stamm von Auskunftspersonen ... insgesamt ein allumfassendes, engmaschiges Netz.«
»Ich schätze, daß rund zwei Millionen der knapp noch siebzehn Millionen zählenden DDR-Bürger in den Karteien der Abteilung XII enthalten sind« (Stiller, a.a.O., S.113).
Die Abteilung XII ist für die karteimäßige Erfassung aller Namen zuständig, die jemals »positiv« oder »negativ« aufgefallen sind. Ihr angeschlossen ist das Archiv, in dem erledigte Akten im Original oder Mikrofilm aufbewahrt werden (Stiller, 1986, 114). Für Rumänien wird die Zahl der Spitzel gar mit 10% der Bevölkerung veranschlagt.

** M. Rjutin und seine Gruppe machten Stalin für die durch die Kollektivierung ausgelöste Wirtschaftskrise verantwortlich, nannte ihn den »Asew« und forderten seinen Sturz, worauf Stalin verlangte, daß gegebenenfalls auch über oppositionelle Parteimitglieder die Todesstrafe verhängt werden sollte.
Über M. N. Rjutin berichtete kürzlich der berühmte Gerichtsreporter A. Waksberg (LG, 29.6.1988), der bald darauf einen von Rjutin im Namen des »Bundes

(alle geheimdienstlichen Informationen) sammelte und nicht zuletzt auch für »feuchte Angelegenheiten« (also politische Morde und Sabotage) zuständig war (vgl. Rosenfeldt, 1978). Im Zuge der Großen Säuberung unterwarf sich dieser Sondersektor – aus dem u.a. Stalins Obersäuberer N. Jeshow rekrutiert worden war – alle übrigen Institutionen des Regimes, einschließlich der Partei, des Militärs und der Staatssicherheit selbst.

Einen letzten Versuch, die Macht der OGPU (der Vereinigten Staatlichen Verwaltung«) einzudämmen, unternahm offenbar der XVII. Parteitag Anfang 1934 (Schapiro, 1959, S. 399–400). Die OGPU wurde dem Volkskommissariat für Inneres, dem NKWD, unterstellt. Es fiel auf, daß der Parteitag Stalins alten Mitstreiter und potentiellen neuen Gegenspieler, den charismatischen Partei-chef von Leningrad, Sergej Mironowitsch Kirow, betont akkla-mierte – Stalin jedoch nicht als »Generalsekretär« wiederwählte. (Nicolaevsky [= Nikolaevskij], 1965, S. 92): Dieser Titel, den er noch anläßlich seines fünfzigsten Geburtstages 1929 so hatte her-ausstellen lassen, wurde hinfort in Parteidokumenten nicht mehr gebraucht (Rush, 1958, S. 12).

Hinter dieser byzantinisch anmutenden Protokollfeinheit verbargen sich kritische Entwicklungen. Es hatte sich inzwischen gezeigt, daß Sta-lins Sieg über die »Rechte« 1929–30 von der Partei nur insofern voll unterstützt wurde, als hiermit für die Vorherrschaft ihres Apparats über den der Regierung entschieden worden war; es handelte sich aber keinesfalls um eine einstimmige Option auch für die Stalinsche Kollek-tivierung und Außenpolitik (Nikolaevskij, in: *SV*, 5, 1956, S. 91).

Kirow, ein Pragmatiker, hielt die Periode der Zerstörung für abgeschlossen *(SV,* 5, 1956, S. 93), wie er auf dem XVII. Parteitag 1934 vorsichtig durchblicken ließ.

> »Genosse Stalin sagte, daß wir das Fundament des sozialistischen Gebäudes gelegt haben, daß wir daran zu arbeiten beginnen, um auf diesem großartigen Fundament den ganzen Überbau zu errichten, der die neue ... kommunistische Gesellschaft schafft.

der Marxisten-Leninisten« verfaßten Aufruf: »Lies und gib ihn an einen andren weiter!« in der Zeitschrift *Junostj* (11, 1988, S. 22) zum ersten Mal publizierte. Angesichts der sich heute dramatisch zuspitzenden Auseinandersetzungen über die für eine wirkliche Modernisierung so nötige Entstalinisierung und der hiermit verbundenen, eskalierenden Enthüllungen von Stalins Verbrechen klingt dieses Dokument – das im Juni 1932, also noch *vor* dem großen Hunger, *vor* Kirows Ermordung und *vor* dem Großen Terror von 1937 verfaßt wurde – in vieler Hinsicht prophetisch und frappierend aktuell.

Das, Genossen, ist nicht nur eine erhebende, das ist auch eine sehr komplizierte und sehr verantwortungsvolle Arbeit.« *(XVII s"ezd, S. 259.)*

Schließlich hatte der durch die Kollektivierung ausgelöste Hunger der Jahre 1932–34 ca. fünf Millionen Opfer und mehr gefordert!*

* Gorbatschows führender Landwirtschaftsexperte, Wladimir Tichonow, Chef der Landwirtschaftsakademie, hat inzwischen die Kollektivierung als Stalins rein persönliche und ausschließlich politisch motivierte Entscheidung verurteilt. Dabei war zum Zeitpunkt der Kollektivierung in der Nahrungsmittelversorgung ein nahezu ideales Gleichgewicht erreicht worden (rtr, 4.8.1988)!

Tichonow nannte im August 1988 zum ersten Mal öffentlich konkrete Zahlen: 15 Millionen Menschen wurden obdachlos, 1 Million wurden in Arbeitslager gesteckt, 12 Millionen nach Sibirien deportiert.

Am 16.9.1988 ging die *Prawda* zum zweiten Mal auf diese Frage ein (vgl. *Pravda*, 26.8.1988): 100 000 Wirtschaften wurden damals liquidiert. Statistisch verfüge man nur über die Zahl der deportierten Familien, nämlich mindestens 100 000. Ca. 400 000 bis 500 000 wanderten in die Städte und zu Baustätten ab. Die genaue Erforschung des Hungers von 1932–1933 durch sowjetische Historiker stünde noch aus. Der *Prawda*-Artikel schloß sich westlichen Schätzungen der Opfer an: 3–4, maximal 7 Millionen. Ferner wurden damals 54 645 Menschen abgeurteilt und davon 2 110 erschossen, aufgrund eines Gesetzes von 1932, das das Stehlen von Getreide (einschließlich des Nachsammelns von Ähren auf abgeernteten Feldern!) zum Kapitalverbrechen erklärte.

Roj Medwedew präzisierte diese Angaben: Stalin selbst hatte Churchill mitgeteilt, daß die Kollektivierung zur Zwangsaussiedlung von 240 757 Familien führte, also erheblich mehr als der *Prawda*-Artikel einräumte. In Arbeiten zur Geschichte der KPdSU der 60er Jahre wurde sogar von 381 999 »entkulakisierten« Familien gesprochen.

Man muß bedenken, daß 1930–1932 eine wohlhabende Bauernfamilie aus nicht weniger als 5–6 Personen bestand, die Norm lag sogar bei 10–12. Geht man von einem Durchschnitt von 8 Personen aus, bedeuteten 380 000 Familien 2,8 Millionen Menschen. Laut den Daten aus den Jahren 1927–1928 gab es über eine Million Familien, die man nach der Sozialstatistik von damals zu den Kulaken zählte. Eine genaue Statistik über die Entkulakisierung wurde offenbar nicht geführt oder blieb geheim. Medwedjew glaubt, etwa 10 Millionen Menschen sei eine realistische Zahl. Auch über den im Zuge dieser Politik verursachten Hunger von 1932–1933 gibt es keine Statistik. Medwedjew meint, die Zahl der Opfer betrüge 4–10 Millionen (*MN*, 27.11.1988).

Im Dezember 1988 betonte Medwedjew ebenfalls, daß die Direktiven zu dieser Politik der Entkulakisierung und vollständigen Kollektivierung von Stalin persönlich erlassen wurden, der dabei viele wichtige Fragen sogar ohne das ZK und Politbüro entschied. Erst zwei bis drei Wochen später wurden diese dann als Direktiven des ZK oder WKP(b), der Allrussischen Kommunistischen Partei (Bolschewiki), bekanntgegeben (*MN*, 25.12.1988).

Seit der ukrainische Parteichef Schtscherbizkij 1987 das Thema des großen Hungers von 1932–1933 freigegeben hat, sind auch in der Ukraine eine Reihe faszinierender Artikel und Augenzeugenberichte erschienen, die ebenfalls

A. Mikojan berichtete in seinen Memoiren, daß sich eine Reihe
führender Parteimitglieder zusammengeschlossen hatte, mit dem
Ziel, Stalin vom Posten des Generalsekretärs zu entfernen. Diese
Gruppe wandte sich an Kirow und drängte ihn, das Amt zu über-
nehmen. Kirow aber informierte Stalin *(Ogonek,* Nr. 50, Dez.
1987, S. 6). Statt für diese große persönliche Loyalität dankbar zu
sein, bemühte sich der rachsüchtige Stalin nun, Kirows Popularität zu untergraben, u.a. indem er in der *Prawda* eine äsopische
Satire auf den Leningrader Parteichef lancierte. Auf dem XVII.
Parteitag strichen 270 Delegierte Stalins Namen von der Wahlliste
(Kirows Namen aber nur drei). Stalin ließ daraufhin das Wahler-
gebnis fälschen. Er begann, in Kirow einen gefährlichen Rivalen
zu sehen.

Kirow wurde die treibende Kraft hinter Reformen, an deren
Grundideen später N. S. Chruschtschow anknüpfen würde. Kirow
wollte die Partei – also eine Institution und nicht die persönliche
Diktatur eines »Mannes von Stahl« – als Grundlage des neuen
politischen Systems (vgl. Nicolaevsky, 1965, S. 91). Er drängte auf
die Verabschiedung einer neuen Verfassung – die nicht zuletzt der
Distanzierung von der neuen nationalsozialistischen Diktatur dienen sollte – und auf die rechtliche Gleichstellung auch der Bauern
(vgl. *SV,* 12, 1956, S. 240). Seit dem Januar-Plenum 1933 begann
er derart Verfechter einer Linie zu werden, die von der Stalins
abwich *(SV,* 5, 1956,S. 93). In Leningrad schränkte er die Macht
der OGPU ein (Barmine, o.J., S. 353) und gewann sich mit seiner
populistischen Art viel Beliebtheit. Zumindest potentiell wurde er
damit zum Führer einer neuen Anti-Stalin-Koalition in der Partei.

Der Große Terror

Am 1. Dezember 1934 wurde Kirow in Leningrad ermordet, und
das unter Umständen, die auf die zumindest heimliche Mitwisser-
schaft des Leningrader Polizeiapparats deuteten (der wiederum
von Stalins Sondersektor angeleitet wurde) *(SV,* 12, 1956,

bestätigen: Dieser Hunger war durch Stalins Politik künstlich hervorgerufen
worden. Damit zerstörte Stalin, wie Akademiemitglied W.Tichonow nun unumwunden erklärte, eine florierende Landwirtschaft und entfremdete die Bauern
dem Land. Die verheerenden Folgen für die sowjetische Landwirtschaft sind bis
heute nicht überwunden: Rußland, unter den Zaren der »Brotkorb« Europas,
hat Schwierigkeiten, sich selbst zu ernähren.

S. 242): Es handelte sich bereits um den *zweiten* [!] Anschlagsversuch desselben Täters, L. Nikolajew, der ungehindert zu Kirow vordringen konnte. Der Leiter von Kirows Leibwache, Ju. Borisow, war im entscheidenden Moment nicht präsent, was gegen die Instruktionen verstieß. Als man Borisow dann am 2.Dezember in das Smol'nyj Institut zum Verhör mit J.W. Stalin, W.M. Molotow und K. Je. Woroschilow fuhr, wurde er Opfer eines – wie der Chauffeur der NKWD-Maschine erzählte – inszenierten Unfalls und war auf der Stelle tot (A.Kirillina, *Mosk pr*, 10.11.1988). Zwölf Mitglieder der Leningrader NKWD-Führung wurden laut Trotzki amtsenthoben. Zeitweilig nahm der stellvertretende NKWD-Chef S. Agranow die Funktionen des Leiters der Leningrader Verwaltung des NKWD wahr (A. a. O., S. 3). Stalin, der die Untersuchung höchstpersönlich leitete, lieferte widersprüchliche Erklärungen für die Motive der Tat. Der Überläufer aus dem NKWD A. Orlow (Orlow, 1953, S. 23) berichtete, daß die Leningrader Polizeichefs nicht etwa umgehend »liquidiert«, sondern in eine Art Ehrenexil verschickt wurden (um dann doch in der Großen Säuberung zu »verschwinden«).* Die von Chruschtschow in seiner »Geheimrede« 1956 angekündigte Klärung des Mordes ist nie zustandegekommen; die Untersuchungskommission durfte ihren Bericht nicht veröffentlichen (vgl. Medvedev, 1972, S. 243). Gerade kürzlich berichtete M. S. Solomenzew, Vorsitzender der Parteikontrollkommission (bis September 1988) und, wie mit diesem Interview bekannt wurde, auch der vom Politbüro eingesetzten neuen Kommission zur Überprüfung von Stalins Terrorurteilen, die unter Chruschtschow eingesetzte Kommission habe ihren Auftrag nicht zu Ende geführt *(Pr*, 19. 8. 1988; s. auch *FAZ*, 20. 8. 1988). Der Militärhistoriker Akademiemitglied A. Samsonow hat in einem Interview mit *Knischnoje obosrenije* im Februar 1988 eine Analyse der Dokumente gefordert, um die Frage nach Stalins Verwicklung in diesen Mord abzuklären (RL 119/88, S. 8). Der Fall sollte nun abgeschlossen werden. Aber es bleiben noch laut Solomenzew, »eine Reihe von Umständen, die zu klären sind«.

---

* Augenzeugen »verschwanden« bis in jüngste Zeit. Der Arbeiter A. Sewastjanow war ein enger Freund Kirows gewesen, der bis 1956 überlebte. Auf Chruschtschows Bitte erzählte er über ein Gespräch im Frühjahr 1934, als Kirow ihm sagte, man würde ihn umbringen. Sewastjanow kehrte nach seinem Bericht 1956 in seine Wohnung zurück, klingelte und stürzte tot zu Boden. Er war ein großer, kräftiger Mann, so daß eine plötzliche Herzattacke unwahrscheinlich war (Antonov-Ovseyenko, 1980, S. 86).

Stalin nutzte diesen Mord, um den Großen Terror in die Wege zu leiten. Dessen Opfer sollten schließlich in die Millionen gehen: Kravchenko (1947, S. 214) sprach von etwa 10 Millionen, Antonow-Owsejenko von 19 Millionen (Adelman, 1984, S. 107), Roj Medwedew im *Archiv samisdata* von 25–26 Millionen, eine kürzliche Studie des amerikanischen Kongresses sogar von 35–40 Millionen *(NRS,* 14.4.1984; vgl. *Ce que le communisme international a coûté en vies humaines,* S. 4 ff.). Was solche Zahlen besagen, mag ein Vergleich illustrieren: Im Zweiten Weltkrieg verlor die Sowjetunion laut ihren eigenen offiziellen Angaben insgesamt 20 Millionen Menschen.*

* Hingerichtet wurden 1936–1938 zwischen einer (so R.Conquest, 1968) und zwei (Petrov, 1956, S.72) Millionen Menschen. Ca. zwei Millionen kamen in den Lagern um, deren Insassen auf dem Höhepunkt 12 Millionen ausmachten. Dazu kamen die zwischen 3,5 bis 5,5 über 5,5 bis 10 oder gar 10–22 Millionen geschätzten Opfer der Stalinschen Zwangskollektivierung (vgl.Burks, 1982, S.452; Tukker 1981/82, S.418). Nicht zu vergessen auch die nichtslawischen Opfer des Stalinismus. Eine kürzliche Meldung lautete: Bis zu den dreißiger Jahren wurden z.B. ein Drittel der Turkmenen und die Hälfte der Mongolen vernichtet (*ZB*, 2, 1981, S.2). Aus der Sowjetunion selbst wurde inzwischen bestätigt: In der Mongolei wurden während des Stalin-Terrors 70% aller Lamas getötet, und damals waren fast die Hälfte der männlichen Bevölkerung dort Lamas (*LG*, 21.12.1988).

Die Gesamtzahl der unnatürlichen Todesfälle unter dem Sowjetregime in den Jahren 1928–1954 wurde von dem Demographen J.Djakin in einer Samisdat-Studie auf 43,2 bis 51,1 Millionen geschätzt (*Freedom at Issue*, July-August 1983, S.30). Der Schriftsteller und Mathematiker A.Solschenizyn, dessen *Archipel GULAG* im Westen eine Art geistige Revolution in Teilen der bis dahin (vor allem in Frankreich) in erheblichem Maße »links« orientierten Intelligenz auslöste, meinte gar, der sowjetische Polizeiapparat habe insgesamt 60 Millionen Opfer gefordert (1980, S.803).

Die Frage nach der Gesamtzahl der Opfer des Stalinismus ist unter der Perestrojka zum großen Politikum geworden. Inzwischen (*MN*, 29.11.1988, S.8 und 11) gelangte R.Medwedjew in einer immer noch vorsichtig gehaltenen Schätzung zu einer Zahl zwischen ca. 40 und 50 Millionen und näherte sich damit Solschenizyns Schätzung von 60 Millionen weiter an, dem er sogar ausdrücklich bescheinigte, mit dem *Archipel GULAG* das beste Werk über das Lagerleben schlechthin geschrieben zu haben (auch wenn er zugleich die »verleumderische« Konzeption Solschenizyns anprangerte). Medwedjews Schätzung waren die höchsten Zahlen, die bislang in Moskau veröffentlicht worden sind (*IHT*, 29.11.1988).

Bereits 1927–1928 wurden, so zählte der Historiker auf, Zehntausende von Trotzkisten und Zinowjewisten in ferne Gegenden exiliert, in Politisolatoren gesteckt, aus der Partei und von ihren Arbeitsplätzen verjagt. 1930–1933 konnten zwar viele zurückkehren, doch 1936–1937 wurden sie fast alle erneut verhaf-

Diese »Revolution von oben« richtete sich ganz entscheidend gegen die Partei (Barmin, *SV,* 6.9.1945, S. 170), ja im Grunde gegen *alle* Institutionen schlechthin und damit gegen jegliche Reste autonomer politischer Macht, die Stalins persönlicher, totalitärer Herrschaft noch im Wege standen. In der Tat, Stalins Terror scheint noch am ehesten deutbar, legt man die Maximen von Machiavellis *Principe* (angeblich ein Lieblingswerk des Diktators; vgl. McNeal, 1972, S. 75 f.) zugrunde.** Systematisch wurde die alte Leninsche Garde vernichtet und schließlich die Partei als Institution: Von den 1966 Abgeordneten des XVII. Parteitags von 1934, so berichtete Chruschtschow in seiner »Geheimrede« von 1956, wurden 1108 »liquidiert« oder in Lager gesteckt, von den 139 Mitgliedern des Zentralkomitees 98, d. h. über 70 Prozent

tet. Ehemalige Oppositionelle wurden dann zumeist in den Jahren 1938–1939 aufgrund eines geheimen Erlasses erschossen. Nur einige wenige überlebten bis zu den Rehabilitierungen von 1954–1957.

Die Zwangskollektivierung forderte, wie Stalin Churchill mitteilte, 10 Millionen Opfer. Dazu kam der Hunger von 1932–1933 mit (wie Medwedjew meint) 4–10 Millionen Opfern.

Die Zahl der Opfer des »Großen Terrors« von 1937 liege nicht unter 17–18 Millionen. Nicht weniger als 10 Millionen davon wurden getötet oder kamen um. Nach Medwedjews Kalkulationen wurden 1937–1938 5 bis 7 Millionen »repressiert«, davon ca. 1 Million Parteimitglieder und 1 Million ehemalige Miglieder, die aufgrund der Säuberungen vom Ende der 20er und Beginn der 30er Jahre die Partei verlassen mußten. 3–5 Millionen waren Parteilose aus allen Schichten der Bevölkerung. 1937–1938 wurden 700 000–800 000 Menschen erschossen. Darüber hinaus wurden viele heimlich in den Lagern erschossen, so daß eine Million Erschossener der Wahrheit nahekommen dürfte.

Die Zahl der Opfer aus den nach dem Krieg besetzten Gebieten sei kaum zu schätzen: Medwedjew nennt 2–3 Millionen. Fügt man hinzu, die Opfer der Repressionen von 1945–1946 wurden, wären es wohl 5 Millionen. Die Gesamtzahl der Opfer des Stalinismus 1941–1946 schätzt Medwedjew auf nicht weniger als 10 Millionen.

1947–1953 gab es weitere, wenn auch nicht ganz so massive Repressionen mit vielleicht 1 Million Opfer. Alles in allem ergibt sich also eine Gesamtzahl von 42–43 bis 49 Millionen Opfern des Stalinismus! (Medwedjew nannte in seinem Artikel allerdings selbst keine Gesamtzahl.) Diese Zahl aber ist, wie aus den Ausführungen des Historikers deutlich hervorgeht, eher eine Unterschätzung als eine Überschätzung.

** Auch war Stalin von Sullas Proskriptionen und »konstituierender« Diktatur in Rom (82–79 v. Chr.) fasziniert: In den »Abrissen der Geschichte des römischen Imperiums« von R. Wipper strich er sich den Satz besonders an: »Es wurde eine Liste von Personen veröffentlicht, die ohne Gerichtsverfahren, ohne Untersuchung und ohne Hinweis auf die Motive zum Tode verurteilt worden waren.« (O. Volobuev und S. Kulešov, *Socialističeskaja industrija,* 25.6.1988.)

(Chruščev, 1956, S. 23)! 1938–53 gab es nur noch sechs Plenartagungen des Zentralkomitees; zwischen 1939–52 fand gar kein Parteitag mehr statt. Mit anderen Worten: Die eigentlichen Führungsgremien der Partei waren der persönlichen Diktatur eines Mannes gewichen, dessen Macht weder durch Institutionen noch durch Gesetze beschränkt war (vgl. T. H. Rigby, in: Tucker, 1977, S. 60).

Obgleich 1933 in Deutschland Hitler an die Macht gelangt war und zu einer immer unverkennbareren Bedrohung wurde, schreckte Stalin – der Hitler nach der Röhm-Affäre ernstzunehmen begann und seitdem womöglich an einen Bund der großen Diktaturen gegen die westlichen Demokratien dachte (vgl. u.a. Nicolaevsky, 1965, S. 89)* – nicht davor zurück, im Sommer 1937 fast die gesamte Elite der Militärführung zu massakrieren. Den Anlaß hierzu lieferte ein Komplott von Nazi-Sicherheitschef R. Heydrich, an dem Hitler persönlich mitgewirkt haben soll (Deschner, 1977, S. 137; Höhne, 1970, S. 95; Litwinow, 1956, S. 82). Über den tschechoslowakischen Staatspräsidenten E. Beneš wurden Stalin gefälschte Dokumente zugespielt, die auf angebliche Umsturzpläne von Marschall M. N. Tuchatschewskij, dem bedeutendsten sowjetischen Militärführer der dreißiger Jahre, verwiesen. Ob Stalin diesen Informationen nun wirklich glaubte oder nicht, ist umstritten; aber er nutzte sie auf seine Weise. Am 11. Juni 1937 wurde Tuchatschewskij in camera abgeurteilt und im Zuge dieser Entwicklung praktisch die Hälfte der hohen Militärführung liquidiert (vgl. Fainsod, 1963, S. 440).

Nach Angaben eines sowjetischen Historikers wurden derart in den dreißiger Jahren etwa 40 000 Kommandeure, Politoffiziere, Militäringenieure und andere Spezialisten »Opfer von Repressionen«. Das geschah zu einer Zeit, als es infolge der starken zahlenmäßigen Zunahme der Streitkräfte von 1,5 auf 5 Millionen Mann ohnehin sehr an Kommandeuren mangelte. »So kann man sich vorstellen, wohin die ›Entlarvung der Feinde‹ führen mußte« (V. Anfilov, in: *SR,* 19.6.1988). Hitler soll sich beglückwünscht haben: »Wir haben Rußland auf mindestens ein Jahrzehnt neutralisiert.« (M.Ferro, *M,* 14.–15.6.1987, S.2).

Mehr noch, so kommentierte *Moskowskie nowosto:* Mit seinem »Blutrausch« habe Stalin die damals im Entstehen begriffene anti-

---

* Nach dem Kriege bemerkte Stalin noch einmal nostalgisch (so berichtete seine Tochter, Swetlana Allilujewa): »Mit den Deutschen wären wir unbesiegbar gewesen« (Mastny, 1979, S. 34).

faschistische Front untergraben und das Vertrauen des demokratischen Westens in die Sowjetunion zerstört *(NZZ,* 18.6.1988). Die Gründe hierfür waren womöglich noch finsterer.

Auch die »Köpfung« des Militärs, so ist vermutet worden (u.a. von W. G. Kriwitzkij, bis 1936 GRU-Resident für Westeuropa; vgl. Krivitsky, 1940, S. 232), geschah mit dem Blick auf ein mögliches Bündnis mit Hitler. Der Fall des inzwischen faktisch rehabilitierten Tuchatschewskij ist in der Sowjetunion ebenfalls bis in die jüngste Zeit nicht aufgeklärt worden; obgleich der Überbringer der kompromittierenden Materialien an Beneš, Dr. C. Wittig, inzwischen 1962 vom DDR-»Stasi« verhaftet und als Doppel-, ja Mehrfachagent in der DDR vor Gericht gestellt wurde, nutzte man nicht die Gelegenheit, von diesem Mann womöglich wichtige zusätzliche Informationen zu erhalten (Bittman, 1984, S. 106 ff.).

Man erfuhr später, daß der weißrussische General N. Skoblin, der in der Affäre eine Rolle spielte, sowohl für den deutschen Sicherheitsdienst (Höhne, 1970, S. 48) als auch das NKWD (M. Ferro, *M,* 14.–15.6.1987, S. 2) gearbeitet hat. Das NKWD unter N. Jeshow bereitete die Dossiers gegen die Militärführer bereits drei Monate früher vor, als es Stalin über ein vermeintliches Komplott zwischen L. D. Trotzki, K. Radek und Marschall M. N. Tuchatschewskij informierte.*

---

* Der Historiker Nikolaj Pawlow kam im August 1988 in einem Gespräch mit dem Journalisten E. Jodkowskij auf die näheren Umstände zu sprechen: Als Vorwand diente die Nazi-Fälschung.

»Doch die Gestapo hatte noch nicht die Fälschung zur Affäre Tuchatschewskij und Jakir fabriziert, da erzwangen bereits Jeschows Helfer die nötigen Geständnisse von zuvor verhafteten Militärführern, wie der Schriftsteller N.Dubinskij bezeugt. So zwangen die Helfer Jeschows bereits im Februar 1936, also neun Monate bevor noch die berüchtigte Fälschung in Stalins Hände gelangte, den Divisionskommandeur Schmidt und später den Korpskommandeur Primakow, Jakir und Tuchatschewskij zu belasten« (*SK,* 23.8.1988, S. 6).

Am 18.9.1988 berichtete S. Kosterin in *Sowetskaja Rossija* über die geheimdienstlichen Hintergründe der Tuchatschewskij-Affäre. Dies geschah angeblich auf Anfrage eines Lesers, G.Woloschanin, der dabei auf »genügend ernsthafte und überzeugende Forschung« im Westen verwies. Kosterin sprach in seinen Darlegungen von der entscheidenden Rolle von Graf Trautmansdorf und erwähnte sogar die Rolle des inzwischen (1980) verstorbenen C.Wittig, der die Auslandsaufklärung des tschechoslowakischen Außenministeriums unter deutsche Kontrolle gebracht habe. Die Gerüchte von einer Schlüsselrolle des NKWD unter Jeschow wies er zurück. Der Artikel stützte sich in erster Linie auf die Arbeit eines westdeutschen Historikers: I. Pfaff, (*SR,* 18.9.1988, S. 4) sowie Materialien, die die Redaktion des *Wojenno-istoritscheskij schurnal* (»Militärhistorischen Journals«) zur Verfügung gestellt hatte.

In der »Jeschowschtschina«, dem Terror von Stalins Gefolgsmann N. Jeschow, wurden schließlich auch die »Säuberer« selbst gesäubert.**

Am 5.1.1989 meldete *Iswestija*, die Dokumente seien inzwischen freigegeben worden, einschließlich Mitteilungen sowjetischer Diplomaten, die zeigten, daß die Nazis Informationen über »sogenannte Kontakte« zwischen deutschen Militärführern und den Führern der Roten Armee an den tschechoslowakischen Präsidenten E.Beneš weitergeleitet hätten.

** N. I. Jeschow (1895–1940) wurde als Nachfolger von G. G. Jagoda am 26.September 1939 NKWD-Chef, d. h. Volkskommissar für Inneres. Bislang hatte er sich von anderen Parteibürokraten nur dadurch ausgezeichnet, daß er jeden Auftrag Stalins mit ganz besonderer Sorgfalt zu erfüllen pflegte (vgl. Voslensky, 1980, S.144).

Jeschow war seit 1927 in der Kadersektion von Stalins Privatsekretariat (laut A. Avtorchanov: s. Rosenfeldt, 1978, S. 178) tätig gewesen. Bis 1928 arbeitete er im ZK in Moskau. 1929 wurde er stellvertretender Kommissar für die Landwirtschaft. 1930–1934 war er stellvertretender Volkskommissar der Verteilungsabteilung (učetno-raspredelitel'nyj otdel ZK), die dann zur Kaderabteilung wurde (Nikolaevskij, *SV*, 12, 1956, S.242).

Am 29.4.1933 wurde er stellvertretender Vorsitzender der Parteikontrollkommission (unter L. Kaganowitsch) und für die Säuberung der Partei zuständig. Seit 1934 war er Mitglied des Organbüros und Chef des Industriesektors des ZK. Am 23.1.1935 wurde er Vorsitzender des Komitees für Parteikontrolle beim ZK der WKP (b). 1935 wurde er auch ZK-Sekretär und Mitglied des Allunionsexekutivkomitees und Exekutivkomitees der Komintern.

Seit 1934 überwachte er im Auftrag des ZK die Aktivitäten des NKWD (Duin, 1978, S. 35). Er baute auf Stalins Anweisung aus etwa 300 besonders vertrauenswürdig erscheinenden Leuten einen parallelen Sicherheitsapparat auf (Van der Rhoer, 1983, S.112; Orlov, 1953, S.213), der nach Jagodas Sturz hervortrat und den Großen Terror von 1937–1938 durchführte.

Der Große Terror begann also recht eigentlich mit der Säuberung des NKWD. Laut W. Petrow wurden derart 3 000 höhere NKWD-Offiziere ausgeschaltet, speziell alle diejenigen, die je im Ausland gedient hatten (1956, S.72). Die Aktion griff dann auf die Streitkräfte über, die Partei und das ganze Land (Suvorov, 1984, S. 178). Im Juli 1937 wurde zusammen mit der Militärführung und anderen politischen Führern auch die gesamte GRU-Führung und ihr operativer Stab liquidiert. Jeschow soll Stalin insgesamt etwa 383 Listen mit Opfern für die Liquidierung vorgelegt haben (Duin, 1978, S. 36).

Im Januar 1937 erhielt Jeschow den neuen Rang eines Generalkommissars für die Staatssicherheit. Im Oktober 1937 wurde er Kandidat des Politbüros. Das Tescheka-Jubiläum von 1937 wurde ein Höhepunkt.

Am 17.7.1938 meldete die *Prawda* die Verleihung des Lenin-Ordens an Jeschow. Doch bis Oktober 1938 verlor er die Kontrolle über die Geheimpolizei, nachdem L. P. Berija im Juli 1938 zu seinem Stellvertreter ernannt worden war. Noch im gleichen Jahr wurde er abgesetzt, da er Stalins Zwecke erfüllt und damit ausgedient hatte (vgl. Wolin und Slusser, 1957, S.50, Anmerkung 92). Am

Die Aktion begann an der Spitze des Sicherheitsapparats, bei den Abteilungsleitern; dann wurden deren Stellvertreter erfaßt und schließlich auch allmählich die nächstniedrigeren Chargen (vgl. Petrov, 1956, S. 58). Etwa 3 000 Spitzenfunktionäre des NKWD, so berichtete A. Orlow, wurden in den Jahren 1937–38 liquidiert bzw. wählten den Freitod (Orlow, 1953, S. 259).***

Der Soziologe I. Bestuschew-Lada schätzte kürzlich, daß 20 000 Funktionäre des NKWD selber Opfer des Stalin-Terrors wurden, weil sie sich weigerten, eine Karriere als gedungene Mörder des Tyrannen zu machen *(Nedelja,* 5, 1988, S. 11; *RL* 198/88, S. 6).

Diese Entwicklung verdeutlichte, daß der Große Terror im Grunde nicht einmal das Werk »des« NKWD war, sondern vielmehr von Stalin und dessen Privatsekretariat.

Der Terror richtete sich im Grunde gegen jegliche Form menschlicher Solidarität, die über die persönliche Loyalität zum Diktator hinausging (vgl. Conquest, 1968, S. 282). Stalin war dabei bemüht, keine neue Tradition von Helden und Märtyrern der (auch nur potentiellen) Opposition entstehen zu lassen, wie im Rußland vor 1917. Den Opfern wurden erniedrigende Geständnisse abgezwungen; wenn sie hierzu – wie so viele der Militärführer – nicht zu bewegen waren, wurden sie im geheimen hingerichtet. Schon 1935 brüstete sich der stellvertretende Volkskommissar für Inneres, L. Sakowskij (vor der Revolution wegen Mordes ver-

21.1.1939 erhielt er den demonstrativ unbedeutenden Posten eines Volkskommissars für den Inlandwassertransport und wurde dann sehr bald nach einem überraschenden Angriff von A. Schdanow auf Mängel in seinem neuen Ressort auch von diesem Posten abgesetzt und verhaftet.

Er soll gefoltert worden sein. All das geschah, wie immer, ohne Gerichtsverfahren. Es half Jeschow natürlich nichts, daß er darauf verwies, keinen einzigen Menschen auf eigene Initiative verhaftet zu haben, sondern daß alles auf Anordnung Stalins geschehen sei (*Cahiers du samizdat*, No. 129, 1987, S. 42).

1940 wurde er erschossen (Avtorchanov, 1976, S. 53) oder gar, wie ein Gerücht behauptet, am 4.6.1940 bei dem NKWD-Sanatorium in Suchanovo bei lebendigem Leibe begraben (Suvorov, 1984, S. 178). Offenbar spielte I. Serow hierbei eine Rolle (a.a.O.).

*** KGB-Chef W. M. Tschebrikow kam in einem Interview auf diese Zahl zurück und zählte eine Reihe der prominentesten Opfer auf: A. Ch. Artusow, Ja. K. Bersin, I. Lazis, Ja. Ch. Peters, S. W. Pusizkij, W. A. Styrne, G. S. Syroeschkin, I. S. Unschlicht; ferner die ersten Chefs der militärischen Spionageabwehr: M. S. Kedrow und A. W. Ejduk, der Chef des UNKWD Fernost, T. D. Deribas, der Chef des UNKWD im Gebiet Saratow, R. A. Pilljar, sein Stellvertreter I. I. Sosnowskij und andere (*Pr*, 2.9.1988).

urteilt), er hätte sogar Marx zu dem Geständnis gebracht, für Bismarck gearbeitet zu haben *(Sp,* 29, 1988, S. 121).

Die vom Terror ausgelösten Wogen der Denunziationen und Verhaftungen drohten schließlich, das soziale und politische Gefüge selbst zu gefährden. Die Höllenmaschine wieder unter Kontrolle gebracht zu haben, war die Leistung des im Juli 1938 nach Moskau berufenen georgischen Polizei- (seit 1924) und Parteichefs (seit 1931; seit 1932 von Transkaukasus), L. P. Berija. Auf dem XVIII. Parteitag 1939 wurde dieser dafür zum Kandidaten des Politbüros befördert.

Der Zweite Weltkrieg

Für seine tyrannischen Methoden zahlte Stalin beinahe mit dem Untergang seines Regimes. Er wollte nicht wahrhaben, daß sich Hitler gegen ihn wenden könnte. Der militärische Nachrichtendienst GRU sah sich gezwungen, sich Stalins Weltbild anzupassen, wie sein ehemaliger Chef, F. I. Golikow, dem Historiker W. Anfilow berichtete. So lautete die offizielle GRU-Einschätzung vom 20.3.1941 der zahlreichen Warnungen von Informanten, ein deutscher Angriff stünde bevor: Hierfür sei der wahrscheinlichste Zeitpunkt erst nach einem Sieg Deutschlands über England oder einem für Deutschland günstigen Frieden mit diesem:

> »Gerüchte und Dokumente, die von der Unabwendbarkeit eines Krieges gegen die UdSSR in diesem Frühjahr sprechen, muß man als Desinformation einschätzen, die von der englischen und womöglich sogar von der deutschen Feindaufklärung ausgeht«. *(Socialističeskaja industrija,* 19.6.1988).

Die Folge: Nachdem Stalin eine Kriegswirtschaft im Namen einer unausweichlichen Kriegsgefahr eingeführt hatte, waren die Streitkräfte angesichts des tatsächlichen Angriffs im Juni 1941 militärisch unvorbereitet und sogar von Stalin noch an Defensivmaßnahmen gehindert worden.

Ohnehin hatte der Terror der dreißiger Jahre, wie der Historiker A. Samsonow mit Recht betont hat, die Kampfbereitschaft des Landes stark geschwächt *(Sp,* 7, 1988, S. 129).

Im Zweiten Weltkrieg spielten die Staatssicherheit und ihr höchster kompetenter Chef eine entscheidende Rolle bei der sowjetischen Verteidigung: Die Staatssicherheit überwachte die Verlagerung der Industrie in die östlichen Landesteile. Sie hatte die Oberaufsicht über die strategische Aufrüstung inne, was Berija mit solchem Erfolg tat, daß Stalin ihm 1946 auch das neue Dringlichkeitsprogramm, den Bau einer Atombombe, übertrug. Das NKWD-NKGB schaltete alle auch nur potentiellen Regimegegner aus und »säuberte« 1941/42 die vor den Deutschen zu räumenden Gebiete, wobei im Schnellverfahren Tausende und Abertausende liquidiert wurden.*

Zu den berühmtesten Opfern gehörte die Elite der polnischen Armee. Die Leichen von 4 143 polnischen Offizieren wurden 1943 von den Deutschen im Wald von Katyn bei Smolensk gefunden. Sie gehörten zu einer Gruppe von ca. 15 000 polnischen Offizieren, die 1939 der Sowjetunion in die Hände gefallen waren. Seit dem Frühjahr 1940 fehlte jedes Lebenszeichen von ihnen *(dpa, 19.7.1988)*. Die Offiziere waren offenbar von der sowjetischen Staatssicherheit – Smersch – erschossen worden (vgl. Lord Bethell, in: *Z*, 2.7.1972, S. 50; van Bergh, 1986; Romanov, 1972, S. 136 ff.; Zawodny, 1962), wahrscheinlich auf Stalins höchstpersönlichen Befehl (Mikolajczyk, 1972, S. 38). Westliche Historiker schlossen, dies müsse im April 1940, nach der Teilung Polens, geschehen sein *(AP*, 30.5.1988).**

* Über die Rolle der Staatssicherheit im Zweiten Weltkrieg berichtete kürzlich KGB-Chef W .M. Tschebrikow in seinem *Prawda*-Interview vom 2.9.1988: In den Jahren 1940–1941 habe die Staatssicherheit in den westlichen Gebieten der Sowjetunion 66 »faschistische Residenturen« aufgedeckt sowie über 1300 ihrer Agenten enthüllt. Im Krieg seien einige tausend Agenten der »faschistischen« Feindaufklärung unschädlich gemacht worden, darunter 1850, die mit Fallschirmen hinter der Front abgesprungen waren; ferner 631 »faschistische« Radiostationen, wovon dann über 80 von der Sowjetunion für Radiospiele zur Desinformation benutzt wurden. Dadurch seien 400 Agenten und Mitarbeiter der deutschen Feindaufklärung ausgeschaltet worden. Hinter der deutschen Front agierten über 2000 Operative Gruppen der sowjetischen Staatssicherheit, die an der Partisanenbewegung teilnahmen und den sowjetischen Oberbefehl über den Gegner informierten. Diese Gruppen »zerstörten« im Rücken des deutschen Heeres über 200 000 »Hitler-Deutsche«, brachten ca. 3000 Militärzüge zum Entgleisen und erlangten Informationen über 1260 Agenten der deutschen Feindaufklärung, die im Rücken der sowjetischen Streitkräfte aktiv waren. Doch die Staatssicherheit hatte noch viele umfassendere Aufgaben.

** Bis vor kurzem ist Katyn eines der strikten Tabus der letztlich von Moskau überwachten polnischen Zensur gewesen (vgl. die Aussagen des ehemaligen Zensors T. Strzyzewski, *IHT*, 5.6.1978). Chruschtschow hatte im Zuge seiner Entstalinisierungskampagne W. Gomulka vorgeschlagen, die Wahrheit bekanntzugeben.

In den von den Deutschen »befreiten« Gebieten führte die Staatssicherheit umgehend wieder Massenverhaftungen durch aufgrund von im voraus erstellten Listen für jedes Dorf, jede Stadt, jeden Kreis und jedes Gebiet (Wolin und Slusser, 1957, S. 324). Der Grund für die überproportional hohen Verluste der Sowjetunion im Zweiten Weltkrieg ist mancherorts entscheidend auf derartige Säuberungsaktionen zurückgeführt worden.

Der polnische Parteiführer lehnte damals ab: Das könnte für die sowjetisch-polnischen Beziehungen verhängnisvoll werden (*RL* 119/88, S. 8). Eines der besonderen »Vergehen« von J. Popieluszko (vgl. unten) war, daß er mit neuen Materialien zu dieser Schreckenstat das Land bereist hatte (D. Cremer, *Vorwärts*, 5.1.1985).

Seit Gorbatschow die Aufklärung der »weißen Flecken« in der Geschichte zugesagt hat, hat sich das offizielle Schweigen nicht mehr durchhalten lassen. Eine sowjetisch-polnische Kommission ist eingesetzt worden, ohne daß sie bislang zu handfesten Ergebnissen gekommen ist. Doch im März 1988 konnte der katholische Abgeordnete R. Bender zum ersten Mal öffentlich im polnischen Parlament die Aufklärung des Massakers fordern *(dpa,* 10.3.1988; *LG,* 11.5.1988).

Im Mai 1988 mehrten sich Indizien, daß reformistische Kräfte für die Wiederherstellung der Wahrheit sind. Radio Moskau schien einzulenken. Nachdem es die bisherige offiziell-sowjetische Darstellung wiedergegeben hatte, es handele sich um ein NS-Verbrechen, fügte es bedeutungsvoll hinzu: »Aber nun muß der Fall als einer der ›weißen Flecken in unserer Geschichte‹ registriert werden« (*RL* 236/88, S. 3). Der sowjetische Historiker A. Latyschew berichtete auf einem Symposium sowjetischer und polnischer Historiker:

»Ich habe deutsche Protokolle gesehen, die besagen, in den exhumierten Leichen seien sowjetische Geschosse gefunden worden« *(AP,* 30.5.1988).

Der prominente Historiker R. Medwedjew erklärte in einem Interview im Mai 1988, daß die sowjetisch-polnische Untersuchungskommission zu dem Ergebnis kommen werde, daß die Schuld auf sowjetischer und nicht auf deutscher Seite sei.

Bei seinem Polen-Besuch im Juli 1988 sicherte Gorbatschow zu, man werde »an allen nur möglichen Stellen« nach Dokumenten suchen, die bei der Aufklärung der Tragödie hilfreich sein könnten *(dpa,* 19.7.1988). In seiner Rede vor dem Sejm sagte der sowjetische Parteichef, ohne allerdings Katyn namentlich zu erwähnen:

»Die Wahrheit und Gerechtigkeit können sich auf ihrem Weg verzögern, doch können sie nicht verhindert werden« *(Pr,* 12.7.1988). Dann rief der polnische Primas Kardinal J. Glemp anläßlich seines Besuchs in der Sowjetunion im Juni 1988 dazu auf, die Wahrheit über Katyn zu sagen *(rtr,* 3.8.1988), und im folgenden Juli las er in Begleitung sowjetischer Ehrenwachen erstmals eine Messe bei Katyn (a. a. O.). *Zolnierz Wolnosci,* die polnische Militärzeitung, berichtete im Juli 1988 *(Radio Polonia,*

Die Vierte Abteilung (Barron, 1978, S. 390) der Staatssicherheit organisierte die (»offizielle«) Partisanenbewegung (Armstrong, 1964) und deren Koordination mit den Streitkräften. Sie überwachte auch die Loyalität und Schlagkraft der Truppen, wozu am 14. April 1943 *(SVE,* Bd. 2, 1976, S. 564) aus den erweiterten »Sonderabteilungen« im Militär die Organisation *Smersch* (= »Tod den Spionen«; der Name soll von Stalin selbst geprägt worden sein) unter S. N. Kruglow (Rhoer, 1983, S. 34) gebildet wurde. Diese militärische Spionageabwehr richtete sich in Wirklichkeit weniger gegen Nazi-Agenten als vielmehr in erster Linie gegen das Aufkommen regimefeindlicher Stimmungen in den *eigenen* Streitkräften (Wolin und Slusser, 1957, S. 19–20). Aus Funktionären der Staatssicherheit wurden bereits nach der Niederlage von Rostow im Sommer 1942 die berüchtigten sogenannten Blockier-Einheiten gebildet (Wolin und Slusser, 1957, S. 29), die die eigenen Soldaten, sollten sie vor dem Feind zurückweichen, einfach niederzuschießen hatten. Nach dem Kriege war eine weitere Aufgabe von Smersch, die von Stalin in Jalta ausbedungenen »Repatriierungen« durchzuführen (vgl. Tolstoy, 1981).

1943–1944 oblag der Staatssicherheit die Deportation einer ganzen Reihe von Völkerschaften.*** Die Generalprobe hierfür war

18.7.1988) über den Besuch polnischer Militärgeistlicher, Feldkaplane im Zweiten Weltkrieg, in Lenino und Katyn. Sie konnten mit einem katholischen Gottesdienst in Katyn das Andenken der erschossenen Offiziere ehren.

Am 29.8.1988 weihte Glemp das 5 Meter hohe Kreuz aus Eichenholz, das vorübergehend in Katyn aufgestellt wurde, um später durch einen Gedenkkomplex ersetzt zu werden (*Radio Warschau*, 29.8.1988; *Radio Polonia*, 3.9.1988). Die Errichtung dieses Denkmals begann im November 1988 (*UT*, F-502, 8.11.1988, S. 21). Allerdings war das magere Ergebnis des Treffens polnischer und sowjetischer Historiker im Dezember 1988 nur, daß hinsichtlich der Schuldfrage noch »weiteres Studium« nötig sei (*UT*, F-559, S. 34). Im folgenden März machte auch die polnische Regierung die Sowjetunion für die Erschießungen verantwortlich (*IHT*, 10.3.1989).

*** Ende 1943 der Karatschai und Kalmücken; März 1944 der Inguschen; April 1944 der Balkaren; Mai 1944 der Krim-Tataren (Simon, 1985, S. 291 ff.). Deportiert wurden aufgrund von Entscheidungen des GKO darüber hinaus einige weitere kleinere Gruppen sowie ein Teil der Griechen, Kurden und andere. Derart wurden ca. 3 Millionen Personen aus der Krim, dem Wolga-Gebiet und Nord-Kaukasus abtransportiert. Es gibt gewisse Berechnungen, daß dabei nicht weniger als 1 Million alter Menschen, Kinder und Frauen um ihr Leben kamen (R. Medwedew, *MN*, 27.11.1988).

bereits die Besetzung des Baltikums* im Sommer 1941 sowie die Deportation der Wolgadeutschen, die im Juli des gleichen Jahres begann. Der künftige KGB-Chef I. A. Serow, ebenfalls ein ehemaliger Mitarbeiter von Stalins Privatsekretariat, machte sich hierbei einen Namen. Auch bei der Sowjetisierung Osteuropas waren die »Organe« wieder an vorderster Front (vgl. Adelman, 1984; August und Rees, 1984; Mondič, 1984). Sie hatten vor allem alle liberalen und sozialdemokratischen Parteien und Kräfte auszuschalten und einen systematischen Terror in die Wege zu leiten. Denn, so berichtete Litwinow in seinen Memoiren, Stalin war überzeugt, »im Kampf um die Massen« wäre es vor allem notwendig,

> »die Führer zu entfernen und sie machtlos zu machen. Ohne die Führer läuft die Masse überall hin ...« (1956, S. 189).

Die doch wohl grundsätzliche Richtigkeit dieser Einschätzung (die Authentizität der Memoiren ist angefochten worden) bestätigte u.a. der Vorschlag des »Woschdj« (»Führers«) während der Konferenz in Jalta, 50 000 Offiziere des besiegten Deutschland einfach zu erschießen *(Sp,* 29, 1984, S. 77) ...**

---

* Die Frage der Deportationen ist inzwischen in Litauen besonders aktuell geworden. Am 11.9.1988 berichtete *Sowetskaja Litwa* »über die Rehabilitation unserer Bürger«. In den Jahren 1941–1951 seien 37 362 Familien, mit anderen Worten: 120 926 Menschen, deportiert worden. 1987 wurden davon 80, 1988 208 Personen rehabilitiert. Am 30.10.1988 meldete die Zeitung die Bildung einer Kommission beim litauischen Ministerrat zwecks Entschädigung der illegal aus Litauen Deportierten und am 6.11. die Bildung einer Regierungskommission zur Untersuchung der Morde von 1941.

** An diesen Aufgaben der sowjetkommunistisch geprägten Geheimdienste im Kriegsfall hat sich bis heute grundsätzlich offenbar nichts geändert. So berichtete der ehemalige MfS-Offizier W. Stiller:

> »Ich wußte, im Kriegsfall würde die Zentrale ausgelagert und der größte Teil der Mitarbeiter zur Diversion hinter den feindlichen Linien eingesetzt werden« (1986, S. 157).

> »Offensichtlich existierten also bereits detaillierte Pläne und Listen über Personen, derer man bei einer Besetzung der Bundesrepublik habhaft werden wollte« (a.a.O., S. 158).

Die Nachkriegsjahre (1945–53)

Nach Kriegsende ermöglichte es die Staatssicherheit Stalin auch, ein zu beispiellosem neuem Selbstbewußtsein erwachtes Offizierskorps wieder in die Schranken zu weisen.* Im Zuge der damaligen »Säuberung der Helden« (1946–48) fiel eine ganze Kette von Todesfällen gerade auch in den Reihen der jüngeren Offiziere auf. N. S. Chruschtschow und N. A. Bulganin bestätigten später im Gespräch mit J. B. Tito: Sie waren erschossen worden (Wolin und Slusser, 1957, S. 52–53).

So wurde mit Hilfe der Staatssicherheit – und einer bereits nach der Wende im Kriegsglück Anfang 1943 wieder stärker herausgestellten Partei – die »Restalinisierung« des Systems durchgesetzt, ungeachtet aller im Krieg bewußt geförderten Hoffnungen auf eine bessere Zukunft.

Doch dem stets so mißtrauischen und nach Kriegsende zunehmend psychopathischen Stalin war auch Berijas Macht immer bedenklicher geworden. Schon sehr bald nach dem Sieg bei Stalingrad (Februar 1943), der die Niederlage von Hitler-Deutschland absehbar machte, wurde im April 1943 die Staatssicherheit – NKGB (»Volkskommissariat für Staatssicherheit«) – erneut (wie bereits vor dem deutschen Angriff) vom Innenministerium getrennt. 1946 entzog Stalin Berija praktisch einen Teil der Direktkontrolle über den Polizeiapparat, indem er ihn gewissermaßen »nach oben lobte« und zu seinem Stellvertreter im Mini-

---

* Seit 1944 waren die Politorgane in den Streitkräften gestärkt worden. Im Februar 1945 wurde Generaloberst I. I. Schikin neuer Chef der Politischen Hauptverwaltung (faktisch eine Abteilung des Zentralkomitees zur Indoktrination und Überwachung der politischen Loyalität des Militärs), und die Autorität der militärischen Kommandeure wurde erheblich eingeschränkt. Stalins Wahlrede vom 9. Februar 1946 machte die Zurücksetzung des Militärs überdeutlich. Damals wurde N. A. Bulganin neuer Verteidigungsminister, der diesen Posten offenkundig zu dem Zweck erhielt, die »Säuberung« der Streitkräfte zu organisieren: Bulganin, der Nachfolger von Marschall K. E. Woroschilow als Stalins Stellvertreter im GKO (»Staatskomitee für Verteidigung«) seit November 1944, war zugleich ein alter »Tschekist« und »Osobist«, ein Vertreter der »Sonderabteilungen« der Staatssicherheit in den Streitkräften, der sich zunächst im Bürgerkrieg als Organisator (zusammen mit L. M. Kaganowitsch) des »Roten Terrors« in Nischnij Nowgorod im Sommer 1918 einen »Namen« gemacht hatte (vgl. Nikolaevskij, 1955). Bulganin spielte u.a. eine Schlüsselrolle beim Sturz des Kriegshelden Marschall G. K. Schukow, seinem persönlichen Intimfeind seit ihrer glücklosen Zusammenarbeit bei der Verteidigung von Moskau im Oktober 1941.

sterrat ernannte (Avtorchanov, 1976), in welcher Funktion Berija aber immer noch die allgemeine Oberaufsicht über die Polizei ausübte. 1951, offenbar gegen Ende November, wurde Berijas Protégé und Chef der Gegenspionage (Deriabin und Gibney, 1959, S. 165), W. S. Abakumow, durch einen Parteifunktionär, S. D. Ignatjew, abgelöst, einen Mann, der in der ZK-Abteilung für Parteiorgane gearbeitet hatte (Conquest, 1962, S. 187; Nicolaevsky, 1965, S. 107–108) und offenbar Chruschtschow und wohl auch Stalins Privatsekretär A. N. Poskrjobyschew nahestand. (Ignatjew starb erst kürzlich; vgl. *Pr,* 30.11.1983). Damit verlor Berija zeitweilig weitgehend die Oberkontrolle über den Sicherheitsapparat, ein deutliches Zeichen, daß er nicht länger Stalins Gunst genoß. Auf dem XIX. Parteitag im Oktober 1952 wurde auch eine Reihe von Berijas prominenten Gefolgsleuten – W. N. Merkulow, W. G. Dekanosow, M. M. Gwischiani* – zurückgesetzt (Conquest, 1962, S. 189). Am 13. Januar 1953 wurde eine angebliche Verschwörung von Kremlärzten bekanntgegeben. Das war offenkundig der Auftakt zu einer weiteren großen Säuberung, und die Kritik an mangelnder »Wachsamkeit« der »Organe« zeigte, gegen wen sich dieser letzte Schlag Stalins vor allem richten sollte: nämlich gegen Berija und seinen Apparat.

Da ereilte im März 1953 den alten Diktator ein – womöglich nicht ganz natürlicher (Avtorchanov, 1976; ebenso E. Hoxha, in: *Kontinent,* 1983, S. 406; Bortoli, 1973) – Tod.**

Berija aber trat nun die Flucht nach vorn an, und das bemerkenswerterweise mit einem Programm der Entstalinisierung und Liberalisierung. Der Name des Diktators verschwand zeitweilig aus den Medien; Berija dachte offenkundig an eine Art Entkollektivierung der Landwirtschaft (Chruschtschows Projekt der Einrich-

---

* M. M. Gwischiani ist der Vater von G. M. Gwischiani, seit 1965 stellvertretender Vorsitzender des Staatskomitees für Wissenschaft und Technik (GKNT) und Chef von dessen Hauptverwaltung für Auslandsbeziehungen (Penkovsky, 1965, S. 105), die u.a. bei der illegalen Beschaffung ausländischer Technologie eine Schlüsselrolle spielt.

** *Sowetskaja Estonija* brachte kürzlich unter Berufung auf die Aussagen eines früheren Leibwächters neue Einzelheiten:
   Stalin hatte einen schweren Schlaganfall erlitten – bereits in den Jahren zuvor hatte er mehrere leichte Schlaganfälle durchgemacht – und lag mindestens 14 Stunden bewußtlos, weil Berija niemanden zu ihm gelassen habe. Er starb vermutlich bereits am 1. 3. 1953 und nicht, wie offiziell mitgeteilt, am 5. 3. (*SZ,* 8. 9. 1988).

tung von »Agrostädten« hatte er nicht unterstützt) sowie eine weniger auf Russifizierung ausgerichtete Nationalitätenpolitik *(SV,* 1, 1954, S. 5). Berija plante auch einen Ausgleich mit den Ländern Osteuropas, und zwar nicht nur – wie G.M. Malenkow – in Form wirtschaftlicher Konzessionen (vgl. Avtorchanov, 1976, S. 68; B. Nikolaevskij, *SV,* 1954, S. 5; Service, 1981), sondern auch in politischen Fragen. Er scheint an eine neue Deutschlandpolitik gedacht zu haben *(SV,* 11, 1955, S. 211) sowie an die Koexistenz mit den USA; jedenfalls fiel auf, daß unter der kurzen Vorherrschaft des Polizeichefs bis zum 26. Juni 1953 in den sowjetischen Medien die Angriffe auf die Vereinigten Staaten eingestellt wurden *(SV,*8–9, 1954, S. 156). 1953 soll Berija heimlich Kontakt mit Repräsentanten der britischen Regierung aufgenommen haben. Über die Außenpolitik kam es zum Bruch zwischen ihm und Malenkow (Nikolaevskij, *SV,* 1, 1954, S. 5).

Der Aufstand in Ostberlin vom 17. Juni 1953 könnte den entscheidenden Anstoß zu Berijas Sturz gegeben haben. Am 26. Juni wurde er in einer Sitzung des Politbüros verhaftet – das Werk einer Verschwörergruppe, in der N. S. Chruschtschow im Bunde mit gewissen Militärführern eine Schlüsselrolle spielte: nämlich mit den Marschällen G. K. Schukow (der der Geheimpolizei nie die Säuberung der Militärführung von 1937 vergeben konnte), K. S. Moskalenko, dem Oberbefehlshaber des Luftverteidigungsbezirks Moskau, Marschall S. K. Timoschenko und General Koslow (Penkovsky, 1965, S. 191).*

* Diese dramatischste Politbürositzung nach Stalins Tod schilderte kürzlich F. Burlazkij aufgrund von Gesprächen, die er mit Chruschtschow geführt hatte. Auch an diesem Bericht ist allerdings die bloße Tatsache seines Erscheinens bedeutsamer als neue historische Einsichten. Burlazkij erzählte: Als Stalin gestorben war, soll Mikojan zu Chruschtschow gesagt haben: »Berija hat sich nach Moskau abgesetzt, um die Macht an sich zu reißen« *(FAZ,* 2.3.1988). Auch Chruschtschow war der Meinung, daß Berija als erster auszuschalten sei. Eine Politbüro-Sitzung wurde anberaumt. Man wartete in großer Besorgnis, da sich der Geheimdienstchef etwas verspätete; man mußte fürchten, er habe von dem Komplott Wind bekommen. Endlich erschien er, unter dem Arm eine Aktentasche, in der er bekanntlich stets eine Waffe versteckt hielt.

Berija soll dann nach dem Zweck der Sitzung gefragt haben. Malenkow sei erbleicht und habe nicht sprechen können. Daraufhin sei Chruschtschow aufgesprungen: »Es gibt nur einen Tagesordnungspunkt: die gegen die Partei gerichteten subversiven Aktivitäten des Agenten des Imperialismus [!!] Berija. Es liegt ein Antrag vor, ihn aus dem Politbüro auszuschließen und einem Militärgericht zu übergeben.«

Berija wurden, wie in der *Prawda* bekanntgegeben, »niederträchtige Machenschaften« mit dem Ziel der Machtergreifung angelastet; Berija und seine »Bande«, so erklärte N. S. Chruschtschow vor dem XX. Parteitag 1956, hätten versucht, die Organe für Staatssicherheit »über Partei und Regierung« zu stellen *(XX s"ezd,* Bd. 1, S. 94). Ferner wollte Berija angeblich die Kolchoswirtschaft abschaffen, die »Völkerfreundschaft« untergraben, und er sei »britischer Agent« gewesen; kurz, er habe die Restauration des »Kapitalismus« angestrebt (vgl. Tolz, 1983).

Die Staatssicherheit wurde einer erneuten radikalen Säuberung unterzogen: Alle Abteilungsleiter bis hinunter zu den stellvertretenden Sektionschefs wurden ausgebootet (Deriabin und Gibney,

> »Ich hob die Hand«, erzählte Chruschtschow, »und alle anderen folgten.« »Berija wurde ganz grün« und griff nach seiner Aktentasche. »Aber ich packte sie, schwupp, und zog sie an mich.« Dann habe Chruschtschow einen geheimen Knopf gedrückt, und zwei Offiziere hätten Berija festgenommen, der nur noch zu stammeln [??] vermocht habe.
>
> Nach einer anderen neuen Information berichtete Malenkows Sohn Andrej, Berija habe Bulganin und Chruschtschow zur Machtergreifung anstiften wollen, und diese hätten Malenkow informiert. »Ihr Bericht war genügend Anlaß für außerordentliche Maßnahmen« (Žusenin, 1987, S. 7).
>
> Im Bund mit den Marschällen P. Batizkij, K. Moskalenko, A. Baksow wurde der Coup gegen Berija geplant. Die operative Leitung hatte Marschall Schukow inne, alles weitere übernahm der Chruschtschow nahestehende Moskalenko, Chef der Moskauer Luftabwehr (a.a.O.). Berija wurde angeblich vor ein Sondergericht *(Spezialnoje prisutstwie Werchownowo Soweta)* zusammen mit seinen übrigen führenden Mitarbeitern Merkulow, Dekanosow usw. gestellt.
>
> Westliche Historiker sind sich dagegen nicht sicher, ob er nicht praktisch umgehend »liquidiert« wurde *(rtr,* 28.2.1982). Solche Vermutungen könnten womöglich Bestätigung finden in der Andeutung, die der Historiker S. Mikojan, Sohn des Altbolschewiken A. Mikojan, gemacht hat: »Das Verfahren gegen Berija war schnell. Vielleicht zu schnell« *(Komsomol'skaja prawda,* 22.2.1988).
>
> Das Sondergericht, das zumindest Berijas führende Mitarbeiter aburteilte, tagte unter Vorsitz von Marschall I. Konjew, ein Mann, der selber einmal Opfer des Stalin-Terrors gewesen war. Die Exekution Berijas wurde von Marschall P. Batizkij geleitet. Dessen Frau berichtete nun, Berija sei auf die Knie gefallen und habe um Gnade gefleht. Doch Berija fehlte es keineswegs an persönlicher Courage. Man kann solchen Berichten daher wohl mit Skepsis gegenüberstehen. Denn, wie S. Haffner einmal über Hitler bemerkte: Man soll den Teufel nicht kleiner machen, als er ist. Plausibler scheint insofern der Bericht von Žusenin, ehemals General der Kremlwache, also »Gebist«:
>
> »Er gestand nichts. Dann trat er in einen Hungerstreik, der elf Tage dauerte. Wir mußten uns nicht wenig anstrengen, um diesen Schurken bis zum Gerichtsverfahren durchzuschleppen« (Žusenin, 1988, S. 3).

1959, S. 171). Unter anderen wurden im September 1953 General-major P. A. Sudoplatow, der ehemalige Partisanenchef und inzwischen Leiter der Abteilung für Sabotage und politische Morde, des *Spezbjuro No. 1* (»Sonderbüro Nr. 1«), und sein Stellvertreter General L. A. Eitington verhaftet (Chochlow, 1954, S. 45). (Neuer Leiter des im September 1953 in »9. Abteilung für Terror und Diversion« umbenannten Ressorts wurde W. Sudnikow: vgl. Barron, 1978, S. 392; hieraus wurde 1954 die »Abteilung 13« der Ersten Hauptverwaltung: vgl. *Wet Affairs,* 1983, S. 70.) Eine ganze Reihe führender Mitarbeiter des alten Polizeichefs – W. N. Merkulow, W. G. Dekanosow, B. S. Kabulow, S. A. Goglidse, P. Ja. Meschik, L. Je. Wlodsimirskij – wurde hingerichtet *(Pr,* 24.12.1953).* Nicht zuletzt schien hierbei, wie schon früher, der Gesichtspunkt eine Rolle zu spielen: Sterben mußte, wer zuviel wußte.

Die Staatssicherheit wurde von einem Ministerium in ein Staatskomitee »beim Ministerrat« unter kollegialer Führung umgewandelt (und der Ministerrat hatte damals eine erheblich stärkere Machtstellung, als das später, nach Chruschtschows Restauration der Vorherrschaft des Parteiapparats, der Fall gewesen ist); die Parteikontrolle wurde reaktiviert.

Die Ära Chruschtschow

Verschiedene Maßnahmen wurden allmählich in die Wege geleitet, um dem Stalinterror für immer ein Ende zu machen: Die sogenannten Kirow-Gesetze, mit denen Stalin standrechtliche Todesurteile eingeführt hatte, gegen die es keine Berufung gab, wurden

---

* *Merkulow* war ab 1941 Minister für Staatssicherheit und später Minister für Staatskontrolle; *Dekanosow* war seit 1939 stellvertretender Kommissar für Auswärtiges gewesen und in den kritischen Jahren 1940–1941 zugleich Außerordentlicher und Bevollmächtigter sowjetischer Botschafter in Berlin. Bis zum Sommer 1953 hatte er schließlich als Innenminister Georgiens gewirkt. *Goglidse* war ehemaliger Chef des georgischen MWD und früher Leiter der Zwangsarbeitslager in Sowjetisch-Fernost; *Kabulow* war ehemaliger stellvertretender Minister für Staatssicherheit und später einer von Berijas Stellvertretern im MWD; *Meschik* war Chef des ukrainischen MWD; *Wlodsimirskij* war Leiter der Untersuchungsabteilung »für besonders wichtige Angelegenheiten« im MWD gewesen. (Vgl. Fainsod, 1963, S 163, Anmerkungen.)

abgeschafft, die berüchtigten *Trojkas** aufgelöst, ebenso im September 1956 das *Osoboje sowjeschtschanije* (»Sonderkommission«), das oberste Schnellgericht der Staatssicherheit;** das Wirtschaftsimperium der Staatssicherheit wurde abgebaut; man erlaubte es vielen Häftlingen, wieder in das zivile Leben zurückzukehren.***

Eine erneute Oberaufsicht der Staatssicherheit durch den Generalstaatsanwalt *(XX s"ezd,* Bd. 1, S. 94; *VVS,* 1956, Art. 186) sollte künftig die »sozialistische Legalität« besser absichern (auch wenn man dabei nicht vergessen darf, daß die Generalstaatsanwaltschaft ihrerseits vom KGB überwacht wurde). Vor allem aber sollte verhindert werden, daß in Zukunft wieder ein einzelner die Polizei als persönliche Waffe im Machtkampf ausspielen konnte. Stalins geheimer Sondersektor im Privatsekretariat wurde abgeschafft; die Nachfolge-Organisation – die »Allgemeine Abteilung« des Zentralkomitees – sollte hinfort als Kanzlei des *gesamten* Politbüros fungieren (vgl. Schapiro, 1975).

Doch sogar Chruschtschow, Berijas listenreicher Widersacher, war so vorsichtig, den Mittel- und Unterbau der Staatssicherheit intakt zu belassen (Knight, 1980, S. 138–155). Noch auf dem XX. Parteitag im

---

* Eine *Trojka* (wörtlich: ein »Dreigespann«) war ein Schnellgericht, bestehend aus dem lokalen NKWD-Chef, dem Parteisekretär des jeweiligen Rajon (Distrikts) sowie dem örtlichen Vorsitzenden des Sowjet (vgl. Brzezinski, 1956, S. 107).

** Das *Osoboje soweschtschanije»* war aufgrund eines Sondererlasses des WZIK (Allunions-Zentralexekutivkomitees) vom 1.12.1934 geschaffen worden. Diese Instanz war ermächtigt, ohne Gerichtsverfahren und gerichtliche Untersuchung Urteile einschließlich Todesstrafen zu fällen, und zwar ohne daß ein Anwalt zugelassen wurde. Selbst sein Namensvorläufer, das *Osoboje soveschtschanije* zur Zeit der politischen Reaktion unter Alexanders III. (nach der Ermordung Alexanders II. 1881 durch die Revolutionäre), hatte nicht solche »Rechte« besessen.

In einer Zeit von nur zwei Tagen hatte diese Instanz bis zu über 800 Urteile zu fällen, so daß sich die Staatsanwälte beklagten, sie hätten nicht einmal mehr die Möglichkeit, auch nur alle Namen der Verurteilten zu lesen (*vgl. Učitel'* (Perm), 7.12.1988, abgedruckt in: *UT,* 27.12.1988, F 591 09).

*** Laut D. Jurasow wurden 1953 bis 1957 621 000 Personen rehabilitiert, davon die größte Zahl von lokalen Gerichtshöfen, nämlich etwa 200 000. Die Militärkollegien rehabilitierten etwa 50 000 Personen, die Militärtribunale der Militärbezirke weitere etwa 80 000.

»Aber diese Zahl steht in keinem Verhältnis zu der der Verurteilten« (*Znamja junosti,* 29.11.1988, S. 3).

Februar 1956 – auf dem er mit seiner berühmten Geheimrede* die Entstalinisierung lancierte – betonte der Parteichef:

> »Wir wissen, daß die Kader unserer Tschekisten in ihrer überwiegenden Mehrheit aus ehrenhaften Funktionären bestehen, die unserer allgemeinen Sache ergeben sind, und wir vertrauen diesen Kadern.« (*XX s"ezd*, Bd. 1, S. 95.)

Ja, die Reorganisation der Staatssicherheit bedeutete nicht einfach deren bewußte Schwächung. In der Sowjetunion hat ein

---

* Die Rede war laut A. Golizyn (1984, S. 30) von P. N. Pospelow, dem damaligen Direktor des Marx-Engels-Lenin-Stalin Instituts, unter Zuhilfenahme der Archive der Staatssicherheit und von Memoiren sowjetischer Emigranten der dreißiger Jahre abgefaßt worden. Offenbar war sie dann von M. A. Suslow gegengelesen worden, dem die Theorie zugeschrieben wird, die zwischen einem »guten« und einem »schlechten« Stalin unterschied. Das Parteipräsidium billigte sie am Vorabend des XX. Parteitags. 1956 wurde sie bald nach Chruschtschows Vortrag vom US Department of State gegen den Willen von Botschafter Ch. Bohlen (*RM*, 6.3.1987) publiziert (*NYT*, 4.6.1956), nachdem sie auf nicht restlos geklärtem Weg in die USA gelangt war. Es heißt, die CIA – deren damaliger Chef Allen Dulles mit aller Entschlossenheit für den Erwerb des Dokuments eintrat (Steven, 1980, S. 96) – erwarb sie, entweder mit eigenen Mitteln oder über den israelischen Geheimdienst (Powers, 1979, S. 322, Anmerkung 5), ... dessen Chef, I. Harel, damals einen Agenten in der Sowjetunion gehabt haben soll (Steven, 1980, S. 96). Diesem Agenten sei es gelungen, einen Nachwuchsdiplomaten »einer osteuropäischen Botschaft« zu rekrutieren. In der Tat waren ja gerade die polnischen Kommunisten zutiefst erschüttert zu erfahren, daß die gesamte Führung ihrer Partei vor Ausbruch des Zweiten Weltkrieges in der Sowjetunion liquidiert worden war (Marchetti und Marks, 1980, S.113). Der Preis, den die CIA für das Dokument an Israels Mossad gezahlt haben soll, war ein Abkommen, Israel alle CIA-Informationen über die arabische Welt zur Verfügung zu stellen (a.a.O., S. 97). Ray Cline, der später (1961) CIA Deputy Director for Intelligence wurde, bestätigte die Authentizität der Rede Chruschtschows, und das Department of State hatte sie zu veröffentlichen.

Die Publikation trug mit ihren Enthüllungen über die Stalin-Zeit entscheidend zu den Unruhen von 1956 in Ungarn und Polen bei und löste überhaupt einen Eklat im Weltkommunismus aus.

Die Emigrantenorganisation NTS (Narodo-Trudowoj Sojuz – »Volks-Arbeiter-Bund«) brachte sie 1959 noch einmal in der Bundesrepublik heraus, angeblich in einer Auflage von einer Million (*RM*, 6.3.1987,S.10). Im Ostblock ist sie bis 1988 nicht publiziert worden: Sie wurde nur in numerierter Auflage als internes Parteidokument herausgebracht (*NZZ*, 29.7.1988), das allerdings im Frühjahr 1956 auf Zehntausenden von Parteiversammlungen in ganz Osteuropa verlesen wurde.

Inzwischen hat die polnische Parteizeitung *Polytika* als erstes Organ im Ostblock die Rede am 29.Juli 1988 neu abgedruckt.

Staatskomitee über die Zuständigkeit eines Ministeriums hinausgehende, ressortübergreifende Koordinierungsfunktionen. Die Einrichtung eines *Staatskomitees* für Staatssicherheit implizierte insofern auch eine Stärkung der »Organe«, und zwar nicht zuletzt im Hinblick auf ihre außenpolitische Rolle. Chruschtschow betonte auf dem XX. Parteitag 1956, in Anbetracht der »kapitalistischen Umzingelung« und »subversiver Aktionen« insbesondere seitens der USA gelte es,

> »die revolutionäre Wachsamkeit im sowjetischen Volk allseitig zu erhöhen und die Organe für Staatssicherheit zu stärken« (a.a.O.).

Immerhin wurde in der Ära Chruschtschow die politische Repräsentanz der Polizei in den Führungsgremien der Partei auf ein symbolträchtiges Minimum reduziert. Den Tiefpunkt bildete der XXII. Parteitag vom Oktober 1961, auf dem Chruschtschow den bis dahin schärfsten Angriff auf die Altstalinisten und die von ihnen repräsentierte politische Weltanschauung unternahm. Allein der KGB-Chef gelangte noch als Vollmitglied ins Zentralkomitee (traditionell der Gradmesser für das bürokratisch-politische Gewicht aller sowjetischen Apparate); damit war die Vertretung der Staatssicherheit in diesem Gremium von etwa 3–4 Prozent der Mitglieder unter Stalin auf bloße 0,5 Prozent gesunken (wie schon auf dem XX. Parteitag 1956: Carrère, 1980, S. 74). Doch sogar auf dem XXII. Parteitag, dem Höhepunkt seiner Entstalinisierungskampgne, erklärte Chruschtschow:

> »Wie können wir je die Organe liquidieren, die damit beauftragt sind, die Sicherheit das sowjetischen Staates zu schützen!« (Knight, 1988, S.66.)

In den unionsrepublikanischen Parteibüros brach N. S. Chruschtschow mit der Stalinschen Praxis, den KGB-Chefs automatisch einen Sitz (und damit Aufpasserfunktionen) einzuräumen; schließlich vollzog Nikita Sergejewitsch seinen Aufstieg zur Vormacht im Bunde mit den Gebietssekretären der Partei.

Doch für seine nur teilweise Entstalinisierung der Staatssicherheit zahlte Chruschtschow seinen Preis. 1963/64 versuchte das KGB mittels einer Reihe von Provokationen* offenkundig, den

---

* So wurde am 31. Oktober 1963 (Freemantle, 1982, S. 30) der amerikanische Politologe und Professor der Yale-Universität, F. Barghoorn, vom KGB in Mos-

Entspannungskurs des Parteichefs zu durchkreuzen. Dann wirkte die KGB-Führung aktiv am Sturz Chruschtschows im Oktober 1964 mit. Dafür jedenfalls sprach die Direktbeförderung A. Schelepins, des ehemaligen KGB-Chefs (1958–61) und seitdem ZK-Sekretär mit Zuständigkeit für die Sicherheitsapparate, im folgenden November (1964) zum Vollmitglied des Politbüros. Auch der neue KGB-Chef, W. Semitschastnij, sein Protégé, wurde Mitglied des Zentralkomitees.

F. Burlazkij berichtete inzwischen in der *Literaturnaja gaseta* (*W*, 16.9.1988), der Ex-KGB-Chef A. Schelepin habe den Coup mit einer »kleinen Gruppe von Verschwörern« organisiert. (Im Westen hielt man M. A. Suslow für den Hauptorganisator; immerhin war er als zweiter Sekretär auch für die Staatssicherheit mit zuständig.) Schelepin habe dabei das höchste Parteiamt für sich selbst angestrebt. Laut Burlazkij tat er das mit einem »Disziplin«-Programm und der Absicht, »den guten Namen« Stalins zu rehabilitieren. Ein solches »Programm« Schelepins erscheint aber problematisch: auf dem XXII. Parteitag war er als KGB-Chef der schärfste Kritiker eben des Stalinismus, und Z. Mlynarz berichtete, daß man von seinem Sieg in der tschechoslowakischen Führung 1968 so mancherorts eine »rationale Linie aufgrund von Expertentum und konstanter Demokratisierung« erwartete (Mlynarz, 1980, S. 86).

Wie dem auch sei – und Schelepin könnte bewußt auf ein Zweckbündnis mit dem sowjetischen Konservatismus kalkuliert haben –, sein Gefolgsmann und neuer KGB-Chef W. Je. Semitschastnyj, spielte eine wichtige Rolle beim Coup: Er empfing Chruschtschow bei der Rückkehr aus Pizunda, und er soll laut Burlazkij zuvor vorsorglich Chruschtschows Leibwache ausgewechselt haben.

---

kau verhaftet – vielleicht nicht zuletzt, weil er für dieses besonders »interessant« war. Hatte er doch 1942–47 an der amerikanischen Botschaft in Moskau gearbeitet und politische Berichte verfaßt sowie 1949–51 in Westdeutschland Flüchtlinge aus der Sowjetunion für die amerikanische Regierung interviewt (Barghoorn, 1971, S. 123), und diese sind aus sowjetischer Sicht eine »Zuständigkeit« der Staatssicherheit.

Damals unternahm das KGB auch einen Senfgas-Anschlag auf einen deutschen Botschaftsangehörigen – H. Schwirkmann – in Sagorsk. Weniger bekannt war der Grund: Schwirkmann war ein Spezialist für Abhöranlagen, der nicht nur zahlreiche »Wanzen« aus der Botschaft entfernt, sondern einige davon schließlich auch unter Strom gesetzt hatte ...

Die machtpolitische Ursache von Chruschtschows Sturz resümierte A. Avtorchanov überzeugend: Chruschtschow hatte sich keinen Ersatz für Stalins geheimes inneres Kabinett und den »Sondersektor« zu schaffen vermocht.

> »Als sich das Politbüro 1957 gegen Chruschtschow erhob, da rettete ihn das Sekretariat; doch als sich 1964 das Sekretariat gegen ihn erhob, da war er verloren« (Avtorchanov, 1979, S. 12).

Doch mit Recht konnte Chruschtschow rückblickend eben hierin auch sein Hauptverdienst sehen, nämlich

> »daß sie mich loswerden konnten durch einfache Abstimmung, während Stalin sie alle hätte verhaften lassen« (*JP*, 4, 1985, S. 1259, zitiert aus R. Medvedev, *Khrushchev. A Biography*, New York, 1984).

Es ist denkbar, daß nicht das ganze KGB geschlossen hinter Chruschtschows Gegnern stand. So bestätigte im November 1988 Chruschtschows Sohn Sergej (*Ogonjok* 48, 1988, S.2), Chruschtschows Memoiren und seine eigenen Tonbandaufzeichnungen hätten ihm die »kompetenten Organe« 1970 abgenommen. Im Westen aber hatte man längst vermutet, daß die zunächst gerade auch von manchen westlichen Experten hinsichtlich ihrer Authentizität so angefochtenen Memoiren über KGB-Kanäle nach Amerika gelangten. Das aber lag zweifellos im Interesse jener, die an Reformen interessiert waren.

Das Comeback des KGB unter Breschnew

Das Problem der politischen Oberkontrolle über das KGB dürfte für Chruschtschows Nachfolger und speziell die beiden Schlüsselfiguren der neuen »kollektiven« Führung, Parteichef L. I. Breschnew und den »Zweiten« Sekretär M. A Suslow, brisant gewesen sein. Heißt es doch, daß bei dem Coup zunächst A. N. Schelepin sogar als Nachfolger im Amt des Parteichefs im Gespräch war (Voslensky, 1980, S. 376; Medvedev, 1972, S. 50). Breschnew sah hinfort in diesem Mann offenbar einen gefährlichen Widersacher, auch wenn er sich ein Jahrzehnt Zeit nehmen mußte, bis er ihn schrittweise aus dem Politbüro auszubooten vermochte (endgültig im April 1975).

Kurz nach dem Sturz N. S. Chruschtschows im Oktober 1964 kam der Leiter der ZK-Abteilung für Administrative Organe (die die Personalpolitik der Sicherheitsapparate – KGB, MWD, Streitkräfte und Justiz – kontrolliert), N. R. Mironow, in einem mysteriösen Flugzeugunglück in Jugoslawien ums Leben (Voslensky, 1980, S. 178). Mironow, ein Generalmajor des KGB, galt als Mann von großer Initiative (Penkovsky, 1965, S. 74). Erst mit auffallender Verzögerung wurde sein Stellvertreter, N. I. Sawinkin, zum Nachfolger ernannt, was bereits auf dem XXIII. Parteitag 1966 absehbar war, offiziell jedoch erst 1968 *(Pr,* 5.5.1968) bekanntgegeben wurde. Sawinkin, über dessen Laufbahn nicht viel bekannt ist, war ein alter Politoffizier, ein Mann aus der Politischen Hauptverwaltung, zu der Breschnew als ehemaliger hoher Politoffizier besondere Beziehungen unterhalten haben dürfte (vgl. S. 125).

Die Aufsicht über die Staatssicherheit hat traditionell der Parteichef persönlich inne. Doch in der neuen Führung nahm auch M. A. Suslow, der »Zweite Sekretär«*, Chefideologe und Gralshüter der »Kollektivität« der Entscheidungsfindung, offenbar derartige

* Obgleich es das Amt eines Zweiten Sekretärs bezeichnenderweise bis heute »offiziell« bzw. statuarisch und verfassungsmäßig gar nicht gibt, ist dieser Posten von zentraler Bedeutung im Sowjetsystem gewesen. Denn der Erste bzw. Generalsekretär befaßte sich vor allem mit den Fragen der »großen Politik«; der Zweite Sekretär aber verwaltete die Macht (vgl. Avtorchanov, 1979, S. 90). Er war zuständig für die Leitung des gesamten »Apparats« des ZK mit seinen über zwanzig (bis 1988 einundzwanzig) Abteilungen und hatte damit Einsichtsrecht in *sämtliche* Akten (im Gegensatz zu den übrigen Sekretären des ZK, die dieses Recht nur im Hinblick auf ihren Zuständigkeitsbereich hatten; vgl. *AFP,* 16.2.1984). Diese Oberaufsicht über den Apparat der Partei brachte faktisch auch die oberste Aufsicht über die staatlichen Apparate mit sich: Speziell der Chef des KGB und der Verteidigungsminister erstatteten dem Zweiten Sekretär zumindest in bestimmten Fragen Bericht (vgl. A. Rahr, *RL* 151/84, 12.4.1984). Welche Bedeutung diesem Amt wirklich zukam, zeigt am besten die Rückbesinnung auf jene Männer, die es seit Beginn des Sowjetregimes bekleidet haben: nämlich unter W. I. Lenin J. W. Stalin; unter Stalin G. M. Malenkow; unter N. S. Chruschtschow A. I. Kiritschenko (1957–60) und F. R. Koslow, der konservative Leningrader Parteichef (1960–63), sowie nach Koslows Herzattacke 1963 L. I. Breschnew. Der mächtigste unter ihnen allen war auf diesem Posten M. A. Suslow, der »zweite Mann« der Ära Breschnew und die »graue Eminenz« des Politbüros bis zu seinem Tod im Januar 1982.

Im Zuge des September-Plenums von 1988 hat Gorbatschow nach einer Reihe von bedenklichen Konflikten mit E. K. Ligatschow dieses Amt abgeschafft: Es gibt keine »Nummer zwei« mehr im Politbüro, gab Sprecher Gerassimow bald darauf bekannt (*AFP,* 17.10.1988), eine Information, die dann auch der neue

Funktionen mit wahr; darauf deutete sein Auftreten bei bestimmten Festveranstaltungen. Auch fiel auf, daß der am 18. Mai 1967 eingesetzte neue KGB-Chef, Jurij W. Andropow, als Diplomat und »Ideologe« ein Mann war, der eher aus Suslows Entourage stammte als aus der des Parteichefs. (Sein eigentlicher Protektor war der finnische Altkommunist O. W. Kuusinen gewesen – vgl. Shores Medwedew, in: *Sp,* 11.7.1983, S. 91 –, und insofern war er inzwischen in gewissem Sinn »fraktionslos«.) In der Tat wird berichtet, daß Andropow den politisch nicht gerade dankbaren Posten des KGB-Chefs der Empfehlung Suslows verdankte (laut R. Medwedew; vgl. J. Kraft, in: *The New Yorker,* 31.1.1983, S. 105).

Die Ernennung eines ZK-Sekretärs zum KGB-Chef – Andropow hatte seit 1957 die im Anschluß an den Ungarn-Aufstand gegründete ZK-Abteilung für Beziehungen zu den herrschenden kommunistischen bzw. Arbeiterparteien Osteuropas geleitet – sollte offenkundig erneut die Oberkontrolle der Partei über die politische Polizei herausstellen. Auch entsprach es einer alten Tradition, die Polizeichefs aus den Reihen der Partei bzw. des Komsomol zu wählen. Im übrigen war Andropow in Sachen Staatssicherheit schwerlich ein völliger Neuling. Inzwischen wurde sogar bekannt, daß er bereits in der Staatssicherheit diente, *bevor* er Parteimitglied wurde; als Mann von »suspekter« Herkunft (Sohn eines Priesters!) konnte er offenbar nur auf diese Weise politisch Karriere machen. Im Zweiten Weltkrieg muß er als Komsomol-(1940–44) und Partisanenführer in der Karelo-Finnischen SSR Beziehungen zur Staatssicherheit unterhalten haben, deren Vierte Verwaltung unter dem bereits erwähnten Generalmajor P. A. Sudoplatow damals für die Partisanen zuständig war (Rhoer, 1983, S. 40; Armstrong, 1964, S. 51). Als Botschafter in Ungarn, so berichtete der ehemalige Budapester (Ordnungs-)Polizeichef S. Kopásci (1979, S. 24), war Andropow ganz offenkundig ein Vorgesetzter der in diesem Land stationierten sowjetischen Sicherheitsfunktionäre. Auch die ZK-Abteilung für die osteuropäischen Parteien dürfte gewisse Überwachungs- und Koordinierungsfunktionen über das KGB wahrnehmen (vgl. Avtorchanov, 1983, S. 27) – wie das im übrigen in Sachen Außenpolitik

Chefideologe, W. Medwedjew, bestätigte (vgl. *RL* 436/88, S. 1; *IHT,* 13.10.1988, S. 1; s. unten, Teil IV, »Das ZK-Plenum vom 30.9.1988«). Die von Suslow akkumulierten und auch von Ligatschow zumindest angestrebten Funktionen wurden jetzt bewußt auf mehrere Sekretäre verteilt.

ja auch ihre Schwester-Institution, die Internationale Abteilung, tat (Sakharov, 1980, S. 241–242; Kitrinos, 1984, S. 51–52).*

Andropows Ernennung zum KGB-Chef deutete nicht zuletzt auch auf das besondere Gewicht, das den osteuropäischen Satellitenstaaten in der sowjetischen Politik zukam (Lewytzkyj, 1967, S. 367); schließlich begann sich damals in der Tschechoslowakei eine Reformbewegung abzuzeichnen.

Mochte also der neue KGB-Chef zunächst ein Mann aus Suslows Lager gewesen sein (der dann aber offenkundig auch Breschnews Vertrauen gewann), so vermochte es Parteichef Breschnew – bis zum XXIII. Parteitag 1966 weitgehend Herr über die Kaderpolitik – dafür, seine Protégés in die für die *innere* Sicherheit zuständigen Führungsposten des KGB einzuschleusen. Der neue Erste Stellvertretende Vorsitzende dieses Apparates, K. S. Zwigun (zunächst 1967–70 zusammen mit N. Sacharow) soll sogar ein Schwager Breschnews gewesen sein; zuvor hatte er als KGB-Chef von Aserbaidschan gedient (Jugov, 1977, S. 44). Der neue Leiter der Dritten Verwaltung, »Streitkräfte«, G. K. Zinjow (seit 1970), hatte wie Breschnew am Dnjepropetrowsker Institut für Metallurgie studiert und im Kriege mit dem künftigen Parteichef zusammengearbeitet. Der 1967 eingesetzte neue Kaderchef (und seit Dezember 1982 Vorsitzende) des KGB, W. M. Tschebrikow, war zuvor Zweiter und Erster Parteisekretär in Breschnews »Lehen« Dnjepropetrowsk (Ukraine) gewesen.

Auch von dem halben Dutzend neuer unionsrepublikanischer KGB-Chefs, die während der ersten dreieinhalb Jahre von Breschnews Amtszeit eingesetzt wurden, hatten mindestens zwei laufbahnmäßig enge Verbindungen zum Parteichef: nämlich A. D. Bestschastnow, der KGB-Chef Usbekistans wurde, und W. T. Schewtschenko, der neue KGB-Chef von Tadschikistan (Knight, 1988, S. 70, Anmerkung 72).

Im September 1967 wurde Andropow zum Politbüro-Kandidaten befördert. Das war wohl die Entschädigung für den von ihm nur ungern aufgegebenen (vgl. Sh. Medwedew, *Sp,* 18.7.1983, S. 106) Sekretärsposten, ein Posten, der an Prestige und scheinbar auch an Macht sehr viel gewichtiger erschien; schließlich müßte damals Andropow das Schicksal der großen Mehrzahl seiner Vorgänger in diesem Amt auch nicht gerade ermutigend erschienen

---

* Unter Gorbatschow könnte in dieser institutionellen Frage seit dem September-Plenum von 1988 (s.u.) Wandel eingetreten sein; nähere Informationen sind noch abzuwarten.

sein. Doch diese Beförderung des neuen KGB-Chefs ins Politbüro – die vor ihm neben F. E. Dzierziński nur L. P. Berija erreicht hatte – war zugleich eine unverkennbare Wiederaufwertung des KGB als Institution.

Die beiden anderen großen staatlichen Apparate mit Zuständigkeit für die Sicherheitspolitik – das Außen- und das Verteidigungsministerium – zogen erst auf dem April-Plenum des Zentralkomitees 1973 (vgl. von Borcke, 1973) gleich, als auch deren Chefs zu Vollmitgliedern des Politbüros befördert wurden (und Andropow vom Kandidaten zum Vollmitglied aufrückte). Diese Beförderung der drei »staatlichen« Hauptzuständigen für die Sicherheitspolitik war im Grunde nur logisch. Sie alle genossen ohnehin ein »Immediatrecht«, das ihnen erlaubte, brisante Fragen der Führung bzw. dem Generalsekretär gegebenenfalls *direkt* vorzutragen: Andropow, so berichtete ein Überläufer, hatte seine eigene Telefonverbindung zum Kreml, genauso wie zu den verschiedenen Verwaltungen seines Ressorts (Ebon, 1983, S. 37).

Zugleich war diese Erweiterung des obersten Führungsgremiums der Partei symptomatisch für eine zunehmende Verschmelzung der höchsten Partei-, Polizei- und Militärführung unter Breschnew und nicht ohne strukturelle Parallelen zur Stalinzeit (speziell zum GKO, *Gosudarstwennyj komitet oborony,* dem »Staatlichen Komitee für Verteidigung« im Zweiten Weltkrieg). Zugleich löste sich Breschnew damit aus einer allzu großen Abhängigkeit allein vom Partei-Apparat.

1978 wurde mit dem Gesetz über den Ministerrat vom 5. Juli *(Iz,* 6.7.1978) das KGB aus dem Staatskomitee »beim Ministerrat« zum »Komitee für Staatssicherheit der UdSSR« umbenannt (a.a.O., S. 2, Spalte IV) – worauf bereits die neue Verfassung von 1977 gedeutet hatte, wo ebenfalls vom Vorsitzenden des Komitees für Staatssicherheit »der UdSSR« gesprochen worden war. Im Grunde war auch das nur ein Schritt, um den Tatsachen Rechnung zu tragen. Denn der sowjetische Ministerrat ist – auch wenn der KGB-Chef ex officio einen Sitz in diesem Gremium hat, das laut Verfassung von 1977 ausdrücklich für gewisse »Maßnahmen zur Gewährleistung der Staatssicherheit« (Artikel 130, Nr. 4; vgl. Schneider, 1978, S. 65) zuständig ist – in Wirklichkeit ein reines Wirtschaftskabinett, und das KGB untersteht nicht etwa ihm, sondern der obersten Parteiführung. Allerdings wurde berichtet, diese Umbenennung des KGB zum Staatskomitee »der UdSSR« sei dennoch auf den Widerstand von Ministerpräsident A. N. Kossygin gestoßen (Deriabin with Bagley, 1982, S. 627). Jedenfalls war auch dies nicht zuletzt eine weitere symbolische Aufwertung der Staatssicherheit, wodurch ihre funktionale Autonomie herausgestellt wurde.

Die Breschnew-Verfassung von 1977 legte auch zum ersten Mal in der sowjetischen Geschichte fest, daß Wahrung der Interessen der Staatssicherheit zu den Grundpflichten sowjetischer Bürger gehöre (V. Jassmann, *FAZ*, 15.7.1988).

Das KGB verstand es – wie auch das sowjetische Militär –, das anfängliche Interregnum nach Chruschtschows Sturz zum weiteren Ausbau seiner Positionen zu nutzen. Symptomatisch hierfür war die im Herbst 1964 einsetzende und bis heute andauernde große Public-Relations-Kampagne zur Aufwertung des traditionell so verhaßten Image der »Tschekisten« in der Gesellschaft. Allein bis 1972 wurden weit über 2 000 Titel zum Thema dieser »glorreichen Tradition« verfaßt *(RM*, 2.5.1974)! 1976 wurde beim Schriftstellerverband der RSFSR sogar eine Sektion speziell zur Förderung dieser sowjetischen Version des Kriminalromans eingerichtet (Knight, 1980, S. 140).

Anläßlich des siebzigsten Jubiläums der Tscheka im Dezember 1987 wurde 1984 ein nationaler Wettbewerb unter Schriftstellern und Filmschaffenden eingeleitet, der laut W. Karpow eine »Ernte« von über 250 Büchern zu diesem Thema einbrachte (A. Knight, *RL* 484/87, S. 1). Tschebrikow berichtete in seinem *Prawda*-Interview vom 2.9.1988, in den Jahren 1986–1988 seien 235 Bücher zum Thema Staatssicherheit herausgebracht worden, davon über 50 in den Sprachen der Völker der Sowjetunion; ferner 10 vollständige künstlerische und Dokumentarfilme sowie 40 kürzere Kino- und Fernsehfilme und ca. 7500 Artikel!

Mitte der sechziger Jahre war in der Sowjetunion eine in Stalins Tagen undenkbare Dissidenten-Bewegung aufgekommen, zunächst im religiösen, kulturellen und nationalen Bereich. Mitte der siebziger Jahre, insbesondere nach der Konferenz von Helsinki (1975), entstand auch eine regelrecht politische Menschen- und Bürgerrechtsbewegung. Angesichts dieser neuartigen Herausforderungen gelangte eine zu weiterreichenden Reformen entweder nicht bereite oder aber nicht fähige Führung zu dem Schluß, sie würde auch künftig des KGB bedürfen.

Bereits auf dem XXIII. Parteitag im März-April 1966 – von dem viele Intellektuelle eine Rehabilitierung Stalins fürchteten – lobte Breschnew ausdrücklich das KGB:

»Wachsam leisten die Organe für Staatssicherheit und unsere ruhmreichen Grenzschützer ihren Dienst zur Aufdeckung und Unschädlichmachung der Intrigen der imperialistischen Geheimdienste und ihrer Agenten.«

Allerdings betonte der Parteichef zugleich die Notwendigkeit, die »strikteste sozialistische Legalität« zu wahren *(XXIII s"ezd,* Bd. 1, S. 92). Auf dem XXIV. Parteitag 1971, der vor allem den neuen Koexistenzkurs in der Außenpolitik absegnen sollte, wurde durch die Aufnahme von Andropows drei wichtigsten Stellvertretern in das (allerdings erweiterte) Zentralkomitee die Repräsentation des KGB auf einen Schlag erheblich verstärkt. Denn, so erklärte Breschnew:

> »Unter den Bedingungen anhaltender subversiver Aktivität des Imperialismus spielen die *Organe für Staatssicherheit* eine wichtige Rolle. In der Berichtsperiode [1966–71] sind sie mit politisch reifen Elementen verstärkt worden. Die Partei erzieht die Mitarbeiter dieser Organe konsequent im Geist der Leninschen Prinzipien, der unbedingten Einhaltung der sozialistischen Legalität, im Geist unermüdlicher Wachsamkeit im Kampf um die Bewahrung der sowjetischen Gesellschaft vor den Aktivitäten feindlicher Elemente und den Intrigen der imperialistischen Geheimdienste« *(XXIV s"ezd,* Bd. 1, S. 106).

Seit 1970 gab es auch ein Comeback des KGB in den unionsrepublikanischen Parteibüros. Als Breschnew im November 1982 starb, saßen die KGB-Chefs wieder, fast wie in Stalins Zeiten, in praktisch all diesen Büros; in sieben von 14 Unionsrepubliken (die RSFSR untersteht dem Moskauer Zentrum direkt) sogar als Vollmitglieder. Die einzige Ausnahme bildete lange Zeit Estland. Inzwischen aber wurde auch der estnische KGB-Chef, K. Kortelainen (im Amt seit 1976), am 5. Februar 1986 zum Mitglied des Parteibüros der Republik ernannt.

Ja, in Aserbaidschan wurde 1976 ein professioneller »Gebist«, G. A. Alijew, sogar Parteichef. Alijew hatte, wie gesagt, unter K. S. Zwigun als Stellvertretender und anschließend als Erster Vorsitzender des aserbaidschanischen KGB gedient. Er benutzte seine Beförderung zum Parteichef, um im Zuge einer radikalen Säuberung des Parteiapparats 2 000 Funktionäre aus seinem KGB in die so frei gewordenen Stellen einzuschleusen (vgl. *W,* 26.3.1983). In Lettland wurde mit der Ernennung von B. K. Pugo

1984 ein weiterer KGB-Vorsitzender Parteichef einer Republik *(Pr,* 14.4.1984), allerdings offenbar nicht ohne Widerstände; darauf deutete die beispiellose Anomalie, daß Pugo nicht sogleich vom Kandidaten zum Vollmitglied des Parteibüros befördert wurde *(RL* 174/84).

So erhielt das KGB in der Ära Breschnew neue Anerkennung, neue Aufgaben, neue Mittel und neue Stellen (vgl. Myagkov, 1977, S. 85; *Sp,* 15.11.1982, S. 140). Unter anderem wurde 1969 (vgl. Duin, 1978, S. 199) unter Andropow die (bereits erwähnte) Fünfte Hauptverwaltung, »Gegnerbekämpfung« (gegen Religionsgemeinschaften und Dissidenten), eingerichtet; ebenso 1971 eine neue jüdische Abteilung im Hinblick auf das jüdische Emigrantenproblem. Mochten die Männer der Staatssicherheit Breschnew im Grunde für »zu weich« halten und ihm gar gewisse Fehler anlasten, wie der Überläufer A. Mjagkow berichtet – diese Fürsorge für den Polizeiapparat gewann dem Parteichef doch unbestreitbare Popularität in ihren Reihen.

Andropow bemühte sich als neuer Sicherheitschef – insofern gleich Berija – um verstärkten Professionalismus (vgl. Miko und Pogorelski, 1982, S. 6) und, soweit wie möglich, um Korrektheit und Legalität (Carrère, 1980, S. 171). Die Folge: Als am Ende der Ära Breschnew die Partei immer mehr nicht nur von ihrer Ausstrahlung, sondern ihrer bloßen Fähigkeit zu führen einzubüßen drohte, stand das KGB da als die (neben dem Militär) einzig effiziente, moderne und offenbar nichtkorrupte Institution – ein wesentliches Moment, das zu der in mancher Hinsicht so ungewöhnlichen Wahl Andropows zum neuen Parteichef beigetragen haben dürfte.

II. Teil:
Der Einfluß des KGB auf die sowjetische Entscheidungsfindung und Politik

Das KGB verfügt über die umfassendsten und besten Informationen im Sowjetregime, sowohl über die Innen- als auch über die Block- und Außenpolitik.

Im Innern ersetzt es die in einem System ohne effektive, autonome Öffentlichkeit sonst weitgehend fehlende gesellschaftliche »Rückkopplung«, gibt also der Führung Einblick in die ihr sonst verschlossenen wirklichen Zustände und Bewußtseinslagen im eigenen Reich.* Auch als Überwachungsinstanz über gewisse abgeschirmte bürokratische Bereiche, speziell den hochgeheimen Rüstungssektor, dürfte das KGB als einzige Quelle effektiver Kontrollinformation unentbehrlich sein, da sonst die Führung den allzu oft geschönten Berichten und Statistiken ihrer eigenen Bürokratien ausgeliefert wäre. Schließlich ist das KGB (und nicht etwa das Militär) der Apparat, der als erster einspringt, wenn die öffentliche Ordnung gefährdet scheint; auch die Truppen des MWD, des Innenministeriums, pflegten ihm operativ zu unterstehen.**

In Anbetracht dieser vitalen Funktionen bei der Herrschaftsabsicherung hat der KGB-Chef traditionell – insofern gleich dem Verteidigungsminister und dessen Ersten Stellvertretern – ein Immediatrecht (vgl. Romanov, 1972, S. 184), also ein Recht auf Direktzugang zur obersten Führung, wenn ihm das nötig erscheint. Denn im allgemeinen werden ja die Materialien und

---

* Diese Funktion wird heute von Glasnost womöglich zum Anachronismus gemacht.

** Die genauen Beziehungen zwischen KGB und MWD heute sind nicht restlos bekannt. Aber es dürfte auf jeden Fall Zusammenarbeit geben. W. Stiller, aus dem MfS der DDR, berichtete (und Analogien können bedeutsam sein): Sogar in der DDR-Öffentlichkeit sei weithin unbekannt, daß Schlüsselpositionen im Polizeiapparat mit getarnten MfS-Offizieren besetzt sind (Stiller, 1986, S. 221). Er selbst hatte erlebt, wie während der »Weltfestspiele der Jugend und Studenten« in Berlin vom Juli 1973 unter anderem das sogenannte Wachregiment des MfS eingesetzt wurde, allerdings nicht in Uniform, sondern »durchweg in FDJ-Montur«.

Vorlagen des Politbüros über das Sekretariat des Zentralkomitees vermittelt. Insofern war also die Beförderung des KGB-Chefs zum Politbüro-Mitglied nur ein konsequenter Schritt, da er die wichtigsten Fragen ohnehin selbst in diesem Gremium vorzutragen pflegte.

Im Zuge des Sturzes von Berija und Chruschtschows Entstalinisierung war die Staatssicherheit politisch abgewertet worden. Höhere KGB-Funktionäre mußten seitdem mittleren Partei-Chargen Bericht erstatten (Voslensky, 1980, S. 178).

Der Apparat des KGB, so berichtete der ehemalige »Insider«, A. Prawdin, stehe »in gewissem Maße« einem *Inspektor* des ZK zur Verfügung (Pravdin, 1974, S. 98).*** Doch die scheinbar relativ untergeordnete Stellung entsprach offenbar nicht der wirklichen politisch-bürokratischen Bedeutung des KGB, wie das langsame, aber systematische Comeback der »Organe« beweist. Nur eine Politik wirklicher Liberalisierung hätte der Staatssicherheit

»Bei befürchteten ›republikfeindlichen Manifestationen‹ sollte es sofort in der Menge präsent sein, um eingreifen zu können. Die HVA war natürlich auch im Sondereinsatz« (Stiller, 1986, S. 123).

Der neugeschaffenen Politischen Verwaltung des MWD der UdSSR wurde ein hoher KGB-Offizier an die Spitze gestellt. Über eine KGB-Rolle in den im Zuge der zunehmenden Demonstrationen 1988 eingesetzten MWD-Einheiten »zur besonderen Verwendung« ist wenig bekannt. Immerhin, auch bei den großen nationalen Unruhen hat das KGB zweifellos eine Rolle gespielt.

So berichtete der stellvertretende Generalstaatsanwalt der UdSSR, A. Katusew, in einem Interview im September 1988 zu dem Massaker an Armeniern in Sumgait (einer Industriestadt nördlich von Baku in Aserbaidschan): Um die Gründe für die Unruhen zu klären, seien über 100 Mann, »die besten Kräfte der Staatsanwaltschaft«, in Sumgait zusammengezogen worden.

»In enger Wechselwirkung mit ihnen arbeiten Funktionäre des KGB und MWD der UdSSR« (*Aif*, Nr. 36, 1988, S. 8).

*** Die Hierarchie der Leiter des ZK- (Zentralkomitee-)Apparats war bis zu Gorbatschows Radikalreform folgende:
ZK-Sekretär mit Zuständigkeit für eine Gruppe entscheidender Bereiche (vgl. oben, Anmerkung auf S. 42 über den »Zweiten Sekretär«) wie etwa Rüstungsindustrie und Sicherheit, Wirtschaftsverwaltung, Landwirtschaft usw.; darunter stehen die Leiter der über 20 ZK-Abteilungen, die ihrerseits in ca. 150–175 Sektoren (Hough und Fainsod, 1979, S. 420) untergliedert sind, denen je ein Sektorenleiter vorsteht; es gibt kaum stellvertretende Sektorenleiter; unter den Sektorenleitern steht ein Stab aus »Instruktoren« und – im Falle der wichtigeren Abteilungen bzw. im Dienst besonderer Aufgaben – von »Inspektoren« (a.a.O., S. 422).

tatsächlich zunehmend die Funktionen genommen (wie diese selbst nur zu wohl weiß).

Überhaupt dürfte die Stellung des KGB gegenüber den übrigen großen Apparaten erheblich mächtiger sein, als dies rein äußerlich, aufgrund seiner formalen Repräsentation in den obersten Parteigremien, ersichtlich ist. Entscheidend für den politischen Einfluß der KGB-Führung ist eben ihre Information und ihr Direktzugang zum Parteichef. Darüber hinaus ist das KGB zuständig für alle »Gegenspionage« und kontrolliert aufgrund der von ihm bei allen Beförderungen zu erstellenden Sicherheitsunbedenklichkeitserklärungen faktisch auch die Kaderpolitik der übrigen Institutionen mit. Damit aber hat es faktisch auch diese Institutionen regelrecht »kolonisiert«.

Das gilt ganz besonders für alle Institutionen, die Auslandsbeziehungen unterhalten. Die ZK-Abteilung für Auslandskader ist für das direkte Einschleusen auch der Geheimdienstler zuständig gewesen (Conquest, *Soviet Police*, 1968, S. 93)(auch sie wurde 1988 abgeschafft). Alle »Auslandsabteilungen« in den sowjetischen Apparaten sind KGB-Instanzen (Solženicyn, 1975, S. 179). Allenfalls 20 Prozent der sowjetischen Diplomaten, so meinte GRU-Oberst O. Penkowskij, seien wirklich »sauber«, und auch diese könnten noch vom Geheimdienst kooptiert werden, und zwar in erster Linie vom KGB und erst an zweiter Stelle von der GRU. Auch der Überläufer W. Sacharow nannte kürzlich wieder analoge Zahlen: 60 Prozent des sowjetischen Außenministeriums arbeiten für das KGB (Sakharov, 1980, S. 9).*

Konsulate schließlich, so berichtete Penkowskij, seien zu 100 Prozent KGB-Vertretungen (Penkovsky, 1965, S. 88; vgl. Suvorov, 1984, S. 93; Mr. X, 1979, S. 146). (Auch z. B. der britische Geheimdienst arbeitete in den dreißiger Jahren über Konsulate.)

Jede Wirtschaftsabteilung hat ihren »Sondersektor« zu unterhalten (Wolin und Slusser, 1957, S. 117 f.; Berliner, 1957, S. 267). Auch die Streitkräfte werden von den *Osobye otdely,* den »Sonderabteilungen« der Staatssicherheit, bis hinunter zur Bataillonsebene überwacht. Im Zweiten Weltkrieg, so berichtete V.

---

* Stiller bestätigte aufgrund seiner Mfs-Erfahrungen: »Es ist ja kaum noch ein Geheimnis, daß viele Staaten Geheimdienstangehörige in ihre diplomatischen Vertretungen einbauen und daß der Ostblock dieses Verfahren in unvergleichbarem Ausmaß betreibt. Die Botschaften kommunistischer Regime, besonders die sowjetischen Vertretungen in wichtigen westlichen oder auch neutralen Ländern, sind praktisch Geheimdienstfilialen« (Stiller, 1986, S. 119).

Petrov (1956, S. 99), kamen auf ca. 100 Soldaten stets auch 10 Spitzel von *Smersch*. Kurz, das KGB ist eine Institution, die auch Direkteinblick in die Personalpolitik und den modus operandi, die Verfahrensweisen aller übrigen Apparate nimmt, ohne wirklich voll gegenkontrolliert werden zu können. Darüber hinaus übermittelt es auch die Kommunikationen der höchsten Führung einschließlich der des Verteidigungsministeriums mit den obersten militärischen Kommandozentralen.

Aus informations- und machtpolitischen Erwägungen kann man daher schließen: Zumindest potentiell ist das KGB der zweitmächtigste Apparat des Regimes, gleich nach der Partei und noch vor dem Militär. Damit stellt sich natürlich die Frage: In welchem Sinne äußert sich der Einfluß der Staatssicherheit auf die sowjetische Politik?

Allgemein muß man annehmen, daß das KGB bereits aus organisatorischem Egoismus ein anhaltendes Interesse am Nachweis der Existenz von subversiven Bestrebungen hat, die sich gegen das Regime richten. Das hat die Erfahrung mit allen Geheimpolizei-Institutionen der Geschichte bewiesen. 1819 etwa klagte der russische Innenminister W. P. Kotschubej:

> »Die Agenten der Regierung beschränkten sich nicht darauf, Informationen zu sammeln und es der Regierung zu ermöglichen, Verbrechen zuvorzukommen; sie versuchten, Verbrechen und Verdächtigungen [selbst] zu fabrizieren« (Monas, 1961, S. 42).

Hannah Arendt berichtete sehr treffend: Alle die großen Verschwörungen, die z.B. im Frankreich Napoleons III. aufgedeckt wurden, waren das Werk der eigenen Sicherheitspolizei (1960, S. 423). Besondere causes célèbres in der russischen Revolutionsgeschichte waren E. F. Asew, der es zu einem Führer der terroristischen SR (»Sozialrevolutionären«) Partei brachte, sowie R. W. Malinowskij, ebenfalls ein Polizeiagent, der 1912 bis in Lenins Zentralkomitee avancierte.* Auch aus der sowjetischen und osteuropäischen Geschichte sind Provokationen nur zu bekannt.

---

* *E. F. Asew* war ein Ochrana-Agent, der eine Schlüsselrolle in der sogenannten Kampforganisation der terroristischen Sozialrevolutionären Partei vom Anfang dieses Jahrhunderts spielte, die er ab 1903 sogar leitete. Diese Organisation führte in den Jahren 1902–1905 eine Reihe aufsehenerregender Anschläge in Rußland durch, u.a. auf die beiden Innenminister D. S. Sipiagin (1902) und W. K. Plewe (von Plehwe) (1904). Asews Rolle als Doppelagent wurde von W. Bur-

Hierin, so berichtet A. Golizyn, sehen die »Gebisten« geradezu das Wesen ihrer Konzeption von »Prophylaxe« (Golicyn, 1984, S. 45; Wolin und Slusser, 1957, S. 175–176).

Dennoch ist der Einfluß des KGB auf die sowjetische Politik nicht durchweg »reaktionär« zu nennen. Schon im Bereich der Innenpolitik, wo sich das KGB am konservativsten gibt, dürften der organisatorische Egoismus der Staatssicherheit einerseits und ihr informationsbedingter Durchblick andererseits nicht selten im Widerstreit miteinander stehen.

Es ist angebracht, die Rolle des KGB im Bereich der sowjetischen Innenpolitik, der Osteuropapolitik und schließlich der Außenpolitik gesondert zu behandeln.

Einfluß des KGB auf die sowjetische Innenpolitik

Das Weltbild der Tschekisten, Technokraten der Macht, ist bestimmt von Professionalismus, umfassender, unzensierter Information (wenn auch aus sorgfältig voneinander isolierten Teilbereichen) und einem Hang zum Nationalismus auf Kosten der Ideologie und des »Sozialismus«. All das sind Züge, die sie auf die Borniertheit von Partei-Apparatschiki herabblicken lassen

zew aufgedeckt, wenn auch zunächst von den Revolutionären kaum geglaubt, und Asew mußte schließlich fliehen. 1915 wurde er von der zaristischen Regierung als gefährlicher Revolutionär verhaftet und kam erst Ende 1917 wieder frei. Er starb 1918 in Berlin.

R. W. Malinowskij wurde 1910 zum Ochrana-Agenten, offenbar nicht zuletzt aus Abenteuerlust und Geldgier. Dank Lenins Unterstützung wurde dieser hochintelligente, artikulierte und selbstbewußte Proletarier auf der Parteikonferenz im Januar 1912 in Prag sogar in das Zentralkomitee der Bolschewiki gewählt. Er wurde dann zum bolschewistischen Führer in der vierten Duma – und damit zugleich zum Stolz der zaristischen Ochrana, die sein Monatsgehalt auf 500 und später sogar 700 Rubel erhöhte, damals eine beispiellose Summe. Er trug entscheidend zum endgültigen Bruch in der russischen Sozialdemokratie bei (Schapiro, 1959, S. 134 f.). Lenin mußte später gestehen, Malinowskij habe Dutzende seiner besten Kader verraten. Malinowskij mußte auf Drängen der zaristischen Geheimpolizei im Mai 1914 sein Duma-Amt niederlegen. (Es hatte in der Ochrana einen Personalwechsel gegeben, und inzwischen war man hier nicht mehr sicher, wem Malinowskij wirklich diente, dem Zaren oder der Revolution.) Die Verdächtigungen häuften sich allmählich, doch ein bolschewistisches Dreimann-Ehrentribunal unter Lenin sprach Malinowskij noch einmal frei. Als er 1918 aus deutscher Kriegsgefangenschaft freigelassen wurde, kehrte er nach Rußland zurück, wo er von einem Sondertribunal von sieben Bolschewiki abgeurteilt wurde. Am 6. November 1918 wurde er erschossen. (Vgl. die Kurzbiographien in Wieczynski, 1978 ff.)

(wobei vielleicht auch mit im Spiel ist, daß der Parteiapparat vor allem Mitgliedern der Unterklasse als Leiter zum sozialen Aufstieg gedient hat). Man hat mit einer gewissen Berechtigung bemerkt: Die wahren Dissidenten sitzen im KGB. Es war ja kein Zufall, daß der erste Versuch einer Entstalinisierung von Polizeichef L. P. Berija unternommen wurde. Auch G. M. Malenkow*, der nach Stalins Tod einen neuen Kurs versuchte, war ein Mann aus dem Privatsekretariat des alten Diktators, seinerzeit engster Mitarbeiter von A. N. Poskrjobyschew *(SV,* 6, 1954, S. 106), der in der Großen Säuberung der dreißiger Jahre eine Schlüsselrolle gespielt hatte. KGB-Chef Andropow schließlich, dafür sprechen alle Indizien, war zumindest potentiell ein Neuerer und »Modernist«, ein, wenn man will, aufgeklärter Konservativer (vgl. von Borcke, 1983).

Andererseits aber wissen gerade die Männer der Staatssicherheit: Die bloße raison d'être, die Daseinsberechtigung ihres Apparates liegt in der faktischen Einpartei-Diktatur begründet, als deren »Schwert und Schild« das KGB zu fungieren hat. Die Geschichte – vor allem Osteuropas – hat immer wieder verdeutlicht, daß jede weiterreichende Reform-, geschweige denn Revolutionsbewegung sich sehr bald gegen die Staatssicherheit und deren Funktionäre richtet (vgl. über die Geschehnisse in Ungarn Kopácsi, 1979; Vali, in: Adelman, 1984, S. 186; über die Prager Reformbewegung 1968 und ihre Einstellung zu diesem Problem siehe Rice, in: Adelman, a.a.O., S. 167, sowie August/Rees, 1984; über Polen 1980/81, s. weiter unten).

So kann es im Grunde nicht verwundern, daß Andropows für die innere Sicherheit zuständigen Stellvertreter in ihren Schriften ein wenig »aufgeklärtes« Weltbild gezeigt haben, gekennzeichnet von Autoritarismus, Xenophobie – insbesondere Ablehnung aller westlichen, »bourgeoisen« Einflüsse –, Antiliberalismus, ja von regelrechten neo-stalinistischen Nostalgien. In der Tat heißt es, daß eine »neue Rechte« mit geradezu neofaschistisch bzw. gar »nationalsozialistisch«** anmutenden Zügen gerade in der Staatssicherheit (neben dem Militär) ihre Hauptanhänger gefunden hat (Yanov, 1978).

* G. M. Malenkow ist Mitte Januar 1988 als reumütiger Christ gestorben. Stalin, der von Malenkows Arbeitseifer und phänomenalem Gedächtnis begeistert war, benutzte ihn, um die Dossiers der »Parteifeinde« zu führen und Jeschow Material zu liefern. 1938 wurde Malenkow Stalins persönlicher Sekretär. Er bereiste auch die Provinzen und stellte dabei »Erschießungslisten« zusammen *(Sp,* 6, 1988, S. 140–141).

** Das mag den Mini-Skandal erklären, daß am 20. April 1982 eine Gruppe junger Leute – z. T. aus Nomenklatura-Familien – auf dem Moskauer Puschkin-

Mjagkow berichtet, daß Mitte der siebziger Jahre im KGB viel über Stalins Zeiten gesprochen wurde, und zwar »mit einem Anflug von Bedauern, daß heute derartige Methoden nicht mehr benutzt werden können« (Myagkov, 1977, S. 48).
Ja, der KGB-Chef selbst schien einen Stimmungswandel durchgemacht zu haben. Anläßlich des Lenin-Geburtstags im April 1976 hielt Andropow noch eine Rede, die sehr an das Kádársche Prinzip – »Wer nicht gegen uns ist, der ist für uns« – erinnerte. Damals forderte er nämlich, alle »gesunden« Kräfte in den sozialen »Aufbau« einzubeziehen *(Pr,* 23.4.1976). 1977 aber bagatellisierte er den Stalinschen Terror (»einzelne Jahre« der sowjetischen Geschichte seien »von illegalen Repressionen verdüstert« worden; *Pr,* 10.9.1977, S. 2), und 1979 erklärte er im Hinblick auf die Menschen- und Bürgerrechtsproblematik:

> »Aber die sowjetischen Menschen haben niemals irgend jemandem das ›Recht‹ gegeben, dem Sozialismus Schaden zuzufügen, und sie werden das auch niemals tun.« *(Pr,* 23.2.1979, S. 2)

Die Innenpolitik des Endes der Ära Breschnew sowie des folgenden Interregnums kennzeichnete denn auch eine Reihe restriktiver Maßnahmen, bei denen die Staatssicherheit zweifellos ein gewichtiges Wort mitgesprochen haben muß: die plötzliche Inbetriebnahme eines großen Störsendersystems angesichts der Herausforderung durch die polnische Solidarność seit dem Sommer 1980; 1982 wurde der im Zuge der Moskauer Olympiade von 1980 eingeführte Selbstwähldienst im Fernsprechverkehr mit dem Aus-

Platz an Hitlers Geburtstag(!!) demonstrieren konnte *(M,* 10.12.1982). Die Behörden sind mit einer »jungfaschistischen« Strömung im Dissidententum auffallend milde umgegangen (NZZ, 8.3.1985).
Angehörige der jüdischen Minderheit in Moskau berichteten Journalisten von einer Welle des Antisemitismus ausgerechnet zur Zeit der 1000-Jahr-Feiern zur Christianisierung der Rus. Hinter übelsten Parolen wie »Tod der Organisation der Juden« vermutete man die rechtsradikale Organisation *Pamjatj,* die von konservativen Reformgegnern z.T. heimlich protegiert wird. D.Wassiljow, ihr Chef, bestätigte, er sei am 28.5.1988 vom KGB vorgeladen worden (AFP, 8.6.1988), habe sich aber geweigert, die Verwarnung zu unterschreiben, die auf den Bericht eines amerikanischen Korrespondenten zurückzuführen war.
Heimliche antisemitische Stimmungen im KGB fanden erneute Bestätigung, als das KGB im Juli sein »Programm« zur Perestrojka auf Drängen der Neuerer publizieren ließ. U.a. wurde dort der »Zionismus« ausdrücklich als gleich gefährlich wie der Antisemitismus hingestellt.

land sowie zwischen größeren russischen Städten abrupt wieder eingestellt *(Sp,* 3.1.1981, S. 1);* das neue Grenzgesetz *(VVS SSSR* Nr. 48, 1982, Pos. 891 und 892), das Innenminister W. Fedortschuk im Dezember 1982 vorstellte, war der Beginn einer neuen Abschottungskampagne (vgl. Schmid, 1985), die geradezu wie der Versuch anmutete, den »eisernen Vorhang« wieder herabzuziehen (Avtorchanov, 1983, S. 33). Bezeichnenderweise enthielt das neue Grenzgesetz, das am 1. März 1983 in Kraft trat, u.a. verschiedene Bestimmungen (Artikel 28, Nr. 6; 29, Nr. 9 und 11), die den Grenzschutzorganen auftrugen, den Einstrom speziell von Publikationen jeglicher Art zu verhindern (Schmid, 1985, Teil I). Auch die unter Andropow in die Wege geleitete Antikorruptions- und Disziplinierungskampagne erwies sich in der Praxis vornehmlich als ein Versuch, Polizeimethoden auf weite Bereiche von Wirtschaft und Gesellschaft zu übertragen.

1982 wurde der Artikel 70 des Strafgesetzes über »antisowjetische Agitation und Propaganda« verschärft: Sofern »materielle Hilfe« seitens des Auslands mit im Spiel sei, konnte hinfort das Strafmaß bis auf zehn Jahre Gefängnis und fünf Jahre Verbannung erhöht werden – ein Strafmaß, das früher nur im Fall von Wiederholungstätern Anwendung finden sollte *(AFP,* 28.2.1982). Im September 1983 wurde ein Gesetz über Verstöße von Häftlingen gegen Lagervorschriften erlassen, das faktisch eine administrative Strafverlängerung um je fünf Jahre ermöglichte. Mit dem Dekret des Obersten Sowjet vom 1. Februar 1984 wurde das Gesetz vom 25. Dezember 1958 über die strafrechtliche Verantwortung für Staatsverbrechen (das allgemein die Strafen herabgesetzt hatte – allerdings hatte bereits 1961 wieder ein härterer Kurs eingesetzt) geändert und verschärft, und zwar die Bestimmungen über Vaterlandsverrat (Artikel 1), über Diversion (Artikel 5), antisowjetische Propaganda und Agitation (Artikel 7), Handlungen, die die Arbeit der Besserungsanstalten desorganisieren (Artikel 14–1), Konterbande (Artikel 15), ungesetzliche Ausreise ins Ausland bzw. Einreise in die Sowjetunion (Artikel 20), Verletzung der Vorschriften über Valuta-Operationen (Artikel 25) (vgl. Schmid 1985, Teil II). Verschärft wurden insbesondere die Strafen auf »Weitergabe von wirtschaftlichen, wissenschaftlich-tech-

---

* Gorbatschow hat diese Politik im Zuge der neuen Öffnung radikal geändert. Im September 1987 wurde ab sofort der Selbstwählferndienst wieder eingeführt *(ddp.* 12.9.1987), u.a. mit der Bundesrepublik *(dpa* 31.8.1987, Radio *Moskau,* 20.12.1987).

nischen oder anderen Daten, die ein Dienstgeheimnis darstellen, an ausländische Organisationen oder ihre Vertreter oder die Sammlung solcher Daten zum Zweck ihrer Weitergabe durch eine Person, der diese Daten von Dienst wegen oder aufgrund ihrer Arbeit anvertraut wurden oder von denen sie auf andere Weise Kenntnis erlangt hat« (Schmid, 1985, Teil II, S. 1).

Im April 1984 wurde auch das anonyme Anzeigen von Nachbarn wieder ausdrücklich öffentlich gefordert (J. Wishnewsky, *RL,* 148/84; *F,* 17, 1984, S. 29). Man unternahm im Mai 1984 den bezeichnenden Versuch, auf dem Verordnungsweg möglichst alle Direktkontakte der Bevölkerung mit Ausländern zu unterbinden *(VSS SSSR,* Nr. 22, 1984, Pos. 380; Schmid, 1984). Alle sowjetischen Bürger, die mit Ausländern in Kontakt kamen – ob aufgrund eines öffentlichen Amtes, ob aufgrund von Dienstleistungen (wie Beherbergung und Transport) oder auch nur rein privat – wurden an ihre Pflicht erinnert, Aufenthalt und Durchreise von Ausländern den zuständigen (MWD-)Stellen zu melden (vgl. Schmid, 1985, Teil I). Begleitet wurden diese legislativen Schritte von einer umfassenden Kampagne, die besonders in den aufgrund ihrer multinationalen Bevölkerung und religiösen Traditionen von jeher so »gefährdeten« Gebieten – Estland, Lettland, Weißrußland – einen Höhepunkt erreichte.

Der neue Parteichef M. Gorbatschow (seit März 1985 im Amt) verfolgte zunächst eine Doppelstrategie: einerseits Betonung der »Disziplin«, andererseits aber auch Liberalisierungsmaßnahmen (im Sinne eines Abbaus der allzu weit gehenden Vormundsrolle der staatlichen Bürokratie und letztlich womöglich auch der Partei). Die schon von Andropow 1982 eingeleitete Antikorruptionskampagne wurde fortgesetzt; sie ist im Grunde populär und darüber hinaus der effektivste Hebel zur Durchsetzung einer radikalen Erneuerung der Kader als Grundvoraussetzung weiterer Modernisierungsmaßnahmen. In diesem Zusammenhang wurden auch gewisse rechtliche Vorschriften verschärft, und polizeiliche Kontrollfunktionen gewannen an Bedeutung. Z.B. sollen künftig Schmiergeldernehmer maximal 20 (statt bisher 15) Jahre Haft erhalten können; im Falle gravierender Wiederholungsvergehen ist sogar die Todesstrafe möglich *(NW,* 30.6.1986, S. 22). Die maximale Haftstrafe ist allgemein von 15 auf 20 Jahre angehoben worden, was in erster Linie Täter betrifft, deren Strafe vom Tod zu lebenslänglicher Haft umgewandelt worden ist *(AFP,* 7.6.1986). Zugleich hat es eine Reihe von Regularisierungs-,

Rationalisierungs- und regelrechten Liberalisierungsmaßnahmen gegeben.*

Nach dem XXVII. Parteitag im Februar-März 1986 fand am 28. Mai eine der periodischen Allunionskonferenzen des leitenden Personals des KGB und seiner Einheiten statt, an der Parteichef Gorbatschow persönlich teilnahm. Diskutiert wurden die Aufgaben der Staatssicherheit im Licht der Parteitagsbeschlüsse (mit anderen Worten: der neuen Politik). Über Einzelheiten wurde naturgemäß nichts bekanntgegeben. Dann aber betonte das Politbüro die Bedeutung der »sozialistischen Legalität«. Man könnte einwenden: Dies geschah wahrhaftig nicht zum ersten Mal in der sowjetischen Geschichte; im übrigen sorgte das Adjektiv »sozialistisch« dafür, daß im Eventualfall die Parteiräson über die Legalität triumphieren würde. Doch diese Losung wurde diesmal ausgegeben im Zusammenhang mit einer »Neustrukturierung der Arbeit der Polizei, der Staatsanwaltschaft und der Gerichte« *(Radio Moskau,* 2.10.1986; *RL,* 380/86, S. 10). Es klang fast schon wie eine Verwarnung des KGB, wenn erklärt wurde: »Jeder Versuch, sich in Untersuchungen und Verhandlungen der Gerichte einzumischen, ist unzulässig.« In der Tat, im Erlaß »Über die Vorbereitung von Gesetzesakten der UdSSR, von Erlassen der Regierung der UdSSR und von Vorschlägen zur Vervollkommnung der Gesetzgebung der UdSSR für die Jahre 1986–1990« wurde u.a. (VIII, 35) ein neues KGB-Gesetz angekündigt *(SPP SSSR,* No. 31, 1986, Artikel 162).

Es gab zunächst eine Reihe »liberaler« Gesten: Die Sowjetunion ist der UNO-Konvention gegen die Folter beigetreten *(rtr,* 24.12.1985) – mögen auch internationale Verpflichtungen noch keineswegs unmittelbar nationales Recht werden und damit auch die interne *Praxis* bestimmen. Die Schaffung einer Menschenrechtskommission wurde angekündigt *(rtr,* 31.7.1986). Der amerikanische Anwalt S. Pisar durfte fünf Juden vor einem sowjetischen Gericht vertreten, die bei Feiern vor der größten Synagoge in Moskau verhaftet worden waren *(IHT,* 29.10.1986). Im November veröffentlichte die Sowjetunion zum ersten Mal ihre Ausreisebestimmungen – und die bloße Tatsache einer Veröffent-

---

* Der vom Institut für Staat und Recht bis 1988 ausgearbeitete Entwurf für die Revision des Straf- und Strafprozeßrechts stellte bemerkenswerte Neuansätze heraus: Humanisierung des Strafrechts, Unabhängigkeit der Gerichte, Präsumption der Unschuld und Verteidigung des Angeklagten, Aufhebung des Tatbestands antisowjetischer Propaganda (*NZZ,* 11.2.1988).

lichung war bedeutsam in einem Regime, das traditionell entscheidende Gesetze und Dekrete oft gar nicht öffentlich bekanntzugeben pflegte –, und es sollte sogar Erleichterungen geben.

Im Interesse der verkündeten radikalen Modernisierung und Beschleunigung der Entwicklung setzt Gorbatschow auf *glasnost,* auf »Öffentlichkeit«, als einzig effektives Korrektiv gegen den Bürokratismus. In den Medien hat sich ein neuer, zunehmend offener Stil angebahnt.

Im kulturell-literarischen Bereich – in der Sowjetunion traditionell ein feinfühliges »Barometer« zur Erfassung der politischen »Großwetterlage« – gab es geradezu revolutionär anmutende Neuansätze: Werke z.B., die jahrelang verboten waren – wie z.B. Pasternaks *Doktor Schiwago* oder M. Bulgakows *Hundeherz* (für dessen Besitz man seinerzeit Jahre im GULAG erhalten konnte) –, sollten in sowjetischen Literaturzeitschriften veröffentlicht werden. Die Publikation von Solschenizyns *Archipel GULAG* ist inzwischen auf Weisung von oben wieder abgesagt worden. Aber A. Köstlers *Sonnenfinsternis* und J. Samjatins *Wir* erscheinen.

Unter den Schriftstellern griff zunehmend eine religiöse Renaissance um sich (B. Rumer, *CSM,* 13.–19.10.1986). Forderungen nach einer wirklichen »Vergangenheitsbewältigung« wurden immer lauter: »Solange die Verbrechen der Vergangenheit nicht direkt als solche genannt werden«, mahnte der Schriftsteller A. Valton beim kürzlichen Kongreß der estnischen Schriftsteller, »kann man nicht glauben, daß es diese Verbrechen nicht mehr gibt« *(RFE,* Baltic Area SR 16, 6.9.1986, S. 3). Gorbatschow selbst erklärte, ein Regime, das Menschenopfer fordere, müsse in Zweifel gezogen werden.

Mehr »Disziplin« einerseits, mehr Liberalität, mehr »Entbindung« der Gesellschaft aus der bürokratischen Überbevormundung andererseits also; wobei die Entbindung ohne Disziplin nicht denkbar ist, soll sie nicht – wie sowjetischerseits betont – in »Anarchie« einmünden. Ist diese Synthese von Disziplin und Liberalisierung auf die Dauer durchzuhalten?*

---

* Die Grenzen von Gorbatschows anfänglicher Macht zeigte womöglich die Verhaftung von *N. Daniloff (TASS,* 31.8.1986), des Korrespondenten von *US News and World Report,* der gerade davorstand, nach über fünf Jahren in Moskau in die USA zurückzukehren. Jemand wollte ihn sehen und übergab ihm ein Paket, angeblich mit kirgisischen Zeitungen. Mit diesen Materialien wurde der Amerikaner dann prompt von acht (!) »Gebisten« verhaftet *(AP,* 1.9.1986), was doch nach Plan aussah. Auch warf der Zeitpunkt so manche Fragen auf. Am 23.

Wie dem auch sei, Gorbatschow unternimmt erklärtermaßen einen ernsten Versuch, die Reform- und Erneuerungsfähigkeit des sowjetischen Systems zu testen. Dies ist kein »klassischer« Totalitarismus mehr, keine sich »monolithisch« gebende politische Diktatur, die im Namen der unverkennbar utopischen Ziele einer Ideologie mit terroristischen Methoden eine gesellschaftliche Radikaltransformation erzwingt. Die nach Stalins Tod einsetzende und unter Breschnew rapide voranschreitende Bürokratisierung ist inzwischen so weit gegangen, daß es geradezu Probleme der »Regierbarkeit« gibt, die unter Stalin undenkbar waren; der Massenterror ist schon nach dem Tode des alten Diktators 1953 bewußt beendet worden; es gibt eine zunehmende Schattenwirtschaft, ja es gibt Formen von Schattengesellschaft und Schattenrealität, die der vom Totalitarismus angestrebten perfekten gesellschaftlichen »Gleichschaltung« zunehmend Hohn sprechen.

Gorbatschow aber weiß, wie die Prager Reformer vor ihm: Es gilt, die Initiative der Gesellschaft wiederzuerwecken, und damit muß man an *Interessen* (ein Stichwort der tschechoslowakischen Reformer von 1968!) appellieren. So sollen z.B. die Löhne neu

August war G. F. Sacharow, ein sowjetischer UNO-Funktionär, in New York wegen Spionageverdacht festgenommen worden, und das KGB wollte womöglich durch eine »Geiselnahme« seinen Mann freipressen (eine alte Technik), wie auch Daniloff selbst vermutete *(RL, 380/86, S. 3)*.

Vielleicht hatte die Aktion auch eine gezielt entspannungsfeindliche Intention (wie gewisse KGB-Aktionen vom Anfang der sechziger Jahre, noch unter Chruschtschow). Allerdings sollte man bedenken, daß der aus westlicher Sicht so absehbare »Aufschrei« der Weltpresse von sowjetischen Spezialisten für *innere* Sicherheit nicht unbedingt voll vorausgesehen worden sein muß. Daniloff wurde am 12. September gegen Kaution aus der »Schutzhaft« entlassen und konnte Ende des Monats in die USA zurückkehren – wahrscheinlich dank der Intervention von Parteichef Gorbatschow persönlich (wie u.a. der Überläufer I. Dschirkwelow vermutete).

Daniloff selbst meinte später, womöglich habe die CIA ihn ohne sein Wissen benutzt, um einen Agenten, der bereits beim KGB unter Verdacht stand, zu kontaktieren *(IHT, 13.10.1986)*. Allerdings ist das Unterschieben »kompromittierender« Dokumente – Daniloffs kirgisische Zeitungen sollten sich als »militärische« Materialien entpuppen – ebenfalls eine alte Technik. Inzwischen verwies der emigrierte sowjetische Mikrobiologe A. Goldfarb auf einen anderen KGB-Versuch, Daniloff bereits 1984 in die Falle zu locken, wozu Goldfarbs Vater dem Journalisten ebenfalls »kompromittierende« Materialien zuspielen sollte *(AP, 1.9.1986)*.

Es dürfte sich bei der Daniloff-Affäre also in der Tat um ein bewußtes Provokationsmanöver des KGB gehandelt haben.

strukturiert werden. Ein neues Gesetz über »individuelle Arbeit« soll der Privatinitiative neue Räume schaffen (bzw., wo sie bereits »schwarz« existierte, sie legalisieren und damit auch besteuerbar machen). Das neue Regime weiß jedenfalls sehr wohl: *Effektiver* Zentralismus ist mit Überlastung der zentralen Steuerungsinstanzen – die Folge des ausufernden Bürokratismus, in den die allgemeine »Verstaatlichung« unausweichlich einmünden mußte – faktisch nicht vereinbar.

Im Kampf gegen die bürokratischen Interessengruppen – auf deren Macht u.a. die Soziologin T. Saslawskaja aus Nowosibirsk beredt verwiesen hat – gibt es als Korrektiv nur die Öffentlichkeit ... und das KGB. Die Frage ist, inwiefern diese beiden Kräfte – Polizei und Gesellschaft – miteinander vereinbar sind, d.h. wie lange Gorbatschows Weg gangbar ist und an welchem Punkt man sich nicht womöglich zwischen mehr gesellschaftlicher Autonomie und mehr Polizei entscheiden muß.

Der erklärte Wille zur großen Transformation ist da. Kein sowjetischer Parteichef wird Erklärungen wie die Gorbatschows, die zum Teil das ideologische Kerndogma in Frage stellen, leichtfertig abgeben, ist doch Chruschtschows Sturz 1964 ein warnendes Beispiel dafür, daß auch ein sowjetischer Parteichef nicht mehr allmächtig ist. Es fehlte aber, wie schon Andropow betonte, an »Rezepten«, wie nun vorzugehen sei. So gibt es im Osten eine neue ordnungspolitische Debatte über Wesen (und womöglich auch Grenzen) des »Sozialismus«.* Die unbestreitbar größere wirtschaftliche Effizienz eines Marktsystems ist erwiesen; doch das Sowjetregime ist historisch primär *politisch* integriert und motiviert, und die Übernahme von Marktmechanismen (mag eine solche auch selektiv allen Reformen zugrunde liegen) ist ohne eine (politische und wohl auch soziale) Revolution nicht denkbar und wird auch von kaum jemandem in radikaler Form empfohlen; schon die Debatte über das »ungarische Modell« zeigt die »Gefahren«.

Die Sowjetunion muß also experimentieren. Die historischen Präzedenzfälle machen dabei nicht übermäßig optimistisch. Es könnte sein, daß die anbrechende »Ära Gorbatschow« eine solche der »Großen Reformen« wird, die den Parteichef zu einer Art

* Eine ähnliche Debatte gibt es ja auch über den »Kapitalismus« und den »Sozialstaat« im Westen, und auch dort steht die Frage nach den Möglichkeiten und Grenzen des Staates im Mittelpunkt. Auch Reagans »Revolution« wollte »Staat« abbauen.

kommunistischem Alexander II. (1855–81) oder gar Peter dem Großen (1682–1725) machen – sie könnte aber auch eine Ära des Scheiterns werden, an deren Ende womöglich eine neue Verhärtung steht.

Wie immer aber diese Zukunft aussehen wird, die weitere Rolle und Stellung der Staatssicherheit wird zumindest ein wichtiges Indiz dafür sein, welche Kräfte in der Sowjetunion die Oberhand gewinnen bzw. behalten. (Über den Fortgang von Gorbatschows Perestrojka s.u.)

Die Rolle der sowjetischen Staatssicherheit in Osteuropa

Das KGB ist auch verantwortlich für alle geheimdienstlichen Informationen der sowjetischen Führung über Osteuropa (Penkovsky, 1965, S. 254). Denn Osteuropa ist aus sowjetischer Sicht ein quasi-innenpolitischer Bereich. Die Herrschaftsabsicherung der kommunistischen Regime dieser ehemaligen Satelliten-Staaten (die lange Zeit gerade wegen ihres Mangels an nationaler Legitimität um so abhängiger von Moskau waren) gehört mit zu den Aufgaben der sowjetischen Staatssicherheit – eine Dimension der sowjetischen Imperialpolitik, die, wie gesagt, im Westen lange Zeit nicht genügend Beachtung gefunden hat (vgl. Adelman, 1984).*
Stalin setzte seinen Geheimdienst schon früh im Hinblick auf die »Gleichschaltung« der künftigen »Satelliten«-Staaten in Osteuropa ein. Aus Polen berichtete J. Swiatlo (1954, S. 26): Der Kampf gegen die Heimatarmee und die Führung des polnischen Widerstandes begann schon zur Zeit der deutschen Besatzung. Stalins Staatssicherheit kollaborierte dabei sogar mit den Nazis (der Gestapo), womit M. Nowotko begann.

---

* Zum Teil liegt dieses Übersehen wohl auch in dem hohen Grad an Geheimhaltung begründet. So berichtete der Überläufer W. Stiller:

> »Obwohl das MfS natürlich in einem Juniorpartner-Verhältnis zum KGB steht, lag doch für uns ein ziemlich dichter Schleier über dem sowjetischen Geheimdienst. Dieser wurde zu meiner Zeit von einem Obersten vertreten, dessen Hauptaufgabe es zu sein schien, die Zusammenstellungen eingegangener Informationen, welche ihm vom Leiter des Sektors fast vollständig vorgelegt wurden, zu begutachten und davon auszuwählen, was die Sowjetunion gebrauchen konnte. Wie ich mich anhand der Kopieanforderungen von eingegangenem Material überzeugen konnte, war für die Russen so gut wie alles von Interesse« (1986, S. 168).

Die osteuropäischen Sicherheitsapparate sind in erheblichem Maße »Filialen« der sowjetischen »Mutter«-Institution gewesen. Das erklärt, warum sich alle Bestrebungen zugunsten einer Form von mehr nationalem bzw. liberalem Kommunismus in Osteuropa sehr schnell gegen die Staatssicherheit zu richten pflegten: Die Auflösung der AVO war eine der Hauptforderungen der ungarischen Aufständischen 1956 – eine Maßnahme, die die Regierung I. Nagy (seit dem 23. Oktober 1956) dann auch am 29. Oktober bekanntgab. Auch W. Gomulka begann damals seinen »Weg der Demokratisierung« mit einer Distanzierung von zu weit gehenden Ausschreitungen der polnischen Sicherheitsapparate.

Umgekehrt hat Moskau stets versucht, sich diese Form von Polizei-Internationale zu erhalten. Insbesondere nach 1956, so berichtete ein ehemaliger hoher polnischer Sicherheitsfunktionär (Mr. X, 1979, S. 102), bestand Moskau wieder verstärkt darauf, daß es keine Direktkommunikation unter den osteuropäischen Sicherheitsapparaten gab, sondern daß diese grundsätzlich von Moskau vermittelt wurde.

Mittlerweile hat es in Osteuropa wieder eine Reihe vorsichtiger Emanzipationsversuche gegeben. N. Ceauçescu »entrussifizierte« seinen Sicherheitsapparat in den Jahren 1965–1969 (vgl. Bacon, in: Adelman, 1984, S. 147) und begann 1968 seinen eigenständigen Kurs in der Außenpolitik. 1973 übernahm er die Kontrolle über den rumänischen Sicherheitsapparat höchstpersönlich (Crozier, 1978, S. 12). Allerdings war der Abfall seines stellvertretenden (*AP*, 25.10.1987) DIE-Chefs und persönlichen Kumpanen Jon Pacepa 1978 ein schwerer Schlag.

In der Zeit des Prager Frühlings von 1968 – dem ab etwa Mitte der sechziger Jahre eine Abnahme des Polizeieinflusses vorausgegangen war – wurde die Frage der Vergangenheitsbewältigung sehr schnell auch auf die Rolle des Sicherheitsapparats (STB) ausgedehnt (Rice, in: Adelman, 1984, S. 168), der sich selbst den reformerischen Ideen gegenüber nicht total immun zeigte. A. Dubček versuchte ebenfalls, diesen Apparat unter eigene Kontrolle zu bringen.

Inzwischen hat es 1984 ähnliche Ansätze in Polen und womöglich sogar in dem traditionell so auf Moskau ausgerichteten Bulgarien gegeben. Auch J. Kádár in Ungarn schien in unauffälliger Weise eine gewisse Autonomie in diesem Bereich erlangt zu haben, wofür u.a. sprach, daß es ihm möglich war, gegebenenfalls Staatsgeheimnisse für sich zu wahren. Sein Regime hatte ein gewisses Maß an echter Loyalität gewonnen.

Es gibt zu denken, daß die ungarische Revolution von 1956 in einer Zeit stattfand, als nach den erneuten Säuberungen der sowjetischen Staatssicherheit – nach Berijas Sturz wurden 1953/54 seine Spitzenfunktionäre auch aus Osteuropa abberufen und zum Teil liquidiert – der sowjetische Sicherheitsapparat, der quasi-souverän zu walten pflegte (Kopásci, 1979, S. 72), offenkundig geschwächt und womöglich zum Teil desorganisiert war (Fry und Rice, 1983, S. 96).

Angesichts von Gomulkas Versuch, in Polen eine Form von Nationalkommunismus zu begründen, reagierte das KGB aus sowjetischer Sicht dann aber recht effektiv: Mittels eines neuen Systems von Verbindungsoffizieren (die die alten, Befehle erteilenden sowjetischen »Berater« ablösten) sowie eines Netzwerks von Informanten und nicht zuletzt dank Mitsprache bei der Kaderpolitik konnte die Staatssicherheit bereits 1957 Gomulkas »liberalere« Linie durchkreuzen und den Parteichef sehr bald isolieren (Checinski, *Poland,* 1982, S. 158.)

In der 1968 in Polen wieder zugespitzten Situation war es Moskaus Mann M. Moczar – eigentlich Nikolai Demko *(IHT,* 3.6.1983; *Z,* 16.11.1984), Sohn eines ukrainischen Polizisten, ehemaliger Sicherheitschef von Lodz (1945–48) und früherer NKWD-Agent –, der eine undurchsichtige Hintergrundrolle spielte, speziell bei der Entfachung einer Woge von Antisemitismus. Ja es heißt, dieser Mann hielt bereits ein hochkalibriges Schattenkabinett *(Z,* 16.11.1984) bereit und träumte offenbar davon, Parteichef Gomulka zu stürzen *(Sp,* 5.11.1984). 1971 mußte er sein Amt als Sicherheitssekretär an S. Kania abtreten *(FAZ,* 15.1.1985). Doch endgültig gestürzt wurde er erst, als auch W. Jaruzelski entdecken mußte, daß Moczar ein Dossier über ihn angelegt hatte.*

Angesichts der Prager Reformbewegung von 1968 blieb die tschechoslowakische STB, die Staatssicherheit, immerhin zu zwei Dritteln Moskau treu:

> »Unter der Oberfläche leidenschaftlicher Diskussionen, Resolutionen und Vorschläge blieb der Geheimdienst während der ganzen Zeit des Prager Frühlings fest in sowjetischer Hand«,

meinte L. Bittman, ein ehemaliger Desinformationsexperte der tschechoslowakischen Staatssicherheit (Bittman, 1984, S. 172).

* Moczar ist kürzlich im Alter von 73 Jahren gestorben *(Radio Polonia,* 1.11. 1986).

Im Zuge des »Prager Frühlings« sahen sich die Staatsschützer 1968 schnell in quasi-totaler gesellschaftlicher Isolation. So kann es nicht verwundern, daß Funktionäre aus ihren Reihen, zusammen mit Moskauer Kollegen, bereits im Mai 1968 die Intervention vom kommenden August planten (vgl. Frolik, 1975, S. 148) und dann bei deren Durchführung aktiv mitwirkten (August und Rees, 1984, S. 71). Sie sollen sogar vor Übertreibungen und Falschmeldungen nicht zurückgeschreckt sein, um das sowjetische Politbüro in ihrem Sinne zu beeinflussen. Sie stellten Listen von ca. 400 Regimegegnern zusammen, die (sofern sie sich nicht rechtzeitig absetzen konnten) dann auch verhaftet wurden. Anschließend half die STB, die Partei zu säubern (Rice, in: Adelman, 1984, S. 169). Nach 1968, so berichtet Z. Mlynář, durchdrang die politische Polizei erneut das wirtschaftliche, politische und kulturelle Leben der Tschechoslowakei, einschließlich der Apparate der KPČ, der Gewerkschaften und anderer Organisationen, und das in einem noch stärkeren Maße als vor 1968 (Mlynář, 1982, S. 36–37).

Bei dem Konflikt zwischen Regime und Solidarność in Polen (seit dem Sommer 1980) spielte die Staatssicherheit ebenfalls eine zwielichtige Schlüsselrolle. Auch hinter der polnischen Staatssicherheit aber stand letztlich das Moskauer Zentrum, das über seine Verbindungsmänner – zum Teil Schlüsselfiguren in der Führung selbst, wie etwa M. Milewski, der Freund aller KGB-Chefs *(NZZ,* 12.11.1984) – seine Weisungen übermitteln konnte.

Die 1981 zugelassene *(Sp,* 5.11.1984, S. 157) neo-stalinistische bzw. rechtsradikale, antisemitische und hurra-patriotische Organisation *Grunwald,* so berichtete ein Insider, soll in Wirklichkeit ein Geschöpf der Warschauer KGB-Residentur gewesen sein *(ZB,* 12, 1981, S. 2; vgl. Checinski, in: Adelman, 1984, S. 73–74, Anmerkung 25). Für diese Hypothese sprach in der Tat ihre Unterstützung durch solche Konservativen wie M. Moczar; M. Milewski, den ehemaligen Sicherheitssekretär; S. Olszowski, führender »Betonkopf« und Moskaus »Mann für alle Jahreszeiten« *(T,* 19.7.1982); A. Siwak *(W,* 23.10.1984), ein Politbüro-Mitglied des dogmatischen Flügels und ehemaliger einfacher Arbeiter *(FR,* 31.10.1984); und T. Grabski, einen ehemaligen Ministerpräsidenten, der wie Olszowski in Wirtschaftsfragen zwar für eine Modernisierung war, politisch jedoch einen extrem anti-liberalen Kurs vertrat. Das Organ von Grunwald, *Rzeczywistość,* schien mit seinen Ausfällen gegen die polnische Parteiführung, das Militär und sogar die polnische Polizei von sowjetischen Kreisen manipuliert (M. Checinski, in: Adelman, 1984, S. 76, Anmerkung 51).

Im Frühjahr 1981, als sich in Polen die Krise zuspitzte, fand in Bydgoszcz (Bromberg) ein ominöser Zwischenfall statt, als Personal der Staatssicherheit (in Zivil) sich an Solidarność-Anhängern vergriff und damit beinahe einen Generalstreik auslöste. Mit dieser Ausschreitung sollte offenbar nicht nur eine Aussöhnung von Regime und Gesellschaft unterlaufen werden; womöglich war gar daran gedacht, die erneut einmarschbereite Rote Armee zum Losschlagen zu provozieren.

Das Attentat auf den Papst

In eben diese Zeit fiel auch das »Jahrhundertverbrechen« (A. Fanfani), der Anschlag auf den polnischen Papst auf dem Petersplatz am 13. Mai 1981. Bald sammelten sich erdrückende Indizien, die alle dafür sprachen, daß hinter dem »internationalen Terroristen« Ali Agca und der türkischen Mafia, die ihn finanziert hatte, der bulgarische Geheimdienst stand, der seinerseits als die treueste Filiale Moskaus galt (vgl. die Aussagen des 1979 übergelaufenen ehemaligen hohen KDS-Funktionärs S. Swerdlew in *Libération,* 11.12.1982; *IHT,* 13.12.1982).

Die Indizien für eine »bulgarische Verbindung« wurden zunächst von C. Sterling systematisch dargelegt (vgl. Sterling, 1983; s. auch Cline, 1983; Henze, 1984) – ein Buch, das von der westlichen Öffentlichkeit aber keineswegs mit Wohlwollen zur Kenntnis genommen worden ist.*

Ali Agca, der vermeintliche »Graue Wolf«, aus der islamischen Türkei, war im Sommer 1977 *(WSJ,* 1.12.1984) in einem palästinensischen Lager für Rechtsextremisten, Bir Hassan, ausgebildet worden (wo er unter anderem mit U. Behle von der »Wehrsportgruppe Hoffmann« zusammentraf). Dieses Lager aber soll von einem der engsten Mitarbeiter Arafats geleitet worden sein, nämlich Abu Ijad (Sablier, 1983, S. 129), dem Chef des Sicherheitsapparats von Al Fatah und laut israelischen und CIA-Experten auch Führer des »Schwarzen September« *(M,* 4.–5.11.1984). Agca gelangte dorthin über die Vermittlung eines führenden türkischen

---

* Ein ausführlicher Leserbrief von mir anläßlich einer wenig fairen Besprechung des Buches im *Kölner Stadtanzeiger* wurde von der Redaktion nicht einmal einer Empfangsbestätigung für wert erachtet.

*Links*extremisten, Teslim Tore, des Gründers der quasi-leninisti-schen und terroristischsten Organisation der Türkei, *Dev Sol,* ihrerseits mit Beziehungen zu G. Habasch. Teslim Tore wird nachgesagt, im Dienste des bulgarischen Geheimdienstes gestan-den zu haben (Sterling, 1983, S. 91).

Es war die türkische Mafia, womöglich in Verbindung mit gewissen türkischen staatlichen Instanzen bzw. Persönlichkeiten, die Agca aus einem Istanbuler Hochsicherheitsgefängnis befrei-ten. Mafia-Chef Abuser Ugurlu reiste mit bulgarischem Paß (Ster-ling, 1983, S. 164; *Ec,* 25.12.1982, S. 55–56) und residierte damals im Sofioter »Witoscha«, einem, wie Insider berichten, vom KDS für seine »Gäste« bevorzugten Luxushotel (M. Knipe, *TT,* 5.9.1981). Aus den Unterlagen der amerikanischen Food and Drug Administration (die damals allein, im Gegensatz zu der unter Carter so dezimierten CIA, noch über ein effektives Agen-tennetz verfügte) ging hervor, daß Ugurlu bereits seit 1974 eben-falls im Dienste des KDS stand (Sterling, 1983, S. 96; *W,* 29.12.1983). Sofia diente überhaupt als Umschlagplatz für einen monumentalen Waffen- und Drogenhandel zwischen Nahost und Westeuropa, wobei die staatliche bulgarische Import-Exportorga-nisation *Kintex* (gegründet 1965: Sterling, 1983, S. 85–86, 94, bzw. unter anderem Namen bereits 1955: a.a.O., S. 208) eine Schlüssel-rolle *(M,* 21.9.1985) spielte. Kintex ist eine Institution, die dem KDS und damit letztlich dem KGB untersteht (Sterling, 1983, S. 96), und sie war auch in den Versuch verwickelt, mittels Anfachen eines blindwütigen Terrors – sowohl von »links« als auch von »rechts« (vgl. Henze, 1984) – die Türkei zu destabilisieren *(M,* 21.9.1985), bis 1980 schließlich das Militär die Macht übernahm. Das KGB hatte seine Offiziere in allen Abteilungen von Kintex sitzen.

Europa bereiste Agca mit reichlichen Mitteln ausgestattet* – er selbst stammte aus ganz armen Verhältnissen –, und in Italien stand ihm die gesamte Infrastruktur des bulgarischen Geheim-

---

* Er gab $ 50 000 bei seinen Reisen in Europa aus, ohne daß er je dabei gesehen wurde, wie er eine Bank betrat (C. Sterling, in: The Assassination Attempt, 1982, S. 6). C. Sterling berichtete, daß man im Vatikan glaubte (und die These klingt plausibel), daß es linke Kräfte in der Türkei (sei es unter den Sicherheits-kräften, sei es in den zivilen Ministerien) waren, die an einem Anti-NATO-Manöver Interesse hatten. Der Mann, der damals an der Spitze einer radikal lin-ken sozialistischen Regierung stand, war H. F. Gunes, der spätestens seit 1973 ein prosowjetischer Marxist und leidenschaftlicher Gegner der NATO war (The Assassination Attempt, S. 13, 19).

dienstes zur Verfügung. Das KDS hatte hier seit etwa 1980 den tschechoslowakischen Geheimdienst abgelöst (vgl. G. Pertini, *FAZ,* 20.12.1982). Sein höchster Kontaktmann war T. Dontschew, ein Mann, der bei der Entführung des NATO-Generals J. Dozier* (Dezember 1981) in Erscheinung getreten ist (vgl. *Ec,* 20.12.1982, S. 55). Dontschew war damals der womöglich ranghöchste bulgarische Geheimdienst-Repräsentant in Italien überhaupt (P. Henze, *CSM,* 3.–9.11.1984). Seine »Interessen« – wie etwa die Auskünfte eines NATO-Generals – verweisen allerdings auf den *militärischen* Geheimdienst und nicht einfach auf die bulgarische Staatssicherheit KDS. Das gleiche gilt von der Verwicklung des Sekretärs des bulgarischen *Militär*attachés, Sch. Wassilew, in die Agca-Affäre, wie auch von der Rolle von Angestellten von *Balkan* Air: In den kommunistischen Staaten untersteht auch die zivile Luftfahrt dem Militär, und ihre Auslandsbüros sind Standard-»Cover« (Tarnposten) des militärischen Geheimdienstes. Das könnte das so sensationell anmutende Gerücht bestätigen, wonach der Anschlag auf den Papst bei einem Treffen der Warschauer Pakt-Verteidigungsminister in Bukarest abgesegnet worden sei (Meldung in *L'Europeo,* zitiert in *M,* 2.2.1985).

Der italienische Verteidigungsminister L. Lagorio berichtete im Zusammenhang mit dem Papst-Attentat, daß auch am Tage der Entführung von General J. Dozier eine außergewöhnliche, mehrfach wiederholte (verschlüsselte) Sendung aus der bulgari-

* General James Lee Dozier war der stellvertretende Generalstabschef der NATO-Bodentruppen in Südeuropa und damit der ranghöchste NATO-Offizier des in Verona stationierten NATO-Hauptquartiers. Er wurde am 17.12.1981 von Terroristen, die als Installateure verkleidet waren, aus seiner Wohnung entführt. Noch am gleichen Tag meldeten sich die Roten Brigaden bei der italienischen Nachrichtenagentur ANSA und bekannten sich zu der Entführung. Am 19.12.1981 wurde in Rom ein erstes Communiqué gefunden, in dem die Roten Brigaden der NATO und dem US-Militär den »Krieg« erklärten. Hierin wurde unter anderen die deutsche Rote-Armee-Fraktion wegen ihrer Anschläge auf NATO-Einrichtungen besonders gelobt, ferner wurden die irische IRA und baskische ETA erwähnt.

Dozier wurde nach 42 Tagen am 28.1.1982 von einer Sondereinheit der italienischen Polizei befreit.

Am 25.3.1982 ging in Verona der Prozeß gegen 17 Angehörige der Roten Brigaden zu Ende. Der Rotbrigadist A.Savasta, einer der Entführer Doziers, der auch seine Beteiligung an der Entführung Aldo Moros zugab, berichtete in seinem umfassenden Geständnis, Bulgarien hätte über den Gewerkschaftsfunktionär L. Scricciolo Kontakte zu den Roten Brigaden gesucht, um gegen Waffenlieferungen etwaige Aussagen Doziers über die NATO einzuhandeln (*Archiv der Gegenwart,* 1982, S.25 350, 25 456).

schen Botschaft in Rom registriert wurde *(NZZ,* 22.12.1982); dasselbe geschah genau zur Zeit des Anschlags auf Johannes Paul II. *(Ec,* 25.12.1982).

Es gelang Dontschew, sich im Oktober 1982 abzusetzen, gerade als seine Festnahme bevorstand. Auch war ein von Agca erwähnter LKW bereitgestellt, der als Fluchtfahrzeug nach geglücktem Attentat dienen sollte; die Papiere hierzu waren in einem von der bulgarischen Botschaft bis dahin nie benutzten Sonderverfahren beantragt worden.

Schon zwei Wochen nach dem Attentat hatte die politische Polizei *Ucigos* der römischen Justiz einen Untersuchungsbericht vorgelegt, in dem die Namen von drei bulgarischen Botschaftsangehörigen – Major Sch. Wassilew, S. I. Antonow und T.S. Aiwasow – auftauchten; doch die Information wurde zunächst nicht beachtet *(Sp,* 50, 1982, S. 122). Durch den im Anschluß an die Entführung von NATO-General J. Dozier verhafteten italienischen Gewerkschaftsfunktionär L. Scricciolo – den Leiter der Abteilung für Auslandsbeziehungen von UIL *(W,* 6.12.1982), der drittgrößten italienischen Gewerkschaft, und Hauptverbindungsmann zur polnischen Solidarność – erfuhr man im Juli 1982, daß diese bulgarischen Botschaftsangehörigen in Wirklichkeit Männer des Geheimdienstes waren (L. Gelb, *IHT,* 28.1.1983).* Agca kannte ihre im römischen Telefonbuch gar nicht aufgeführten Telefonnummern, ihre Wohnungen und ihre Ränge. Auf Fotos konnte er sie alle mühelos identifizieren *(IHT,* 1.10.1984).

Daß bei dem Anschlag das polnische Problem mit im Spiel war, bewies die Aussage Agcas, daß seine Auftraggber ebenfalls an ein Attentat auf L. Walesa gedacht hatten (vgl. Sterling, 1983, S. 210; dies., in: *WSJ,* 22.12.1982; *HA,* 2.3.1983; *W,* 29.10.1984; *IHT,* 5.7.1985). Agca zeigte sich über das gesamte (von besagtem Scricciolo organisierte) Reiseprogramm Walesas bezeichnenderweise besser informiert als selbst die italienische Polizei ...

So gelangte der italienische Untersuchungsrichter I. Martella nach zweijähriger mühseliger Arbeit (die ihren Niederschlag in einem Bericht von über 2 000 Seiten fand) zu dem Schluß, es handelte sich bei dem Anschlag auf dem Petersplatz in der Tat um ein »internationales Komplott« (f12«WSJ, 29.10.1984). Auch der Staatsanwalt bestätigte diese Grundeinsicht.

* Scricciolo gestand einige Monate nach seiner Verhaftung, daß er selbst seit 1977 Agent des bulgarischen Geheimdienstes gewesen war (Sterling, in: The Assassination Attempt, 1982, S. 15). Dies hatte die Zeitung *Daily American* (Rom) bereits am 12.12.1982 gemeldet.

Die politisch einzig plausiblen Motive wiesen in dieselbe Richtung wie die sich verdichtenden Indizien: Sowjetische Konservative sahen im polnischen Papst den eigentlichen Ziehvater der Solidarność (vgl. Alexiev, 1983). Das KGB deutete (wie aus einem seiner Desinformations-Dokumente hervorging; vgl. Henze, 1983, S. 17) bereits die Wahl von Kardinal K. Wojtyla zum Papst im Oktober 1978 als Komplott von Präsident Carters aus Polen stammendem Sicherheitsberater Z. Brzezinski zur Destabilisierung dieses Landes und womöglich der sowjetischen Vorherrschaft in Osteuropa schlechthin.

Die seit Ende 1982 durch die westliche Medienwelt geisternde Behauptung einer bulgarisch-sowjetischen Spur traf einen empfindlichen Nerv.* Unter anderem versuchte Ju. Andronow in der *Literaturnaja gaseta* eine CIA-Verbindung nachzuweisen! Doch diese These kann wenig überzeugen, bedenkt man die politischen Interessen der USA und darüber hinaus die radikale »Säuberung« der CIA in der Ära Carter, als jedes »covert actions« (Geheimaktionen)-Projekt der CIA zunächst ganze *sechs* Kongreßausschüsse passieren mußte. Ja, Andronows These hätte bedeutet, daß die CIA nicht nur die türkische Mafia, sondern auch noch das bulgarische Spionagenetz in Italien beherrschte!!! Natürlich blieb in der *Literaturnaja gaseta* unerwähnt, daß Andronow selbst Oberst des KGB ist (Gladilin, *RL,* 402/84, 18.10.1984, S. 2). Kurz, die Masse der Indizien war derart, daß Z. Brzezinski meinte, die »bulgarische Verbindung« noch zu leugnen, bedürfe eines Glaubensaktes ...

Am 31. März 1986 wurden die drei in den Prozeß verwickelten Bulgaren – der geflohene Sekretär des bulgarischen Militärattachés, Sch. Wassilew, der ehemalige Kassierer der bulgarischen Botschaft, T. Aiwasow, und S. Antonow, der Balkan Air in Rom vertreten hatte – wegen mangelnder Beweise (also nicht: aufgrund erwiesener Unschuld) freigesprochen. Auch vermochte dieser zweite Prozeß nicht zu klären, ob es eine internationale Verschwörung und eine »bulgarische Verbindung« gegeben hatte.

---

* Sowjetische Verbündete hatten hierauf Rücksicht zu nehmen. So berichtet Humberto Belli, ehemaliges Mitglied der sandinistischen FSLN, der als Redakteur der Leitartikel-Seite der Zeitung *La Prensa* gearbeitet hatte, daß die neue Regierung von Nicaragua, die keinerlei Kritik an der Sowjetunion oder am Marxismus in den Medien zuließ, alle Berichterstattung und Kommentare über den Anschlag auf den Papst untersagte (Belli, 1985, S. 89). Dies geschah wohl nicht zuletzt auch im Hinblick auf die starken religiösen Überzeugungen der eigenen Bevölkerung sowie Lateinamerikas im allgemeinen.

»Vierjährige Ermittlungen, die sich in vierzehntausend Akten-
blättern niederschlugen, zehn Monate Prozeß mit fünfundachtzig
Zeugeneinvernahmen, Reisen der Richter in die Türkei, nach
Bulgarien, in die Niederlande, nach Deutschland und in die
Schweiz – all das hatte kein anderes Ergebnis als die Einsicht, daß
alle verfolgten Spuren im dichten Nebel verliefen.« (F. Meichs-
ner, in: *W,* 1.4.1986).

Wäre die »bulgarische Verbindung« vor Gericht als erwiesen
akzeptiert worden, hätte das auf die erste Verurteilung eines
Geheimdienstes wegen eines Anschlags auf ein Staatsoberhaupt
(und noch dazu eine sakrale Figur) hinauslaufen müssen – eines
Geheimdienstes, hinter dem in diesem Falle der der östlichen
Vormacht stehen mußte. Politisch war dieses scheinbar so unbe-
friedigende Urteil womöglich die tragbarste Lösung – eine deutliche Warnung an den Osten, die aber von Italien (und der NATO)
keine »unmöglichen« Schritte erforderte ...

Die Ermordung von J. Popieluszko

Das Attentat auf den Papst hatte im Oktober 1984 eine Art Nach-
spiel in Polen, als der polnische Arbeiterpriester J. Popicluszko
von Sicherheitsfunktionären ermordet wurde. Popieluszko hatte
dem Papst besonders nahegestanden und war mit seinen monatli-
chen Predigten für Solidarność zu einem Kristallisationspunkt der
gesellschaftlichen Bewegung in Polen geworden, ja, er wirkte
womöglich als Mittelsmann zur Untergrund-Solidarność. Kurz,
nach dem Papst und L. Walesa war Popieluszko die dritte große
Symbol- und Integrationsfigur der polnischen gesellschaftlichen
Bewegung.

Am 12. September 1984 nannte die sowjetische Regierungszeitung *Iswestija* Popieluszko unter den gefährlichsten »Konterrevo-
lutionären«* Polens und bezeichnete seine Kirche als einen »Hort

---

* Mit dem Stichwort »Konterrevolutionär« wird im kommunistischen Sprachge-
brauch nicht einfach polemisiert; es entspricht »Hochverrat« (an der Partei). So
war es dieser Begriff, mit dem seinerzeit die Militärintervention in der Tschechoslowakei legitimiert wurde *(Pr,* 22.8.1968). Nachdem diese Beschuldigung
gegen Popieluszko erhoben worden war, wurde G. Piotrowski, Hauptmann im
Innenministerium und späterer Hauptangeklagter im Prozeß gegen die Mörder
des Priesters, angewiesen, den Einfluß »westlicher Diversionszentren« auf den
Priester zu unterbinden und zu diesem Zweck dessen Kontakte zu westlichen
Botschaften aufzudecken *(HA,* 9.1.1985).

der unverbesserlichen Gegenrevolution«. Am 19. Oktober wurde er entführt – genau zu einer Zeit, als das nach Normalisierung strebende Jaruzelski-Regime die ersten Westkontakte seit Verhängung des Kriegsrechts Ende 1981 wiederaufzunehmen im Begriff stand und auch ein Ausgleich mit der Kirche in greifbarer Nähe schien, die danach strebte, endlich den Status einer juristischen Person zu erhalten. So deutete denn auch die Regierung den Mord als Akt »bewußter und wohlvorbereiteter Provokation«, wie es Innenminister Cz. Kiszczak ausdrückte *(NW,* 5.11.1984). Am 7. November 1984 übernahm W. Jaruzelski in seiner Eigenschaft als Parteichef persönlich die Oberaufsicht über das Innenministerium. Er forderte die totale Aufklärung der Hintergründe der Tat. »Niemand«, so erklärte er in einem Interview, »ist mehr daran interessiert [als ich], daß in dem Fall keine Unklarheiten übrigbleiben« *(HA,* 27.12.1984). Am 27. Dezember lief in Thorn der Prozeß gegen die Täter an.

Doch nur zu bald war eine Änderung der »Linie« spürbar geworden. Anfang November verstummte der von Jaruzelski und Kiszczak zunächst beteuerte Wunsch nach Totalaufklärung abrupt *(NZZ,* 10./11.2.1985). Im Prozeß – der nicht etwa vor einem Militärgericht stattfand, von dem mehr Unparteilichkeit zu erwarten gewesen wäre – wurden angeblich keinerlei »Hintermänner« entdeckt, so wenig plausibel diese These auch sein mochte. Ja, selbst die näheren Umstände von Popieluszkos Tod blieben im Dunkeln. Trotzdem setzte der Prozeß ein deutliches Signal, mochte er auch mit einem »Waffenstillstand« (R. Boyes, *TT,* 8.2.1985) zwischen Militärregime und politischer Polizei geendet haben.

Alle die drei angeblichen Täter (Hauptmann G. Piotrowski, L. Pekala und W. Chmielewski) waren, so wurde gemeldet, Mitglieder der *Organisation Anti-Solidarność* (OAS), einer dunklen Gruppe, die im März 1982 zum ersten Mal in der Thorner Gegend aufgetaucht war *(T,* 5.11.1984). Sie stand offenbar in Beziehung zu der inzwischen aufgelösten Organisation *Grunwald.* Die OAS rekrutierte ihre Mitglieder aus Beamten des Sicherheitsdienstes *(taz,* 29.10.1984). Hinter ihr stand aller Wahrscheinlichkeit nach das KGB (vgl. *W,* 23.10.1984; *Sp,* 29.10.1984, S. 14). Ziel von OAS war es (wie aus einem Flugblatt hervorging), den »Krebs« der Solidarność-Gewerkschaft mit terroristischen Methoden zu bekämpfen.

Der Leiter der drei Sicherheitsbeamten, denen der Mord an Popieluszko zur Last gelegt wurde, war G. Piotrowski. Er stammte womöglich aus litauischer Familie *(FAZ,* 29.11.1984) und war Sohn eines Obersten des Sicherheitsdienstes, der zur Zeit des stalinistischen Terrors in Lodz – der ehemaligen Domäne von M. Moczar – gearbeitet hatte *(Sp,* 7.1.1985, S. 94). Piotrowski war ein »Senkrechtstarter« in seinem Dienst, der bereits mit 33 Jahren mit dem silbernen Verdienstkreuz der Volksrepublik Polen und einer Medaille »für Verdienste um die Festigung von Recht und Ordnung« ausgezeichnet worden war *(Tagesspiegel,* 11.1.1985). 1981 schloß er sich bei den Fraktionskämpfen im Innenministerium den »Politischen« und nicht den »Militärs« an. Zur Zeit der Ermordung Popieluszkos hatte der Hauptmann, ein Sektorenleiter, die Planstelle eines Obersten *(TT,* 10.1.1985) und arbeitete im Bereich »Personenschutz«: So hatte er 1983 während des Besuchs des Papstes in Polen zu jenen gehört, die für die persönliche Sicherheit des Heiligen Vaters zu sorgen hatten, und 1984 hatte er den Primas Kardinal J. Glemp bei seiner Reise nach Brasilien und Argentinien begleitet *(W,* 9.2.1985). Kurz, er genoß das volle Vertrauen seiner Vorgesetzten.

In der polnischen Opposition, in der Emigration und in kirchlichen Kreisen kursierte hartnäckig das Gerücht, Popieluszko sei gar nicht von den drei Sicherheitsbeamten getötet worden (auch Piotrowski bemerkte ja vor Gericht, das hätte man einfacher tun können), sondern offenbar professionell gefoltert worden (B. Gorski, *ZB,* 25/84, S. 5), und das womöglich von Spezialisten des KGB. Die Untergrundzeitung *Tygodnik Mazowsze* meinte, das sei im Thorner Bezirkszentrum für Agrarforschung geschehen, das häufig vom ZOMO (der polnischen Miliz) frequentiert wurde. Informierte Kreise berichteten jedenfalls, die Obduktion hätte ergeben, daß Popieluszko Wasser in der Lunge hatte *(W,* 8.11.1984); mit anderen Worten, er war noch lebend in den Stausee bei Wloclawek geworfen worden ... Fotos gelangten in den Westen, die den grausam zugerichteten Leichnam zeigten (vgl. *Paris Match,* 23.11.1984): der Kiefer war zerschlagen, beide Hände waren gebrochen, die Augen ausgestochen, die Kopfhaut abgerissen (vgl. *NZZ,* 6.11.1984; *Abendzeitung,* 6.11.1984; *HA,* 3.12.1984; *Stern,* 15.11.1984).

Das forensische Institut in Bialystok brauchte indessen fast einen Monat, um den medizinisch unkomplizierten Tatbestand festzustellen *(FAZ,* 3.12.1984), und der Obduktionsbericht wurde nicht veröffentlicht. Über den genauen Zeitpunkt des Todes wurde während des Prozesses nichts mitgeteilt *(TT,* 3.12.1984) und auch die Frage nicht beantwortet, ob der Priester wirklich infolge von Schlägen gestorben sei. Der Obduktionsbeobachter der Kirche verlas seinen eigenen Bericht nicht *(FAZ,* 1.2.1985). Die verantwortliche Ärztin vermochte nicht zu sagen, was die Todesursache gewesen sei ...

Aber trotz aller Ungereimtheiten – der Prozeß brachte immerhin Einblicke in den geheimdienstlichen »Untergrund«, wie sie bis dahin vor keinem sozialistischen Gericht zur Sprache gekommen waren (vgl. Chr. Schmidt-Häuer, *Z,* 8.2.1985; *FAZ,* 29.12.1984). Worum es hierbei ging, war nicht nur Jaruzelskis Glaubwürdigkeit in den Augen sowohl der eigenen als auch der internationalen Öffentlichkeit; es war ganz offenkundig auch eine Machtprobe zwischen dem Militärregime und dem politischen Geheimdienst (hinter dem letztlich das KGB steht) und damit darum, wer das wirkliche Sagen im Staat hatte.

Als am 31. Juli 1981 General Cz. Kiszczak, der ehemalige Chef der militärischen Spionageabwehr *(IHT,* 3.8.1981), ein kultivierter Mann und enger Vertrauter Jaruzelskis *(Stern,* 15.11.1984, S. 30), neuer Innenminister wurde, konnte die alte (politische) Polizeifraktion (also in erster Linie die Gefolgsleute seines Vorgängers Milewski, der KGB-Verbindungsmann gewesen war; vgl. *Sp* 29.10.1984) das nicht akzeptieren. Überhaupt stehen ja sogar im Sowjetregime selbst politische Polizei und militärische Feindaufklärung (ja sogar zivile und militärische »Tschekisten«) in einem mehr oder weniger starken Rivalitätsverhältnis. Symptomatisch für die Stimmung im polnischen Innenministerium war ein Zwischenfall im Mai 1983, als Angehörige des Geheimdienstes (in Zivil) das Tage zuvor von Kiszczak genehmigte Diözesanhilfswerk für politische Gefangene überfielen; von den Mitarbeitern der Organisation auf die Genehmigung des Innenministers verwiesen, lautete die lapidare Antwort: »Das ist nicht unser Chef!«

Die Popieluszko-Affäre gab Innenminister Kiszczak Anlaß, einen Sonderausschuß zu bilden, der die Tätigkeit der Sicherheitsdienste näher zu durchleuchten hatte *(W,* 6.2.1985). Seit Jaruzelskis Erklärung des Kriegsrechts im Dezember 1981 waren diese bereits schrittweise entmachtet worden.

Es gab sogar sensationelle Meldungen, daß bei der Popieluszko-Affäre womöglich mehrfache Provokation im Spiel war. So wurde berichtet, ein nicht identifiziertes Auto sei den drei (angeblichen) Tätern nachgefahren. Popieluszkos Fahrer, W. Chrostowski, der zugleich Stuntman war, konnte aus dem schnell fahrenden Fahrzeug der Entführer entkommen, weil er die ihm angelegten Handschellen aufbekam, die, wie sich dann herausstellte, angesägt (!) worden waren. Er wurde auffallend prompt auf eine nahe Rettungsstation gebracht, wo ihn bereits zahlreiche Sicherheitsbeamte in Zivil erwarteten, und dann von Anti-Terrorismus-Spezialisten zurückbegleitet *(taz,* 8.2.1985; *W,* 6.2.1985).

Die Sowjets, so ist vermutet worden, mußten – zähneknirschend – in den nun unumgänglichen Prozeß einwilligen, machten allerdings die Auflage, daß dabei keine Dienstgeheimnisse hinsichtlich Aufgaben und Aufbau der Staatssicherheit sowie möglicher »Hintermänner« diskutiert würden *(NZZ,* 10./11.2.1985).

Am 30. November 1984 kamen drei von Kiszczaks Beamten unter ungeklärten Umständen bei einem Autounfall ums Leben: Oberst S. Trafalski (56), der Leiter der Untersuchungskommission im Sicherheitsdienst, Major W. Piatek (41), Chefinspektor derselben Abteilung – also die beiden wichtigsten Ermittler in der Popieluszko-Affäre, die beide Kiszczak direkt Bericht erstatteten *(TT,* 3.12.1984) – sowie ihr Fahrer. Der Unfall ereignete sich ca. 70 km südlich von Warschau, auf der Rückkehr von einer Mission in Tarnow und Krakau, und wurde durch ein falsches Überholmanöver eines jungen LKW-Fahrers ausgelöst, vor dessen Fahrzeug ein mit Zement beladener Schneepflug gespannt war; die Straße war übrigens völlig schneefrei (vgl. *Sp,* 10.12.1984, S. 12, und *taz,* 8.2.1985). Die Regierung veröffentliche die Nachricht vom Tod der Beamten umgehend in den Abendnachrichten *(TT,* 3.12.1984). Regierungssprecher Urban erklärte, sie hätten »Nebenaspekte« über den Hintergrund der drei im Popieluszko-Fall Angeklagten untersucht *(TT,* 5.12.1984) – mit anderen Worten, deren mögliche Verbindungen. Ihre Materialien wurden sofort sichergestellt. Die Aussagen des LKW-Fahrers wurden nicht veröffentlicht, und es gab offenbar keine Ermittlung ...

Bei der weiteren Entwicklung der Affäre können wiederum sehr vielschichtige Kompromisse im Spiel gewesen sein. Jaruzelskis Beziehungen zum damaligen sowjetischen Parteichef Tschernenko waren nicht besonders gut; Tschernenko soll ihn im Mai 1984 scharf wegen seiner allzu nachgiebigen Religionspolitik kritisiert haben *(NZZ,* 31.10.1984). (Als Pole und ehemaliger Jesuitenzögling dürfte Jaruzelski hier eigene Ansichten haben, zumal ihm offenbar vorschwebt, ein polnischer Kádár zu werden. Andererseits aber hatte der Pole offenbar ausgezeichnete Beziehungen zu Andropow, von dem er im Juli 1983 den Lenin-Orden erhielt –

der Höhepunkt seiner Beziehungen zu Moskau *(M, 23./ 24.10.1983)* – und für den er seine persönliche »profunde Wertschätzung und Sympathie« bekundete *(M, 12.10.1983).* Tschernenko war im Spätherbst 1985 bereits alt und todkrank, sein Zweiter Sekretär jedoch – Andropows »Kronprinz« M. S. Gorbatschow. ... Natürlich war aber in einem öffentlichen Prozeß in Polen die Frage einer möglichen Rolle der sowjetischen Berater im polnischen Innenministerium nicht diskutierbar.

Der Thorner Prozeß wurde auf das sorgfältigste inszeniert. Wie delikat ein solches Vorgehen politisch war, zeigte die Meldung, es sei eigens eine besondere Fernsehverbindung zu Kiszczaks Untersuchungskommission in Warschau eingerichtet worden. Den Vorsitz beim Prozeß hatte der Vorsitzende des Thorner Gerichts, A. Kujawa. Dieser Mann hatte zwar seit mehreren Jahren nicht mehr ein solches Amt wahrgenommen und zeigte bei den Verhandlungen zum Teil erhebliche Unkenntnis der Prozeß-Vorschriften *(FAZ,* 4.2.1985); doch er galt als treues und »disponibles« Werkzeug der Partei *(Tagesspiegel,* 22.12.1984), der sich durch drakonische Urteile gegen oppositionelle Studenten einen Ruf gemacht hatte *(W,* 28.12.1984). Die Staatsanwältin Jachowska hatte beim Prozeß wegen der Ermordung des Studenten G. Przemyk eine dubiose Rolle gespielt *(TT,* 8.2.1985). Einer der Staatsanwälte soll auch für die Einstellung des Untersuchungsverfahrens wegen verdächtiger Entführung von fünf Personen in der Thorner Gegend 1984 verantwortlich gewesen sein *(Tagesspiegel,* 22.12.1984).

In der Tat, im Sowjetsystem und seinen Satelliten sind Justizwesen, Kriminal- und Ordnungspolizei dem Geheimdienst in erheblichem Maße ausgeliefert. Piotrowski beruhigte seine Kollegen vor der Tat mit der bezeichnenden Bemerkung: »Die Kriminalpolizei gehört uns« *(W,* 29.12.1984). Und jedesmal, wenn die so kritische Frage nach den »Hintermännern« angeschnitten wurde, wurde sie vom Vorsitzenden Kujawa abgebogen (vgl. Lammich, 1985, S. 34).

Auch das Publikum, das die Verhandlungen verfolgte – zumeist Sicherheitsbeamte in Zivil –, machte einen bezeichnenden Wandel durch. Es war bereits eine Sensation, daß eine Reihe westlicher Journalisten geladen war. Doch die Journalisten der sozialistischen Staaten – UdSSR, Ungarn, VR China – nahmen offenbar nur an den ersten Tagen teil (Lammich, a.a.O., S. 21) und blieben dann dem Prozeß fern *(FAZ,* 4.2.1985). Auch die Sowjetpresse schwieg bezeichnenderweise so lange, bis festgestellt worden war, es gebe keine Hintermänner (2. November); sie erwähnte auch dann mit keinem Wort, daß die Angeklagten Vertreter des Sicherheitsapparats waren (vgl. *W,* 6.2.1985).

Der Prozeß endete denn auch nicht mit der zunächst angekündigten vollen Aufklärung. Doch für den, der Augen hatte, war der Tatbestand auch so fast schon offensichtlich – und insofern hatte der Prozeß doch eine erhebliche Signalwirkung im Hinblick auf alle Geheimdienste im Ostblock, allen voran den polnischen ... und das KGB.

Natürlich hatte Oberst A. Pietruszka, Piotrowskis Vorgesetzter im Innenministerium, recht, wenn er seinem aufgebrachten Untergebenen – der sich zu Recht als Sündenbock für andere fühlte – entgegenhielt, Piotrowski könnte keinen einzigen Zeugen finden, der bestätigen würde, er hätte Anweisungen erhalten, Gewalt anzuwenden *(TT,* 11.1.1985). Bei derartigen hyperdelikaten Aktionen ist es allgemein üblich, keine oder nur minimale Dokumente zu hinterlassen und womöglich gar nur in Andeutungen zu sprechen* (J. Bremer, *FAZ,* 1.2.1986). Der Angeklagte Chmielewski betonte: »Eines der grundlegenden Prinzipien des Dienstes ist das uneingeschränkte Vertrauen zum Vorgesetzten« *(Tagesspiegel,* 8.1.1985). Die Frage des Anwalts der Familie Popieluszko, J. Olszewski, ob es mündliche oder schriftliche Instruktionen gegeben habe *(TT,* 17.1.1985), wurde im Thorner Prozeß bezeichnenderweise nie beantwortet. Piotrowski hatte aber zweifellos recht, wenn er erklärte:

> »In meinen Augen war die niedrigste Ebene, auf der eine solche Entscheidung gefällt wird, ein stellvertretender Minister.«
> »Ich wußte, wie sie vorgehen. Ich wußte, wer sich eine solche Entscheidung leisten konnte. Deswegen ist klar, daß sie ganz oben gefällt worden ist« *(Bild,* 9.1.1985).

Sein Untergebener Pekala sprach von einer »Geheimmission«, die »von höchster Stelle angewiesen« war *(FR,* 8.2.1985). Der übergelaufene ehemalige polnische Botschafter Z. M. Rurarz meinte, es sei äußerst unwahrscheinlich, daß eine derartige Aktion ohne Wissen und Billigung auch des KGB unternommen werden konnte *(WSJ,* 5.11.1984).

---

* Dies hat unter anderen Umständen erneut der Greenpeace-Skandal in Frankreich im Juli 1985 verdeutlicht.

Die organisatorischen und personalpolitischen Konsequenzen bestätigen diese Aussagen, mochten sie auch von den Angeklagten widerrufen worden sein. Am 2. November wurde General Z. Platek, der Leiter der im Prozeß nie namentlich genannten *(M, 28.1.1985)* Vierten Abteilung im Innenministerium, zuständig für konfessionelle Angelegenheiten und nationale Minderheiten (vgl. Lammich, 1985, S. 17; *ZB,* 45, 1984, S. 2), ein gestandener Altkommunist, vom Dienst suspendiert und im Februar 1985 amtsenthoben. Sicherheitssekretär M. Milewski mußte zurücktreten. Unauffällig folgte ihm auch der stellvertretende Innenminister W. Ciastoń, dessen Name im Prozeß gefallen war *(M,* 28.1.1985), also Plateks Stellvertreter. Der Apparat des Innenministeriums wurde reorganisiert. Armeeoffiziere wurden in Schlüsselpositionen auf der Ebene der Woiwodschaften, Städte und sogar mancher Betriebe eingesetzt *(Sp,* 5.11.1984). Der Vertreter von Thorn im Zentralkomitee, Z. Ciechań – also der Repräsentant jener Gegend, die schon vor Popieluszkos Tod in oppositionellen Kreisen als »Bermuda-Dreieck« bekannt war, weil dort so viele Menschen »verschwanden« – verzichtete schon im Dezember 1984 »aus persönlichen Gründen« auf seinen Sitz.

Im Anschluß an diese Ereignisse in Polen sah sich das bulgarische Regime T. Schiwkows bemüßigt, eine internationale Pressekonferenz über den Drogenhandel abzugeben und seine Kooperation bei der Bekämpfung dieser Form von Kriminalität herauszustellen *(Barriere,* 1985). Ja, es wurde sogar zugelassen, daß Vertreter des eigenen Sicherheitsapparates sich den bohrenden Fragen italienischer Journalisten über eine mögliche »bulgarische Verbindung« beim Papstattentat stellen mußten. Bereits im März 1981 war Mafia-Chef Abuser Ugurlu an die Türkei ausgeliefert (oder gar von dieser gekidnappt?!) worden (M. Dobbs, *IHT,* 17.10.1984). Bulgarien, das zunächst die Nachforschungen der italienischen Justiz in keiner Weise unterstützt hatte, begann seine Politik zu ändern.

Am 7. Juli 1985 wurde B. Celenk, Ugurlus »rechte Hand« – von der Türkei wegen seiner Rolle beim Waffenschmuggel gesucht – ausgeliefert *(IHT,* 15.7.1985), nachdem Bulgarien früher verschiedene Auslieferungsgesuche sowohl der Türkei als auch Italiens ignoriert hatte (vgl. P. Henze, *CSM,* 20.–26.7.1982, S. 12). Celenk war am 9. Dezember 1982 angeblich in Sofia verhaftet worden und nach einem Interview für die *New York Times* vom

25.1.1983 nicht mehr auffindbar gewesen, bis ihn ein Journalist in einem Hotel ausfindig machte und dafür zusammengeschlagen wurde. Am 18. September 1985 wurde der Prozeß gegen den Mafioso in Ankara eröffnet *(M,* 21.9.1985). Im Frühjahr 1986 wurde gemeldet, er sei im Herbst 1985 in einem Gefängnis der türkischen Hauptstadt an einer Herzkrise gestorben *(M,* 1.3.1986).

Es gab mithin deutliche Anzeichen, daß die osteuropäischen Regime – bestärkt durch die Zeit relativer Führungsschwäche in Moskau vor dem Machtantritt M.S. Gorbatschows – versuchten, die unter Moskauer Oberkontrolle stehenden Staatssicherheitsapparate im eigenen Lande einigermaßen unter Kontrolle zu bekommen.

Das KGB in der Dritten Welt

In der Dritten Welt hat sich das KGB sowohl als Instrument zur Destabilisierung mißliebiger Regime und derart zur Förderung von Moskaus geostrategischen Interessen bewährt als auch beim Aufbau neuer Sicherheitsdienste für befreundete oder verbündete Regime. Bei letzterem werden dabei nicht zuletzt auch die osteuropäischen »Bruder«-Dienste eingesetzt und speziell die DDR-Stasi: so unter anderem beim Aufbau des Sicherheitsapparates des Diktators von Uganda, Idi Amin, und M. Gaddafis in Libyen sowie im sandinistischen Nicaragua, wobei die 1961 gegründete und seit 1965 zunehmend unter KGB-Kontrolle stehende kubanische DGI *(Dirección General de Inteligencia)* eine Schlüsselrolle spielte. Der Sicherheitsapparat der Sandinistas, an seiner Spitze der berüchtigte Innenminister T. Borge, ist von Kubanern ausgebildet.

Spätestens der Abfall von Major W. A. Kusitschkin* *(T,* 22.11.1982, S. 25; Barron, 1984, S. 412) aus der KGB-Abteilung S (»Illegale«) im Sommer 1982 in Teheran, wo er nominell sowjetischer Vizekonsulö gewesen war, machte er den Westen auf eine erhebliche Hintergrundrolle der sowjetischen Staatssicherheit in

---

* Kusitschkins Aussagen wurden u.a. als Beweis für die Anklage in dem Prozeß gegen 101 Mitglieder der kommunistischen *Tudeh*-Partei angeführt, die am 21. Januar 1984 in Teheran verurteilt wurden. Demnach wurde unter Leitung des ZK-Mitglieds dieser Partei, Mehdi Partori, eine »geheime Organisation« zur Infiltration der iranischen Streitkräfte gebildet; eines ihrer Mitglieder, Bahram Alfazi, brachte es bis zum Oberbefehlshaber der iranischen Marine und informierte in dieser Funktion Moskau u.a. über ein versenktes hypermodernes amerikanisches Spionageschiff im Persischen Golf. Ein anderes Mitglied war Oberst Attarian, der Leiter der Untersuchungskommission zum fehlgeschlagenen ame-

der iranischen Revolution aufmerksam (vgl. auch Sakharov, 1980, S. 218), einer Revolution, die die strategische Situation in der so vitalen Nahostregion entscheidend verändert hat. Die amerikanische CIA, unter J. Carter von mehreren tausend auf bloße 300 »Operative« zusammengeschrumpft *(NW,* 10.10.1983, S. 333), »verschlief« diese Entwicklung, zumal sie in Anbetracht des Bündnisses mit dem Schah im Iran keine eigenen Nachforschungen betrieben hatte (vgl. *Iran,* 1979). Inzwischen aber stellte sich heraus, daß über 2 000 jener Personen, die an den Unruhen von 1978 teilnahmen, die schließlich in die Flucht des krebskranken Schah einmünden sollten, in palästinensischen Lagern von G. Habasch in Libyen und Syrien geschult worden waren (Sablier, 1983, S. 67) – Lager, die unter anderem auch von KGB-Offizieren mit »betreut« wurden. Der »harte Kern« der Studenten, die im November 1979 die amerikanische Botschaft in Teheran besetzten, soll in Ostberlin, Leipzig und Prag ausgebildet worden sein – unter anderem auch vom KGB (Cline und Alexander, 1984, S. 59). Ermutigt wurden sie zunächst durch den in Baku – damals die Residenz des späteren Ministerpräsidenten und damaligen aserbaidschanischen Partei- und ex-Polizeichefs G. A. Alijew – stationierten geheimen Sender »Nationale Stimme des Iran«** *(Active Measures,* 1983, S. 57). Alijew, einem Spezialisten der KPdSU für die iranische kommunistische Tudeh-Partei (P. Naghibi, *M.* 11.–12.3.1984), ist nachgesagt worden, er träume vom Bund des Kommunismus mit der islamischen Revolution, und seine Kenntnisse als Nahostexperte seien der Grund dafür gewesen, daß Andropow ihn gleich nach seiner Machtübernahme im November 1982 direkt nach Moskau berief; am 12.11.1982 trat Andropow sein Amt als neuer Generalsekretär an, am 22.11. erging der Ruf an Alijew (A. Taheri, *IHT,* 30.11.1982).

Von R. Chomeinis Privatsekretär wird berichtet, daß er Kontakte zu diversen KGB-Offizieren unterhielt. Bei der Neugrün-

rikanischen Kommando-Unternehmen 1980, das die Geiseln aus der amerikanischen Botschaft befreien sollte. Es wurde gemeldet, er habe eine Kopie seines Berichts hierüber an die Sowjetunion übermittelt, ebenso Informationen über die iranische Kriegführung gegen den Irak *(Archiv der Gegenwart,* 1984, S. 27 360). Überhaupt gibt es im militärischen Bereich seit 1979 Kooperationen zwischen dem Iran und der Sowjetunion.

** Der Sender wurde 1959 gegründet, um die kommunistische Tudeh-Partei zu unterstützen und der Sowjetunion eine Stimme im Iran zu verschaffen (vgl. Kitrinos, 1984, S. 53).

dung der Sicherheitsdienste des Ajatollah spielten Palästinenser wiederum eine große Rolle (Sablier, 1983, S. 152; vgl. die faszinierende Untersuchung von Taheri, 1985).

Auch bei der Intervention in Afghanistan Ende 1979 und speziell beim Coup in Kabul wirkten die sowjetischen Geheimdienste mit. Der oben erwähnte übergelaufene KGB-Major Kusitschkin sagte aus, daß bereits die Linken, die 1978 S. M. Daud stürzten, in der Sowjetunion ausgebildet worden seien. Doch habe Moskau sie nicht zu diesem Schritt, der sogenannten April-Revolution, ermutigt, da das KGB wußte, daß Daud in Afghanistan als legitimer Herrscher angesehen wurde; so habe das KGB vorausgesehen, daß das neue Taraki-Regime mit einem Desaster enden müßte *(T, 28.11.1982, S. 25)*.

Der sowjetischen Militärintervention vom Dezember 1979 ging eine merkwürdige KGB-MWD (Innenministeriums)-Delegation voraus unter dem Ersten Stellvertretenden Innenminister W. S. Paputin (womöglich der Sohn eines früheren Chefs der Hauptverwaltung Grenztruppen; vgl. Wolin und Slusser, 1957, S. 135; vgl. von Borcke, 1980 (b)). Es ist vermutet worden, das Innenministerium, das Beziehungen zum KGB unterhält, habe offenbar auch gewisse außenpolitische Funktionen, die aber nicht restlos klar sind (Knight, 1980, S. 145; dies., 1984).* Paputin kam im Zusammenhang mit dem Afghanistan-Abenteuer ums Leben. Es hieß, dies sei während des Coup in Kabul geschehen, den er mitorganisiert hatte *(NW, 14.1.1980, S. 10)*. Moskauer Gerüchte behaupteten aber, er habe erst nach Rückkehr in die Sowjetunion Selbstmord begangen, offenbar weil seine Mission in irgendwelchen Hinsichten mißglückte. In der Tat deuteten die Verzögerung der Bekanntgabe seines Todes und die Form, in der das geschah *(Pr, 3.1.1980, S. 6)*, darauf, daß Paputin in Ungnade gefallen war.

Die Erstürmung des Palastes des afghanischen starken Mannes, Hafizullah Amin, wurde nach Angaben von Augenzeugen durch drei sowjetische »Sondereinheiten«, also *Speznas*-Kommandos

---

* Für Paputins »KGB-Beziehung« sprach sowohl der Umstand, daß G. K. Zinjow, Leiter der »Dritten« KGB-(Haupt-)Verwaltung, »Streitkräfte«, seine Todesanzeige mitzeichnete *(KZ, 3.1.1980)*, als auch, daß er Mitglied des Sportvereins »Dinamo« (Dynamo) war, der vom KGB protegiert wird (Deriabin und Gibney, 1959, S. 97); einer der stellvertretenden KGB-Vorsitzenden ist stets der Ehrenvorsitzende von Dynamo. Deriabin berichtet, das Sport-Team rekrutiere sich aus der Kremlwache sowie den Spezialisten für Überwachung. Auch »W. Suvorow«, Überläufer aus der GRU, betont, Dynamo bilde u.a. KGB-Spezialisten für Diversion aus (1982, S. 77).

(der GRU) *(Expr,* 28.2.1986, S. 27) durchgeführt, die damit auch für das Massaker an Amin und seiner ganzen Familie verantwortlich gewesen sein müßten (was zunächst wie »afghanische Methoden« ausgesehen hatte). Allerdings wird von verschiedenen Seiten gemeldet, KGB-Chef Andropow selbst sei gegen die Militärintervention gewesen; das berichtete unter anderen der zu den Mudschahedin übergelaufene stellvertretende afghanische KHAD-(Sicherheits-)Chef Gh. Miraki (P. Sager, in: *ZB,* 3, 1983, S. 3; *M,* 18.4.1984). Doch die Bedenken des KGB-Chefs hinderten den Kreml nicht, auch unter Andropow als Parteichef den Kampf gegen die Guerillas nicht zuletzt mit KGB-Methoden wie Infiltration der Aufständischen, selektiver Ermordung von Führerpersönlichkeiten und Diversion zu führen *(M,* 18.4.1984).

1985 soll es in Afghanistan (mindestens) je ein Regiment GRU-*Speznas* (= Truppen »zur besonderen Verwendung«) und MWD-Truppen sowie eine Brigade KGB-Truppen gegeben haben, deren bloße Präsenz auf die alten Sowjetisierungstechniken hinwies, die früher im Kampf gegen die Basmatschi Zentralasiens (1919–24, 1929–32) sowie bei der Sowjetisierung Osteuropas angewandt worden waren (vgl. *NZZ,* 30.11.1985).

Den Verschwörern, die am 6. September 1981 bei einer Militärparade den ägyptischen Staatschef A. Sadat* ermordeten, sind Beziehungen zum KGB und ungarischen Geheimdienst nachgesagt worden *(Posev,* Oktober 1981, S. 21). Schon früher, im Dezember 1978, waren in der bulgarischen Botschaft in Kairo Dokumente gefunden worden, die ebenfalls ein Komplott gegen Sadat belegten (weshalb Kairo die Beziehungen zu Sofia abgebrochen hatte) *(M,* 31.12.1982). Laut A. Schewtschenko soll das KGB schon seit 1971 Sadats Sturz geplant haben *(M,* 6.2.1985), worüber Sadat durch seine Spionageabwehr erfuhr – ein gewichtiger Grund für die Ausweisung der ca. 17 000 sowjetischen Berater 1972 (vgl. Freemantle, 1982, S. 110).

---

* Insbesondere aufgrund seiner Außenpolitik hatte Anwar-el-Sadat so manche Feinde in der arabischen Welt. Denn nach dem Krieg gegen Israel 1973 – in dem er zum ersten Mal wenigstens zum Teil die »Unbesiegbarkeit« der israelischen Armee widerlegte – ging er auf das Truppenentflechtungsabkommen im Sinai, Camp David und schließlich den Friedensvertrag von 1979 mit Israel ein; im November 1977 unternahm er sogar einen persönlichen, spektakulären Besuch in Jerusalem. Ägypten wurde daraufhin aus der Arabischen Liga ausgeschlossen. Hauptführer der sogenannten Ablehnungsfront wurden Syrien und Libyen.

Schließlich das Beispiel Nicaragua: Hier ist der kubanische Geheimdienst DGI, der 1968 nach einer Machtprobe F. Castros mit Moskau über Fragen der Strategie und Taktik der Revolution vom KGB gleichgeschaltet wurde (vgl. Sablier, 1983, S. 169; Crozier, 1973; Suvorov, 1984, S. 57), maßgeblich an der Bewegung und dem neuen Regime der Sandinistas beteiligt gewesen und noch beteiligt.

Stunden nachdem die Sandinistas an die Macht gelangt waren, trafen die ersten kubanischen »Berater« ein, um den neuen Sicherheitsdienst – DGSE *(Departamento General de Seguridad del Estado* = »Allgemeine Abteilung für Staatssicherheit«) – organisieren zu helfen (P. Sager, *ZB,* 17, 1985, S. 6), der offiziell am 26.7.1979, eine Woche nach der Revolution, als erste neue Institution des Regimes ins Leben trat (R. Lindner, 1985, S. 597). Fast alle Mitarbeiter des DGSE sind von Kubanern ausgebildet, und die kubanische DGI wiederum hat vom KGB »gelernt«.

Juan Lopez Diaz, der im Juli 1979 als erster Botschafter Kubas in Managua eintraf, war hoher DGI-Funktionär, der in der Guerilla-Bewegung sowie beim Aufbau des Sicherheitsapparats der Sandinistas eine wichtige Rolle gespielt hatte (Sablier, 1983, S. 173). Die Spitzenführer der Sandinistas sind alle auf Kuba oder in der Sowjetunion geschult worden *(CSM,* 12.–18.10.1985; Belli, 1985, S. 15 f.). Der berüchtigte Innenminister T. Borge, der Hauptverbindungsmann zu Kuba, wurde von Al Fatah, der führenden PLO-Gruppe, ausgebildet.* 1984 sollten in Nicaragua in Sachen Staatssicherheit 70 sowjetische Berater gewesen sein

---

* Die Gründer der sandinistischen Bewegung, Carlos Fonseca und Tomás Borge, hatten sich Anfang der fünfziger Jahre der PSN *(Partido Socialista Nicaragüense)* angeschlossen, einer kleinen kommunistischen Organisation. Die PSN schickte Fonseca 1957 anläßlich der Weltjugendfestspiele als Delegierten nach Moskau (Belli, 1985, S. 8).

Eine ähnliche »Moskauer Verbindung« kennzeichnet andere führende Männer des Regimes: Henry Ruiz, einer von neun Spitzenkommandanten, der sich 1967 der FSLN angeschlossen hatte, war an der Patrice-Lumumba-Universität in Moskau ausgebildet worden, ebenso Leticia Herrera, die nach der Revolution von 1979 Vorsitzende des Verteidigungsausschusses wurde (a.a.O.). Der ehemalige Sandinista Belli berichtet, daß auch sein Lehrer für Marxismus, Oscar Turcios, Student der Lumumba-Universität gewesen war (a.a.O., S. 9). Diese Moskauer Universität war 1960 von Chruschtschow gegründet worden, um Kader für die Dritte Welt auszubilden; ihre Fakultät besteht zu 90 Prozent aus KGB-Funktionären (vgl. Barron, 1978, S. 303; Crozier, 1978, S. 5; Penkovsky, 1969, S. 190; Sablier, 1983, S. 148). Viele der prominentesten Revolutionäre der Dritten Welt zählen zu ihren »Zöglingen«.

(Commentary, September 1984, S. 37) sowie 400 Kubaner, 40–50 Ostdeutsche und 20–25 Bulgaren. Der ehemalige »Insider« H. Belli sagte sogar, daß von den ca. 8 000 Kubanern, die sich 1985 in Nicaragua aufhielten, mindestens 2 000 militärische und Sicherheitsberater waren (Belli, 1985, S. 76 f.).

Natürlich beschränkt sich die sowjetische bzw. kubanische Aktivität in Lateinamerika nicht auf Nicaragua. So versuchte die Sowjetunion auch in Grenada, ihren Einfluß über die Vermittlung Kubas wirksam zu machen, wie das vollständig in amerikanische Hände gefallene Archiv des M. Bishop-Regimes zeigt (vgl. M. Ledeen, *IHT,* 18.4.1986).

Das Zweckbündnis mit dem Terrorismus

1961 stellte N. S. Chruschtschow die Unterstützung sogenannter nationaler Befreiungsbewegungen heraus. Im Zuge der neuen Dritte-Welt-Politik, die mit dem Waffengeschäft mit Ägypten 1956 angelaufen war, ließ sich der Kreml schließlich offenbar auf eine Art Zweckbündnis auch mit dem internationalen Terrorismus ein, dessen verschiedene Bewegungen die sowjetische Staatssicherheit seit Anfang der sechziger Jahre zum Teil zu infiltrieren und manipulieren versucht hatte (Garder, 1978, S. 13). 1964, gleich nach Chruschtschows Sturz, so berichtete der ehemalige tschechoslowakische General J. Sejna (bis 1968 Prags Hauptverbindungsoffizier im Warschauer Pakt; Frolik, 1975, S. 136), erhöhte das sowjetische Politbüro die Mittel zur Unterstützung des Terrorismus auf einen Schlag um das Zehnfache (Sterling, 1981, S. 14).

Ein Schlüsselereignis auf diesem Weg war die *Trikontinentale* (Drei-Kontinente-)*Konferenz* im Januar 1966 in Havanna (vgl. Crozier, 1973, S. 12; Raufer, 1984, S. 177, 179; Sablier, 1983, S. 16; Sterling, 1981, S. 14 f.), deren Ziel es war, gewissermaßen den Generalstab für die Revolution in der Dritten Welt zu bilden, »den weltweiten Unternehmungen des Imperialismus eine globale Strategie der Revolution entgegenzustellen«, wie es Mehdi Ben Barka, einer der geistigen Führer der Bewegung und bis zu seiner Entführung in Paris im Oktober 1965* Vorsitzender des Vorberei-

---

* Der Fall Ben Barka gilt bis heute als ungeklärt. »Insider« berichten, daß die Entführung das Werk des marokkanischen Geheimdienstes, unterstützt vom französischen sowie vom israelischen Geheimdienst, gewesen sei (Vosjoli, 1970, S. 324 f.; Steven, 1980, S. 198).

tenden Komitees, formulierte *(Archiv der Gegenwart,* 1966, S. 12328). Die Initiative zur Trikontinentalen soll von der Internationalen Abteilung des ZK der KPdSU ausgegangen sein (H.J.Horchem, *W,* 27.12.1986). Teilnehmer der Konferenz waren Delegationen aus 82 Staaten sowie – als Beobachter – 64 Persönlichkeiten aus 14 internationalen »linken« Organisationen sowie Vertreter der sieben Ostblockstaaten. So traf sich die »Elite« des künftigen internationalen Terrorismus, u.a. »Ché« E. Guevara, PLO-Chef Ja. Arafat und C. Marighella, der als Autor des *Mini-Handbuchs des Guerilla* berühmt wurde. Die Sowjetunion war mit einer fast fünfzigköpfigen Delegation unter dem usbekischen Parteichef Sch. Raschidow vertreten. (1983 beging dieser Selbstmord wegen eines Korruptionsskandals.)

Die Konferenz kam zu dem Schluß, daß »den Völkern« in ihrem wirtschaftlichen und gesellschaftlichen »Befreiungskampf« »alle Mittel« erlaubt seien *(Archiv der Gegenwart,* 1977, S. 12328). Die 27 lateinamerikanischen Delegationen gründeten eine Organisation der lateinamerikanischen Solidarität zur Unterstützung von »Befreiungsbewegungen« auf ihrem Kontinent und als »zweite anti-imperialistische Kampffront nach Vietnam« (a.a.O.).

Über die »putschistischen« Neigungen der Südamerikaner, lebhaft unterstützt von Castro, gab es bald erhebliche Spannungen mit Moskau und den moskauhörigen kommunistischen Parteien; 1968 kam es zu einer Machtprobe zwischen Moskau und Havanna, bei der Castro einlenken mußte. Die Sowjetunion nahm an der zweiten OLAS-Konferenz (OLAS = »Organisation lateinamerikanischer Solidarität«) nicht mehr teil und wies auch die »offizielle« Bedeutung der Raschidow-Delegation auf der Trikontinentalen Konferenz von 1966 zurück, so daß sich am 31.7. bis 10.8.1967 nur noch 27 Delegationen zusammenfanden. Faktisch aber spielte die Sowjetunion, mochte sie auch schwerste Bedenken haben, doch eine heimliche Rolle in der neuen terroristischen Bewegung – schon um nicht von trotzkistischen und maoistischen Elementen »links überholt« zu werden; nicht zuletzt spitzte sich damals ja der Konflikt mit Maos China zu.

Zehn Monate nach der Trikontinentalen Konferenz wurden auf Kuba unter Leitung von KGB-Oberst W. Kotschergin, dem Chef der sowjetischen Botschaft in Havanna (vgl. Paris Match, 4.11.1977; H. J. Horchem, *W,* 27.12.1986), Ausbildungslager in den Bergen im Süden der kubanischen Hauptstadt eingerichtet. (Der kubanische Geheimdienst hatte derartige Lager schon früher organisiert). Sowjetische Spezialisten für Guerilla-Operationen bildeten dort in den 60er Jahren rund 5000 Guerilleros und Terroristen aus. Später wurde das Training von Offizieren der kubanischen DGI durchgeführt.

Doch diese Bewegung scheiterte in Lateinamerika: Im Oktober 1967 kam E. Guevara unter undurchsichtigen Umständen in Bolivien ums Leben. Es wurde gemunkelt, er sei im Interesse des KGB (!) von einer DDR-Doppelagentin, Tanja Bunke (vgl. Stiller, 1986, S. 31), verraten worden; denn dem Kreml erschien sein revolutionärer Drang allzu »abenteuerlich«. Bis 1972 hatte auch in Uruguay ein Militärregime dem Terror der Tupamaros (die bezeichnenderweise Gegner der Kommunistischen Partei des Landes waren) ein Ende bereitet; auch hierbei könnte kommunistische Provokation mit im Spiel gewesen sein (Francis, 1985, S. 2).

Im Anschluß an diese Entwicklungen sollen über 2 000 der lateinamerikanischen Terroristen nach Europa gegangen sein. Paris wurde ihr neues Zentrum, wo unter anderen der berüchtigte »Carlos«* seine eigentliche Laufbahn begann, ein Mann der dann

---

* »Carlos« wurde vom französischen Sicherheitsdienst als KGB-Agent identifiziert (C.L.Sulzberger, *IHT*, 14.4.1976). Es hatte sich herausgestellt, daß Offiziere des kubanischen Geheimdienstes in Paris dieselben Mädchen kannten, mit denen »Carlos« in der Rue Toullier verkehrte, ein Indiz für die Querverbindung zum KGB (*Expr*, 14.5.1982; vgl. *W*, 14.5.1982). »Carlos« hatte eine KGB-Schule auf Kuba absolviert. Doch seine endgültige Rekrutierung durch das KGB fand wohl während seines längeren Aufenthalts in der Sowjetunion 1970 statt (Crozier, 1978, S. 6). Er wurde offenbar nur zum Schein wegen seines lockeren Lebenswandels von der Moskauer Lumumba-Universität relegiert, um seine »sowjetische Verbindung« bei künftigen Aktionen zu vertuschen, arbeitete aber in Wirklichkeit weiterhin mit sowjetischen Führungsoffizieren zusammen (F.J.Horchem, *FAZ*, 20.10.1979).

»Carlos« hatte Verbindungen zur Roten-Armee-Fraktion – mit der er bei der Besetzung der französischen Botschaft in Den Haag zusammenarbeitete (*M*, 21.11.1986) –, ferner zur Japanischen Roten-Armee, der PFLP des G.Habsch, der Baader-Meinhof-Gruppe, der IRA, den Tupamaros in Uruguay, der türkischen Volksbefreiungsarmee (TPLA) (a.a.O.). *Die Welt* berichtete 1984, daß sich Carlos seit geraumer Zeit auffällig in osteuropäischen Ländern aufhielt (*W*, 30.4.1984).

Libyens Gaddhaffi hat ihn enthusiastisch unterstützt (Crozier, a.a.O.; *HA*, 28.4.1984) und für die Entführung der OPEC-Minister 1975 mit über $ 2 Millionen entlohnt (a.a.O., S.6–7). Gaddhaffi bot ihm nach diesem Coup eine Zuflucht. 1976 spielte »Carlos« eine Schlüsselrolle bei der Entführung einer Air-France-Boeing nach Entebbe (*M*, 21.11.1986). *La Reveil* (Beirut) berichtete 1981 (*W*, 14.5.1982), der Chef der Auslandsabteilung des syrischen Geheim-

1970 die Moskauer Lumumba-Universität** besuchte. Es wird berichtet, daß viele von diesen lateinamerikanischen Revolutionären an der portugiesischen Revolution von 1974 teilnahmen. (Damals war auch der sowjetische Botschafter in Lissabon, A. Kalin, »Gebist«; vgl. Sterling, 1981, S. 111).

Nach der Trikontinentalen Konferenz wurde der Bund mit der PLO geschlossen. 1969 begann Moskau, diese mit Waffen zu beliefern. 1974 machte Arafats Besuch in Moskau deutlich, daß die Sowjetunion inzwischen in der PLO einen gewichtigen politischen Faktor sah. Beirut wurde zum bedeutendsten internationalen Zentrum des KGB. »Spezialisten« aus Kuba und Lateinamerika begannen, als »Ausbilder« in den Lagern des Nahen Ostens zu arbeiten – Lager, die alles durchlief, was sich im Terrorismus einen Namen machte. Die »crème de la crème« aber erhielt den letzten Schliff in der Sowjetunion, die, so wurde gemeldet, sechs derartige Ausbildungslager unterhalten haben soll *(ddp, 17.10.1984)*. Unter anderen sollen bisher 2 000–3 000 PLO-Kämpfer in der Sowjetunion ausgebildet worden sein *(IHT, 29.7.1983)*. Weitere Ausbildungslager gibt es im Ostblock in der DDR (Finsterwalde), in der ČSSR in Karlovy Vary (für »Anfänger«) und in Dupov (für »Spitzenkräfte«), in Ungarn (Cline und Alexander, 1984, S. 59) sowie in Bulgarien *(T, 14.2.1983, S. 30)*; Sofia wurde die Kommandozentrale der palästinensischen Infrastruktur in Westeuropa (Kreutzahler, 1983).

dienstes, General Al Khouly, hätte ihn beauftragt, die Feinde Assads im Exil unschädlich zu machen, und dafür $ 2 Millionen geboten. 1979 soll »Carlos« Wadi Haddad gar die Entführung des Papstes vorgeschlagen haben (Sablier, 1983, 224).

** Die Lumumba-Universität war 1960 von Chruschtschow gegründet worden, um »Intelligenzkader« für die Dritte Welt auszubilden (Barron, 1978, S. 303). Etwa 6000 Studenten absolvierten sie jährlich (Sablier, 1983, S. 148).

Penkowskij berichtete, praktisch die gesamte Fakultät bestünde aus KGB-Funktionären (1965, S. 190); ein französischer Terrorismus-Experte bestätigte: »etwa 90%« (Sablier, 1983, S. 148). Ihr Direktor W.F.Stanis erhielt 1984 zum 60. Geburtstag den Lenin-Orden, die höchste Auszeichnung der Sowjetunion, für die Ausbildung »hochqualifizierter Spezialisten« (Pr, 12.7.1984).

J. Frolik, ein abgesprungener tschechoslowakischer Geheimdienstler, berichtete: In Prag sei die »Die 17.-November-Universität« nach dem gleichen Muster organisiert, und von ihren 4500 Studenten hätte etwa die Hälfte in Verbindung mit dem tschechoslowakischen Geheimdienst gestanden (1975, S. 115).

Von den 2 700 Fällen von Terrorismus, die 1968–1986 registriert wurden, fanden bezeichnenderweise 2 206 in Westeuropa statt, und nur 62 wurden aus der kommunistischen Welt bekannt *(M, 30.6./1.7.1986)*. Mochte der sowjetische Geheimdienst derartige Bewegungen auch keineswegs zentral und in Perfektion steuern können (und das vielleicht auch gar nicht immer wollen) – er hatte (insbesondere seit Ende der sechziger Jahre) wiederholt versucht, sie zu infiltrieren und zu manipulieren, und das in der bewußten Absicht, auf diese Weise die liberalen westlichen Demokratien zu destabilisieren.

Der amerikanische Staatssekretär G. P. Shultz gelangte denn auch zu dem Schluß, es handele sich beim modernen Terrorismus um den integralen Bestandteil einer neuen internationalen Strategie, die von den Feinden der Freiheit benutzt werde (1985, S. 717). Auch unter westeuropäischen Regierungen begann sich insgeheim die Ansicht durchzusetzen, der Terrorismus agiere nicht etwa »blind«, sondern es handele sich hierbei um eine gezielte Form politischer Kriegführung. Die französische Regierung etwa, so wurde 1982 berichtet, sah den Terrorismus als Teil eines Planes, demokratische Gesellschaften zu destabilisieren – ein Schluß, zu dem auch führende Politiker in Italien gelangten; und dies um so mehr, als die palästinensischen und armenischen Extremisten logistische Unterstützung von Staaten erhalten, die ihrerseits Verbündete der Sowjetunion sind *(Archiv der Gegenwart,* 1983, S. 26 517). Speziell die »syrische Verbindung« wurde im Anschluß an die »blinden« Bombenanschläge in Paris und an den Hindawi-Prozeß im Spätsommer 1986 zunehmend öffentlich diskutiert.

Dieses Moment der sowjetischen indirekten Unterstützung des Terrorismus spielte (neben der fast schon phänomenal zu nennenden sowjetischen Technologiespionage) offenbar eine entscheidende Rolle bei Präsident F. Mitterands Beschluß vom April 1983, 47 sowjetische »Diplomaten« des Landes zu verweisen. Im Februar war bei Nizza die Leiche von Oberstleutnant B. Nut gefunden worden, einem der Spitzentalente der französischen Spionageabwehr, der u.a. die Tätigkeiten der östlichen Geheimdienste in Italien verfolgt hatte und möglicherweise mit neuen Materialien über die Hintergründe des Anschlags auf den Papst (s. oben S. 103) zurückgekommen war. Zu Nuts Zuständigkeitsbereich gehörten auch die Hochebene von Albi (wo die landgestützten französischen Atomraketen stationiert sind) sowie der Kriegshafen Toulon (den die französischen Atom-U-Boote anlaufen; *HA*, 6.4.1983). Nut wurde mit einem Schuß aus seiner eigenen Dienstpistole aus zwei Meter Entfernung hinter das rechte Ohr getötet ...

Ministerpräsident J. Chirac (der in einem aufsehenerregenden Interview mit A. de Borchgrave von der *Washington Times* behauptete, nicht Syrien, sondern Israels *Mossad* stünde hinter dem gerade noch verhinderten Anschlag auf die El Al-Maschine vom April 1986) konnte, nach einer möglichen Rolle des KGB im internationalen Terrorismus befragt, nebenbei bemerken, das sei doch für jedermann ersichtlich *(IHT*, 11.11.1986).

Das KGB in der sowjetischen Westpolitik

Der eigentliche System-»Feind« des Sowjetregimes ist traditionell der westliche Liberalismus, und das hieß seit Kriegsende in erster Linie: Amerika und die NATO. Die Sowjetunion führte mittels ihrer Geheimdienste einen heimlichen Krieg gegen die westlichen liberalen Staaten. Westliche Geheimdienste, so berichtete unlängst der *Daily Express,* schätzten, daß mindestens 5 000 KGB-Offiziere im Ausland »im allgemeinen Interesse der Ausweitung des Sowjetimperialismus« operierten *(Archiv der Gegenwart,* 1983, S. 26 517). Ihre »aktive« Arbeit, die weit über »klassische« Spionage hinausgeht, reicht dabei von verdeckter Einflußnahme bis zur puren Subversion.

Eine besonders wichtige Methode ist die Manipulation der in den westlichen liberalen Systemen so entscheidenden öffentlichen Meinung. Die östlichen Sicherheitsdienste haben hierbei zunehmendes Geschick entfaltet. Als ein ganz großer Erfolg galt in KGB-Kreisen z.B. die nach Kräften heimlich mitunterstützte Kampagne gegen die Neutronenwaffe, die angeblich besonders »unmoralisch« ist, da sie Menschen statt Panzer vernichtet; in Wirklichkeit hätte durch die Neutronenwaffe die so drückende Überlegenheit der Sowjetunion auf dem Gebiet der Panzerrüstung womöglich »veraltet« werden können. Nicht umsonst drohte Andropow im Frühjahr 1982, die gesamte so vertrackte Problematik des Rüstungswettlaufs und der Rüstungskontrolle auf »die von der Bourgeoisie so verachtete Straße« zu bringen (*Pr,* 23.4.1982, S. 2) (im Klartext: die westliche Sicherheitspolitik durch »Friedensbewegungen« mattzusetzen). Laut Überläufern soll das KGB Hunderte von Millionen Dollar für politische Einflußoperationen unter den Kernwaffen- und Raketengegnern Westeuropas ausgegeben haben (J.Vinocur, IHT, 29.7.1983). Nach den großen Demonstrationen in der Bundesrepublik 1981 soll es allerdings nur Indizien, aber keine absoluten Beweise für eine KGB-Rolle gegeben haben, auch wenn es vielerorts hieß, Gelder hierfür seien aus der DDR gekommen und Flugblätter womöglich sogar in der Sowjetunion gedruckt worden (*T*, 14.2.1983, S. 17). Zweifellos aber hat es in Sachen »Friedenspolitik« massive sowjetische Einflußnahmeversuche auf die demokratische Meinungsbildung im Westen gegeben (*ZB*, 17.10.1984, S. 3). In Dänemark z.B. wurden Bewegungen wie »Frauen für den Frieden«, »Forum 2000« und die »Dänische Friedensstiftung« als Beispiele für Frontorganisationen genannt (*MISTA*, vol. V, no. 5, Nov.–Dec. 1987, S. 3). Am Friedenskongreß vom 15. bis 19. Oktober 1986 in Kopenhagen – dem ersten dieser Art, der nicht in einem Ostblock-, sondern einem NATO-Land stattfand – nahmen laut *Politiken* u.a. Agenten verschiedener Geheimdienste teil (*RM*, 31.10.1986, S. 3). In der Bundesrepublik, so meinte das BfV optimistisch, gebe es (im Gegensatz zu anderen Ländern) bisher offenbar keine Versuche, nachrichtendienstlich in die Gruppen der Friedensbewegung einzudringen (Schlomann, 1984, S. 96).

Eine paradoxe – und, was das KGB angeht, vielleicht nicht einmal völlig unbeabsichtigte – Folge des sowjetischen Interesses an westlichen Friedensbewegungen könnte ein »feedback«-Effekt auf das eigene sicherheitspolitische Denken gewesen sein. Andropow teilte ja keinesfalls die traditionell-professionelle Sicht der sowjetischen Militärführung, gegebenenfalls sei auch ein Atomkrieg führ- und gewinnbar. Der KGB-Chef stand der nuklearen Problematik – insofern gleich seinen Kollegen aus der CIA – mit tiefster Sorge gegenüber und war deshalb schon seit Beginn der siebziger Jahre resoluter als irgendein anderer Führer im Politbüro für die friedliche Koexistenz als »einzig vernünftigen Kurs« im Atomzeitalter eingetreten (vgl. v.Borcke, 1976; 1987).

S. Lewtschenko berichtete aus seinen Japan-Erfahrungen als KGB-Oberst, daß die besten seiner Einflußagenten Journalisten waren. »Indem derart der Konsens in den freien Ländern geschwächt oder zerstört wird«, meinte der Überläufer, »richten die Aktivmaßnahmen sehr viel mehr Schaden an als ein klassischer Geheimdienst« *(Expr,* 5.4.1985, S. 89).

Die Geheimdienste bereiten auch – und hierbei spielt auch die GRU eine entscheidende Rolle – Sabotageakte für den Kriegsfall vor. Das ganze Ausmaß derartiger Pläne wurde 1971 durch den Abfall von O. Ljalin in London bekannt, einem führenden Mitarbeiter der Abteilung W der Ersten Hauptverwaltung des KGB, der in Großbritannien ein Netz von Sabotage-Experten geleitet hatte (vgl. S. Lewtschenkos Aussagen in *Sp*, 14.2.1983; Pincher, 1978, S. 53). Die Sowjetunion unterhält im Ausland ein ganzes Netzwerk »illegaler«, d.h. mit keiner sowjetischen offiziellen Vertretung in Beziehung stehender, und »schlafender« Agenten, die im Eventualfall aus ihrem »Untergrund« mobilisiert werden können – womöglich dann eines der zuverlässigsten Indizien, daß der große Krieg begonnen hat.

Hinzu kommen die *Speznas*- Eliteeinheiten (Speznas = *spezialnowo nasnatschenija*, d.h. Einheiten »zur besonderen Verwendung«), die dem sowjetischen Generalstab bzw. der GRU unterstehen. Sie sind aber offenbar nicht eigentlich Teil der Sowjetarmee *(NZZ*, 30.11.1985) und dürften zumindest indirekt auch unter KGB-Befehl stehen (das KGB soll mehr oder weniger auch die GRU beherrschen). Bezeichnenderweise ist der Vorsitzende der Staatssicherheit auch Mitglied des Verteidigungsrates, des obersten politisch-militärischen Gremiums der Sowjetunion.

Aufgabe der Speznas ist die »Sonderaufklärung«, die laut sowjetischer Militär-Enzyklopädie folgendermaßen definiert wird:

> »Auslandsaufklärung, die mit dem Ziel durchgeführt wird, das politische, wirtschaftliche, militärische oder moralische Potential eines wahrscheinlichen oder aktiven Gegners zu unterminieren. Die Grundaufgaben der Sonderaufklärung sind: Erwerb von Informationen über die wichtigsten wirtschaftlichen und militärischen Objekte, deren Zerstörung oder Außergefechtsetzung; die Organisation von Sabotage und terroristischen Diversionsakten; die Durchführung von Strafoperationen gegen patriotische Kräfte; Betreiben feindlicher Propaganda; Aufstellung und Vorbereitung von Einheiten von Aufständischen u.a. Die Sonderaufklärung wird von militärischen Organen und Geheimdiensten organisiert und von Kräften der Agenten-Aufklärung und Truppen zur besonderen Verwendung [wojsk spezialnowo nasnatschenija] durchgeführt« *(SVE*, Bd. 7, 1979, S. 493).

Hauptaufgaben der Speznas gegenüber dem Westen sind:
– Möglichst die Zerstörung oder das Außergefechtsetzen von NATO-Raketen, Startrampen und »command and control«;

- Zerstörung des politischen, strategischen und taktischen Oberbefehls der NATO;*
- physisches Untauglichmachen der elektronischen Frühwarnund Aufklärungssysteme;
- Einnahme entscheidender Flugplätze und Häfen;
- Desorganisation entscheidender Industrien;
- Vernichtung von Truppen und Garnisonen;
- Vernichtung logistischer Einrichtungen, z.B. von Brennstoffund Waffenlagern;
- Zerstörung des Transportsystems;
- Eroberung von Zonen, wo Fallschirmspringer landen können, sowie von taktischen Landeplätzen;
- Eroberung von wichtigem Terrain;
- Gefangennehmen von Personen zwecks Verhör und Erbeutung von Dokumenten *(Adams,* 1988, S. 202 f., vgl. Campbell, 1988).

Einige Monate vor der Installation von Pershings und Cruise Missiles in Westeuropa entdeckten amerikanische Aufklärungssatelliten neue Bauarbeiten in Fürstenberg in der DDR, dem Zentrum der sowjetischen Speznas-Ausbildung für Europa, wo im Verlauf einiger Wochen Attrappen der NATO-Raketen und ihrer Transportsysteme errichtet wurden. Später sah man sowjetische Truppen, die Angriffe auf diese Raketen übten. Attrappen der LANCE-Raketen der NATO, die auch mit nuklearen Sprengköpfen ausgerüstet werden können, hat es schon seit einigen Jahren gegeben. Diese Installation in Fürstenberg ist sogar für sowjetische konventionelle Streitkräfte striktes Sperrgebiet. Gleiche Anlagen gibt es in Kirowgrad südöstlich von Kiew sowie in jedem Land des Warschauer Paktes.

Eine Speznas-Kompanie besteht aus 115 Mann, darunter neun Offiziere und 11 Unteroffiziere. Sie gliedert sich in ein Stabselement, 3 Fallschirmjägerzüge, 1 FM- (Fernmelde-) Zug und Versorgungteile (Campbell, 1988). Bei der Durchführung von Sabotageakten kann sie als Einheit oder in einer Stärke bis zu 15 Mann – vorzugsweise aber mit vier bis zwölf Mann *(IHT,* 4.11.1986) – agieren. In kürzlichen Manövern des Warschauer Paktes wurde

---

* Anfang 1988 überprüfte das schwedische Verteidigungsministerium, ob etwa militärisches Personal für Anschläge im Kriegsfall ausgewählt wurde. Innerhalb von sechs Monaten hatte es aufgrund von Besuchen von Personen aus dem Warschauer Pakt in den achtziger Jahren 150 Zwischenfälle gegeben *(MISTA,* vol. VI, no. 1, Jan.–Febr. 1988).

ihre Rolle besonders betont (Hart, 1984, S. 220). Im Westen schätzt man – und solche Schätzungen sind problematisch –, daß die Sowjetunion über 7 000 bis 8 000 derartiger Kommandos verfügt *(IHT,* 4.11.1986), also insgesamt über ca. 30 000 Mann *(NRS,* 23.4.1986). Die übrigen Ostblockstaaten könnten noch einmal die gleiche Zahl dieser Sabotage-Einheiten aufbringen. Die Führer der Speznas-Einheiten werden in der Landessprache ihres jeweiligen Zielgebietes unterwiesen und müssen darüber hinaus »ihr« Gebiet auch wenigstens einmal infiltriert haben – z.B. als LKW-Fahrer (jährlich fahren ca. 350 000 östliche LKWs durch Westeuropa!), als Matrosen oder Touristen.*

Aus Großbritannien und Schweden liegen Berichte vor, wonach Speznas-Agenten – darunter auch Frauen – westliche Protestbewegungen erfolgreich infiltrierten, so bei den Demonstrationen gegen den Cruise-Missile-Stützpunkt Greenham Common (Campbell, 1988).

Nach Aussagen von Überläufern wurden Speznas-Teams in Ausbildungszentren des Militärbezirks Karpaten anhand von Geländemodellen dieses Stützpunkts auf ihren Einsatz vorbereitet.

Schließlich die sowjetische Spionage: Sie kann seit langem auf Höchstleistungen zurückblicken, zumal sie im Kampf gegen die offenen Gesellschaften des Westens große einseitige Vorteile auf ihr Konto verbuchen kann. Angesichts des Hitlerregimes und

---

* Der schwedische Oberst Einar Lyth berichtete von sowjetischen Panzeroffizieren, die, als zivile Fahrer getarnt, in Schweden Lastwagen steuerten, um die Eignung der Straßen für Kettenfahrzeuge zu untersuchen. Einige wurden weitab von den großen Durchgangsstraßen nahe militärischer Stützpunkte gesichtet *(rtr,* 6.4.1987). Der schwedische Kommandeur Sten Swedlund ist überzeugt, daß eine Beziehung zwischen den U-Boot-Zwischenfällen und derartigen LKW-Besuchen bestanden hat *(MISTA,* vol. VI, no. 2, March–April 1988). Die Zeitschrift der schwedischen Bewegung von Offizieren aus Freiwilligen für die militärische Ausbildung (Swedish Volunteer Officers' Training Movement) (no. 2, 1988, S. 3) lieferte folgende Detailanalyse über die Zwecke derartiger LKW-Fahrten:
  – Kontrolle möglicher Einfallstraßen für den Fall einer Invasion und Erkundung der Tragfähigkeit von Straßen und Brücken;
  – elektronische Spionage;
  – Abhören von zivilem und militärischem Radioverkehr;
  – Festlegen künftiger Sabotageziele;
  – Ausspionieren wichtiger Verteidigungsanlagen und militärischer Lager;
  – Einschmuggeln von Sabotageausrüstungen und Agenten, deren Identität nicht durch Antrag auf ein Visum bekannt werden soll *(MISTA,* vol. VI, no. 2, Mrch.–Apr.1988, S. 3).

Maos China hatte sie weniger leichtes Spiel, was aber für die westlichen Demokratien nur ein schwacher Trost ist.

Im Zweiten Weltkrieg konnte Stalin unter anderem dank der »Roten Kapelle« (der GRU, vgl. Höhne, 1970) Direkteinblicke in die Pläne des Führerhauptquartiers nehmen; es heißt, daß er etwa vor der Schlacht bei Kursk die Befehle an das deutsche Heer praktisch ebenso schnell erhielt wie die deutschen Befehlshaber im Osten selbst. Dank der Rolle der »Cambridge Comintern« – Kim Philby*, D. McLean, G. Burgess (vgl. Page, Leitch, Knightley, 1968) – hatte Stalin wohl auch Einblick in alle westlichen Verhandlungspositionen vor Jalta. Die Atomspionage (vgl. Gouzenko, 1948) ermöglichte es der Sowjetunion, die Blaupausen der neuen Waffe zu erwerben, ehe noch die erste Bombe 1945 über Hiroshima explodierte.

Speziell im Zuge der siebziger Jahre mit ihrer Détente (Entspannung) wurde die Spionage aktiviert, und zwar ganz besonders die Spionage in der Bundesrepublik, an der Nahtstelle der Blöcke, nachdem diese mit dem Moskauer Vertrag vom 12. August 1970 einen de facto-Friedensvertrag abgeschlossen hatte. Das KGB sieht in unserem Land geradezu sein »Tor zum Westen«. Allerdings ist es die DDR-Stasi, die nach westlicher Schätzung zu 80–85 Prozent diese Spionageaufgaben wahrnimmt (Fricke, 1982, S. 145).

Mit am bekanntesten wurde die sogenannte Guillaume-Affäre. In der Nacht vom 24. zum 25. April 1974 wurde G. Guillaume, engster Mitarbeiter von Bundeskanzler W. Brandt, als Stasi-Spion verhaftet. Er stand bereits seit 1973 unter ernstem Verdacht. Im Grunde war schon vor seiner Einstellung ins Kanzleramt 1972 gewarnt worden; es hieß, es lägen Informationen vor,

---

* »Kim« Philby ist im Mai 1988 im Alter von 76 Jahren in Moskau gestorben und mit allen militärischen Ehren beigesetzt worden; eine Ehrenformation der KGB-Grenztruppen schoß den Salut *(AP,* 13.5.1988).

Philby hatte in den vierziger Jahren die Operationsabteilung UdSSR im britischen MI–6 geleitet. Nachdem er seit seinem Abfall in die Sowjetunion 1963 nicht mehr öfter in der Öffentlichkeit gesehen worden war, erschien er am 18. Dezember 1987 in der lettischen Fernsehserie »Das Spiel«, um vor dem angeblichen Anfachen nationalistischer Spannungen durch westliche Geheimdienste zu warnen *(RL* 509/87, S. 11). (Der heutige lettische Parteichef B. Pugo ist Oberst des KGB und war zuvor KGB-Chef dieser Republik.) Philby beantwortete vier Minuten lang die Fragen eines pensionierten KGB-Generals *(TT,* 30.11.1987, S. 9). Das geschah zu einem Zeitpunkt, als man sich in Lettland vorbereitete, der verlorenen nationalen Unabhängigkeit zu gedenken.

110

daß er als ehemaliger Mitarbeiter des Ostberliner Verlags »Volk und Wissen« als Agent in Westberlin sowie in der Bundesrepublik gearbeitet hätte *(Archiv der Gegenwart,* 1974, S. 18 663). Brandt trat als Konsequenz dieses Skandals am 6. Mai 1974 von seinem Amt zurück. »Welch grausame Ironie«, so kommentierte damals die renommierte Londoner *Times,* daß er »Opfer jener Regierung wurde, der gegenüber er die Hand der Anerkennung ausgestreckt und der er die Tür zu den Vereinten Nationen geöffnet hat« (a.a.O., S. 18 666).

Die DDR-Stasi aber ist, mag sie inzwischen womöglich auch mehr operative Autonomie haben, als das dem KGB lieb ist, von ihrer »Mutterinstitution« KGB gar nicht zu trennen. Die wichtigsten, für Moskau unmittelbar relevanten Informationen soll das Ministerium für Staatssicherheit automatisch weiterleiten (Myagkov, 1977, S. 26; Stiller, 1986).

Der Überläufer Mjagkow (Myagkov) meinte, alles in allem würden in der Bundesrepublik etwa 8 000 Personen für östliche Geheimdienste arbeiten (1977, S. 21 und 28 f.; vgl. Schlomann, 1984). Die Schätzungen deutscher Spezialisten aus dem Innenministerium liegen allerdings sehr viel niedriger; diese meinten 1984, etwa 3 000 Spione hätten die bundesdeutschen Institutionen infiltriert *(IHT,* 23.10.1984). Als Illustration der Intensität der Arbeit ist Stillers Bericht aufschlußreich. Er schickte, nachdem sein Netz an »IM« (informellen Mitarbeitern) vollständig war, jeden Monat etwa vier Leute zu den verschiedensten Zwecken in den Westen .

> »Wenn man davon ausgeht, daß ich damit nur leicht über dem Durchschnitt der gesamten HVA (Hauptverwaltung Aufklärung) lag, so ergibt das etwa 4000 Agentenreisen, die innerhalb von vier Wochen im Auftrag des MfS über die Grenze ins Operationsgebiet stattfinden. Auf ein Jahr umgerechnet kommt man auf die stattliche Zahl von rund 50 000 Reisen. Die etwa 20 bis 30 registrierten Verhaftungen fallen dabei statistisch kaum ins Gewicht.« (1986, S.163).

Die genaue Zahl ist schwer abzuschätzen. Auch ist zu bedenken, daß die östlichen Geheimdienste inzwischen zunehmend auf Qualität statt wie früher vor allem auf Quantität setzen.

Die Sowjetunion und ihre verbündeten Dienste haben es seit Kriegsende immer wieder vermocht, ihre Agenten in praktisch alle vitalen Institutionen des Westens einzuschleusen, einschließlich der westlichen Geheimdienste wie R. Gehlens BND (Stasi-

Agent H. Felfe), des britischen MI 6 (K. Philby) und MI 5 (R. Hollis)*, de Gaulles Geheimdienst und engsten Beraterstab (vgl. Vosjoli, 1970) usw. A. Golizyn, ein ehemaliger Major des KGB, der u.a. 1959–60 in der NATO-Sektion der Informationsabteilung der Ersten Hauptverwaltung (Ausland) des KGB gearbeitet hatte (Golitsyn, 1984, S. 60) und zur Zeit der Kuba-Krise 1962 auszusagen begann, zeigte im Hinblick auf westliche Geheimdienste geradezu enzyklopädische Kenntnisse (Vosjoli, 1970, S. 304); die CIA nahm sich für sein »debriefing« (Befragung) 18 Monate Zeit.

Immer wieder gelang es der Sowjetunion, geheimste westliche Codes und Dokumente zu erwerben; nach dem Verrat eines solchen Codes durch einen amerikanischen Spezialisten, J. Helmich (1980 verhaftet), konnte die Sowjetunion z.B. theoretisch alle geheimen amerikanischen Botschaften aus der Zeit des Vietnamkrieges dechiffrieren. Golizyn berichtete u.a., daß Moskau NATO-Dokumente damals so prompt erhielt, daß diese gleich unter ihren NATO-Nummern abgelegt wurden (vgl. hierzu Vosjoli, 1970; Vosjolis Erinnerungen liegen dem Roman *Topas* von Leon Uris zugrunde). Es ist nicht einmal auszuschließen, daß sogar eine Fassung des SIOP *(Single Integrated Operational Plan)*, also der amerikanischen Planung für den Eventualfall eines Atomkrieges, derart in Moskaus Hände gelangte, wie der KGB-Offizier und Agent von E. Hoovers FBI »Fedora« in den sechziger Jahren berichtete (Godson, 1980, S. 125). (Der Mann steht allerdings unter Verdacht, Doppelagent gewesen zu sein; vgl. Golitsyn, 1984, S. 54; Pincher, 1984, S. 281.)

Die Spionage-Coups Moskaus sind endlos: 1964 entdeckte man eine »Wanze« in dem von der Sowjetunion geschenkten Staats-Adler der amerikanischen Botschaft in Moskau, was bedeutete, daß diese seit 1952 abgehört worden war. Unlängst erfuhr man, daß der Kreml die Schreibmaschinen westlicher Botschaften im Ostblock elektronisch direkt angezapft hatte. Schweden protestierte kürzlich, nachdem sich herausgestellt hatte, daß seine Botschaft in Moskau seit etwa fünfzehn Jahren abgehört worden war. Kurz, es scheint kaum Geheimnisse des Westens zu geben, in die Moskau nicht sehr bald Einblick genommen hätte, auch wenn das offenbar keineswegs immer Niederschlag in einer subtileren Politik gefunden hat.

* R. Hollis, Chef der internen Spionageabwehr, steht unter starkem Verdacht, belegt durch erdrückende Indizien, GRU-Agent gewesen zu sein; vgl. Pincher, 1984.

Im August 1985 löste der Abfall von H. J. Tiedge, dem Leiter der Spionageabwehr des BfV (Bundesamt für Verfassungsschutz), in die DDR eine Schockwelle aus. Dieser Mann war seit 1966 im BfV tätig gewesen und galt als Meister der Gegenspionage, der mit den modernsten Methoden (G-Operationen) vertraut war. Es wurde gemeldet, er habe sich mit einer Liste von 160 geheimdienstlichen Kontakten abgesetzt *(IHT,* 26.8.1985). Aufgrund seiner Position dürfte Tiedge auch mit den Abwehrmethoden befreundeter Dienste vertraut gewesen sein (H. J. Horchem, in: *Beiträge zur Konfliktforschung,* 4, 1985, S. 122). Der labile und extrem verschuldete Tiedge hatte beim Sicherheitsreferenten im BfV schon im Sommer 1983 Bedenken ausgelöst *(SZ,* 7./8.12.1985). Er selbst verwies in einem Schreiben aus der DDR auf seine ausweglose persönliche Lage als Motiv für seinen Schritt *(IHT,* 3.9.1985). Doch K. W. Fricke hat darauf aufmerksam gemacht, daß während der letzten drei Jahre – als Tiedge für die Spionageabwehr gegenüber der DDR zuständig gewesen war – auch die Verhaftungen von Spionen merklich zurückgegangen waren *(IHT,* 26.8.1985); das schien auf eine bereits längere Kollaboration mit der Stasi hinzudeuten. Die DDR gewährte Tiedge politisches Asyl, und es kam zu einer kleinen Kettenreaktion unter weiteren DDR-Spionen, die nun ebenfalls aus der Bundesrepublik flohen.

Auch die Technologie-Spionage der sowjetischen Geheimdienste hat eine lange Tradition. Im Zuge der Stalinschen Zwangsindustrialisierung wurde sie zu einer Hauptpriorität. Damals waren Deutschland und, nachdem Hitlers Machtantritt die Wirkungsmöglichkeiten dort bald radikal eingeschränkt hatte, Frankreich die Hauptzielländer. Seit 1946 wurde die Atomspionage zum neuen Dringlichkeitsprogramm; mochte Stalin auch nach außen die Bedeutung der neuen Waffe herunterspielen, in Wirklichkeit wußte er, wie M. Djilas berichtete, daß sie »eine potente Sache« war *(W,* 24.4.1984).

Anfang der sechziger Jahre wurde London zum neuen Zentrum der Industriespionage ausgebaut, denn Großbritannien bot alles, was die eigentlich führende technologische Macht, die USA, damals noch verweigerte: leichte Einreisebedingungen, praktisch ungeschützte Industrieanlagen und Labors und eine laxe Einstellung in Sicherheitsfragen im allgemeinen. Der im September 1971 abgefallene zweite Führungsoffizier des KGB in England, Oleg Ljalin, enthüllte dann den »fast unvorstellbaren Umfang« *(Sp,* 41, 1971, S. 119) dieser Form von Spionage.

Die Ende der sechziger Jahre anlaufende und in der ersten Hälfte der siebziger Jahre ihren Höhepunkt erreichende Entspannungspolitik bot neue Möglichkeiten, schon weil mit ihr die Kontaktmöglichkeiten enorm erweitert wurden. In Frankreich z.B. gab es zu Beginn der siebziger Jahre 200, 1983 jedoch bereits 700 sowjetische Diplomaten *(Archiv der Gegenwart, 1982, S. 26 517)*. Die für die Spionageabwehr zuständige D.s.t. *(Direction de la surveillance du territoire)* schätzte, daß von den 581 sowjetischen »Diplomaten«, die 1980 in offizieller Mission im Lande waren, 131 für das KGB arbeiteten, 36 für die GRU und 12 für andere Spionagedienste (a.a.O.).

Aus den über 4 000 Dokumenten, die der Agent »Farewell« – ein hoher Offizier der für die Technologie-Spionage zuständigen wichtigen Abteilung T des KGB – der D.s.t. von Frühjahr 1981 bis Herbst 1982 übermittelte *(GA, 7.1.1986)*, geht hervor, daß Moskau Technologie-Spionage in der Tat systematisch und nach Plan betreibt. Koordinationsinstanz hierfür ist die Militärisch-Industrielle Kommission, die bis vor kurzem L. Smirnow unterstand (seit November 1985 ist Ju. Masljukow sein Nachfolger). Es heißt, dieser Aufgabenbereich des KGB beschäftige einen Stab, der bereits halb so groß wie die gesamte CIA (heute ca. 17 000 Mann) sei; allein im Moskauer Zentrum seien 500 hochqualifizierte Spezialisten mit der Auswertung beschäftigt *(USNWR, 18.4.1983)*. Stiller berechnete, daß der Sektor Wissenschaft und Technik im DDR-MfS ein Apparat von rund 2000 Offizieren und 2000 Agenten im In- und Ausland war (1986, S. 76).

Derart vermochte es Moskau, laut Angaben der Militärisch-Industriellen Kommission, im 9. Fünfjahresplan (1971–76) 210 Milliarden Rubel zu sparen und im 10. Fünfjahresplan (bis 1980) gar 407 Milliarden Rubel *(M, 2.4.1985, S. 7)*; der gesamte sowjetische Staatshaushalt belief sich 1985 nach offiziellen Angaben auf 390,6 Milliarden Rubel.*

---

* Die große Rolle der Technologie-Spionage wird auch von W.Stiller aus der Abteilung Wissenschaft und Technik der HVA des DDR MfS bestätigt. So berichtete er (1986, S. 273) vom Großeinsatz des MfS gegen die Wiederaufbereitungsanlage in Karlsruhe, der in erster Linie der Beschaffung technischer Erkenntnisse zum Nutzen der atomaren Aufrüstung der Sowjetunion diente.

»Deshalb erhielt alles, was mit dem Kernforschungszentrum in Karlsruhe zu tun hatte, für den DDR-Geheimdienst absolute Priorität (a.a.O., S. 268-9).

Die Liste der gestohlenen Technologien ist fast schon endlos: Die westliche Concorde findet sich wieder in der TU 144; die sowjetischen Weltraumanzüge sind unverkennbar von amerikanischen Modellen inspiriert; die Silos der SS-13 Raketen sind Repliken der Minuteman-Silos; die SAM 7 ist eine Kopie der Red Eye-Rakete; der Großraumjet IL 67 knüpft offenkundig an die Boeing 747 an; der Computer Rjad wurde Anfang der sechziger Jahre aufgrund der Prozeßrechner IBM 360 und 370 entwickelt; das Radar der sowjetischen Aufklärungsflugzeuge ist von den AWACS kopiert; die sowjetische Raumfähre erinnert frappierend an das Space Shuttle usw. usw. Kurz, im Bereich des Rüstungswettlaufs, in dem der Westen naturgemäß vor allem auf seine überlegene technologische Leistungsfähigkeit gesetzt hat, haben die sowjetischen Geheimdienste erreicht, daß wir uns offenbar in gewissem Sinne bereits im Wettlauf mit uns selbst befinden. Zwar sollte darüber nicht vergessen werden, daß gestohlene Pläne allein noch keine effektive Massenproduktion garantieren. Zumindest aber hilft die Technologie-Spionage dem Regime, die sowjetische Forschung (die zudem in der *Grundlagenforschung* Ausgezeichnetes leistet) sogleich planmäßig und gezielt dort einzusetzen, wo neue Entwicklungen am fruchtbarsten sind – eine, wenn nicht gar *die* wesentliche Funktion des 1965 gegründeten GKNT (Staatskomitee für Wissenschaft und Technik).

Mag Technologie-Diebstahl im Grunde ein widerwilliges Kompliment an die Überlegenheit »kapitalistischer« Systeme sein,

Das KGB scheute nicht davor zurück, ihm einen seiner Spitzenagenten in der Bundesrepublik, Prof. Hauffe (im Januar 1979 von BKA-Beamten verhaftet) abzuwerben (1986, S. 252), der, wie sich dann herausstellte, darüber hinaus auch noch mit dem rumänischen Geheimdienst zusammengearbeitet haben könnte!

»Nahezu die gesamte Entwicklung der so wichtigen Mikroelektronik in der DDR hing von der Wiener Residentur des MfS ab. Die ›Freunde‹ (also das KGB) übten in dieser Hinsicht ungeheuren Druck aus. Das KGB war nicht in der Lage, den westlichen Markt entsprechend auszukundschaften.« (1986, S. 252)

»Man kann ›Sturm‹ und einen weiteren Agenten, der von der Abteilung XIV der HVA geführt wurde, ohne Übertreibung als die Väter der Datenverarbeitungsanlagen in der DDR bezeichnen, und dafür entstanden noch nicht einmal nennenswerte Kosten. Den Wert einer einzigen Lieferung im Jahr 1971 veranschlagten Experten in der DDR-Industrie mit 55 Millionen Mark. Dazu kam noch der militärische Nutzen für die NVA« (a.a.O., S. 200).

diese Methode hilft zumindest, bedeutende Mittel einzusparen und auch den Prozeß der Forschung und Entwicklung in jenen Bereichen erheblich zu beschleunigen, die das Regime für vital hält – also vor allem der modernen Rüstung. So hat die Sowjetunion es u.a. vermocht, ihre Raketen seit Mitte der siebziger Jahre überraschend schnell mit MIRVs auszustatten – was amerikanische Kalküle im Hinblick auf SALT über den Haufen warf – und überhaupt ihr gesamtes strategisches »command-and-control«-(Befehls- und Kontroll-)System zu modernisieren, ungeachtet aller Rückstände der heimischen Elektronik.

Leistungen und Kosten des Geheimdienstes

Zweifellos hat sich die Staatssicherheit als ein effektives Instrument zur internen Machtabsicherung des Einparteiregimes erwiesen, ohne das dieses womöglich gar nicht so langlebig gewesen wäre. Hinzu kommt, daß sich das KGB – inzwischen offenbar besser koordiniert mit seinem traditionellen Rivalen, den »Nachbarn« von der GRU – in den siebziger Jahren auch zu einer »flexiblen Waffe« in der Außenpolitik entwickelte, was A.N. Schelepin bereits 1958 gefordert haben soll (Golitsyn, 1984, S. 48).

Dabei ist zu bedenken, daß geheimdienstliche Methoden im Grunde recht billig sind. John Barron (1984, S. 405) bemerkte, die Kosten der amerikanischen CIA entsprächen etwa denen, die Erwerb und Unterhalt von zwei Staffeln Jagdflugzeugen mit sich brächten. Was das KGB selbst genau kostet, ist unbekannt und womöglich nicht einmal für die sowjetische Führung selbst völlig durchschaubar, schon weil andere Institutionen unbezahlte Hilfsdienste zu leisten haben* und Geheimdienste noch dazu auch eigene Wirtschaftsunternehmen betreiben können; ein Beispiel für letzteres ist die oben (S. 67) erwähnte Organisation Kintex. Ein westlicher Autor hat geschätzt, das KGB koste praktisch so viel wie die gesamte amerikanische »intelligence community«, nämlich den Gegenwert von etwa 5 Milliarden Dollar im Jahr (Rhoer, 1983, S. 34). Doch dieser Vergleich scheint problematisch, weil diese amerikanischen Ausgaben die Feindaufklärungs-

---

* In Sachen Verteidigung ist es ja analog: Wegen der ausgeklügelten Verteilung von Rüstungsausgaben auf die Etats verschiedener Ministerien fehlt selbst der Führung der genaue Überblick, wie Schewardnadse kürzlich zugab *(GA, 27.2.1988).*

dienste der Streitkräfte und speziell die für die elektronische Aufklärung zuständige, ultrageheime NSA *(National Security Agency)* des Department of Defense mit einschließen, die den Löwenanteil des Budgets der »intelligence community« verschlingt. (In der Sowjetunion ist die elektronische Feindaufklärung vor allem Sache der militärischen GRU*.) Der eigentliche Geheimdienst der USA, die CIA, verfügte bis vor kurzem über weniger als 15 Prozent des gesamten Personals und der Finanzmittel der »intelligence community« (Marchetti und Marks, 1980, S. 80). Ihr offizielles Budget betrug Mitte der siebziger Jahre 750 Millionen Dollar (a.a.O., S. 58).

Zum Vergleich: Der britische Geheimdienst hatte Mitte der sechziger Jahre das offizielle Budget von 9 Millionen Pfund (= 25 Millionen Dollar) (Ransom, 1971, S. 182), und der französische Geheimdienst D.g.s.e. *(Direction générale de la sécurité extérieure* = »Allgemeine Verwaltung für Äußere Sicherheit«) soll 1985 über ungefähr 395 Millionen Francs im Jahr verfügt haben *(M,* 25.9.1985). Die CIA schätzte, daß das KGB in den zehn Jahren von 1970 bis 1980 den Gegenwert von etwa 1,5–2,5 Milliarden Dollar für Spionage und »covert actions« ausgab *(Posev,* 7, 1985, S. 10); eine neue Schätzung lautet: 3–4 Milliarden *(T,* 14.2.1983, S. 17), also im Schnitt zwischen 150 und 400 Millionen Dollar im Jahr. Von der Staatssicherheit der DDR heißt es, sie verfüge über den Gegenwert von etwa 100 Millionen DM im Jahr (Schlomann, 1984, S. 40). Ganz genaue Schätzungen werden schwerlich möglich sein. Immerhin ist klar, daß die geheimdienstlichen Methoden heimlicher Kriegführung billiger sind als die Kosten der Rüstung, die im Falle der Sowjetunion auf etwa 11–13 Prozent (und mehr) des Bruttosozialproduktes geschätzt werden (was 1983 den

---

* Allerdings ist das KGB für alle Codes zuständig und dürfte aufgrund dieser besonderen Kompetenz bei der Dechiffrierung eine Schlüsselrolle spielen, was ihm womöglich auch bei der elektronischen Feindaufklärung des Militärs zumindest gewichtige Mitbeteiligung sichert. Andererseits ist die Sowjetunion im Bereich der elektronischen »intelligence« schwerlich mit den USA voll konkurrenzfähig – sie ist ärmer, und vor allem ist ihre Technologie rückständiger. So betont sie im Gegensatz zu den USA vor allem die »humint« (»human intelligence«), also die Spionage durch Agenten »vor Ort«, zumal sie es hierbei mit den so leicht zugänglichen offenen Gesellschaften des Westens zu tun hat (während die USA, wie es heißt, ihre Agenten allenfalls bis in die Nähe des Zentralkomitees zu schleusen vermochten – nicht »höher«). Gerade die Spionage durch Agenten, die allgemein nicht opulent bezahlt werden, dürfte erheblich billiger sein als die amerikanische elektronische Technologie.

Gegenwert von 2,7 Milliarden Dollar bzw. 700 Millionen Rubel ausmachte; Becker, 1983, S. 298).

Dennoch hat dieses geheimdienstliche Instrumentarium, das rein ökonomisch betrachtet relativ »billig« ist, seinen Preis. Innenpolitisch ist die Staatssicherheit als Waffe der »Parteiraison«, die sich notfalls auch über das Gesetz stellt, zugleich (neben der Partei selbst) diejenige Institution, die in erster Linie eine konsequente Entwicklung zur Rechtsstaatlichkeit verhindert, eine Entwicklung also, deren Notwendigkeit mittlerweile zunehmend sogar von der sowjetischen Führung selbst empfunden wird. Letztlich steht dieser Apparat auch der Aussöhnung von Regime und Gesellschaft und damit jeder echten Liberalisierung (und somit womöglich gar der konsequenten Modernisierung!) im Wege.

Als Produkt von Revolution und Bürgerkrieg hat die Staatssicherheit ein gewissermaßen institutionelles Interesse an der Fortführung eben jener Methoden heimlicher Kriegführung – sowohl gegen die eigene Gesellschaft als auch gegen die Außenwelt –, denen sie ihre Existenz verdankt. Gegebenenfalls werden hierbei regelrechte Provokationen benutzt; gerade die Erfahrungen der osteuropäischen Reform- und Revolutionsbewegungen (1953, 1956, 1968) haben manches Beispiel hierfür gebracht. Das KGB *muß* andauernd nach Regimegegnern suchen – und das im sowjetischen Plansystem ebenfalls nach Plan (vgl. Deriabin und Gibney, 1959, S. 203; Kopácsi, 1979, S. 97; Fricke, 1982, S. 106; Schlomann, 1984, S. 46). Denn die Leistungen der Mitarbeiter werden eben anhand derartiger Kriterien bewertet, und davon hängen ihre Beförderungen ab. Mjagkow berichtet von einem bezeichnenden Gespräch:

> »›Ich verstehe vollständig, daß es schwer ist, Spione zu fangen‹, erklärte General Titow, Leiter der Sonderabteilung in der DDR. ›Gibt es aber keine Spione, müssen Sie antisowjetische und andere interne Gegner aufdecken ... Wenn Sie gar keine finden, fabrizieren Sie eben welche‹« (1977, S. 75).

So wurde aus der UdSSR etwa kürzlich berichtet, wie KGB-Funktionäre selbstgeschaffene »CIA-Agenten« anwarben *(RS,* 185/84, 28.2.1984) oder einen Menschen (Jurij Butschenko) erpreßten, »Kritiken« an den sowjetischen Zuständen abzugeben *(Posev,* 9, 1984, S. 4), um ihn dann zu inhaftieren und zu acht Jahren Lagerhaft verurteilen zu lassen; andere ähnliche Fälle sind bekannt geworden.

In der Außenpolitik steht die Staatssicherheit einer echten Entspannung im Wege, da sie im Grund weiß: Letztlich sind ihre wahren Gegner Rechtsstaatlichkeit und Liberalismus.

Mehr noch, sowjetische »Aktivmaßnahmen« haben auch so manche »Eigentore« geschossen. W. Bittman, der ehemalige Desinformationsexperte des tschechoslowakischen Geheimdienstes, berichtet, daß das große Kommunisten-Massaker 1965 in Indonesien durch Falschinformationen ausgelöst wurde, die sein Apparat in die Welt gesetzt hatte (Bittman, 1972, S. 106 ff.). Auch das Teheraner Geiseldrama, in dem die Staatssicherheit zumindest indirekt über die von ihr ausgebildeten »Studenten« und wohl auch über den sowjetischen Geheimsender »Nationale Stimme des Iran« (s.o. S. 81) mitwirkte, war für die sowjetische Politik längerfristig keineswegs ein reiner Pluspunkt. Denn mehr noch als die vielzitierte sowjetische Afghanistan-Intervention war es das eigentliche Schlüsselereignis, das der neuen, harten, konservativen Stimmung in Amerika endgültig zum Durchbruch verhalf, also ein entscheidender Grund für den so triumphalen Wahlerfolg von Ronald Reagan im November 1980. Bald aber erschien dieser Präsident hysterischen sowjetischen Konservativen als die ganz große Bedrohung! Hinzu kam die womöglich noch größere Gefahr, die für das sowjetische Vielvölkerreich von dem fanatisierten Islam des Ajatollahs ausgeht (s.u. S. 129 ff.). In der Tat, bis 1987 sah ein prominenter sowjetischer Spezialist im Islam bereits eine Gefahr, die womöglich noch größer für das System sei als die westlichen Demokratien (s. unten, V.Teil, Gorbatschow und die Religionspolitik; Sonderfall Islam).

Allerdings wäre es simplistisch, in der Staatssicherheit und ihren Spionage- und Subversionsaktivitäten allein eine Quelle der Reaktion und Konflikte zu sehen. Schon ihre umfassenden Informationen sind in gewissem Sinn auch ein Gegengewicht gegen die Phobien eines vielmals allzu ideologisch und provinzlerisch denkenden Parteiapparats. Nicht umsonst gelten die Männer der Ersten Hauptverwaltung (Auslandsaufklärung) des KGB als die urbansten, kosmopolitischsten und gebildetsten unter den sowjetischen Funktionären.* Das KGB hat in der Außenpolitik wieder-

* Allerdings nimmt die Hauptverwaltung Eins (Ausland) eine Sonderstellung im KGB ein. Sie ist sowohl physisch als auch administrativ vom übrigen Apparat getrennt: Ihr Gebäude befindet sich etwa 30 km von der Moskauer Innenstadt

holt durchaus ausgleichend gewirkt: Zum Beispiel gelangte der erste Kompromißvorschlag zur Lösung der Kuba-Krise 1962, die durch Chruschtschows (gegen den Willen seiner eigenen Militärführung unternommene) Stationierung sowjetischer Mittelstreckenraketen auf der Karibik-Insel ausgelöst wurde, über den KGB-Residenten A. Fomin ins Weiße Haus (Barron, 1978, S. 268). Als 1970 R. Nixon zum neuen amerikanischen Präsidenten gewählt wurde, war es (wie Kissinger, 1979, S. 50, berichtete), wieder ein KGB-Funktionär, B. Sedow, der es Nixon nahelegte, in seiner Inaugural-Ansprache zu beteuern, daß die Kommunikation mit Moskau nicht abreißen würde. Im Politbüro schließlich war Andropow – und nicht etwa Breschnew – der Hauptbefürworter der »friedlichen Koexistenz« als einzig rationalem Kurs im Atomzeitalter (von Borcke, 1976; dies., 1983, S. 22).

Dennoch bleibt das KGB ein sehr zweischneidiges »Schwert« – sogar in den Händen der Parteiführung selbst. Geheimdienste mit ihren konspirativen Methoden sind grundsätzlich die politisch am schwersten voll kontrollierbaren Institutionen (vgl. Ransom, 1971, S. 247; Pincher, 1978, S. 37). Das Sowjetregime hat sich durch eine ganze Reihe von Kontrollmechanismen abzusichern versucht: konkurrierende Geheimdienste und Kontrollinstanzen; Parteimitgliedschaft gerade auch der KGB-Funktionäre; Kontrolle über die Kaderpolitik (u.a. durch die ZK-Abteilung für Administrative Organe); Parteiorganisationen im KGB, ja offenbar auch eine Art »KGB im KGB« in Form eines »Sonderbevollmächtigten«, wie er seinerzeit hieß.** Doch das KGB, zuständig

entfernt, in der Nähe von Tjoplyi Stan (S. Lewtschenko, 1983, S. 127), und laufbahnmäßig scheint es kein Überwechseln aus dieser Abteilung in den übrigen, mit der internen Sicherheit befaßten Apparat zu geben.

** Faktisch untersteht die Staatssicherheit dem Parteichef. Allerdings ist in der Sowjetunion nach Stalins Tod eine gewisse Arbeitsteilung mit dem Zweiten Sekretär eingeführt worden – im Interesse der »checks and balances« und zur Erhaltung der »Kollektivität« der Führung.

Über die politischen Kontrolltechniken der Partei über das KGB ist allzu wenig bekannt. Swiatlos Ausführungen über das Polen der frühen fünfziger Jahre mögen insofern immer noch interessant sein: Auf der Ebene der Wojwodschaften gab es in den Exekutivorganen der Partei eine vom ZK bestätigte Zelle, bestehend aus dem Woiwodschaftssekretär und ein bis zwei Parteimitgliedern. Diese Zelle hatte jeden Schritt der Staatssicherheit zunächst zu genehmigen: z.B. mußte die Staatssicherheit sie im voraus über jede Anklage informieren. Erst wenn die Bestätigung durch den Wojwodschaftssekretär vorlag, konnte die Staatssicherheit einschreiten (Swiatlo, 1954, S. 18).

für alle Gegenspionage und Sicherheit, ist diejenige Institution, die auch alle anderen Institutionen kontrolliert – mit der alleinigen und nicht immer unproblematischen Ausnahme der Partei*** –, ohne von diesen ihrerseits effektiv gegenkontrolliert werden zu können (vgl. Akhmedov, 1984, S. 132). Denn selbst die Partei hat sich aus seiner *operativen* Arbeit herauszuhalten.

Berija, so berichtete kürzlich N. Žusenin, sammelte »kolossale Dossiers« über jeden mehr oder minder bedeutsamen Funktionär, womöglich Stalin nicht ausgeschlossen (Žusenin, 1988, S. 1).

Nicht zuletzt hat die Staatssicherheit auch andere Sicherheitsinstitutionen kolonisiert: GRU-Chef General P. I. Iwaschutin (im Amt 1963–1988) war ein ehemaliger Spitzenfunktionär der Staatssicherheit, der noch dazu seit dem Kriege enge Beziehungen zu L. I. Breschnew unterhalten hatte (Suvorov, 1984, S. 181); 1944–47 war Iwaschutin Leiter von *Smersch* an der Dritten Ukrainischen Front (Romanov, 1972, S. 189) (auch Chruschtschows geographische Zuständigkeit) und ab etwa 1947 stellvertretender Chef der Spionageabwehr der Zentralen Gruppe sowjetischer Streitkräfte (in der Tschechoslowakei und Ungarn) unter General N. Koroljow (Deriabin with Bagley, 1982, S. 616).

Der nach 23 Jahren im Amt kürzlich verstorbene Leiter der Politischen Hauptverwaltung der Armee und Flotte, General A. Jepischew, hatte zuvor in der Partei und (wenn auch nur zeitweilig und dabei offenbar zunächst vor allem als »Aufpasser« der Partei) in der Staatssicherheit Karriere gemacht: Unter Chruschtschow als ukrainischem Parteichef (1936–38) war er Kaderchef dieser Unionsrepublik gewesen; 1941–43 arbeitete er als stellvertreten-

Stiller, aus der Abteilung Wissenschaft und Technik des MfS der DDR, berichtete: »Auf dem Gebiet der inneren Sicherheit des MfS war mein Wissen, wie übrigens das Wissen aller nicht damit befaßten Mitarbeiter, lückenhaft. Es hieß unter der Hand – und ich hatte einige Beweise dafür –, daß es eine ›Abteilung XXI‹ gebe, die sich ausschließlich mit unserem inneren Apparat beschäftige und für die dienstinterne Abwehr zuständig sei, aber mehr war mir nicht bekannt (1986, 258).

*** Ohne ausdrückliche Genehmigung des Politbüros darf das KGB nicht gegen hohe Parteifunktionäre ermitteln (Barron, 1984, S. 410), wie überhaupt – zumindest theoretisch – jedes Vorgehen des KGB gegen ein Mitglied der Partei die zuvorige Billigung durch die entsprechende Parteiorganisation erfordert. Immerhin, als Chruschtschow auf dem XXI. Parteitag 1961 seinen Konflikt mit seinen Gegnern aus der »parteifeindlichen Gruppe« noch einmal auf die Spitze trieb, assistierte ihm der damalige KGB- und Sicherheitschef, A. Schelepin, mit Materialien der Staatssicherheit ...

der Volkskommissar für Mittleren Maschinenbau, ein Ressort, das ab 1946 für den Bau der Atombombe zuständig war, was ihn damals in engen Kontakt mit dem obersten Rüstungsmanager (seit 1941) D. Ustinow brachte*; 1951–53 war er Berijas Stellvertreter. Im sicherheitspolitischen Entscheidungsprozeß der Sowjetunion hatte Jepischew offenbar eine zentrale Stellung, wie seine Schlüsselrolle sowohl bei der Organisation der Intervention in der Tschechoslowakei 1968 als auch in Afghanistan 1979 zeigte. In den sechziger Jahren war er die »Nummer vier« im Verteidigungsministerium und hatte zugleich eine Stellung in der Partei, die der eines ZK-Sekretärs gleichkam. Nachfolger Jepischews ist inzwischen (KZ, 24.7.1985) General A. A. Lisitschew geworden, der bislang Chef der Politischen Hauptverwaltung der Gruppe sowjetischer Streitkräfte in Deutschland (ND, 15.7.1985; RL, 235/85) gewesen war.

Als Ende 1982 unerwartet W.W. Fedortschuk, seit Mai 1982 neuer KGB-Vorsitzender, zum MWD-Minister ernannt wurde, schien es zeitweilig, als wenn auch die 1954 aus Gründen einer Art Gewaltenteilung wieder eingeführte Trennung von KGB und MWD – Staatssicherheit und »Ordnungspolizei« – hinfällig zu werden begann, zumal im Zuge der Ende 1982 anlaufenden Antikorruptionskampagne bald auch das MWD als Hochburg der Korruption unter Beschuß geriet: Im Winter 1984 wurde seinem alten Chef, N.A. Schtscholokow (1967–82), der als »liberal« galt, gar der Generalsrang aberkannt, und im November 1984 beging dieser Selbstmord, weil ihm ein Prozeß wegen Korruption drohte, der mit einem Todesurteil hätte enden können.

Im MWD hatte Breschnews und Tschernenkos »Moldauer Fraktion« geherrscht, die nun von den Andropowisten gesäubert wurde. Dabei wurden führende »Gebisten« in Spitzenämter des MWD geschleust: So wurde im Juli 1983 (Iz, 16.7.1983) W. Ja. Leschepekow, bis dahin Stellvertretender KGB-Chef, zum stellvertretenden MWD-Minister ernannt und im folgenden September (AP, 13.9.1983) ein weiterer »Gebist«, K. B. Wostrikow,

---

* Jepischew arbeitete damit im Kompetenzbereich von Polizeichef Berija. Die Staatssicherheit war mit ihrem GULAG (»Staatliche Lagerverwaltung«) seit 1934 auch für die Gewinnung von Uran zuständig (Wolin und Slusser, 1957, S. 54, Anmerkung 124). Es war bezeichnend, daß das »Ministerium für Mittleren Maschinenbau« (im Klartext: für militärische Nutzung der Atomenergie) auch *nach* Berijas Sturz von einem General der Staatssicherheit geleitet wurde: von A. P. Sawenjagin (a.a.O., S. 25).

ebenfalls zum Stellvertretenden Innenminister befördert. Im Juli beschloß das Politbüro auch *(TASS, 29.7.*1983), im MWD politische Organe einzurichten (die es bis dahin nur in den Streitkräften und in den inneren Truppen des MWD gegeben hatte), zu deren Chef am 25. November 1983 der KGB-Funktionär W. I. Gladyschew ernannt wurde *(Koms pr,* 26.11.1983). Kurz, das KGB hat »seine Leute« in Schlüsselpositionen der übrigen Machtapparate.

Allerdings scheint es doch gewisse Widerstände im Parteiapparat gegen diese Entwicklung zugunsten eines zunehmenden KGB-Einflusses gegeben zu haben. So fiel auf, daß Fedortschuk – obgleich KGB- und anschließend MWD-Chef – keinen Sitz im Politbüro, ja nicht einmal Kandidatenstatus im Zentralkomitee erlangte. Kürzlich, am 25. Januar 1986, wurde er überraschend durch W. A. Wlasow, ein Mann offenbar aus der sibirischen »Fraktion« des neuen Zweiten Sekretärs Je. K. Ligatschow, aber, wie sich bald herausstellte, ein engagierter Reformer, abgelöst. Fedortschuk, der sowohl GRU-Chef P. I. Iwaschutin als auch G. K. Zinjow, dem Leiter der KGB-Verwaltung »Streitkräfte«, nahestand (Deriabin with Bagley, 1982, S. 623), hatte womöglich die letzte Protektion verloren: Iwaschutin ist nicht ZK-Mitglied, und sein Apparat hat im Gefolge der Ausweisungen aus Frankreich einen schweren Schlag erlitten. Auch heißt es, Fedortschuk habe womöglich gegen Andropow intrigiert – dessen Anhänger jetzt, unter Gorbatschow, wieder eine entscheidende Rolle in der sowjetischen Politik spielen.

Bereits die weitgehend autonome Verfügungsgewalt über eigene Informationsquellen und -kanäle verleiht dem KGB ein gutes Maß an institutioneller Autonomie; mehr noch, diese Institution verfügt auch über eine eigene Streitmacht, nämlich die heute auf etwa 300 000 Mann (J. Isnard, *M,* 7.9.1983; Barron, 1978, S. 115) geschätzten Grenztruppen; auch die MWD-Truppen (ca. 100 000 Mann und mehr; J. Dziak schätzt sie auf 260 000, vgl. *Orbis,* 4, 1981, S. 781, andere gar bis auf 400 000) pflegten, wie gesagt, der Staatssicherheit operativ unterstellt zu sein (Wolin und Slusser, 1957, S. 241) und könnten das immer noch sein. Die Staatssicherheit hütet schließlich die Waffenlager und Atomsprengköpfe des Militärs. Kurz, sowohl aus informations- als auch aus machttechnischen Gründen kann man das KGB – und nicht etwa das Militär – als die zumindest potentiell zweitmächtigste Institution des Sowjetregimes ansehen, gleich nach der Partei.

Damit aber kann das KGB auch am ehesten – mehr noch als der traditionell gefürchtete militärische »Bonaparte« – dem Parteiregime, zumindest aber einem Parteichef, gefährlich werden. Kommunistische Führer wissen das nur zu wohl, wie wiederholte Absetzungen prominenter Sicherheitschefs im Ostblock gezeigt haben, so der Sturz L. P. Berijas 1953, die Absetzung von W. Zaisser (vgl. Fricke, 1982, S. 28–31) durch W. Ulbricht im gleichen Jahr, der Sturz von A. Novotnys (ČSSR) großem Gegenspieler R. Barak 1962 und A. Rankovićs Absetzung als jugoslawischer Innenminister durch J. B. Tito 1966.

Man könnte spekulieren, daß längerfristig, sollte der Parteiapparat als Quelle effektiver Führung und Hauptkraft der Modernisierung des Systems versagen, dieser womöglich eines Tages von einem »Fouché« aus dem Polizeiapparat ersetzt werden könnte.* Bereits mit Andropows Wahl geschah ja das bis dahin »Undenkbare«, daß nämlich ein KGB-Chef zum Generalsekretär ernannt wurde. Auch Gorbatschow stützt sich offensichtlich auf den Bund mit dem KGB. Es hat schon eine ganze Reihe von Parteichefs im Ostblock gegeben, die besondere Beziehungen zur Polizei unterhalten haben: Kádár in Ungarn war ein ehemaliger Innenminister; E. Honecker ist ein ehemaliger Sicherheitssekretär; Hua Guo Feng in China war ein Mann aus dem Polizeiapparat; ebenso Kania in Polen; ja bereits J. W. Stalin war im Grunde der »Ehren-Tschekist« der Leninschen Führung, ein Mann, der dann auch das gesamte Sowjetregime zu »tschekisieren« versucht hat. Seine besonderen Verbindungen zur Polizei gingen so weit, daß manche ihn gar verdächtigten, womöglich einmal Ochrana-Agent gewesen zu sein (Smith, 1969, S. 64 ff.; A. Orlov in: *Life,* 23.4.1956).**

Einstweilen dürfte die Ernennung des so energischen M. S. Gorbatschow zum Generalsekretär der Partei Spekulationen über eine Ablösung eines senilen Parteiregimes durch Elemente aus dem Sicherheitsapparat hinfällig gemacht haben. Andererseits bedarf Gorbatschows radikale Personalsäuberung offenkundig

* Über J. Fouché s. S. Zweig, Joseph Fouché (1981).

** Dieses Gerücht wurde in der *Sowetskaja kul'tura* vom 16.6.1988 wieder aufgegriffen: Stalin habe seine Gefährten aus den Reihen der Boschewiki bei der Ochrana denunziert.

Der Drang, alle »Fährten zu verwischen«, ist neben der Konsolidierung totaler Macht als eine Erklärung für den großen Terror angeführt worden, der sonst ja furchtbar »irrational« wirken könnte. Zumindest gibt zu denken, daß das im November 1931 gegründete Marx-Engels-Lenin-Institut 1933 alle zentralen und lokalen Archive nach Dokumenten über Stalin durchforschen mußte (Man'kovskaja/Šarapov, 1988, S. 60).

der Unterstützung durch das KGB. Bis zum XXVII. Parteitag (vom 25. Februar bis 6. März 1986) war das KGB der einzige Apparat, der von radikalen Umbesetzungen und Kritiken verschont geblieben war – und das traf weitgehend sogar auf die Ebene der unionsrepublikanischen KGB-Chefs zu (A. Knight, *RL*, 83/86).

Ihr politisches Schicksal scheint allerdings eng mit dem ihres jeweiligen politischen »Bosses« aus der Partei verknüpft zu sein: Dem Niedergang des weißrussischen Parteichefs P. M. Mascherow etwa ging 1982 die Absetzung »seines« KGB-Chefs, Ju. P. Nikulkin, voraus, der im August 1982 nach zehn Jahren im Amt durch W. G. Balujew ersetzt wurde. Bei der Ausbootung des ukrainischen Parteichefs P. Schelest 1972 spielte der ukrainische KGB-Chef W. W. Fedortschuk (April 1970 bis Mai 1982 in diesem Amt) ein wichtige Rolle, wofür er 1973 zum Kandidaten und 1976 zum Vollmitglied des ukrainischen Politbüros befördert wurde (A. Jugov, in: *Posev*, 6, 1982, S. 29). Unter Gorbatschow wurde inzwischen auch die Position des kasachischen Parteichefs D. Kunajew – ebenso wie die des Ukrainers W. Schtscherbizkij – ungewiß, so daß es Beachtung verdient, daß im Dezember 1985 der KGB-Chef Kasachstans, S. Kamalidenow (seit 1978 im Amt), wieder Parteisekretär wurde; sein Nachfolger an der Spitze des kasachischen KGB ist W. M. Meschik. Kunajew wurde im Dezember 1986 pensioniert: der Auftakt zu Unruhen in Alma-Ata. Auch der ukrainische KGB-Chef wurde ausgewechselt (s.u. »Berchin-Affäre«).

Der zentrale KGB-Apparat hat sich seit dem Ende der Ära Breschnew politisch sehr erfolgreich gezeigt. Mit der Beförderung von Andropow, Alijew, Fedortschuk, Tschebrikow war er zeitweilig wie nie zuvor in den zentralen Führungsgremien der Partei vertreten. 1985 wurden die beiden großen Reden zur »Lage der Nation« – die Ansprachen zu Lenins Geburtstag und zum Revolutionsfeiertag – von »Gebisten« gehalten: Zum Lenin-Geburtstag sprach der Erste Stellvertretende Ministerpräsident G. Alijew (diese Rede ist traditionell Sache eines ZK-Sekretärs) *(Pr,* 23.4.1985), zum Revolutionsfeiertag KGB-Chef W. M. Tschebrikow *(Pr,* 7.11.1985), der damit seinen Status als »Senior« des Politbüros manifestierte: Hatte doch nicht einmal Andropow je diese wichtige Rede gehalten.

Auf dem XXVII. Parteitag wurde die Rede von Tschebrikow mit besonderem Beifall bedacht.

Die Vertretung der Staatssicherheit im Zentralkomitee der Partei wurde leicht erhöht und liegt jetzt laut CIA bei knapp über 4 Prozent der Mitglieder und knapp über 1 Prozent der Kandidaten. Gleichzeitig wurde die Vertretung der Streitkräfte, die seit Stalins Tod bei etwa 7 Prozent der Mitglieder gelegen hatte, leicht verringert.

Was immer die Zukunft bringen mag, klar ist eines: Die Gewährleistung der inneren »Sicherheit«, also die Herrschaftsabsicherung der *einen* Partei, ist eine an sich so umfassende und dabei so schwer präzisierbare Aufgabe, daß sie historisch immer wieder zu quasi-universalen Kontrollansprüchen der Staatssicherheit führte und diese in ihrem Trachten nach einer dauernden Ausweitung ihrer Autonomie bestärkte.

Darüber hinaus wird auch die Außenpolitik und insbesondere der (für die Sowjetunion keineswegs so günstig wirkende) andauernde »Wettbewerb der Systeme« gewährleisten, daß die Staatssicherheit, zusammen mit der militärischen GRU, auch künftig eine gewichtige Rolle spielen wird, und zwar eine um so größere, je niedriger der für alle Arten von geheimdienstlichen »Aktivmaßnahmen« zu zahlende politische Preis ist.

Wie immer man die tatsächlichen Möglichkeiten und Grenzen geheimdienstlicher Methoden einschätzen mag – und selbst das KGB, der größte und aggressivste Apparat seiner Art, den die Geschichte bislang gekannt hat, vergleichbar allenfalls mit dem Reichssicherheitshauptamt des Naziregimes, ist nicht allmächtig –, jede konsequente Besinnung auf die Rolle der sowjetischen Staatssicherheit sowohl in der sowjetischen Innenpolitik und im osteuropäischen Hegemonialbereich als auch in der Weltpolitik sollte verdeutlichen, daß dies ein Apparat ist, der nicht länger von der westlichen Politik und Forschung einfach übersehen werden kann, so fremd und womöglich unverständlich er einer liberalen Lebenswelt auch erscheinen mag.

III. Teil
KGB und Kirchen. Zur Rolle der Staatssicherheit in der sowjetischen Religionspolitik vor Gorbatschow*

Ein Paradigma kommunistischer Gesellschaftspolitik

Geradezu ein Musterbeispiel für Ziele und Methoden sowjetkommunistischer Gesellschaftspolitik ist die Politik des Einparteiregimes gegenüber Religion und Kirchen. Ist doch die Religion (in den Worten eines emigrierten sowjetischen Juristen aus dem Baltikum)

>»eine Universalität, die eine kritische Herausforderung für das Parteiregime darstellt, vor allem, weil die Religion die mächtigste Quelle einer alternativen Ideologie ist und die einzige nichtkommunistische Ideologie, die die Autoritäten im Rahmen der Gesellschaft dulden müssen« (Shtromas, 1981, S. 82).

Denn die offizielle Ideologie hat in Wirklichkeit keine überzeugenden Antworten auf die existentiellen Fragen des menschlichen Lebens. Sterben, so hielt A. Solschenizyn dem offiziellen Kollektivismus entgegen, muß der Mensch allein ... In der Tat, als »Utopie«, also als »Antriebs-« (im Gegensatz zur Rechtfertigungs-) Ideologie ist das offizielle Parteidogma weitgehend tot. Damit hat in den letzten Jahren aber auch das Interesse an philosophischen und religiösen Fragen und Strömungen zugenommen (und das übrigens nicht nur in der Sowjetunion, sondern auch im Westen, wie etwa eine Gallup-Umfrage in den Vereinigten Staaten zeigte; vgl. *IHT*, 15.9.1983).

Im Machtbereich der Sowjetunion mit seinen Nationen und Nationalitäten kommt hinzu, daß Kirchen und Religion oft als das einzig verbleibende Bindeglied zur wahrhaften nationalen Vergangenheit betrachtet werden. Das gilt insbesondere für die

---

* Dieses Kapitel basiert im wesentlichen auf dem Stand von 1986. Für neuere Entwicklungen vgl. Teil V.

katholische Kirche in Polen und Litauen, für die Unierten der Ukraine, ja auch für die russisch-orthodoxe Kirche (vgl. Yanov, 1978, S. 101; Kaiser, 1976, S. 263). So stellte das tausendjährige Jubiläum der Christianisierung Rußlands 1988 das Parteiregime vor ein delikates Problem. Ideologen warnten, es ginge nicht an, aus der Christianisierung die Wurzeln der gesamten nationalen Kultur, ja aller russischen Staatlichkeit herzuleiten (vgl. Stricker, 1986, S. 49).

Die religiöse Problematik wurde für das Sowjetregime noch akuter durch die Wahl eines polnischen Kardinals – K. Wojtyla – zum neuen Papst im Jahre 1978. Sowjetische Konservative sahen in diesem charismatischen Kirchenführer nicht grundlos den eigentlichen Ziehvater von Solidarność, der ersten wirklichen, autonomen und wohlorganisierten Arbeiteropposition, die ein kommunistisches Einparteiregime in die Totalkrise stürzte (s. oben, S. 127).

Im gleichen Jahr 1978 wurde auch die Re-Islamisierung des Nahen Ostens unverkennbar, und ein Jahr später stürzten die Ajatollahs den Schah des Iran. Der unkontroverse Schluß aus sowjetischer Sicht: Im »zeitgenössischen ideologischen Kampf« hat die Religion an Bedeutung gewonnen (V. Kiršin, *VF,* 5, 1984, S. 73).

Die russisch-orthodoxe Kirche – die, zumindest gegenüber den übrigen Kirchen des Reiches, wieder in die Rolle des wichtigsten Partners der Partei auf kirchlicher Seite hineingewachsen ist – wird, noch mehr als andere staatliche und gesellschaftliche Organisationen der Sowjetunion, von den für das kommunistische System üblichen Kontrollinstanzen überwacht und gegängelt. Denn andere staatliche Apparate haben sich aufgrund ihrer für den Systembestand vitalen Funktionen ein erhebliches Maß an operativer Autonomie errungen; das gilt besonders für jene, die für die sowjetische Sicherheitspolitik von entscheidender Bedeutung sind, allen voran der Generalstab, aber auch das hier behandelte KGB. Mag diesen Apparaten das »Was« von der Parteiführung vorgeschrieben werden – über das »Wie«, über die Wahl der Mittel und Methoden, mit denen sie ihre Aufgaben erfüllen, entscheiden sie in erheblichem Maße selbst.

Doch die Kirche hat aus traditioneller sowjetkommunistischer Sicht keine für den Systembestand entscheidenden Funktionen wahrzunehmen. Im Gegenteil, im Grunde ist die Religion der eigentliche Systemfeind par excellence, mehr noch als der säkulare westliche Liberalismus, als dessen »Anti-Typen« sich die modernen totalitären Diktaturen des 20. Jahrhunderts ausdrücklich selbst verstanden haben. Denn auch dieser Liberalismus ist ohne seine historischen Wurzeln in der Religions- und Kirchengeschichte Westeuropas schwerlich voll verständlich.

Dennoch hat das Sowjetregime seit Stalins Tagen die Kirche wieder, anknüpfend an die alte russische Tradition, in den Dienst des Staates zu stellen versucht, und zwar speziell seiner Außenpolitik. Das gilt ganz besonders im Hinblick auf alle sowjetischen »Friedens«initiativen, wie sie gerade in letzter Zeit angesichts des NATO-Nachrüstungsbeschlusses von 1979 sowie der die sowjetische Führung extrem beunruhigenden Strategic Defense Initiative (SDI) Präsident Reagans vom März 1983 (vgl. von Borcke, 1986) wieder überaus aktuell geworden waren. Das bezeugten z.b. die Schreiben des Patriarchen von Moskau und ganz Rußland, Pimen *(dpa,* 3.8.1986), sowie seines armenischen Amtskollegen an den amerikanischen Präsidenten.

Dabei wurde der Außenwelt gegenüber die ja auch in der Verfassung proklamierte »Glaubensfreiheit« in der Sowjetunion herausgestellt. Alle antiliberalen, totalitären Regime beanspruchten ja auf scheinbar schizophrene Weise, überhaupt erst die Verwirklichung der grundlegenden liberalen und humanitären Werte (die sie faktisch zu vernichten bestrebt waren) zu ermöglichen – eine propagandistisch überaus erfolgreiche Linie.

Die unterschwellige Zwiespältigkeit dieser Politik gegenüber Religion und Kirchen entging nachdenklichen sowjetischen Parteifunktionären nicht. So schrieb z.B. der Bevollmächtigte des Rats für Angelegenheiten der Religionen der Stadt Kiew, Rudenko:

> »In unserem Verhältnis zu den Geistlichen liegt ein merkwürdiger Widerspruch. Einerseits muß man ihre Zahl wegen ihres religiösen Einflusses verringern, andererseits nimmt aber die Zahl der Gläubigen nicht ab, und der Bedarf an Geistlichen wächst. Einerseits muß man sie kompromittieren, andererseits sind sie aber loyal, arbeiten im Rahmen der Gesetze und vermögen mit ihrem Wissen einen großen Einfluß auszuüben, weshalb wir daran interessiert sind, mit ihnen in bestimmter Richtung zu arbeiten ... besonders bei Empfang und Begleitung ausländischer Touristen, religiöser und staatlicher Organisationen und Delegationen, deren Zahl mit jedem Jahr zunimmt« (*G2W,* 11, 1980, S. 18).

Die vom Parteiregime eingesetzte besondere »Koordinations-« und Kontrollinstanz, die für die Kirche zuständig ist – nämlich der

Rat für die Angelegenheiten der Religionen beim Ministerrat der UdSSR (mit entsprechenden Unterorganen auf allen Ebenen der staatlichen Verwaltung) – wird von Überläufern aus der sowjetischen Staatssicherheit als mehr oder minder unter KGB-Kontrolle stehend geschildert (Deriabin und Gibney, 1959, S. 86); der Überläufer W. Sacharow sprach direkt von einer »KGB-Frontorganisation«; ebenso Penkowskij.

Diese »KGB-Beziehung« dürfte gerade bei der außenpolitischen Rolle der Kirche besonders zum Tragen gekommen sein. War es doch nicht etwa das sowjetische Außenministerium, sondern die Internationale Abteilung des Zentralkomitees (eine Parteiinstanz), die für die Beziehungen zu den kommunistischen und nichtkommunistischen gesellschaftlichen Bewegungen und Organisationen (und damit auch den Kirchen) des Auslands zuständig gewesen ist und die Politik in diesem Bereich entwickelte und (nach Billigung durch das Politbüro) auch weitgehend koordinierte. Damit übte diese ZK-Abteilung eine Oberaufsicht über die mit Auslandsbeziehungen befaßten Apparate aus. Sie war auch der Oberkoordinator der außenpolitischen »Missionen« des KGB.

Bereits der Anspruch der Staatssicherheit auf entsprechende »covers«, auf Deckpositionen für ihre Agenten, besonders in allen mit Auslandsbeziehungen befaßten Apparaten – Positionen, die durch die ZK-Abteilung für Auslandskader vermittelt wurden – dürfte dem KGB hierbei einen erheblichen heimlichen Einfluß zugespielt haben. Das galt ganz besonders im Hinblick auf die sogenannten Aktivmaßnahmen des KGB, die von der Infiltration und Manipulation ausländischer Institutionen bis hin zum direkten, mehr oder minder brutalen Eingriff reichen können.

Um so bemerkenswerter ist es, daß über die Rolle des KGB in der sowjetischen Kirchenpolitik im Westen fast nicht bekannt zu sein scheint. Offenbar hat es keine Überläufer speziell aus der 5. Hauptverwaltung (Gegnerbekämpfung) gegeben, ein Amt, das 1969 von der für das Inland zuständigen Hauptverwaltung der Staatssicherheit abgezweigt wurde und den besonderen Auftrag erhielt, den Kampf gegen Glaubensgemeinschaften und Dissidenten zu führen.

Dennoch gibt es auch aus diesem Bereich der sowjetischen KGB- und Kirchenpolitik gewisse Informationen, die in offenen Quellen zugänglich sind. Mögen diese auch äußerst fragmentarisch sein, in dem hier umrissenen Gesamtkontext der Aufgaben,

Strukturen und Methoden der sowjetischen Staatssicherheit sowie deren faktischer Unterstützung durch ihre östlichen »Bruder«-dienste sollten selbst diese Teileinblicke aufschlußreich sein.

Parteiregime und Kirchen: Der Rat für die Angelegenheiten der Religionen

Die bolschewistische Revolution von 1917 nahm der russisch-orthodoxen Kirche, der alten Staatskirche, umgehend ihr Recht, eine juristische Person zu sein, und nationalisierte ihren Besitz. In den Jahren der NEP (»Neuen Ökonomischen Politik«) 1921–28 spielte das Regime den Klerus, das Kirchenvolk und die Sekten gezielt gegen das Moskauer Patriarchat aus. Die Ende der zwanziger Jahre durchgeführte Zwangskollektivierung bereitete dann aber auch diesem Zweckbündnis mit den Gläubigen ein Ende. Am 8. April 1929 wurde das berüchtigte »Gesetz über religiöse Vereine« erlassen, das als Grundlage für die Christenverfolgung in der UdSSR gedient hat (vgl. Vins, o.J., S. 5). In Stalins großer Säuberung schließlich sollen bis zu 70 Prozent der Geistlichen »liquidiert« worden sein (B. Nikolaevskij, *SV*, 4–5, 1945, S. 58).

Doch im Zweiten Weltkrieg griff Stalin, ein guter Kenner der russischen politischen Geschichte, bewußt auf das nationale Erbe und den Patriotismus des Volkes zurück. Bald nach der Wende im Kriegsglück zugunsten der Sowjetunion (Anfang 1943 wurde der Sieg bei Stalingrad errungen) lud der *Woschdj* (»Führer«) und Oberbefehlshaber J. W. Stalin im Oktober 1943 drei hohe Kirchenführer zu einer Absprache zu sich: der Beginn eines neuen modus vivendi von Kirche und Regime. Die russisch-orthodoxe Kirche konnte einen neuen Patriarchen wählen: Nach der kurzen Amtszeit von Sergej wurde dessen Nachfolger Aleksij. Damals, kurz nach der Konferenz von Quebec zwischen Churchill und Roosevelt, leiteten Stalin bei diesem Schritt offenkundig auch außenpolitische Ziele; dafür sprach nicht zuletzt der Umstand, daß Aleksij der einzige unter den in Frage kommenden Kandidaten für das Amt des Patriarchen von Moskau und ganz Rußland war, der auch Fremdsprachen und vor allem das Englische beherrschte *(SV,* 4–5, 1945, S. 59).

Zugleich wurde ein *Rat für die Angelegenheiten der russisch-orthodoxen Kirche* beim Rat der Volkskommissare der UdSSR durch Dekret des Obersten Sowjet vom 8. Oktober 1943 eingerichtet – als Instanz zur Koordination der kirchlichen mit der »staatlichen« Politik des Regimes (und als Kontrollorgan!). Dieser Rat wirkte wie die kommunistische Version des Oberprokurors des Heiligen Synod*. Strukturell aber glich er entscheidend den übrigen Kontrollinstanzen, die das Regime all seinen staatlichen Apparaten an die Seite gestellt hat; man vergleiche z.B. die Rolle der Politischen Hauptverwaltung der Armee und Flotte, faktisch eine Abteilung des Sekretariats des ZK, die gegenüber den Streitkräften die analogen Aufgaben wahrnimmt, nämlich Verantwortung für deren Loyalität, Kontrolle ihrer Personalpolitik sowie Herausgabe (und Zensur) ihrer Publikationen.

Erster Vorsitzender des Rats für die Angelegenheiten der russisch-orthodoxen Kirche wurde Georgij G. Karpow, ein »stiller, aufrichtiger, wohlwollender und bescheidener Mann« (so der Eindruck des Metropoliten Wenjamin von New York; vgl. *SV*, 15–16, 1945, S. 165). Karpow, ein Fachmann in Fragen der orthodoxen Theologie und des Kultes (Petrov, 1956, S. 97), war zugleich Generalmajor der Staatssicherheit (Deriabin und Gibney, 1959, S. 165); zuvor hatte er die Abteilung der Staatssicherheit zur Überwachung der Kirche geleitet ...

Im Dezember 1965 wurden die bis dahin parallel nebeneinander bestehenden Räte für »die Angelegenheiten der russisch-orthodoxen Kirche« und für »die Angelegenheiten der (übrigen) religiösen Kulte« zum *Rat für die Angelegenheiten der Religionen beim Ministerrat der UdSSR* zusammengelegt. Dieser staatliche Rat für die Angelegenheiten der Religionen nimmt bis heute seine Kontrollfunktion wahr, ja hat sie womöglich noch ausgedehnt. Seine enge Zusammenarbeit mit der staatlichen Verwaltung, der Partei und nicht zuletzt dem KGB geht ziemlich deutlich aus einem 1979 in den Westen gelangten, 1975 verfaßten vertraulichen Bericht seines stellvertretenden Vorsitzenden, W. G. Furow, hervor, der für das Zentralkomitee der KPdSU angefertigt worden ist. Der Bericht trägt den bezeichnenden Titel »Die kirchlichen Kader und Maßnahmen zur Einschränkung ihrer Tätigkeit im gesetzlichen Rahmen«. Abgefaßt ist er in der Terminologie der sowjetischen Verwaltung und zugleich mit den Methoden der westlichen Sozialwissenschaften. Mit einer an Zynismus grenzenden Offenheit

---

* Der Heilige Synod war 1721–1917 die Leitung der russisch-orthodoxen Kirche; sein Vorsitzender war der vom Zaren bestimmte Oberprokuror, der selbst nicht Geistlicher war.

werden hier die wirklichen Beziehungen zwischen Parteiregime und Kirche dargelegt: Kontrolle der »Kader«politik der Kirche, propagandistische Anleitung, Zensur der Publikationen, Kontrolle der Auswahl und Ausbildung der Nachwuchskräfte ebenso wie des kirchlichen Bauwesens – alles Möglichkeiten, um das Wirken der Kirche im Inland auf ein absolutes Minimum einzuschränken. Hierzu einige bezeichnende Zitate aus dem Furow-Bericht:

> »Keine einzige Weihe oder Versetzung eines Bischofs geschieht ohne sorgfältige Überprüfung durch die leitenden Mitarbeiter des Rates, wobei diese in engstem Kontakt mit dem Bevollmächtigten, den örtlichen Staatsorganen und anderen interessierten Organisationen [sic!] stehen« *(G2W, 11, 1980, S. 3).*

> »Die Formen und Methoden unseres Einwirkens sind vielgestaltig: Mitwirkung bei Auswahl und Einsatz des leitenden Verwaltungspersonals und der Dozentenschaft der geistlichen Schulen, Überprüfung der Lehrbehelfe über die Verfassung der UdSSR bei Seminar und Akademie, Einführung eines Kurses über die Geschichte der UdSSR, Vervollständigung der kulturellen und Bildungsmaßnahmen, dem staatlichen Interesse entsprechende Überprüfung der Lehrbehelfe für einige kirchliche Fächer. Es versteht sich, daß alles dies durch die Hände der Kirchenmänner selbst [sic!] geschieht« *(G2W, 12, 1980, S. 27).*

Der Rat hat also dafür zu sorgen, daß die russisch-orthodoxe Kirche schon rein personalpolitisch in engste Schranken verwiesen wird. Diese Politik hat aber auch gewisse Grenzen, schon im Interesse des Regimes selbst. So bemerkte Furow in seinem Bericht apologetisch über die Klöster:

> »Die Verjüngung der Mönche in diesen Klöstern ergab sich durch äußere Erfordernisse, insbesondere durch die Notwendigkeit, sie zur Arbeit mit Ausländern heranzuziehen.« *(G2W, 12, 1980, S. 45)*

Der Allunionsrat der Evangeliumschristen-Baptisten

Über den 1944 gegründeten *Allunionsrat* der (staatlich registrierten) russischen Evangeliumschristen-Baptisten berichtete G. P. Vins, ein prominenter Vertreter der nichtregistrierten baptistischen Gemeinden, aus langjähriger Erfahrung im Grunde das gleiche, was oben aus anderen Quellen über den Rat für die Angelegenheiten der Religionen und die russisch-orthodoxe Kirche zusammengefaßt wurde. So resümierte Vins (o.J., S. 3): »Haupt-werkzeug des sowjetischen Staatsatheismus im Kampf gegen die Gemeinden ist das KGB.« Laut Vins bestand der Allunionsrat (AUR) aus »Agenten des KGB« (a.a.O., S. 6). Vins zählte hierzu u.a. Aleksej N. Stojan, den Leiter der »Internationalen Abteilung« des AUR, den er 1955 in Kiew kennenlernte, als dieser gerade ein Theologiestudium in England (zu dem ihn offenkundig nicht die Gemeinde, sondern das KGB geschickt hatte) abgeschlossen hatte.

Stojans Zuständigkeiten als Leiter der »Internationalen Abteilung« des AUR waren die für alle »Auslandsabteilungen« sowjetischer Organisationen typischen Funktionen:

> »Jeder Mitarbeiter des AUR muß nach Rückkehr aus dem Westen Stojan einen ausführlichen Bericht über alle seine Begegnungen mit Christen im Westen erstatten. Sämtliche erkundete Angaben von einem jeden westlichen Pastor, mit dem der betreffende Mit-arbeiter ein Gespräch geführt hatte, werden darin festgehalten – ebenso der Charakter des Gesprächs und eine ausführliche Beschreibung jeder besuchten Kirche und jedes besuchten christli-chen Kreises. Stojan gibt den ins Ausland reisenden Mitarbeitern des AUR auch andere Aufgaben speziellen Charakters. Michail Schidkow z.B. sammelte während seines Studiums in Kanada in den Jahren 1961–1962 Informationen über leitende Personen der größten kanadischen Banken. Das ist eine Tätigkeit, die eindeutig jeden kirchlichen Rahmen sprengt« (Vins, o.J., S. 9).

Als weiteren »Geheimdienstler« nannte Vins den inzwischen ver-storbenen langjährigen Mitarbeiter derselben Internationalen Abteilung des AUR, Ilja M. Orlow, Sohn eines Gebisten, der in den dreißiger Jahren eine wichtige Rolle bei der Verhaftung unzähliger Christen spielte. In dem Gesuch, das Orlow 1955 dem AUR einreichte, um in einem baptistischen College in Oxford stu-dieren zu dürfen, schrieb er: »Der Marxismus-Leninismus ist die einzig wahre und höchste Lehre« (Vins, a.a.O., S. 10). Dieser Orlow bereiste das Ausland und sammelte für das KGB Informa-tionen über die Christen des Westens (a.a.O., S. 11).

Vom Vereinigungsleiter des AUR in der Ukraine und zugleich Leiter einer registrierten Baptistengemeinde in Kiew, Jakow K. Duchontschenko, berichtete Vins, daß dieser oft Desinformations-missionen im Westen wahrzunehmen hatte und u.a. auf christliche Zeitungen im Ausland – vor allem die der ukrainischen Baptisten in Kanada und den USA – Druck ausübte, damit sie nicht über neue Verhaftungen von Gläubigen in der Sowjetunion berichteten. In der Ukraine betätigte sich Duchontschenko als Anwerber von KGB-Kollaborateuren. Das Vorgehen hierbei war »Standardverfahren«:

> »KGB-Beamte suchen sich unter jungen Gemeindemitgliedern die begabtesten und aktivsten aus und versuchen, sie mittels geheimer Treffen, bei denen verschiedene Themen durchgesprochen werden, zu KGB-Spitzeln zu machen« (a.a.O., S. 12).

Duchontschenko betonte dabei, das KGB sei »eine nützliche Organisation, die für die Gläubigen viel Gutes tut« (a.a.O.).

Die politischen Motive der Kollaborateure mit dem KGB machte ein Gespräch deutlich, das A.W. Karew, der 1971 verstorbene Generalsekretär des AUR, mit dem im Untergrund lebenden Generalsekretär der nichtregistrierten Evangeliumschristen-Baptisten, G. Krjutschkow, führte. Als Krjutschkow sich über die dauernden KGB-Vorladungen beklagte, fragte Karew:

> »›Na, und was verlangen sie von Ihnen?‹
> ›Sie verlangen, daß ich ihnen alles aus dem Leben der Gemeinde berichte: wo die Versammlungen stattfinden, wer in der Jugendleitung aktiv ist, welches Thema die Predigten hatten, wer von den ›wandernden‹ Predigern die Gemeinde besucht, wer was im Bruderrat sagt usw.‹
> Karew fragte: ›Und wie, lieber Bruder, haben Sie sich zu alledem verhalten?‹
> ›Natürlich‹, antwortete ich, ›kann ich als Christ diese Forderungen nicht erfüllen. Der Herr schenkt mir Kraft, Treue zu bewahren.‹
> Er schwieg eine Weile und sagte dann: ›Wissen Sie, lieber Bruder, was ich Ihnen sagen möchte: Sie haben unnötige Angst vor Verpflichtungen. In unserer Lage ist jeder ein wenig bedeutsame Dienst mit Verpflichtungen verbunden – sei es der Dienst als Diakon, Gemeindeleiter, Dirigent oder Prediger. Und außerdem bringt Ihre Ehrlichkeit nichts; melden Sie nichts, so wird es ein anderer tun, Sie aber wird man beseitigen.‹« (a.a.O., S. 13)

Drastische Einschränkung aller religiösen Publikationen

Das Regime pflegte eine strikte Zensur über alle kirchlichen Publikationen auszuüben – und das aus gutem Grund. Denn letztlich beruhte das totalitäre (bzw. genauer: post-totalitäre) Regime mit seinem anhaltenden Anspruch der einen Partei auf ein politisches Monopol auch auf einem (mehr oder weniger erfolgreich aufrechterhaltenen) Monopol an Leitwerten – ein Monopol, das seinerseits ein Monopol an Information und Kommunikation erforderte.

Die politisch für ein solches System unerläßliche Funktion der Ideologie war die Ächtung alternativer Leitwerte und Ordnungsvorstellungen. Mit Hilfe der Ideologie sollten die das Regime tragenden Werte internalisiert werden. Dazu kam die Zensur: *Glawlit* heißt die staatliche Verwaltung, die mit ihren auf über 70 000 (Barron, 1978, S. 136) geschätzten vollberuflichen Zensoren dafür zu sorgen hatte, daß »Staatsgeheimnisse« in keiner Form veröffentlicht wurden.* Auch diese Instanz arbeitete eng mit dem KGB zusammen, als dessen »Literaturexperte« Ende der siebziger Jahre General M. P. Swetlitschnij tätig war (vgl. Barron, a.a.O.).

So wie die Politische Hauptverwaltung die Publikationen des Militärs herausgab und überwachte, so übte der Rat für die Angelegenheiten der Religionen für die Publikationen der russisch-orthodoxen Kirche die Zensur aus. In Furows Worten: Der Rat

> »nimmt gegenüber dem Journal und anderen Publikationen des Moskauer Patriarchats die Funktionen des Zensors wahr. Alle zur Veröffentlichung vorgesehenen Materialien des Journals werden von den leitenden Mitarbeitern und einigen Mitgliedern des Rats sorgfältig überprüft. Bei der Rezensierung gehen wir davon aus, daß das Journal des Moskauer Patriarchats trotz seiner vergleichsweise geringen Auflage einen ziemlich breiten Leserkreis besonderer Art hat – vom einfachen Gläubigen und Pfarrgeistlichen bis zum Leser im Ausland« (*G2W,* 12, 1980, S. 33).

Der Rat hatte dafür zu sorgen, daß die Priester sich ihrer politischen Grenzen bewußt blieben, ja er hatte diese nach Möglichkeit

---

* Im Zuge von Gorbatschows Glasnost tritt auch hier Wandel ein. Glawlit berichtete kürzlich über die Revision der Zensurliste: 1987 wurde eine Kommission gebildet, die die sog. *Spezchrany* (Spezialfonds) durchforsten soll, d.h. 6 000 Buchtitel, die in Bibliotheken nur gegen Sonderbewilligung zu erhalten waren. 4 000 Titel wurden bis zum Frühjahr 1988 überprüft, davon 3 500 für die allgemeine Lektüre freigegeben *(NZZ,* 18.5.1988). Anfang November 1988 meldete der Hauptzensor, es gebe keine »Spezialfonds« mehr. Allerdings soll Glawlit selbst nicht abgeschafft werden; aber die Gesichtspunkte und Bestimmungen der Geheimhaltung sollen systematisiert und publiziert werden.

zu Propagandisten der offiziellen Regimepolitik, zu »Atheisten im Pfaffenrock« zu machen, die z.B. für den »heiligen Charakter kriegerischer Pflicht« und die »selbstlose Arbeit zum Wohl an Volk und Staat« eintraten (a.a.O., 12, 1980, S. 27).

Ein primitives, aber effektives Mittel zur Einschränkung aller religiösen »Propaganda« ist ihre physische Unterbindung. Während die effektive, heimliche Nachfrage nach Bibeln und religiösem Schrifttum in die Millionen geht (wie die Schwarzmarktpreise andeuten), durfte das Moskauer Partriarchat 1983 offiziell nur 75 000 Bibeln in der Sowjetunion drucken (Stricker, 1986, S. 89, Anmerkung 167).

Der Überläufer S. Kurdakow (Kourdakow) schilderte in seinen eindrucksvollen Memoiren, wie in den siebziger Jahren 10 000 derart gedruckte Bibeln verteilt wurden: 5 000 waren für das russischsprachige Ausland bestimmt, weitere 3 000 für das kommunistische Osteuropa und ca. 2 000 für anti-religiöse Organisationen in Moskau (1983, S. 161).

Ähnlich hat das *Journal des Moskauer Patriarchats* keine »wesentlichen Auswirkungen«, »erreicht doch das Journal wegen seiner geringen Auflagenhöhe praktisch nicht die einfachen Gläubigen« (Furov, *G2W*, 12, 1980, S. 37).

Zoll und (KGB-)Grenzschutz hatten alles zu tun, um das Einschmuggeln religiöser Literatur zu verhindern. Die Folge: in der Sowjetunion gab es gerade im religiösen Bereich einen regen Samisdat. In dem Jahrzehnt von 1974 bis 1984 haben die Evangeliumschristen-Baptisten etwa eine halbe Million Bibeln und christlicher Werke im Untergrund gedruckt. 1984 wurde die Aushebung einer solchen Geheimdruckerei in Kasachstan gemeldet; 30–40 000 Bibeln und sechs Tonnen Papier wurden dabei beschlagnahmt (*dpa*, 8.12.1984).

Das Regime konnte sich offenbar, entgegen all seinen Behauptungen, einer wirklich geistig-philosophischen Auseinandersetzung mit dem religiösen Gedankengut nicht stellen: »Gegen welchen *Andersdenkenden*«, so kommentierte bitter Alexander Solschenizyn, »ist man je mit *Argumenten* aufgetreten« (1975, S. 659–660).

Zum Vorgehen der »Organe«

Im Zuge der Sowjetisierung Osteuropas wurden die stalinistischen Terror- und Untergrundmethoden gerade auch gegen die Kirchen eingesetzt. Besonders gnadenlos wurde die ehemals demokratische Tschechoslowakei »gesäubert«. Im April 1950 führten Miliz und Polizei Razzien in allen Klöstern und Klosterschulen durch. Die Mönche wurden in Internierungslager gesteckt und anschließend zur Zwangsarbeit deportiert, die Nonnen in Kolchosen gebracht oder zur Arbeit mit geistig behinderten Kindern gezwungen. Etwa die Hälfte dieser Geistlichen und Nonnen soll dabei ums Leben gekommen sein *(RFE,* Baltic Area SR/28, 13.–15.4.1985).

Die Behandlung von Kirchen und Glaubensgemeinschaften als gewissermaßen (zumindest potentiell) kriminelle Untergrundorganisationen dauerte auch nach der Konsolidierung der kommunistischen Herrschaft an. Das illustriert u.a. ein Dokument aus Polen. Am 12.8.1963 gab der damalige Leiter der Vierten Abteilung des Innenministeriums (zuständig für Religionen und nationale Minderheiten), Oberst S. Morawski, eine Anweisung heraus, um »unseren Vorstoß in die Pfarreien zu tragen.« (Die Anweisung wurde damals Kardinal Wyszynski zugespielt.) Hierzu gelte es,

> »innere Differenzen in der Kirche auf die Spitze zu treiben…, falsche Nachrichten klug zu fabrizieren, in den Pfarreien Netze von Agenten zu schaffen, Dossiers anzulegen…, Abschreckungsmaßnahmen anzuwenden« (H. Stehle, Z, 18.1.1985).

So wurde Mitte der sechziger Jahre in anonymen Briefen und Pamphleten, die die polnische politische Polizei verbreitete, Kardinal S. Wyszynski auf breiter Front angegriffen. Ja, der Geheimdienst schreckte nicht einmal vor Fälschungen der Predigten des Kardinals zurück. Die letzte Fälschung dieser Art, die bekannt wurde, stammte aus dem Jahr 1974 *(Survey,* autumn 1974, S. 216).

1968 löste die Prager Reformbewegung auch in der Sowjetunion eine massive Reaktion aus. Die Folgen, die das z.B. auf der Halbinsel Kamtschatka, einem den Augen der Weltöffentlichkeit praktisch entzogenen militärischen Sperrgebiet, für die Gläubigen hatte, schilderte S. Kurdakow in den bereits zitierten Memoiren. Insgeheim wurden auf höchste Anweisung aus Moskau wohlbezahlte Schlägertrupps, sogenannte »operative Teams« gebildet, die aus einem »Sonderfonds« (1983, S. 110) finanziert wurden. Sie sollten gegenüber den Gläubigen in enger Zusammenarbeit mit dem Sicherheitsdienst jene Polizeieinsätze vornehmen, zu der die Polizei selbst keine Zeit hatte, oder aber solche Aktionen, die auf ausdrückliche Order aus Moskau hin (1983, S. 193) auf keinen Fall als offizielle Maßnahmen bekannt werden durften. Dieser Terrorismus auf lokaler Ebene wurde nach außen als Selbstverteidigungsmaßnahmen aufgebrachter Bürger angesichts angeblicher krimineller Umtriebe hingestellt. Ja, damals sollen prophylaktisch 30 Konzentrationslager in Sibirien eingerichtet worden sein.

Von der Anwendung derartiger »klassischer« Untergrund- und Polizeimethoden wurde immer wieder berichtet. 1976 wurde ein ähnliches Bandenwesen in Polen unübersehbar, hinter dem ebenfalls Elemente des Sicherheitsdienstes standen. Die so spektakuläre Entführung und Ermordung von J. Popieluszko (s.o.) war insofern nur die Spitze eines Eisbergs.

Eine Grundmethode der Polizeiüberwachung war die allgemeine Bespitzelung. In den Worten des Furow-Berichts:

> »Der Rat für religiöse Angelegenheiten macht sich ein genaues Bild von allen Bischöfen. Wir erhalten regelmäßig über sie Charakteristiken der Bevollmächtigten« *(G2W, 11, 1980, S. 13).*

Auch unter den »Lehrenden und Lernenden der geistlichen Schulen« betrieb der Rat seine »systematische politische Arbeit« (a.a.O., *G2W,* 12, 1980, S. 28). Mochte die Bespitzelung auch nicht perfekt sein – bereits das bloße Wissen um sie führte zu einer menschlichen »Desolidarisierung«, da auf diese Weise natürlich allgemeines Mißtrauen gesät wurde. So wurde autonomer esprit de corps in allen Institutionen des Regimes unterlaufen.

Wie stark der Druck der Staatssicherheit dabei gerade auf die nichtregistrierten Gemeinden der Evangeliumschristen-Baptisten war, zeigte z. B. eine Nachricht aus dem Gebiet Koktschetaw (Nord-Kasachstan): 80 Prozent der Mitglieder der Gemeinde wurden von der Staatssicherheit angesprochen, ja es wurde versucht, die Kinder anzuwerben, und das mit den gleichen Methoden, die man im Ausland zur Anwerbung von Agenten benutzte: Man lud die Kinder vor und unterhielt sich zunächst über ganz harmlose Dinge mit ihnen, machte ihnen aber die Auflage, hierüber nichts weiterzusagen. Wer diese Anweisung einhielt, fand sich als Kollaborateur und Informant der Staatssicherheit wieder.

Der Sicherheitsdienst schreckte auch vor regelrechten Provokationen nicht zurück, worin er, wie gesagt, laut A. Golizyn, einem prominenten Überläufer und Desinformationsexperten, geradezu das Wesen seiner Konzeption von »Prophylaxe« sah. So wurde gemeldet, daß der unter KGB-Mitwirkung ernannte Archimandrit Gavriil es bewirkt habe, daß 30 Mönche das Höhlenkloster von Pskow (Pleskau) verließen *(Posev,* 2, 1984, S. 3).

Die Staatssicherheit hat ihre besonderen Methoden nicht nur gegenüber den Kirchen des sowjetischen Hegemonialbereichs angewandt, sondern auch – seit 1949 – gegenüber jenen des Auslands.

Die enge Zusammenarbeit der bereits erwähnten Vierten Abteilung des polnischen Innenministeriums mit der Staatssicherheit – und damit auch mit dem sowjetischen KGB – wurde erneut im Popieluszko-Prozeß um die Jahreswende 1984/85 deutlich. Diese Vierte Abteilung unterstand damals (seit 1981) General Z. Platek (sein Stellvertreter war der im Popieluszko-Prozeß flüchtig genannte General W. Ciastoń; vgl. Emerson Vermaat, 1986, S. 251). Einer der Anwälte erreichte es, daß im Prozeß ein Geheimdokument vom 17. September 1984 verlesen wurde, das die geheimdienstliche Verbindung des Ministers für Kirchenangelegenheiten nur allzu klar zum Ausdruck brachte *(NZZ,* 20.1.1985). In der Tat wird berichtet, daß die Fünfte Abteilung des KGB, »Gegnerbekämpfung« (die sich, wie gesagt, speziell den Dissidenten und Glaubensgemeinschaften »widmete«), in Warschau einen eigenen Beraterstab unterhielt, der die Arbeit der entsprechenden polnischen Sicherheitsdienstgruppen zu beaufsichtigen hatte und bis ins Detail kontrollierte (B. Gorski, *ZB,* 23, 1984, S. 6).

Auch aus Ceauçescus Rumänien (mag es sich außenpolitisch zeitweilig mehr oder minder von der Sowjetunion emanzipiert haben) werden ähnliche Zustände berichtet. Über den gegen den Widerstand der Geistlichkeit ernannten Bischof L. Papp, den amtierenden Präsidenten des Synod der Reformierten Kirche Rumäniens, heißt es, er übe sein Amt mit Hilfe der *Securitate,* also des Sicherheitsdienstes, aus; dabei sei er nicht davor zurückgeschreckt, alte Kirchenschätze einfach abtransportieren zu lassen sowie Priester der Folter auszuliefern *(WSJ,* 16.7.1985, S. 9).

Anfang der fünfziger Jahre wurden westliche Geheimdienste darauf aufmerksam, daß es in der sowjetischen Staatssicherheit eine besondere Abteilung speziell zur Infiltration der Kirchen im Ausland gab (Villemarest, 1969, S. 155). 1951 machte der ehemalige Priester und Oberst der Staatssicherheit, W. Gorelow, zu diesem Zweck in Warschau ein Büro auf. Sein Gehilfe, B. Piasecki, wurde Gründer der »Pax«-Organisation, die 1953–54 über ein

Jahresbudget von 22 t [!] Feingold (damals entsprechend 100 Millionen Zloty) verfügt haben soll (a.a.O., S. 59).*

Der kürzliche Abfall des leitenden KGB-Experten in Teheran zur Infiltration der Schiiten (A. de Marenches, *Expr,* 5.9.1986), also offenbar A. Kusitschkin (von anderer Seite als Sabotage-Experte bezeichnet), zeigte, daß die Sowjetunion auch gegenüber nichtchristlichen Religionen und Bewegungen im wesentlichen die gleichen Methoden benutzt.

Das Aufkommen einer marxistisch orientierten »Befreiungstheologie« seit 1968 in Lateinamerika (die auch in Afrika ein gewisses Echo hat) dürfte den »Aktivmaßnahmen« der Staatssicherheit neuen Boden erschließen. Von einem prominenten Vertreter dieser Richtung, dem Priester und Poeten E. Cardenal, wird z.B. berichtet, er sei auf Kuba ausgebildet worden. Heute dient er im Regime der Sandinisten in Nicaragua als Minister (vgl. Davidson, 1986, S. 17).**

Die Religionspolitik der Ära Breschnew: Zwischen Rechtsstaatlichkeit und Reaktion

Nach dem erratischen und extrem kirchenfeindlichen N. S. Chruschtschow – unter dem die Verfolgungen der Gläubigen einen neuen Höhepunkt erreichten und die russisch-orthodoxe Kirche mehr als die Hälfte ihrer Pfarrgemeinden und Priester verlor – versuchte der neue Parteichef L. I. Breschnew, sobald er seine Vormacht konsolidiert hatte, einen Kurs der bürokratischen Rationalität und Regularität einzuschlagen. Es gab gewisse

---

* B. Piasecki ist eine abenteuerliche Erscheinung. Im Krieg war er Führer der faschistischen Organisation »Falanga«. Er wurde in der Sowjetunion inhaftiert und erkaufte sich das Leben mit dem Angebot, als trojanisches Pferd unter den polnischen Katholiken zu arbeiten. Seine Organisation *Pax* benutzte das Christentum als Aushängeschild, um von innen her eine Opposition der Gläubigen gegen die kirchliche Hierarchie zu organisieren (Nowak, 1982, S. 5).

** E. Cardenal, der sich selbst als »in keiner Weise einen Politiker«, sondern als einen »Geistlichen, Poeten und Revolutionär« bezeichnet hat *(Archiv der Gegenwart,* 1980, S. 23 969 E), wurde im Oktober 1980 in der Frankfurter Paulskirche mit dem Friedenspreis des Deutschen Buchhandels ausgezeichnet, der 1951 zur »Förderung des Gedankens des Friedens, der Menschlichkeit und der Verständigung der Völker« gegründet worden war. Zuvor erhielten diesen Preis u.a. M. Buber, Th. Heuss, E. Bloch, L. G. Senghor und der Club of Rome.

Ansätze zu einer Art Rechtsstaatlichkeit, also zugunsten eines Systems, das wenigstens die eigenen Gesetze systematisiert und einhält. Das wirkte sich auch auf die Kirchenpolitik aus. 1975 wurde ein neues Dekret über die Glaubensgemeinschaften verabschiedet. Die Einarbeitung zahlreicher bis dahin unveröffentlichter Erlasse – auch aus der Chruschtschow-Zeit – machte hieraus zwar das schärfste Religionsgesetz der sowjetischen Geschichte. Andererseits aber bot bereits die bloße Tatsache dieser Systematisierung und Veröffentlichung ein bislang nicht vorhandenes Mindestmaß an Rechtssicherheit (vgl. Stricker, 1986, S. 1, 4).

In die Breschnew-Verfassung von 1977 wurde ein neuer Passus eingefügt, der ausdrücklich das Entfachen von Feindschaft und Haß aufgrund von Glaubensbekenntnissen verbietet (Art. 52).

Doch 1979 trat eine besonders fühlbare Verhärtung der sowjetischen Innenpolitik ein – zu einer Zeit also, als dem kranken Parteichef, bereits 1976 schon einmal klinisch tot, womöglich die Zügel zu entgleiten drohten. Die sowjetische Führung mußte die allgemeine Lage als zunehmend bedenklich empfinden. Die Wirtschaft gab Anlaß zu ernsten Sorgen; die Dislozierung neuer sowjetischer Mittelstreckenraketen drohte, eine sicherheitspolitische Krise in den Ost-West-Beziehungen heraufzubeschwören; im Dezember 1979 intervenierte die Sowjetunion direkt in Afghanistan und verhalf damit endgültig einem neuen, harten Denken in der amerikanischen Sicherheitspolitik zum Durchbruch; bis zum Sommer des Jahres 1980 sah sich die Sowjetunion international weitgehend isoliert. Dann setzte auch noch die polnische Krise ein. Der »Faktor Religion« spielte eine nicht unwesentliche Rolle bei dem sich nun auch in der sowjetischen politischen »Elite« anbahnenden Krisenbewußtsein, das seinen Niederschlag in einer äsopischen Diskussion über die Möglichkeit von sogenannten antagonistischen Widersprüchen (also von Krisen und Revolutionen) auch im Sozialismus fand.

Drei Momente schienen besonders bedeutsam im Zusammenhang mit der Verschärfung der Politik gegenüber den Gläubigen und Kirchen:

1. Breschnews Option für die »friedliche Koexistenz«, die zur Entspannung vom Beginn der siebziger Jahre führte, wurde durch die KSZE-Schlußakte von Helsinki 1975 besiegelt. Damit aber wurde (»Korb drei«!) in der Sowjetunion einer neuen und diesmal regelrecht *politischen* Bürgerrechtsbewegung Auftrieb gegeben, die

über den ursprünglich religiös-kulturellen Rahmen des Dissidententums hinauswies.

Dazu kam eine religiöse Renaissance, vor allem in Osteuropa, wo die Religion durch nationale und liberale Forderungen mitgenährt wurde, ja auch in der Sowjetunion selbst. Sogar die russischorthodoxe Kirche gewann bis 1980 einen Einfluß, wie sie ihn seit langem nicht mehr gehabt hatte (M. Binyon, *TT,* 17.7.1980).

2. Ein weiterer wesentlicher Faktor war die Wahl des Kardinals K. Wojtyla 1978 zum Papst – des ersten Nichtitalieners in mehr als 400 Jahren und noch dazu eines Polen mit erheblichem Charisma. Bereits in dieser Wahl witterten sowjetische Konservative ein Komplott, das sich gegen ihr Imperium, ja ihr System richtete. In der Tat trat der neue Papst sein Pontifikat mit einer wahrhaft globalen Vision an (vgl. Ph. Pons, *M,* 7.–9.8.1985), in der die Idee einer Rückgewinnung des kommunistischen Osteuropas für das Christentum einen zentralen Platz einnimmt – ein Appell an die Nationen (im Gegensatz zu den Regierungen), sich auf ihre moralischen Wurzeln zu besinnen. Kein Wunder, wenn dieser Papst – gewissermaßen der »Anti-Machiavell« in Person – in den sowjetischen Medien (speziell in der im Ausland kaum zur Kenntnis genommenen Provinzpresse) so heftig angegriffen wurde wie keiner seiner Vorgänger (vgl. Roth, 1985). Denn in den sechziger und siebziger Jahren genossen die Päpste in der Sowjetunion keine schlechte Presse; man betrachtete sie gewissermaßen als Verbündete im Kampf für »Frieden« und »sozialen Fortschritt«. In Papst Johannes Paul II. aber sahen sowjetische Führer und Ideologen nicht ganz grundlos den Hauptinspirator der gesellschaftlichen Erneuerungsbewegung in Polen, die als akute Gefahr für das Imperium verstanden wurde.*

Die polnische Erneuerungsbewegung gab der religiösen Renaissance in Osteuropa zusätzlichen Auftrieb. Sie hatte ihr besonderes Echo im Baltikum, aber wohl auch in der Ukraine.

---

* A. Slawow, der Freund des von einem Agenten Ceauçescus ermordeten Schriftstellers G. Markow, verwies in einem Hearing des amerikanischen Kongresses darauf, daß der Papstattentäter Agca bereits aktiviert wurde, als der Papst sich anschickte, den Patriarchen von Istanbul zu besuchen – die höchste Autorität der östlichen orthodoxen Kirche (The Assassination Attempt, 1982, S. 27). Denn der Papst denkt an die Wiedervereinigung der katholischen und östlich-orthodoxen Kirchen, was bei den Sowjets sogleich größte Besorgnis auslöste.

Sogar die Tschechoslowakei unter dem erzkonservativen G. Husak (inzwischen am 17.10.1987 abgelöst durch den ebenfalls konservativen und eher farblosen M. Jakes) hat ein beispielloses religiöses Erwachen erlebt. Das wurde deutlich anläßlich der Feier des 1 100. Todestags des Slavenapostels Method – der größten religiösen Manifestation in diesem Land seit Kriegsende *(dpa,* 7.7.1985). Die Hälfte der Mitglieder der Menschen- und Bürgerrechtsbewegung *Charta 77* sind Christen. Die katholische Kirche in der ČSSR, die der Bürgerrechtsbewegung zunächst kühl gegenüberstand, hat sich zunehmend für ihre Ziele aufgeschlossen gezeigt.

Auch in Rumänien gilt, daß viele der mutigsten Dissidenten aus den Reihen der Priester kommen *(RFE,* Rumanian SR/3, 24.2.1986).

3. Zu all diesen Herausforderungen an das kommunistische System durch Dissidenten und Christen kam als drittes Moment die seit 1978 unübersehbare Re-Islamisierung des Nahen Ostens. Bereits zwei Jahre zuvor hatten die Ajatollahs mit ihren »schiitischen Methoden« eine Verschwörung gegen das Schah-Regime im Iran begonnen, wobei sie – mit Hilfe von Palästinensern und Libyens – nicht nur eine effektive Guerillamacht im Untergrund aufzubauen verstanden, sondern darüber hinaus mittels geschickt gesteuerter Gerüchte und Verleumdungen die »Macht der Bazaars« erfolgreich gegen die größte Militärmacht der Region mit ihrem scheinbar allmächtigen Geheimdienst, dem SAVAK, auszuspielen vermochten (vgl. A. Taheri, *Expr,* 8.10.1985, S. 51–58).*

* Wie manipulierbar die westliche Öffentlichkeit ist, die sich nur allzu leicht gegen die sicherheitspolitischen Interessen des *eigenen* Bündnisses aufbringen läßt, zeigten u.a. die häufigen Großdemonstrationen gegen das angeblich so besonders unmenschliche Schah-Regime, das immerhin bis zu seinem Sturz 1979 als Bastion der Stabilität in einer geostrategisch vitalen Region erschienen war. Wer aber demonstriert heute gegen das Chomeini-Regime mit seinen ca. 20 verschiedenen Sicherheitsdiensten, das als erste Regierung die Universale Erklärung der Menschenrechte aufkündigte *(IHT,* 1.2.1985) sowie jahrelang einen extrem blutigen Krieg gegen den Irak führte? Bis Anfang 1988 wurden nach westlicher Schätzung im Iran an die 70 000 Menschen Opfer politischer Exekutionen *(IHT,* 5.1.1988). Im Juni 1988 führten interne Machtkämpfe zu einem weiteren Massaker von vielleicht Tausenden, vor allem von Anhängern kurdischer Gruppen und Mitgliedern der oppositionellen Kräfte wie der Mudschahedin Chalk *(IHT,* 14.12.1988).
  Ähnlich heute die Empörungsbereitschaft gegenüber Südafrika, dessen Apartheidspolitik zwar zutiefst bedauerlich ist, für dessen Probleme es aber

Das Politbüro der Sowjetunion, das über einen Vielvölkerstaat herrscht – ca. 30 Millionen Moslems leben in Zentralasien, d.h. 18–19 Prozent der Gesamtbevölkerung der UdSSR –, konnte den Triumph eines militanten Islam an seiner Südgrenze schwerlich ohne Bedenken zur Kenntnis nehmen, so recht ihm auch der geopolitische Einflußverlust des Westens in dieser so wichtigen Region war.

Derartige Sorgen über die Auswirkungen des Islam mögen ein Faktor gewesen sein, der zum sowjetischen Afghanistan-Abenteuer (vgl. von Borcke, 1980 (b)) beitrug, ging es hierbei doch auch (wie Beobachter aus der Region betonten) um die Zukunft des Marxismus in Asien.

Afghanistan-Kenner aber sahen sogleich voraus, was dann auch geschah: Der Sowjetunion war es nicht möglich, mit ihrem »begrenzten Kontingent« von etwa 100 000 Soldaten den afghanischen Widerstand schnell zu brechen. Der Einmarsch in Prag vom August 1968, als dessen Wiederholung die Militärführung offenbar die Intervention in Afghanistan konzipiert hatte, erwies sich als denkbar schlechtes Modell. Schnell wurde deutlich, daß die zunächst überwiegend aus dem zentralasiatischen Militärbezirk rekrutierten Tadschiken und Usbeken zur Fraternisierung mit ihren moslemischen Glaubensbrüdern in Afghanistan neigten, zumal es hier keine Sprachbarrieren gab. Die jungen Sowjetsoldaten interessierten sich nicht nur für westliche Konsumgüter und Haschisch; sie versuchten auch, Exemplare des Koran in die Sowjetunion einzuschmuggeln (D. Majrooh, *RL,* 194/84, S. 3). Bald wurden die Zentralasiaten durch neue Truppen ausgewechselt, diesmal aus dem Baltikum.

Mehr noch, die afghanischen Mudschahedin begannen offenbar, sogar in der Sowjetunion selbst zu agieren. Sie verbreiteten Flugblätter; inzwischen soll es auch einen islamischen Samisdat vor allem auf Tonbändern geben (A. Bennigsen, *M,* 15.11.1984). Die *Hisbollah,* eine fundamentalistische Organisation von Wider-

schwerlich eine rasche Patentlösung gibt, und das sowohl durch seine geographische Lage als auch seinen Reichtum an seltenen und wertvollen Mineralien von allergrößter strategischer Bedeutung für den Westen (und die Sowjetunion!) ist. Über den Terror in Äthiopien dagegen, einem sowjetischen Bündnispartner, erfährt man weniger, und der Schuldige ist dort angeblich nicht so sehr das Regime als vielmehr die »Umstände« (z.B. die Dürre). Auch gegenüber den kryptostalinistischen Methoden des Sandinista-Regimes in Nicaragua (vgl. hierzu sehr eindrucksvoll Belli, 1985) haben sich die westlichen Medien betont nachsichtig gezeigt.

standskämpfern, gewann derart angeblich bis zu 3 000 Anhänger *(JDW,* 28.3.1984). B. Rabbani, der Führer der Gruppe *Jamiat Islami,* berichtete sogar von Angriffen der Mudschahedin auf Ziele im sowjetischen Kasachstan und Usbekistan. Da im Westen kein nennenswerter Samisdat aus Sowjetisch-Zentralasien vorliegt, ist über derartige Entwicklungen allzu wenig bekannt (vgl. Ju. Wishnevsky, *RL,* 74/84).

Es spricht aber einiges dafür, daß seit der Invasion in Afghanistan das sowjetische Zentralasien der Führung als gefährdete Zone erscheint (A. Bennigsen, *M,* 15.11.1984).

Die Zahl der Sufi-Anhänger auch im Nord-Kaukasus wird von sowjetischen Fachleuten auf 300 000 geschätzt – mehr also, als es dort Parteimitglieder gibt (a.a.O.).

Natürlich wäre es verfrüht, angesichts der Re-Islamisierung in Nahost und der afghanischen Mudschahedin bereits eine akute Gefährdung des Sowjetimperiums vorauszusagen. Schließlich hat die Sowjetunion seit den zwanziger Jahren erhebliche Erfahrungen im Kampf gegen Guerillas, zumal sie hierbei lange nicht auf eine kritische Öffentlichkeit Rücksicht nehmen mußte und notfalls mittels regelrechter Genozid-Politik* den Guerillas die »logistische Grundlage« zu nehmen vermochte. Immerhin aber waren diese Entwicklungen im islamischen Bereich bedeutsam genug, daß die Sowjetunion 1983 eine große Konferenz von Orientspezialisten in Taschkent abhalten ließ – zur Klärung des »Stellenwerts des Islam in der modernen politischen Entwicklung«. 1986 meldete die *Prawda* die Entlassung von über 100 Parteikadern in Usbekistan – wegen »ungenügenden« ideologischen Kampfes »gegen den Einfluß des Islam« (*Pr,* 7.101986). Ein Grund für den

---

* Laut Berichten des österreichischen Juristen und Universitätsprofessors F. Ermacora (im Auftrag der UNO-Menschenrechtskommission) waren bis 1985 durch die sowjetische Intervention in Afghanistan ca. 4 Millionen Menschen (fast ein Drittel der Gesamtbevölkerung) aus dem Land vertrieben worden; weitere 2 Millionen haben ihr Heim verloren; die Zivilbevölkerung hatte ca. 500 000 Tote zu beklagen; die Mehrzahl der Menschen erhielt keine medizinische Betreuung, die Kindersterblichkeit lag bei 300 bis 400 pro 1 000; bei politischen Verhören war Folter gang und gäbe; im Kampf gegen die Guerillas setzten die Sowjets u.a. »Spielzeugminen« ein, um durch Verstümmelung der Kinder die Familien zu demoralisieren (hierauf wies auch die französische Hilfsorganisation *Médecins sans frontières* hin; vgl. *IHT,* 16.12.1985). Der zweite Ermacora-Bericht veranlaßte die UNO-Generalversammlung, zum ersten Mal die Menschenrechtsproblematik in Afghanistan und im Iran zu diskutieren. Inzwischen liegt ein weiterer, in betont schärferer Sprache abgefaßter Bericht von Ermacora vor (vgl. *ZB,* 24, 1986; Ermacora, 1986).

zeitweiligen Aufstieg des ehemaligen KGB- und Parteichefs von Aserbaidschan, G. Alijew, könnte, wie gesagt, eben in seiner besonderen Kompetenz als Nahost- und *Islam*-Experte zu suchen sein.

Das also war der Hintergrund der großen Verhärtung, die um 1979 in der Sowjetunion einsetzte: Spannungen mit dem Westen; ein religiös-politisches Erwachen im eigenen Hegemonialbereich; ein fanatisierter Islam im Süden.

Bereits um die Jahreswende 1979/80 wurden in der Sowjetunion 50 Personen aus politischen Gründen verhaftet. Vom September 1980 bis März 1982 waren es weitere 248 – die große Mehrheit Gläubige, die auf der Ausübung ihrer verfassungsmäßig zugestandenen religiösen Rechte bestanden. In der Zeit von 1979 bis Mitte der achtziger Jahre wurden 350 Führer religiöser Gruppen inhaftiert, außerdem wurden die Strafen und allgemeinen Haftbedingungen fühlbar verschärft.

Bis 1982 wurde es still um diejenigen, die es gewagt hatten, die sowjetische Kirchenpolitik öffentlich zu kritisieren. Die führenden Persönlichkeiten der religiösen Bewegung waren zumeist nach Artikel 70 StGB der RSFSR (»antisowjetische Propaganda und Agitation«) zu hohen Freiheitsstrafen verurteilt worden (Stricker, 1986, S. 17). Allgemein führte ja das Regime seinen Kampf gegen das Dissidententum, indem es dieses kriminalisierte. Vorgeschobene Gründe waren angebliches Parasitentum, Schmuggel, Agitation und sogar Verschwörung.

Die Zahl der politischen Gewissensgefangenen dürfte in die Tausende gegangen sein. Im Westen wurde mit Amnesty International oft die Zahl 10 000 genannt *(T, 23.6.1980)*. Namentlich registriert waren 1986 bei der Internationalen Gesellschaft für Menschenrechte in Frankfurt knapp 900; von diesen waren 400 aufgrund ihrer religiösen Überzeugung inhaftiert, davon wiederum 200 Evangeliumschristen-Baptisten, die, nicht registriert und ohne aus ihrem Glauben ein Hehl zu machen, dem polizeilichen Zugriff völlig schutzlos ausgeliefert waren (vgl. *dpa,* 10.2.1986).

Insbesondere die polnische Krise seit 1980, die als direkte Gefährdung des Imperiums und Systems verstanden wurde, führte in der Sowjetunion zu heftigen Kontroversen darüber, wie einer derartigen Entwicklung zu begegnen sei. Es gab offenkundige Friktionen zwischen der Parteiführung und den mehrmals einmarschbereiten

Streitkräften, wie erhebliche personelle Umbesetzungen in der Militärführung um die Jahreswende 1980/81 andeuteten; auch im Parteiapparat selbst wurden gegensätzliche Beurteilungen laut. Breschnews ehemaliger Kronprinz K. U. Tschernenko (der im Februar 1984 Andropows Nachfolger als Parteichef wurde) wollte die Möglichkeit einer »polnischen Entwicklung« auch in der Sowjetunion bei Versagen der Führung nicht einfach von der Hand weisen. Dringend warnte er, die Partei habe sich ihre führende Rolle dauernd neu zu verdienen. Mit anderen Worten, er sah die Probleme, empfand wohl auch die Notwendigkeit gewisser Maßnahmen und Reformen, ohne daß doch aus seinen zahlreichen Schriften hervorging, in welchem Sinne man nun wirklich vorzugehen habe.

Konservative Kreise dagegen wollten verstärkt auf alte und scheinbar bewährte Methoden zurückgreifen. So ließ der Ideologe R. Kosolapow, bis zum Frühjahr 1986 Chefredakteur von *Kommunist,* durchblicken, es sei nicht etwa zu viel, sondern zu wenig »Sozialismus«, der zur Krise in Polen geführt habe. Schon deshalb sei eine derartige Entwicklung in der Sowjetunion schwerlich möglich, vorausgesetzt, das Einparteiregime bliebe sich selbst treu. In seinen eigenen Worten:

> »Der hier erreichte Grad an Totalität [sic!] des sozialistischen Gesellschaftssystems bietet gewichtige Garantien gegen das Aufkommen negativer Krisentendenzen, solange die Planung der wirtschaftlichen und sozialen Entwicklung normal funktioniert und das Hochspielen längst gelöster Probleme [wozu in erster Linie angeblich die nationale und religiöse Frage gehört!] nicht zugelassen wird« *(Pr,* 4.3.1983).

In der Dissidenten- und Religionspolitik schien auch Tschernenko zu diesem Schluß zu neigen (Kosolapow gilt als sein damaliger Parteigänger). Auf dem Ideologieplenum vom Juni 1983 erklärte er, damals Chefideologe und Zweiter Sekretär des Regimes, »ein nicht unbedeutender Teil der Bevölkerung« stünde unter dem Einfluß der Religion *(Pr,* 16.6.1983). Es war das erste Mal, daß das ausdrücklich auf so hoher Ebene zugegeben wurde. In der Tat (und die *Prawda* hat das kürzlich noch einmal bestätigt): Von den 280 Millionen Einwohnern der Sowjetunion sollen etwa 30–40 Millionen gläubig sein; von weiteren 100 Millionen heißt es, sie glaubten in irgendeiner Form an Gott *(USNWR,* 8.10.1984, S. 38).

Doch statt angesichts einer solchen »Macht« auf einen tragbaren modus vivendi mit den Gläubigen und Kirchen zu setzen, warnte Tschernenko 1983 ausdrücklich vor politischer Subversion »unter dem Deckmantel der Religion«. Nicht zuletzt sahen sowjetische Ideologen ja in der Religion auch noch eine gewichtige Triebkraft des ihnen so bedrohlich erscheinenden »Reaganismus« in den Vereinigten Staaten.

Tschernenkos Stellungnahme war also im Grunde gleichbedeutend mit einem Appell zu mehr »Wachsamkeit« der »Organe«. Noch Ende 1985 monierte der inzwischen pensionierte Leiter der Internationalen Abteilung und Kandidat des Politbüros B. Ponomarjow anläßlich eines Besuchs in Wilna die »unzureichende atheistische Arbeit«, so daß bald danach die Parteiaktivisten Litauens ausdrücklich noch einmal in diesem Sinne mobilisiert wurden *(rtr, 29.12.1985)*.

Es war auch wohl kein Zufall, wenn mit B. K. Pugo 1984 ein ehemaliger (1976–80) unionsrepublikanischer KGB-Chef zum Parteichef von Lettland avancierte *(Pr,* 14.4.1984), ungeachtet unverkennbarer parteiinterner Widerstände. Pugo ist ein Mann, der sich für den erbarmungslosen Kampf gegen alles Dissidententum stark gemacht hat *(RS,* 86/84).

Die Folgen konnten nicht ausbleiben. Gerade im Baltikum hat es zahlreiche Verhaftungen und darüber hinaus eine ganze Reihe verdächtiger Todesfälle in den Reihen speziell der Geistlichen gegeben. So kam am 6. Februar 1986 der Priester J. Zdebskis, einer der prominentesten Repräsentanten der katholischen Renaissance und einer der fünf Mitbegründer des 1978 gegründeten katholischen *Komitees zur Verteidigung der Rechte der Gläubigen,* ums Leben; schon 1980 waren unter verdächtigen Umständen mehrere Priester gestorben *(T,* 14.2.1983, S. 13), u.a. L. Sapoka *(RFE,* Baltic Area SR/2, 4.3.1986) und – der am besten dokumentierte Fall – B. Laurinavičius; 1981 ereilte den Priester L. Mažeika das gleiche Schicksal.

Die Aufmerksamkeit der Weltöffentlichkeit auf derartige Terrormethoden gegenüber den Gläubigen erregte dann die spektakuläre Entführung und Ermordung des polnischen Arbeiterpriesters J. Popieluszko im Herbst 1984. In Polen war das bereits der 60. Todesfall in den Reihen der Opposition, wobei zumindest weitere 20 Fälle erklärtermaßen unter »verdächtigen Umständen« stattgefunden hatten *(NZZ,* 28.10.1984; *T,* 12.11.1984, S. 34). So gab der polnische Episkopat nach dem »Verschwinden« von

Popieluszko im Oktober 1984 seiner schweren Sorge Ausdruck, Entführungen könnten hinfort geradezu »eine Methode der politischen Abrechnung« in Polen werden.

Zu den aus sowjetischer Sicht besonders »gefährdeten« Gebieten gehört natürlich auch die Ukraine, wo es noch Jahre nach der »Befreiung« eine Partisanenbewegung gab. (Erst die Kollektivierung, die in der West-Ukraine – und im Baltikum – 1949 durchgeführt wurde, nahm den Partisanen die »logistische« Grundlage; Hinweis von G. Simon.) Es ist bezeichnend, daß heute bis zu 40 Prozent aller politischen Dissidenten der Sowjetunion aus dieser Republik stammen (Jugov, *Posev,* 6, 1982, S. 29). Unter W. Fedortschuk als unionsrepublikanischem KGB-Chef (1970–82) gab es bereits in den siebziger Jahren radikale Säuberungen in den Reihen der Dissidenten. In den achtziger Jahren wurden nach gut stalinistischem Vorbild auch wieder ausdrücklich Denunziationen ermutigt. Die Polizei forderte alle Bürger auf, ihnen verdächtig erscheinende Handlungen und Gewohnheiten ihrer Nachbarn zu melden. Unter den Sammelbegriff »Verletzung der öffentlichen Ordnung und der Gesetze des sozialistischen Lebens« aber ließen sich offenkundig nur allzu leicht auch die Religion und ihr Umfeld subsumieren. Ausdrücklich wurde in Fragebögen darauf hingewiesen, daß auch eine anonyme Abgabe solcher Informationen auf den Milizstationen möglich sei (vgl. Stricker, 1986, S. 76). (Unter Gorbatschow hat man allerdings dem anonymen Denunziantentum wieder einen Riegel vorzuschieben versucht (vgl. *RL,* 173/86, S. 3).

Speziell aus Tschernenkos »Lehen« Moldawien – wo er nach dem Krieg seine Karriere unter Breschnew als unionsrepublikanischem Parteichef recht eigentlich begonnen hatte – wurde kürzlich gemeldet, die orthodoxe Kirche stünde kurz vor ihrer völligen Vernichtung. Als die Rote Armee das Land besetzte, hatte es hier noch 1 090 Kirchen und 29 Klöster gegeben; heute sind es im gesamten orthodoxen Bistum Kischinjow bloße 16 Kirchen und ein Kloster *(dpa,* 14.7.1986).

Ende 1984 wurde überraschend der bisherige Vorsitzende des Rats für die Angelegenheiten der Religionen, W. A. Kurojedow, pensioniert – wie es hieß, »auf eigenen Wunsch« aus Gesundheitsgründen; mit anderen Worten, er war zumindest nicht ernstlich in Ungnade gefallen. Sein Nachfolger wurde der bis dahin weithin unbekannte K. P. Chartschew, zuvor Botschafter in Guyana und Funktionär im sowjetischen Fernen Osten (vgl. *Pr,* 15.11.1984), dessen lateinamerikanische Erfahrungen vielleicht im Hinblick auf die Rolle der »Befreiungstheologie« und einer außen- und sicherheitspolitischen Strategie der »gemeinsamen Front« mit den Kirchen besonders aktuell erschienen.

In diesem Zusammenhang muß man wohl auch das radikale Revirement in der Führung der russisch-orthodoxen Kirche sehen, als zwischen dem Sommer 1984 und Sommer 1985 18 von 74 Hierarchen versetzt wurden – eine Umbesetzung, wie man sie in diesem Umfang seit Chruschtschows Tagen nicht mehr erlebt hatte (Stricker, 1986, S. 20).

IV. Teil:
Gorbatschows Perestrojka.
Die Sowjetunion vor dem
Systemwandel?

Perestrojka im Streit der Meinungen

Das KGB, das ursprünglich in Gestalt der Tscheka als »Schwert
und Schild« der revolutionären Diktatur gegründet wurde, wird
künftig eine ganz unterschiedliche Rolle spielen, je nachdem, in
welchem Sinne sich die politische Entwicklung der Sowjetunion
vollzieht. Damit stellt sich die Frage nach dem Wesen der unter
Gorbatschow eingeleiteten »Perestrojka«, der »Transformation«
des Systems.

Ist dies wirklich eine Demokratisierung, wie Gorbatschow seit
September 1986 verkündet, ein neues *raskreposchtschenije,* also
eine »Entbindung« von veralteten Dogmen und Strukturen, ein
Freisetzen gesellschaftlicher und persönlicher Autonomie, Initiative und Kreativität? Oder wird am Ende des Weges allenfalls ein
mehr oder minder redynamisierter Breschnewismus stehen, der
die stalinistischen Strukturen im wesentlichen bewahrt? Ist Gorbatschow etwa ein »neuer Lenin« (vgl. Dahm, 1988) oder gar ein
Diktator wie Stalin Ende der zwanziger Jahre, der seine Macht
konsolidiert (Hough, 1987)? Je nachdem, welche dieser Möglichkeiten sich verwirklicht, wird auch die Rolle der Staatssicherheit
eine völlig andere sein.

Um es vorwegzunehmen: Ich teile die Auffassung von A.
Sacharow, der Gorbatschows erklärtes Programm zur Perestrojka
ernst nimmt, diese Transformation aber zugleich einen fragilen
und widersprüchlichen Prozeß nennt *(M, 29.9.1987).* Doch insofern die Meinungen in dieser Frage sehr weit auseinandergehen
und präzise Prognostik nicht die Aufgabe politischer Wissenschaft
sein kann, sondern nur Unterstützung der Leser bei der *eigenen*
Urteilsbildung, soll hier zunächst auf die Gründe für diese Einschätzung eingegangen werden.

Um eine so komplexe Realität wie Perestrojka zu erfassen,
ihren Ursprung, ihre Stoßrichtung und ihre realen Chancen, ist
eine Analyse der sowjetischen »Megatrends« bzw. wie es Naisbitt

in seinem Bestseller genannt hat, der »Megapolitik« der sicherste Weg, also eine Art Gesamtsystemschau, die zwar an sich nie »analytisch«-präzise sein kann, aber letztlich doch zu sehr viel verläßlicheren Ergebnissen führt als induktive Verallgemeinerungen aufgrund der Erfahrungen aus mehr oder minder begrenzten Teilbereichen. Die allgemeine Ausrichtung der Politik läßt sich nämlich im großen und ganzen recht zuverlässig aus der Entwicklung der öffentlichen Kommunikation über Schlüsselbereiche ablesen – d.h. daraus, welche Fragen neu aufkommen, welche fortfallen und wie sie behandelt werden.

Zeit und Raum, die hierfür zur Verfügung stehen, sind begrenzt, was zur Auswahl zwingt; es handelt sich um einen Prozeß »der erzwungenen Wahl in einem geschlossenen System«, derer sich die einzelnen Akteure jedoch gar nicht voll bewußt sind (Naisbitt, 1984, S. xxvi). Aufgrund dieser Methode, die Naisbitt auf westliche Marktgesellschaften anwendet, kann man auch im sowjetischen Kontext arbeiten, also eine Art Makrokremlologie treiben. Dies ist wichtig, da Desinformation im Rahmen eines ganzes Systems nicht möglich ist – oder sie würde das System ändern!

Diese methodologische Rückbesinnung erscheint mir wichtig, da die kontroversen Einschätzungen der Perestrojka durch westliche – und auch sowjetische! – Beobachter zeigen, wie schwer es ist, angesichts einer komplexen, wertbefrachteten und dabei auch die vitalen Interessen des Beobachters selbst tangierenden Realität sich zu konsensfähigen, geschweige denn »objektiven« Urteilen durchzuringen. Eigentlich hätte man ja erwarten sollen, daß man im Westen mit Margaret Thatcher Gorbatschows Vision von »freier Arbeit und freiem Denken in einem freien Land« *(Pr,* 28.1.1987) nur Applaus spendet. Mit ihrer Rückbesinnung auf fundamentale liberale Topoi hätte die Perestrojka wie die endliche Verwirklichung jahrzehntelanger Hoffnungen auch des Westens erscheinen müssen. Wer hätte noch vor kurzem sich vorgestellt, daß ein sowjetischer Parteichef erklärt: »Wir brauchen die Demokratie wie die Luft zum Atmen« *(ND,* 30.1.1987)?!

Doch es gibt Gründe zur Skepsis. Zum einen hat die Sowjetunion den Westen über Jahrzehnte gelehrt, daß sie zwar das Vokabular aus einem liberal-demokratischen Kontext übernommen hat – man vergleiche Begriffe wie »Demokratie«, »Partei«, »Wahlen« usw. –, diese aber traditionell mit einem ganz anderen, diktatorisch-autoritären Gehalt zu füllen pflegte. Meint also Gorbatschow, was er sagt; meint er es »in unserem Sinne«?

Mehr noch, eine genuine Demokratisierung der Sowjetunion, die Überwindung des stalinistischen »Befehlssystems« in Wirtschaft und Politik, ist eine derart komplexe, ja titanische Aufgabe, daß schon deshalb Skepsis gerechtfertigt erscheint. Hat dieses Unterfangen überhaupt Aussichten auf Erfolg, zumindest auf respektable Teilerfolge? Frühere Reformversuche sind schließlich immer wieder unterlaufen worden. So meinen knapp 47 % aller Polen *(dpa,* 18.8.1987), Perestrojka werde zu großen Veränderungen führen – und die Polen sind traditionell bestimmt keine »Fans« der Sowjetunion. Namhafte westliche Beobachter aber sprechen wie sowjetische Konservative von Destabilisierung und geben Gorbatschow keine 2–3 Jahre mehr im Amt.

Zugleich sind Befürchtungen geäußert worden, Gorbatschow könnte in der Tat meinen, was er sagt – wofür so manches spricht – und auch noch Erfolg haben. Wird dann nicht eine derart modernisierte Sowjetunion zu einer noch größeren Gefahr? Schließlich stehen für den Westen (und hier besonders Westeuropa und wiederum ganz besonders die Bundesrepublik) vitale sicherheitspolitische Interessen auf dem Spiel.

Darf man Gorbatschow glauben, die Sowjetunion wolle und brauche den Frieden? Oder handelt es sich wieder einmal um das Streben nach einer »Atempause«, um allzu vertrauensselige Demokratien, die bei den ersten Anzeichen einer Entspannung euphorisch werden und dann schnell ihre Verteidigung vergessen, schließlich um so sicherer an die Wand zu spielen?

Zu guter Letzt ist bei der Diskussion über Perestrojka womöglich eine äußerst engagierte ordnungspolitische Debatte im Entstehen: Gorbatschow hat zuviel »Staat« – zuviel Bürokratie, ja auch zu viel »Partei« – den Kampf angesagt im Interesse der Revitalisierung der Gesellschaft, der Aufwertung der individuellen Persönlichkeit, eben jenes »Faktors Mensch«, der sich als »Hauptreserve« jeder Modernisierung erwiesen hat. Damit aber nimmt er Themen auf, die auch Gegenstand einer »konservativen Revolution« im Westen und von Debatten über die Grenzen des modernen »état providence«, des Wohlfahrtsstaats sind. Es ist wohl kein Zufall, wenn Gorbatschow in den USA z.B. unter Republikanern deutlich populärer ist als unter Demokraten – eine im Grunde recht paradoxe Entwicklung!

Schließlich schafft radikale Neuerung auch Ungewißheit, so daß manchem Beobachter ebenso wie mancher Organisation »alte Feinde«, die vorhersehbar erscheinen, lieber sind als potentielle

»neue Freunde«, die aber auch neue Unsicherheiten und Risiken mit sich bringen. In gewissem Sinne hat Gorbatschow nicht nur seine eigenen Bürokratien, sondern auch ausländische Beobachter mit dem Ausmaß und Tempo seiner Perestrojka überfordert: Angesichts der so dramatisch angewachsenen öffentlichen Diskussion in der Sowjetunion mit ihren inzwischen »transformierten« Medien von oft ausgezeichneter Qualität, angesichts des enormen personalpolitischen Wandels, neuer Gesetze und großer Aktivität wird es dem außenstehenden Beobachter, der buchstäblich »im Papier ertrinkt«, nicht leicht, möglichst umgehend zu fundierten Gesamturteilen zu kommen – um so weniger, als hierbei, wie bereits angedeutet, »Erkenntnis« und »Interesse« gar nicht säuberlich voneinander trennbar sind.

Ursprung der Perestrojka: Das Befehlssystem in der Krise

Der Ursprung einer Bewegung gibt weitreichenden Aufschluß über ihre wirkliche »Stoßrichtung«. Wie also kam es zur Perestrojka?

Perestrojka begann nicht als fertiges Programm, geschweige denn als neue Ideologie. Sie begann in Gestalt eines sich zuspitzenden Problem-, ja Krisenbewußtseins, wie es zum ersten Mal in der Sowjetunion unter Andropow als Parteichef (1982–84) zum Durchbruch kam.

Das sowjetische System, so meinte z.B. Ju. Nowopaschin im Anschluß an E. Berlinguer, habe womöglich seine »historischen Grenzen« erreicht *(VF,* 8, 1982, S. 16). Noch deutlicher wurde Prof. A. P. Butenko, Leiter des Sektors für politische und ideologische Probleme am Institut für das sozialistische Weltsystem, dem führenden »Think tank« der Sowjetunion für Osteuropa:

> »Die Erfahrung einiger sozialistischer Länder hat gezeigt: Unfähigkeit der herrschenden Partei, rechtzeitig angesammelte Mängel und tote Formen zu bemerken und auszuschalten und erst recht Deformationen, die sich gerade heranbilden (wie das in Ungarn am Vorabend des Jahres 1956 geschah, in der Tschechoslowakei am Vorabend von 1968 und in Polen am Vorabend von 1980), *zeugt davon, daß diese Partei ihre Avantgardefunktionen verloren* hat und die Gesellschaft in die politische Krise führt, mit allen Gefahren, die das für das Schicksal des Sozialismus mit sich bringt« *(VF,* 10, 1982, S. 23; von mir hervorgehoben).

Der Artikel verursachte einen Eklat. Zwei Jahre später, unter Tschernenko, mußte die Zeitschrift Selbstkritik üben: Es sei ein Fehler gewesen, ihn zu veröffentlichen. Doch selbst Tschernenko, der Mann des konservativen Apparats (aber in Verwaltungsfragen durchaus modern denkend), wollte die Möglichkeit einer »polnischen Entwicklung« auch in der Sowjetunion nicht einfach von der Hand weisen.

Gorbatschow, der ehemalige Protégé des ZK-Sekretärs für die Landwirtschaft, F. Kulakow (der Selbstmord beging), begann seinen Aufstieg zur höchsten Macht als »rechte Hand« Andropows im Sommer 1983. Ende 1984 proklamierte er bereits seine Einschätzung der Lage: das System war in der Krise. Damals erklärte er vor Ideologie-Funktionären, es ginge darum, ob die Sowjetunion »als bedeutende und prosperierende Großmacht in das neue Jahrtausend eintreten« könne *(Pr,* 11.12.1984, S. 2). Noch deutlicher wurde er bei seinem Besuch in der Czepel-Fabrik in Budapest im Juni 1986: Ohne Reformen sei ein Scheitern des Sozialismus nicht auszuschließen *(RL,* 227/86). Das aber hatte noch kein Führer vor ihm gesagt, jedenfalls nicht mit so brutaler Offenheit. Denn gesehen hatte bereits Andropow diese Tatsache, der Ende 1982 betonte, »tiefer, qualitativer Wandel« sei nötig, »einschließlich im menschlichen Bewußtsein und im politischen Überbau« *(K,* 9, 1983, S. 6; *Iz,* 16.6.1983). Als Ex-KGB-Chef dürfte Andropow die geringsten Illusionen über den »state of the union«, über die wirklichen Zustände im Reiche gehegt haben. Auch Gorbatschows Problembewußtsein könnte »KGB-geprägt« sein.

Die Grundeinsicht, daß es einfach »nicht weitergeht« wie zuvor, wurde von der neuen, unter Andropow berufenen Spitzenführung weitgehend geteilt. Selbst Je. K. Ligatschow, bis 1988 der zweite Sekretär und Sprecher der Konservativen, war in dieser Hinsicht keine Ausnahme (vgl. *MN,* 4.1.1987, S. 12; *Pr,* 27.8.1987).

Die Wirtschaftskrise

Schon unter Breschnew war überdeutlich geworden, daß man mit der aus dem Stalinismus stammenden extensiven Wirtschaftsstrategie – die Wachstum mittels dauernder Steigerung der »inputs«, der Eingaben an Kapital, Arbeitskräften und Ressourcen erzielte –, angesichts neuer, zumindest relativer Knappheiten nicht mehr weiterarbeiten konnte. Für die nötigen 4 % Minimalwachstum wäre, so haben sowjetische Ökonomen berechnet, bei Fortsetzung der alten Methoden 1986–90 eine Anhebung der Kapitalinvestitionen um 30–40 % nötig gewesen sowie eine Einstellung von zusätzlich 8–10 Millionen Arbeitskräften. Zur Verfügung aber standen maximal weitere 2 Millionen Arbeitskräfte, und die Investitionen konnten allenfalls um 20 % gesteigert werden *(Ekonomičeskaja gazeta,* 45, 1985, S. 2). Kein Wunder also, daß Breschnew immer wieder die Forderung wiederholte, endlich zu einer »intensiven«, Effektivität, Qualität und Innovation betonenden Wachstumsstrategie überzugehen. Doch alle Reformversuche, die seit der nie voll realisierten Wirtschaftsreform von 1965 immer wieder unternommen wurden, wurden vom alten System einfach »absorbiert«.

So ist seit Anfang der siebziger Jahre das Wirtschaftswachstum bedenklich zurückgegangen und drohte Anfang der achtziger Jahre sogar gegen Null zu sinken – ein Umstand, der allein (wie Gorbatschow kürzlich bekanntgab) durch den Verkauf von Wodka (zum Preis enormer gesundheitlicher, sozialer und ökonomischer Schäden) sowie durch den Export von Erdöl und Erdgas übertüncht werden konnte; und im November 1985 fand der große Erdölpreissturz statt, noch verschlimmert für die Sowjetunion durch den Kursverlust des Dollar, in dem ihre Exporte bezahlt werden.

Vor allem hat die Sowjetunion es bislang nicht vermocht, den Anschluß an einen sich seit Anfang der siebziger Jahre in der Weltwirtschaft vollziehenden Strukturwandel, eine »zweite industrielle Revolution« zu finden. Ihre Wirtschaft ist nicht in der Lage gewesen, Basisinnovationen wie Mikroelektronik, neue Informations- und Kommunikationstechnologie, flexible Automatisierung und neue Werkstoffe in neue Produkte und Produktionsmethoden umzusetzen. Der technologische Abstand zu den führenden Industrienationen, der in den fünfziger Jahren reduziert werden konnte, vergrößerte sich sogar wieder (H. Maier, *Z,* 14.11.1986). 1960 noch die zweite Weltwirtschaftsmacht, war die Sowjetunion inzwischen mit 8 % Anteil an der Weltwirtschaft nicht nur weiterhin hinter den USA (30 %) (die Chruschtschow hatte ein- und überholen wollen) zurückgeblieben, sondern inzwischen auch hinter der EG (25 %) und Japan (14 %) *(SZ,* 10.12.1986).

157

Sowjetische Konservative waren womöglich bereit, den Preis ökonomischer und technologischer Rückständigkeit zu zahlen (soweit sie ihn überhaupt voll übersehen konnten), und das im Interesse jener *politischen* Rendite, die das alte System erstellte: nämlich Vorherrschaft der Nomenklatura und Niederhaltung der erwachenden Konsum- und Liberalisierungsbedürfnisse der Gesellschaft, also jener verpönten »kommerziellen Kultur« nach westlichem Vorbild; forciertes Zusammenhalten des Vielvölkerstaats und -imperiums, jedenfalls auf mittelfristige Sicht; schließlich militärisch der Glaube an den vermeintlich stärkeren »Willen« und die größere Mobilisierungsfähigkeit eines solchen autoritären Regimes.

Ogarkow und die Sorgen des Militärs

Der Stalinismus war in vieler Hinsicht als eine Art Kriegswirtschaft (O. Lange) deutbar. Seine Wirtschaft konzentrierte sich auf eine kleine Zahl von Prioritäten, die für die nationale Macht – und das hieß in erster Linie: die militärische Stärke – entscheidend waren, die damals auf einem großen konventionellen Landheer beruhte. Noch 1972 verriet Breschnew (der Passus wurde bezeichnenderweise in seinen Werken gestrichen), daß die »Gruppe B« (Konsumgüter und Leichtindustrie) bloße 24 % des Nationaleinkommens ausmachten.

Doch inzwischen hat sich immer deutlicher gezeigt, daß es nicht länger möglich ist, einen isolierten und höchst privilegierten militärischen Sektor auf der Grundlage einer rückständigen zivilen Wirtschaft zu unterhalten. Die rapiden Fortschritte z.B. der Computerisierung im Westen sind in entscheidendem Maße von privaten Bedürfnissen vorangetrieben worden. Im Mai 1985 ließ der damalige Generalstabschef N.W. Ogarkow bereits seine Zweifel durchblicken, ob die sowjetische Wirtschaft längerfristig noch eine ausreichende Grundlage für eine hypermoderne Rüstung liefern könnte *(KZ, 9.5.1985).*

Gerade Marxisten sind sich ja der Bedeutung des wirtschaftlichen »Unterbaus« bewußt, und das Militär hat sich schon lange mit dieser Problematik befaßt. Im Grunde beginnt man zu sehen, daß die so nötige Modernisierung der Wirtschaft auch ihre »Zivilisierung« erfordert, die Abkehr vom bisherigen Primat des »militärisch-industriellen Komplexes« mit seinen neun führenden Ministerien und einer Rüstungslast von 11–13 % des Bruttosozialprodukts (und mehr; zum Vergleich: in den USA seit der späten Carter-Zeit 7 %; BRD 3 %; Japan 1 %). In den Worten des Autors eines unter der Ägide des Generalstabs herausgegebenen Buches, A. I. Poscharow (1981):

> »Übertriebene Entwicklung des Militärpotentials kann schließlich zur Verlangsamung der Wirtschaftsentwicklung führen und derart auch dem Verteidigungspotential einen nicht wiedergutzumachenden Schaden zufügen« (vgl. Sokoloff, 1985, S. 20).

Kurz, die Wirtschaft erfüllt nicht mehr jene Zwecke, in deren Dienst sie ursprünglich konzipiert worden ist.

Regierbarkeit

Der Stalinismus war – will man mehr in ihm sehen als eine terroristische Technik der Macht im Dienste eines psychopathischen bzw. kriminellen Diktators – vor allem ein Mobilisierungsregime, das maximale Verfügungsgewalt über Menschen und Ressourcen auf das Zentrum verlagern wollte. Damit war dieses Wirtschaftssystem zugleich integraler Bestandteil der politischen Diktatur – weshalb es sich so lange über Kriterien rein wirtschaftlicher Rationalität hat hinwegsetzen können. Der Kapitalismus, so hat Gorbatschow kommentiert, wäre mit solchen Methoden längst bankrott gegangen!

Doch inzwischen haben sich auch die Kontroll- und Steuerungskapazitäten dieses Systems bedenklich reduziert. Schon im Todesjahr Stalins sagte K. Deutsch (1953) aufgrund kybernetischer Erwägungen das »Absinken« der Macht vom Zentrum »nach unten«, auf die Bürokratien und an die »Peripherie« voraus. Spätestens seit Ende des Stalinschen Massenterrors entwickelten die großen Apparate einen spontanen Hang, sich in mehr oder minder autonome Imperien zu transformieren, die – ohne konsequente Legalität, ohne die Kontrolle durch die Öffentlichkeit und ohne Wettbewerb mit einem Markt – gezielt danach getrachtet haben, ihre interne Kommunikation und Steuerung gegen alle Außenstehenden abzuschirmen. Solche Apparate aber sind extrem neuerungsfeindlich und politisch schwer kontrollierbar.

Unter Breschnew begann die Umsetzung politischer Beschlüsse in die Praxis zum großen Problem zu werden. Gorbatschow klagte im Sommer 1986 vor Schriftstellern, Gosplan erkenne keinen Herrn mehr über sich an: »Die tun, was sie wollen«. Vom sowjetischen Generalstab unter Breschnew konnte man Ähnliches argwöhnen: 1957, nach dem Sturz von Marschall G. K. Schukow, hatte General A. Jepischew, der Chef der Politischen Hauptverwaltung, dasselbe behauptet. Breschnews an sich löbliche Betonung der Verwaltungsrationalität und operativen Autonomie für den technischen Professionalismus bestärkte diesen Hang der Bürokratie zum »Selbstlauf« nur noch. Die Folge: Immer mehr Bereiche entglitten der Parteikontrolle, wie Gorbatschow zusammenfaßte *(Pr,* 17.4.1987).

Mehr noch, die Gesellschaft, die das System nun einmal nicht beeinflussen, geschweige denn ändern konnte, begann sich radikal zu entfremden und in zunehmendem Maße einfach »abzukoppeln«: Zerfall der öffentlichen Moral, Zynismus, Apathie, Eskapismus, Trunk- und Drogensucht und Aufstieg aller möglichen »zweiten Realitäten«. Am deutlichsten war das im Bereich der Wirtschaft, wo sich eine umfangreiche Schattenwirtschaft herausbildete, die von manchen Experten bis auf 30 % des Bruttosozialprodukts geschätzt wurde, »italienische« Verhältnisse, bei denen man von »Planung« und »Steuerung« im eigentlichen Sinne gar nicht mehr sprechen konnte. Die Planwirtschaft begann, zu einer bloßen »Buchwirtschaft« zu degradieren, die mit dem wirklichen Leben immer weniger zu tun hatte (vgl. M. Antonov, in: *Naš sovremennik,* 8, 1981, S. 123). Die Korruption drohte die politische Legitimität des Sozialismus zu untergraben. Andropow begann denn auch 1982 mit einem massiven Antikorruptionsfeldzug.

Kurz, das ehemalige Mobilisierungsregime hatte sich im Laufe der Zeit zu einem »Bremsmechanismus« transformiert, zu »einem ganzen System der Schwächung der wirtschaftlichen Instrumente der Staatsmacht«, wie es Gorbatschow ausdrückte *(Pr,* 28.1.1987, S. 4).

Krise auch in der Sicherheitspolitik

Zu den Krisensymptomen in Wirtschaft und Gesellschaft kam eine Krise in der Außen- und Sicherheitspolitik. Mit der offenbar überwiegend militärtechnisch motivierten Dislozierung der SS-20-Raketen seit 1977 unterlief die Sowjetunion die Entspannung mit Westeuropa. Die Intervention in Afghanistan Ende 1979 löste in den USA einen Schock aus und trug entscheidend zur Wahl

R. Reagans zum Präsidenten bei, einem Mann, der bereit war, die sowjetische militärische und ideologische Herausforderung anzunehmen. Sowjetische Konservative behaupteten bald, in ihm einen »neuen Hitler« zu sehen, waren aber insgeheim zutiefst beeindruckt. Im Sommer 1980 kam die polnische Krise zum Durchbruch. Solidarność brachte ein kommunistisches Regime an den Rand des Kollapses. Damit wurde die latente Instabilität des osteuropäischen Imperiums der Sowjetunion dramatisch verdeutlicht. Auch in der Sowjetunion selbst begann die Debatte über »antagonistische Widersprüche«, im Klartext: über die Möglichkeit von Krisen und sogar Revolution im Sozialismus.

Konservative Kräfte wollten nach dem alten Muster reagieren: indem sie eine angeblich von der Reagan-Administration sowie einem wiederentdeckten bundesdeutschen »Revanchismus« ausgehende »Kriegsgefahr« dramatisierten. Diese Kräfte trachteten danach, das vierzigste Jubiläum des Sieges im Zweiten Weltkrieg am 9.5.1985 zur größten gesamtnationalen patriotischen Mobilisierung der Nachkriegszeit zu machen. Doch der neue Parteichef M. S. Gorbatschow, im Amt seit dem 10.3.1985, steuerte dagegen: »Wir sind fest entschlossen, den Entspannungsprozeß wiederzubeleben« *(K,* 8, 1985, S. 17).

Mit dem »neuen Denken« wurde zum ersten Mal die geistige Auseinandersetzung mit den Realitäten des Nuklearzeitalters sowie einer zunehmend kleiner und interdependent gewordenen Welt in voller Konsequenz in Angriff genommen. Zugleich wurde das Fazit aus einer unterschwelligen Debatte gezogen, die bereits 1953 begonnen hatte, als G. M. Malenkow im Anschluß an Präsident D. D. Eisenhower einen Nuklearkrieg als Ende der Zivilisation bezeichnet hatte.

Perestrojka ist »echt«

Überdenkt man all diese miteinander in Wechselwirkung stehenden Problemfelder und die letztlich dahinterstehende Schlüsselproblematik: die Frage nach der Effektivität des politischen Systems, so wird überdeutlich, daß Gorbatschows proklamierte Perestrojka mit ihrem Demokratisierungs-, ja Liberalisierungsprogramm ernst zu nehmen ist. Es geht bei diesen Debatten gar nicht einmal in erster Linie um den Eindruck auf den Westen – so sehr man auch um die westliche Öffentlichkeit wirbt, ja Neuerer inzwischen offenkundig Bündnisgenossen im Ausland gegen die eigenen Konservativen suchen. Es geht in erster Linie um die Zukunft der Sowjetunion und Rußlands: Perestrojka, so sehen die Reformer mit A. Sacharow, ist womöglich Rußlands letzte Chance (vgl. M. Šatrov, *Ogonek*, 4, 1987, S. 5).

> »Wenn der Bürokratismus noch einmal die begonnene Umgestaltung anhält, dann wird das für das Land tödlich sein«,

warnte Gorbatschow *(TASS*, 7.3.1988).

In dieser Einschätzung ist sich die neue Führung weitestgehend einig. Die Probleme beginnen bei den Folgefragen: Welche Schritte, in welche Richtung, in welcher Reihenfolge und in welchem Tempo sollen aus dieser Krise herausführen?

Zunächst mangelte es überhaupt an Konzeptionen, wie Gorbatschow beklagte, der mit Recht einen der Gründe der Krise im Defizit an brauchbarer Theorie sah. Anfänglich hatte man womöglich nicht einmal vollen Durchblick durch die Realitäten im eigenen Reich – der Preis einer Informationspolitik, die mit ihrer Ideologie, Propaganda und Zensur primär auf Herrschaftsabsicherung ausgerichtet gewesen war, statt auf Erkenntnis und Entwicklungsfähigkeit.

So begann Gorbatschow die Perestrojka mit *Glasnost,* der neuen »Offenheit«, »Öffentlichkeit«, »Transparenz« – das Stichwort stammt bezeichnenderweise aus der Gerichtsreform Alexanders II. im vorigen Jahrhundert. Dies war die beste Waffe gegen Dogmatismus und bürokratische Informationsmonopole sowie zur Wiedererweckung einer neuen, im Entstehen begriffenen »Öffentlichkeit«. Diese Öffentlichkeit aber ist im Grunde der Hauptverbündete eines reformeifrigen Parteichefs, der in Wirklichkeit nicht mit der vollen Unterstützung auch nur eines einzigen der maßgeblichen Apparate – Partei, Militär, Wirtschaftsverwaltung und KGB – rechnen kann.

Vor allem war Glasnost das Mittel, die wirklichen Zustände im eigenen Land kennenzulernen und einen neuen »Markt« an Ideen und Konzeptionen zu eröffnen. Der Erfolg war durchschlagend: Die reformierten Medien haben ihre Auflage um 20 Millionen Exemplare erhöht und können bei weitem nicht alle Abonnentenwünsche erfüllen! Die Sowjetunion erlebt eine Diskussionsbegeisterung, die nur noch mit der vom Beginn des Jahrhunderts vergleichbar ist. Es ist klar, daß ein solcher Prozeß gar nicht mehr voll steuerbar ist – was die Bedenken der Konservativen nur noch verstärkt.

Trotzdem konnte Perestrojka nicht einfach als rein logisch entwickeltes Reformprogramm antreten. Gorbatschow beginnt schließlich nicht mit einer tabula rasa; er muß Konsens aufbauen, Kompromisse schließen, z.T. sogar Rückzieher machen. Angesichts des Ausmaßes der Aufgabe sind seine Ressourcen vergleichsweise bescheiden: Ohne die demokratische Legitimierung eines westlichen Präsidenten gegenüber seinem Kollegen im Politbüro und den Apparaten (weshalb er auf der XIX. Parteikonferenz im Sommer 1988 ein Präsidialsystem vorschlug) verfügt er neben einem inzwischen womöglich problematisch werdenden Bündnis mit dem KGB und Teilkontrolle über die Kaderpolitik vor allem über die »power to persuade«, wie einst D. Eisenhower seine Aufgabe als Präsident beschrieb, also die Fähigkeit zu überzeugen. Das aber ist ein komplizierter und oft zeitraubender Prozeß, zumal in einer »kollektiven Führung« ohne Direktverantwortung vor einer Wählerschaft (daher Gorbatschows Ruf nach Wahlen!).

Kein Wunder, wenn einstweilen die »Taten« weit hinter den »Worten« des Parteichefs zurückgeblieben sind. Dennoch haben diese Worte eine neue Stimmung und neue gesellschaftliche Kräfte auf den Plan gerufen, bis hin zu einer Ende Juli 1988 gegründeten »Volksfront zur Unterstützung der Perestrojka« aus den neuen »informellen Gruppen«, von denen es (laut Radio Moskau vom 4.2.1988) bis Anfang 1988 schon über 30 000 gab.

Gorbatschow hat bereits ausdrücklich den traditionellen Leninschen Anspruch der Partei auf ein »Wahrheitsmonopol« zurückgewiesen – und damit die ideologische Legitimierung ihrer absoluten Vorherrschaft in Frage gestellt. Ja, faktisch hat er begonnen, diese Parteivorherrschaft zu »unterlaufen«: Bündnis mit dem KGB, das Setzen auf die öffentliche Meinung, die Bereitschaft, verstärkt auf Parteilose zurückzugreifen, Wahlen und Präsidialsystem sind alles potentielle Schritte in Richtung auf den Systemwandel. Je. Ligatschow wehrte sich schon gegen ein »Aufgehen der Partei in der Gesellschaft« und wies angeblich »völlig unfundierte Fragen« westlicher »Sowjetologen« zurück, ob sich damit nicht die Sowjetunion dem westlichen Demokratieverständnis annähere *(Iz,* 7.8.1988). Doch inzwischen hatte ein führender sowjetischer Politikwissenschaftler, einer der mutmaßlichen Ghostwriters von Gorbatschows Reden und noch dazu stellvertretender Leiter der ZK-Abteilung für die sozialistischen Länder, A. Schachnasarow, eben diesen »Sowjetologen« längst recht gegeben:

> »In dem Maße, wie sich die durch unsere inneren Erfordernisse hervorgerufene Demokratisierung bei uns entwickelt, entspricht sie damit in gewisser Weise den Erfordernissen einer Anpassung an die Weltlage, in Sonderheit den Erwartungen, die heute in anderen Ländern, in anderen Bewegungen in bezug auf unser Land gehegt werden. Ich möchte sagen, daß es völlig falsch wäre zu behaupten, daß wir nun diese ganze geistige Atmosphäre, die in der heutigen Welt herrscht, nicht in Betracht ziehen würden ... Alles Nützliche, was es in der weltweiten Praxis gibt – davon hat auch W. I. Lenin immer gesprochen –, angefangen bei den Prinzipien der Menschenrechte, alles, was in der Magna Charta Libertatum [sic!! 1215: Bindung des englischen Königs an das Recht, Freiheit der Kirche, Rechtsschutz und Schutz des Eigentums des freien Mannes] oder in der Erklärung der Menschen- und Bürgerrechte [sic!] oder in den Verfassungen mancher Staaten niedergelegt ist, wollen wir in vollem Umfang nutzen. Wir schlagen nichts aus« *(ZSF, 31.10.1987).*

Die neue Offenheit in Fragen der Ideologie ist die politische Konsequenz aus der Einsicht in die Systemkrise. Im Gegensatz zu Osteuropa war der Kommunismus in der Sowjetunion eine mehr oder minder harmonische Verbindung mit dem großrussischen Nationalismus eingegangen. Die Führung konnte lange behaupten, gerade das kommunistische Regime habe die Sowjetunion in Rekordzeit zur Welt- und Supermacht gemacht. Inzwischen aber wird immer deutlicher, daß die Ideologie, die Dogmen »unserer hausbackenen Scholastiker«, wie Gorbatschow 1987 verächtlich in Fernost sagte, mit den nationalen Bedürfnissen und der Rolle einer Weltmacht in Konflikt geraten. Es liegt also nahe, in diesem Falle ideologische Dogmen zu opfern.*

---

* So bemerkte B. Jelzin: »Wir können uns heute nicht allein auf das stützen, was einstmals Lenin verkündete. Wenn wir dem Dogma folgen würden, dann ergäbe sich, sobald wir einmal die fünf Punkte des Leninschen Programms erfüllt hätten, dann wäre der Sozialismus bereits aufgebaut. Aber wir leben doch nicht unter einer Glasglocke (v oboločke). Wir müssen auch die objektiven Prozesse, die sich in der Welt vollziehen, mit einkalkulieren.« (Vstreča El'cina so slušateljami Vysšej Komsomol'skoj Školy pri ZK VLKSM, in *Molodaja gvardija*, (Perm?), aus dem Samizdat, abgedruckt in: *UT*, 27.12.1988, F 591 01.)

Wenn auch die direkte Absage an alle Ideologie im Interesse der Stabilität wenig ratsam ist, so ist doch ihre Neuinterpretation möglich, zumal die marxistische Dialektik hier allen Spielraum läßt. Die Urväter der Lehre haben z.T. widersprechende Ideen verkündet, so daß, je nach Umständen und Bedarf, ganz verschiedene Schlüsse möglich waren. Die deutsche Sozialdemokratie ebenso wie die russischen Menschewiki waren *eine* legitime Weise, den Marxismus zu verstehen; der an Marx' Stimmung von 1848 und kryptoblanquistische Impulse anknüpfende Leninismus war eine andere, ebenfalls legitime Deutung. Hier ist also Spielraum, und es ist nicht zu übersehen, daß auch sozialdemokratisches Gedankengut und sozialdemokratische Parteien unter Gorbatschow eine deutliche Aufwertung erlebt haben. Im übrigen ist Gorbatschow mit seinem »Leninismus« auf den Lenin der NEP und nicht etwa Lenin den Revolutionär und »Blanquisten« orientiert – ein Leninismus, der vor allem als Anti-Stalinismus einsetzbar ist und im übrigen mit dem Vorbild einer Teilliberalisierung auch im Hinblick auf heute neue Spielräume erschließt. Der nächste Schritt, der auch bereits angedeutet wird, wäre es dann, Lenin zu »relativieren«, zu »historisieren«, zu »entmythologisieren« und von der »Ikone« zum suchenden und zuweilen auch irrenden Politiker und Menschen zu machen.

Im Mittelpunkt des neuen wirtschaftlichen Denkens steht die Wiederentdeckung (die als erste die Prager Reformer von 1968 machten) von »Interessen«. Andropow erklärte, Marx und Engels zitierend: »Die Idee blamierte sich immer, soweit sie von dem Interesse unterschieden war« *(ND,* 24.2.1983). Inzwischen hat T. Saslawskaja die empirische Soziologie zur Untersuchung dieser Problematik angeleitet. Neben neuen Einsichten in die »vested interests« der Apparate und tatsächlichen Bedürfnisse der Gesellschaft hat diese »Entdeckung« auch zu einer neuen Einschätzung des Menschen geführt, der eben nicht mehr – wie unter Stalin – nur »Schräubchen« in der einen großen Staats»maschinerie« sein soll. Man hat den *homo oeconomicus* »rehabilitiert«, den chosjain, den wirtschaftenden Hausherrn. Denn »Ordnung im Haus kann nur der schaffen, der sich als Besitzer fühlt«, erklärte Gorbatschow *(Pr,* 28.1.1987, S. 2). Seine Erfahrungen als Parteichef von Stawropol hatten ihm das längst gezeigt. Unter Rückgriff auf das *sweno* (»Glied«)-System (wonach ein Stück Land einer Gruppe, zumeist einer Familie, von der Aussaat bis zur Ernte zur autonomen Bearbeitung überlassen wird), vermochte er die Produktion dort um 200 % zu steigern, nur um »von oben« gestoppt zu werden. (Er verlegte sich dann auf das mehr technokratisch-kollektivistische *Ipatowo*-Modell.) Heute will er zu Recht diese Erfahrung auch auf andere Bereiche der Wirtschaft übertragen sehen (vgl. die neue Propaganda für das *podrjad*- System).

Mit dieser neuen Sicht wird auch die individuelle Persönlichkeit, ihre Würde und ihr Selbstrespekt neu bewertet. Die Gewissensfreiheit soll anerkannt werden. Gorbatschow hat inzwischen ausdrücklich erklärt, daß er den Rechtsstaat wünscht – etwas, was bislang noch kein kommunistisches Einparteiregime zu verwirklichen vermocht hat. Zusammen mit der Forderung nach Demokratisierung hat er auch den *citoyen* wiederentdeckt, im Gegensatz zu dem »Untertanen« des alten Befehlssystems: »Wir brauchen Menschen mit fester staatsbürgerlicher Gesinnung« *(Pr, 17.4.1987, S. 2)*.

In der Wirtschaft geht er gegen den »Neomerkantilismus« mit seiner Akkumulation eines »trésor de guerre« an und erstrebt die Zivilisierung von Wirtschaft und Politik (s. unten über das Militär). Er sieht, daß man sich nicht weiterhin über die Bedürfnisse des Verbrauchers einfach hinwegsetzen kann, schon im Interesse der Wirtschaft, ihrer Qualität und Effizienz. Damit ist man aber bald an dem Punkt angekommen, wo seinerzeit Bucharin das in revolutionären Ohren so skandalöse »enrichissez-vous« verkündete.

Das erneute Raskreposchtschenije

Betrachtet man die kommunistische Form von Einparteivorherrschaft mit S. P. Huntington (1970) als das moderne »funktionale Äquivalent« zum Absolutismus, so ist Perestrojka in ihrer Stoßrichtung und in den Intentionen ein neues *raskreposchtschenije,* wie es in Rußland hieß, eine erneute »Entbindung« (vom *krepostnoje prawo,* dem von der Moskauer Autokratie im 16. Jahrhundert eingeführten universalen Staatsdienst, der »Leibeigenschaft«), von alten Dogmen, von zuviel Staat, Bürokratie und nicht zuletzt auch zuviel Partei. Damit läuft Perestrojka in ihrem Anliegen auf ein im historischen Sinne originär liberalisierendes Programm hinaus, nämlich eine anti-theokratische, anti-absolutistische Bewegung der »Freiheit von«. Im Westen hat der Liberalismus mit der Erfüllung seiner Forderungen als politische Bewegung gewissermaßen den Fokus verloren, im sowjetischen politischen Kontext aber sind seine Grundanliegen nur noch allzu aktuell. Dabei ist in der heutigen Sowjetunion seit Lenins Verketzerung des bloßen Begriffs »Liberalismus« kaum noch bekannt, wofür dieser stand. (In der Terminologie der *Nomenklatura* heißt »liberal«: permissiv gegen kriminelle Mißstände.) Neuerer sehen oder empfinden diesen liberalen Impuls jedoch durchaus. So schrieb N. Popow:

> »Eben darin besteht jetzt ›das besondere Glied der Kette‹ [das man laut Lenin ›packen‹ muß, um einen ganzen Prozeß in den Griff zu bekommen], daß man zum ersten Mal in unserer Geschichte die Grenzen der Staatsmacht festlegt, daß wir Freiheit empfangen und lernen, von ihr Gebrauch zu machen« *(SK,* 12.7.1988).

So nimmt Perestrojka im Grunde einen Prozeß wieder auf, der in Rußland mit der Entbindung des Adels im ausgehenden 18. Jahrhundert begonnen wurde, sich über die Großen Reformen nach dem verlorenen Krimkrieg (1855) fortsetzte (Emanzipation der Leibeigenen, *Zemstwo-* Selbstverwaltung, Gerichts- und Militärreform) und im Experiment mit dem Parlamentarismus zu Beginn unseres Jahrhunderts gipfelte (vgl. hierzu die faszinierende Studie von Leontowitsch, 1957). Es ist die Wiederaufnahme jenes Weges, den die liberale Entwicklung im Westen bereits vollzogen hat: von der Glaubensfreiheit über Freiheit von Wissenschaft und Kultur bis hin zum »pursuit of happiness«, der freien wirtschaftlichen Betätigung. Es ist das alte Dilemma Rußlands, daß es diese Umstellung von der »systemdominanten« zur mehr »subsystemdominanten« Ordnung, vom Primat des Staates zur wirklichen Mitsprache der Gesellschaft historisch nicht zu vollziehen vermochte – der Grund für seine Tendenz, in der Entwicklung immer wieder hinter dem Westen zurückzubleiben. Denn Zwangsmodernisierung »von oben« schuf Strukturen, die sich dann »verhärteten« und nicht mehr anpassungsfähig waren – das Dilemma aller »Bürokratie«.

Der Prozeß der Verwestlichung und des *raskreposchtschenije* wurde vom Ersten Weltkrieg, der Brutstätte der modernen »totalitären« Diktaturen bzw. des »Zeitalters des Faschismus« (Nolte, 1979), abgeschnitten. In der Tat, Kommunismus und Krieg sind historisch miteinander auf das engste verbunden gewesen. Schon die Verschwörung des G. Babeuf (1796) fand statt unter dem direkten Eindruck der Versorgungsdiktatur der französischen

Revolution. Lenin fand sein erstes Sozialismus-Modell in Ludendorffs Wirtschaftsdiktatur. Der Stalinismus verabsolutierte Züge des »Kriegskommunismus«. Auch insofern weist Perestrojka mit ihren neuen zivilen Prioritäten in eine liberale Richtung: Gorbatschow will kein militärisches System, schon wegen der politischen Folgen eines solchen.

Die Aussichten für Perestrojka

Sollte Gorbatschow die so verstandene Perestrojka gelingen, so wird er in der Tat eine der großen historischen Figuren Rußlands werden. Die Aufgabe ist gewaltig, seine Ressourcen sind eher bescheiden. Er muß im Grunde den Konflikt mit all den politisch dominierenden Interessen aufnehmen, die dem alten System und seinen revolutionär-militärischen Prioritäten verhaftet sind. Allein das KGB stand z.T. etwas außerhalb des traditionellen Konservatismus, da seine Führung im Grunde besser als jeder andere Apparat auch die Probleme des alten Systems kennen mußte. Aber mit der Realisierung eines wirklichen Rechtsstaates und einer Liberalisierung wird Gorbatschow mit seinem KGB zunehmend in Konflikt geraten – eine Entwicklung, die sich seit Ende 1986 bereits abzuzeichnen begonnen hat.

Schon der Übergang von einem Plan- zu einem (mehr oder minder weit entwickelten) Marktsystem ist enorm schwierig. Insbesondere die Übergangszeit könnte sogar die Nachteile *beider* Systeme kumulieren – mit all den politischen Risiken, die hieraus erwachsen.

Gorbatschow »lebt gefährlich«, als Parteichef und überhaupt. Bereits 1986 wurde angeblich im Urlaub ein Attentat auf ihn verübt. Inzwischen hat er offenbar schon wiederholt mit Rücktritt drohen müssen, so vor dem Januar-Plenum 1987 und erneut angesichts der konservativen Gegenoffensive mittels des Nina Andrejewa-Leserbriefs vom 13.3.1988. Chruschtschows Sturz, inszeniert von Suslow und durchgeführt mit Hilfe des KGB, bleibt eine Warnung. Im Grunde ist das Schicksal *aller* großen Reformer der Sowjetunion und Rußlands nicht ermutigend: G. M. Malenkow wurde mit seinem »neuen Kurs« (1953–54) von einer konservativen Koalition um N. S. Chruschtschow ausmanövriert; L. P. Berija mit seiner Liberalisierungsvision als »Agent des Imperialismus« hingerichtet. Bucharin, den Haupttheoretiker der NEP, ließ Stalin in einem Schauprozeß aburteilen und erschießen. Auch die vorrevolutionären Reformer ereilten ähnliche Schicksale: P. A. Stolypin, dessen Projekt einer Agrarreform von 1910–11 Gorbatschow erneut interessiert haben soll, wurde ermordet, ebenso der Befreier – Zar Alexander II. (1855–81). Anschläge und Coups kann die politische Wissenschaft natürlich nicht vorhersagen, allenfalls deren Möglichkeit.

Zugleich gibt es heute jedoch neue, früher in dieser Form nicht vorhandene Chancen. Rußland ist inzwischen modernisiert, urbanisiert, professionalisiert, gebildet. Obgleich die Versorgungsfrage immer noch nicht wirklich in Angriff genommen werden konnte, ist sie nicht mehr ein Problem von solchen Ausmaßen wie die »soziale Frage« im 19. Jahrhundert. Die Führung hat es nicht mehr mit »dunklen« Massen und der tatsächlichen Gefahr der großen Anarchie zu tun. Gorbatschows Reformen entsprechen nicht nur »funktionalen« Systembedürfnissen; es hat sich auch eine neue Öffentlichkeit, eine Art neue Mittelklasse herausgebildet, die ihr sozialer Träger ist. (Gorbatschow selbst neigt zugleich zu einem etwas idealistischen Populismus à la Chruschtschow.) Vor allem, der Parteichef ist der erste große Reformer, der vor der Demokratisierung nicht nur nicht zurückschreckt, sondern eben hierin seine eigene große Chance angesichts bürokratischer und oligarchischer Widerstände sieht. Mit dem »neuen Denken« in der Sicherheitspolitik hat Gorbatschow der Perestrojka eine globale, fast schon eschatologische Dimension gegeben.

Sollte Perestrojka trotzdem in einer großen Krise – wie nationalen Unruhen großen Maßstabs im eigenen Reich oder/und in Osteuropa – scheitern, so ist die Alternative wahrscheinlich gar nicht mehr die Rückkehr zu einem Breschnewismus, sondern eine faschistoide Militär- und/oder Polizeidiktatur. Der große Zulauf, den die (nicht registrierte) Organisation *Pamjatj* erhält, deren Programm an Ideen der Schwarzen Hundertschaften, Nazi-Gedankengut und einige ökologische Topoi anknüpft, ist bedenklich genug. In der Tat hat es unterschwellig eine bedeutsame ultrarechte, nationalistische Strömung gegeben, sozusagen als Zerfallsprodukt des Kommunismus und Schattenseite der Wiederbetonung der nationalen Tradition.

Je nachdem, ob Perestrojka wirklich in ihrem protoliberalen Sinne siegen wird oder nicht, wird auch die Rolle des KGB eine andere sein. Wird der sozialistische Rechtsstaat und die neue, offene Gesellschaft verwirklicht, kann es keine »Tscheka« in ihrer alten Form, keine »Außerordentliche Kommission zum Kampf gegen Konterrevolution und Sabotage«, mehr geben. Das wissen auch die »Gebisten«, und hier liegt eine große Gefahr für Gorbatschow. Andererseits aber gibt es sogar im KGB offenkundig Anhänger der Perestrojka, eben aus Sorge um die nationale Zukunft.

Ehe im folgenden die Einstellung des KGB zur Perestrojka dargestellt wird, soll zunächst noch auf die Politik gegenüber den übrigen Machtapparaten eingegangen werden, da sie aufschlußreich ist für Gorbatschows Vorgehen und Chancen.

Perestrojka und die großen Apparate: » ... und sie bewegt sich doch!«

Immer wieder wird auf die Kluft zwischen den »Worten« und »Taten« Gorbatschows verwiesen: das System habe sich im Grunde noch in keiner Weise gewandelt; die alten Machtapparate seien allenfalls bedingt »transformiert« und operierten zum größten Teil weiter wie zuvor. Doch von Peter dem Großen bis F. D. Roosevelt haben große Reformen länger als drei oder vier Jahre gebraucht. Ungeachtet der von den Neuerern selbst betonten Widerstände (deren tatsächliches Ausmaß sie offenbar nicht vorhersahen), hat sich auch im institutionellen Bereich und in den Apparaten »etwas getan«. Ein »Vogel-Flug«-Überblick über die Hauptmachtapparate beweist das. Und die Grundrichtung ist konsistent: Perestrojka = Liberalisierung, Öffnung, »Zivilisierung«.

Die Wirtschaft

Obgleich die Wirtschaft der unmittelbare Anlaß für die Perestrojka ist (die zunächst eher technokratisch in Form eines ökonomisch-technologischen *uskorenie,* einer »Beschleunigung«, auf dem April-Plenum 1985 verabschiedet wurde), hat sich die Wirtschaftsverwaltung bis jetzt (Spätsommer 1988) noch am wenigsten gewandelt. Der Grund liegt nicht nur darin, daß mit N. I. Ryshkow, dem so erfolgreichen früheren Direktor des »Uralmasch«-Werkes und einem führenden Vertreter der Schwer- und Rüstungsindustrie, ein kraftvoller Mann an der Spitze der Wirt-

170

schaftsführung steht, der auf dem XXVII. Parteitag 1986 noch einmal seine Loyalität zum alten Plansystem beteuerte und im übrigen denkt: Wir sind gut, könnten aber noch viel besser sein.*

In der sowjetischen Wirtschaftsverwaltung bestehen bis heute die alten Schlüsselapparate. Und das Schicksal von A. N. Kossygins Wirtschaftsreform 1965 zugunsten verstärkter Nutzung »ökonomischer Hebel« hat gezeigt, daß dieses alte, in sich geschlossene System eine bemerkenswerte Fähigkeit hat, Teilneuerungen einfach zu »absorbieren« und damit mattzusetzen.

Gosplan, die staatliche Planungsbehörde, war unter N. Bajbakow in den siebziger Jahren zu einer noch größeren Macht geworden. Dieser Apparat soll insgesamt an die zwei Millionen Mitarbeiter beschäftigt haben *(Z,* 11.11.1986). Gorbatschow und seine Neuerer, allen voran sein Hauptwirtschaftsberater A. Aganbegjan, wollen Gosplan von den meisten seiner alten Funktionen entbunden sehen, vor allem der branchenbezogenen Planung und Reglementierung. Er soll zu einer Art »braintrust«, einem, wie es Gorbatschow ausdrückte, »wissenschaftlich-wirtschaftlichen Organ« *(Pr,* 12.6.1985) umfunktioniert werden und sich rein »strategischen« Funktionen widmen. Ryshkow, ehemaliger stellvertretender Vorsitzender dieses Apparats, könnte das jedoch anders sehen. Denn inzwischen wurde sogar von einer »Stärkung« der Rolle von Gosplan gesprochen. Immerhin, im Zuge der Perestrojka hat es erhebliche Entlassungen seines Personals gegeben – allein in Moskau sollten 1987 60 000 Funktionäre ihren Posten verlieren *(IHT,* 28.12.1987) –, was der Behörde gewissermaßen die »physische« Fähigkeit nehmen soll, sich allzu direkt in die Wirtschaftsverwaltung einzumischen.

Auch ein Markt an Produktionsmitteln wird diskutiert und somit das absehbare Ende von *Gossnab,* der staatlichen Beschaffungsbehörde für Produktionsmittel mit ihren ca. 1,5 Millionen Mitarbeitern, die so überlastet ist, daß sie keinen Auftrag unter einem halben Jahr erledigen kann *(M,* 27.6.1987). Nur ein

---

* Ryshkow hat denn auch den Ministerrat und dessen Stab mit Männern des »militärisch-industriellen Komplexes« besetzt, was ihm mehr politisches Gewicht gibt als es A. N. Kossygin, ein Mann der Leichtindustrie, je haben konnte. Ryshkow scheint die Personifizierung des Technokraten zu sein. Allerdings hat er interessanterweise sein besonderes Interesse an den ungarischen Wirtschaftsreformen bekundet (was aber kein Widerspruch sein muß, da diese ja in der Landwirtschaft am erfolgreichsten und weitreichendsten gewesen sind und sehr viel weniger in der Industrie).

Markt an Produktionsmitteln, so vertreten Reformer überzeugend, könnte den Unmengen gehorteter Produktionsmittel – inzwischen auf den Gegenwert von einer halben Trillion Rubel geschätzt (Aganbegjan, LG, 18.12.1987, S. 13) – ein Ende bereiten. Doch das Dilemma ist: solange Mangelwirtschaft herrscht, wird Zuteilung nötig erscheinen, und solange zugeteilt wird, produziert man Mangel.

Schlüsselmoment einer wirklichen Systemreform der Wirtschaft muß die *Preisreform* sein, die Angebot und zahlungsfähige Nachfrage in ein Gleichgewicht zu bringen hätte. Doch eine solche Reform wird Ineffizienzen und heimliche Subventionen (z.B. der Rüstung) aufdecken und vor allem zu Preiserhöhungen führen, nicht zuletzt im Konsumbereich – was, wie Polen immer wieder gezeigt hat, sogar politisch destabilisierend wirken könnte. Andererseits ist es klar, daß man mit Subventionen, die sich mittlerweile auf 73 Milliarden Rubel belaufen, nicht ewig weitermachen kann: die Folge von Preisen bei Grundnahrungsmitteln, die sich seit Anfang der fünfziger und sechziger Jahre nicht mehr geändert haben, was zu absurden Verzerrungen geführt hat. Auch sollte die Führung jedes Interesse haben, die tatsächlichen Kosten ihrer Programme zu kennen. Vor allem aber: ohne mit der »voluntaristischen« Preisbildung Schluß zu machen, so schrieb der inzwischen als enfant terrible der Ökonomen bekannt gewordene N. Schmeljow, Chruschtschows Schwiegersohn,

> »werden wir nie objektive Wert-Parameter für den unbestreitbaren und nicht von menschlicher Willkür abhängigen Vergleich von Ausgaben und Resultaten bekommen« (Šmelev, *NM*, 6, 1987, S. 151).

Die *Ministerien* sind ein ganz großes politisches Problem. Auch sie sollen sich auf »strategische« Aufgaben zurückziehen. Doch bereits die polnischen Erfahrungen zeigen: solange die Mangelwirtschaft weiterbesteht, kann man Unternehmen theoretisch noch so viel Autonomie einräumen, sie werden ihren Minister brauchen, weil er es ist, der dank seines politischen Einflusses jene fehlenden Produkte usw. beschaffen kann, die es auf dem Markt nicht gibt. In diesem Bereich hat es bislang nur »administrative streamlining«, nur organisatorische Rationalisierungen gegeben: So wurde im Herbst 1985 *Gosagroprom,* das Staatskomitee für den agro-industriellen Komplex gegründet, dem 6 frühere Ministerien und Staatskomitees einschließlich ihres halben Personalbestands »zum Opfer fielen«: 2 000 Spezialisten wurden freigesetzt, von denen allerdings keiner aufs Land ging *(MN, 17.1.1988, S. 3)*. Der Haupteffekt dieser Maßnahme dürfte gewesen sein, dem landwirtschaftlichen und Konsumbereich derart mehr politisches Gewicht vis-à-vis dem »militärisch-industriellen Komplex« zu geben. Doch im übrigen führte die Maßnahme zu keiner entscheidenden Wende. Das war wohl der Grund, warum seitdem keine weiteren »Superministerien« gebildet wurden, sondern nur eine Reihe von »Büros« zur Koordination der Arbeit verschiedener Ministerien in besonders vitalen Bereichen wie Maschinenbau, Brennstoff-Energie-Komplex, soziale Entwicklung. Auch wurden im Bereich des Maschinenbaus, Bildungswesens und Außenhandels einige Regierungsorgane zusammengelegt. Bis 1990 sollen die Funktionäre von 50 Ministerien, die für die Industriebranchen zuständig sind, um 50 % verringert werden, was zu 60 000 Entlassungen führen wird *(M, 13.11.1987)*. Doch ohne einen wirklichen »sozialistischen Markt« werden die Ministerien weiterbestehen, und ein »sozialistischer Markt« ist schwer zu verwirklichen, solange die Ministerien bestehen …

Das im Juni 1987 verabschiedete Gesetz über das Staatsunternehmen als »wichtigste Richtlinien« für die Reform hat sich denn auch als ziemlich hinkender »Kompromiß« (Aganbegjan) erwiesen. Bereits der Umstand, daß man die Reform des zentralistischen Systems statt an der Spitze »von unten« begann, deutet auf einen politischen Kuhhandel. Ohne die nötigen Preis-, Finanz- und Kreditreformen *können* sich die Unternehmen beim besten Willen gar nicht wie Firmen auf einem freien Markt verhalten. Es hat sich denn auch gezeigt, daß die Unternehmen, die nach der neuen »wirtschaftlichen Rechnungsführung« arbeiten, hinter denen zurückstehen, die vor allem für Staatsaufträge arbeiten, Staatsaufträge *(gossakazy)*, die sich in Schlüsselbereichen wie Maschinenbau auf 80 – 100 % der Produktion belaufen und damit faktisch nur eine modifizierte Form der Direktivplanung darstellen. Hierzu soll nun ein Sondergesetz verabschiedet werden.

Gorbatschow ist Landwirtschaftsfachmann. Man hätte also erwartet, daß er auf Allunionsebene mit der Landwirtschaft beginnen würde, um derart über eine schnelle Verbesserung der Versorgung auch den nötigen politischen Rückhalt in der Gesellschaft zu gewinnen. Doch hier gab es offenbar wieder Widerstände, so daß der »chinesische Weg« nicht eingeschlagen werden konnte: Die Partei auf dem Lande, beträchtliche Teile der Bevölkerung selbst, die Bürokratie ganz allgemein, wehren sich gegen Wiedereinführung »kapitalistischer« Methoden. So hat es bislang nur kleine Teilmaßnahmen gegeben – Anhebung der Pensionen von Kolchosniki, Erleichterung für Nebenwirtschaften, die Möglichkeit, verlassene Häuser und Gärten auf dem Lande wieder instandzusetzen usw. Überhaupt ringt man mit der nötigen Reprivatisierung, auch im Handel, wo das seit Mai 1987 wirksame Gesetz über »individuelle Arbeit« so restriktiv ausfiel, daß Fachleute vermuteten, von 130 Millionen Arbeitskräften würden allenfalls 1–2 Millionen hiervon Gebrauch machen. Hier zeigt sich die Verflechtung von Ideologie, Machtinteressen, sozialen Neidgefühlen und Verunsicherung am deutlichsten – und wenn darunter letztlich alle leiden müssen.

Ein Durchbruch könnte das im Juli 1988 vom ZK verabschiedete Pachtgesetz sein, das, anknüpfend an Ideen Bucharins, bei Pachtzeiten bis 50 Jahren faktisch eine Art privaten Grundbesitz zu legalisieren verspricht und damit womöglich das Ende der Kolchosen und Sowchosen (jedenfalls in ihrer alten Form) einläutet. Doch dies bleibt abzuwarten.

So zeigt sich in der Wirtschaft zwar zunehmender Durchblick bei der Analyse der Gründe für die Probleme und ein deutlicher Wille, etwas zu unternehmen. Aber sie ist auch ein Paradebeispiel für die Probleme, mit denen eine mehr oder minder um Konsens bemühte Reformpolitik ringt.

Das »neue Denken« in der Außen- und Sicherheitspolitik

Wirklich atemberaubende Neuansätze und sehr respektable Teilerfolge vermochte Gorbatschow dafür in der Außen- und Sicherheitspolitik zu erzielen. Das ist der Bereich, in dem alle Parteichefs der Nachkriegszeit noch am meisten Initiative entfalten konnten. Denn zur internen Machtkonsolidierung braucht ein neuer Parteichef im allgemeinen an die fünf Jahre.

Bereits am 2.7.1985, knapp vier Monate nach Gorbatschows Amtsantritt, wurde A. Gromyko, dienstältester Außenminister der Welt (im Amt seit 1957), auf den Posten des Staatsoberhaupts abgeschoben: eine Ehrenpensionierung und das Ende einer Ära. Denn Gromyko, unter Chruschtschow noch bloßer Handlanger des Parteichefs, hatte dank seiner souveränen Kompetenz und

Arbeitsamkeit unter dem zunehmend kränkelnden Breschnew schließlich die sowjetische Außenpolitik und speziell die Ost-West-Politik in quasi-souveräner Weise geleitet. Dabei hatte sich der Architekt von Breschnews Koexistenzkurs offenbar militärischen Positionen angenähert.

Überraschend wurde E. A. Schewardnadse Gromykos Nachfolger, der Parteichef von Georgien, ein unkonventioneller Mann, aufgeschlossen für Innovationen – er hatte gewisse Ansätze der ungarischen Wirtschaftsreformen bei sich eingeführt und war auch einer der Vorkämpfer von Glasnost –, von südlichem Charme und persönlicher Courage. Die Ernennung dieses Nicht-Spezialisten zum Chef eines hochprofessionellen Apparates deutete es bereits an: Gorbatschow plante Innovationen, die über die bürokratischen »standard operating procedures« hinausgehen sollten.

Im März 1986 wurde klar, daß A. F. Dobrynin zum neuen Chef der Internationalen Abteilung ernannt worden war. Dies war ebenfalls eine Überraschung: es war sonderbar, einen Berufsdiplomaten, möglicherweise mit geheimdienstlichen Erfahrungen vor dem Zweiten Weltkrieg (Ševčenko, Interview, S. 428), an die Spitze eines Apparates zu stellen, der die Nachfolgeorganisation der Komintern ist, die einmal für die »Weltrevolution« wirken sollte. Die Internationale Abteilung des ZK ist für soziale Bewegungen im nichtkommunistischen Ausland zuständig, u.a. auch für KGB-Aktivmaßnahmen, und unter Breschnew nahm sie offenbar Kontakte zum internationalen Terrorismus wahr.

Auch dieser Apparat wurde unter Gorbatschow reorganisiert – und man kann sich fragen, was dieser Jurist von den Methoden heimlicher Kriegführung hält. Jedenfalls haben sich die Indizien gemehrt, daß sich Gorbatschow von heimlicher Unterstützung des Terrorismus resolut losgesagt hat.

Dobrynins Ernennung zeigte, daß die sowjetische Außenpolitik, ungeachtet anfänglicher Kritik an Gromykos angeblicher Überbetonung der sowjetisch-amerikanischen Beziehungen doch weiterhin in den USA ihr Problem Nummer eins sieht (und sehen muß). Dobrynin war Kissingers »backchannel« bei den SALT-Verhandlungen, als Kissinger mit ihm ein einzigartiges Arbeitsverhältnis entwickelte.

Dobrynins Einfluß auf die sowjetisch-amerikanischen Beziehungen, so meinte Kissinger, sei »nahezu mit Sicherheit positiv« gewesen (Kissinger, 1979, S. 140). Dobrynin war also der Mann

Moskaus, der besser als jeder andere die Mechaniken der Supermachtsbeziehungen kannte und noch dazu ein »akutes, ja weises« (a.a.O.) Verständnis der amerikanischen Politik hatte.

Das waren die institutionellen Reformen, auf deren Grundlage Gorbatschow das »neue Denken« verkünden ließ, das im Grunde das Fazit aus Ansätzen zog, die bis in das Jahr 1953 zurückgingen: Malenkows Befürchtung, ein Atomkrieg sei das »Ende der menschlichen Zivilisation«; Chruschtschows Absage an den laut Lenin unvermeidlichen großen Krieg und sein Flirt mit der Abschreckungsstrategie und Entspannung; Breschnews Hoffnung vom Anfang der siebziger Jahre, die friedliche Koexistenz zur neuen »internationalen Norm« zu erheben; Andropows Plädoyer für diese Koexistenz als einzig rationalen Kurs im Nuklearzeitalter.

Schon im Mai 1985 verwies Gorbatschow auf die Détente der frühen siebziger Jahre als sein großes Ziel, das es wiederzubeleben gelte:

> »Die Erfahrung der siebziger Jahre ist preislos. Damals wurden die guten politischen, rechtlichen und moralisch-psychologischen Grundlagen der Kooperation von Staaten der beiden Systeme unter den neuen historischen Bedingungen gelegt ...« *(K,* 5, 1985, S. 17).

Ein Jahr später hielt er eine große Rede über die neuen Ziele der Außenpolitik, die aber nicht veröffentlicht wurde, also kontrovers gewesen sein dürfte.

Schewardnadse umriß einen entscheidenden Grund für die neue Außenpolitik in einer Ansprache an seine Mitarbeiter im Außenministerium: Es gelte, die Außenpolitik zu »ökonomisieren«,

> »denn solange sie nicht voll mit der Wirtschaft koordiniert ist, kann sie nicht der sowjetischen Binnenwirtschaft und der gesamten Gesellschaft helfen, die sonst nicht imstande sein werden, am politischen Konkurrenzkampf um die Attraktivität ihres sozialpolitischen Entwicklungsmodells teilzunehmen.« (Bjulleten' MID [Außenministerium]; *Novosti,* 8.9.1987.)

Auf dem Issyk-Kul-Forum verkündete Gorbatschow zum ersten Mal unter Bezugnahme auf den »vorbolschewistischen« Lenin von 1898 (aber ohne genaue Quellenangabe) den Primat der allgemeinmenschlichen Interessen. Denn, so führte er im Herbst 1987 aus, die menschliche Zivilisation sei an einer Grenze angelangt, wo die allgemeinmenschlichen Werte den Vorrang vor Klasseninteressen erlangt hätten *(Pr,* 10.10.1987); die nukleare Problematik habe die Frage des bloßen Überlebens der Menschheit aktuell gemacht, und inzwischen seien neue »globale« Probleme von der Umwelt bis zur Gesundheit hinzugekommen. »Wir sind alle Teile einer einzigen Zivilisation« (a.a.O.). Denn die Welt ist »klein« geworden, so daß die Interdependenz entsprechend zugenommen hat.

Gorbatschow ging noch weiter: Er hat den »Brückenschlag« zum anderen System proklamiert – eine Idee, die seinerzeit Präsident L. B. Johnson lancierte und sowjetische Ideologen damals mit Vehemenz zurückgewiesen hatten. A. Sacharow dagegen, mit dem Gorbatschow schließlich Gemeinsamkeiten entdeckte, ist schon lange für eine nötige »Konvergenz« der Systeme eingetreten. Gorbatschow hat nun ausdrücklich auch »Freundschaft« *(Pr,* 10.12.1987) mit den USA zum Ziel erhoben. Kurz,

> »im Nuklearzeitalter ist es nicht länger möglich, die Entwicklung der Welt allein im Kontext des Ringens zweier gegensätzlicher Systeme zu sehen« *(Pr,* 4.11.1987).

Schewardnadse betonte das kürzlich noch einmal:

> »Der Kampf der beiden Systeme ist nicht länger die bestimmende Tendenz der gegenwärtigen Epoche« *(FAZ,* 27.7.1988).

Aus ideologischer Sicht waren das Ungeheuerlichkeiten, die konservative Kreise dann auch entsprechend »umzuinterpretieren« versucht haben: »dialektische Verbindung« von Klassen- und allgemeinmenschlichen Interessen usw. Ligatschow betonte kürzlich noch einmal die alte Optik:

> »Wir gehen vom Klassencharakter der internationalen Beziehungen aus« – was er bezeichnenderweise nicht mit der (von Gorbatschow betonten) *Sach*lage begründete, sondern mit Management-Problemen (die typisch bürokratische Optik):

> »Jede andere Problemstellung schafft nur Verwirrung unter sowjetischen Menschen und Freunden im Ausland« *(Iz,* 7.8.1988).

Das neue Denken muß also in einem mühsamen Prozeß erkämpft werden, und die Traditionalisten haben – schon aus bürokratischem Egoismus – noch keineswegs kapituliert. In Dobrynins Worten:

> »Natürlich ist der Prozeß der Herausbildung und Behauptung des neuen politischen Denkens eine sehr komplexe Sache. Hier sind erbitterte Konfrontationen, scharfe Diskussionen, schmerzliche Differenzen unausweichlich. Und dennoch beginnt die Menschheit angesichts der nuklearen Apokalypse die einfache Wahrheit zu begreifen: Um zu überleben, muß man in den internationalen Beziehungen nicht von eng verstandenen Interessen ausgehen, die uns in Konfrontation bringen, sondern von Interessen und Bestrebungen, die uns gemeinsam sind« *(K,* 9, 1986, S. 25).

Das »neue Denken« ist also nicht einfach »Propaganda«, so sehr es zugleich um die öffentliche Meinung im Aus- und Inland wirbt. Es ist ein echtes Ringen um neue Antworten auf die Herausforderungen unserer Zeit, die Gorbatschow allerdings zugleich in den Dienst seiner Perestrojka zu stellen bemüht ist: nicht nur, um Moskau zum Mekka einer neuen, »progressiven« internationalen Weltbewegung zu machen und so auf neuer Grundlage wieder eine ideologische Führungsrolle zu spielen; die Visionen der Apokalypse sind nicht zuletzt der mächtige »Knüppel«, um widerstrebende Konservative im eigenen Lande zur Raison zu bringen. Denn welches Land hat schon Reformen vergleichbar der Perestrojka in mehr oder minder »normalen« Zeiten durchgeführt?!

Gorbatschows außenpolitische Erfolge sind spektakulär, um so mehr, wenn man bedenkt, daß noch vor kurzem Beobachter meinten, die Sowjetunion könne gar nicht auf den überwiegend militärischen »Wettbewerb« verzichten, aus dem einfachen Grunde, weil sie über keinerlei andere wirklich wettbewerbsfähigen Ressourcen verfüge – weder ideologischer noch politischer, noch kultureller Natur. 1987 aber konnte *Time Magazine* Gorbatschow zum »Mann des Jahres« erklären, weil er der Führer war, der diesen zwölf Monaten mehr als jeder andere den Stempel aufgesetzt hatte. Es war ein großer Schritt seit der Zeit der »Stagnation« unter Breschnew.

Gorbatschow ist es gelungen, bereits das grundsätzliche Vertrauen von etwa zwei Dritteln aller Westeuropäer zurückzugewinnen; allein die Franzosen sind skeptischer *(AFP,* 29.6.1987). Es hat eine deutliche Verbesserung der sowjetisch-amerikanischen

Beziehungen einschließlich einer Rekordzahl an Gipfeltreffen gegeben. Mit der »Iron Lady« Großbritanniens, die Gorbatschow »mag« und mit ihm »ins Geschäft« kommen zu können meint, unterhält er fast schon freundschaftliche Beziehungen. Auch die Beziehungen zur Bundesrepublik haben sich deutlich erwärmt. Es heißt sogar, seit Anfang 1987 befasse sich eine Arbeitsgruppe unter Falin erneut mit der Wiedervereinigungsproblematik; man muß also womöglich auf Überraschungen gefaßt sein.

Die Sowjetunion hat ihre Entschlossenheit bekundet, in die internationale Gemeinschaft zurückzukehren, mit der sie im Grunde 1917 gebrochen hatte:

> »allseitige Beziehungen, umfassende Beteiligung an der internationalen Arbeitsteilung, unsere, wenn Sie so wollen, Integration in das Weltsystem der Wirtschaftsführung«,

wie es Schewardnadse formulierte (*TASS*, 28.9.1987). Der Jurist Gorbatschow betont in neuer Weise das Völkerrecht und die Rolle internationaler Organisationen, insbesondere der UNO.

Mit dem in Moskau unterzeichneten INF-Vertrag ist zumindest politisches »Eis« gebrochen, auch wenn Strategen sich mit ihm nicht wohlfühlen. Doch militärtechnische »Alternativen« sind auch nicht unkontrovers, da Europa im Grunde heute rein militärisch womöglich gar nicht mehr zu »verteidigen« (= schützen, bewahren) ist. Moskau bekundet auch Konzessionsbereitschaft in regionalen Konflikten, die das »alte Denken« aus der Détente ausgenommen hatte, und im Mai 1988 begann der Rückzug des Militärs aus Afghanistan.

Europa ist von Gorbatschow mit der zwar wenig präzisierten, aber attraktiven Idee eines »gemeinsamen Hauses« umworben worden, unter ausdrücklichem Verweis auf gemeinsame historische und philosophische [sic] Grundlagen (womit er womöglich eine Idee E. Berlinguers wieder aufnimmt). Angesichts einer zumindest beginnenden wertmäßigen »Re-Europäisierung« Rußlands unter der Perestrojka erscheint diese Vision nicht mehr abwegig.

Zusammengenommen ist unbestreitbar, daß die Transformation des außen- und sicherheitspolitischen Denkens unverkennbare Fortschritte gemacht hat. Das ist um so beachtlicher, als es intern in der Sowjetunion keineswegs der leichteste Weg für einen Politiker ist, sich mit Ideen vorzuwagen, die gegen Traditionen,

179

Perzeptionen und vitale Interessen ihres Partei- und »militär-industriellen Komplexes« verstoßen, der immerhin die politisch beherrschenden Kräfte stellt. Neue zivile Prioritäten haben keine mächtigen Institutionen hinter sich stehen.

Blockpolitik

Begleitet wurde die neue Außenpolitik von einer neuen Linie den osteuropäischen Staaten gegenüber. Gorbatschows engste Mitarbeiter haben inzwischen immer wieder betont, eine Anwendung der sog. Breschnew-Doktrin – also eine sowjetische Militärintervention gegen ideologisch-politisch unbotmäßige Bündnispartner im Warschauer Pakt, wie sie im August 1968 gegen die Tschechoslowakei stattfand – sei heute undenkbar: so der einflußreiche O. Bogomolow (*FAZ,* 27.6.1988) und Sprecher G. Gerassimow (4.12.1987: s. *RL,* 492/87, S. 12). Klar ist jedenfalls, daß ein solcher Schritt wahrscheinlich das Ende der Perestrojka wäre. Schon Andropow zeigte mehr Sinn für nationale Besonderheiten:

> »Wir glauben, daß für jedes Land die Formen am besten sind, die von seinem Volke akzeptiert werden und seinen Interessen und Traditionen entsprechen« *(Iz,* 23.4.1982, S. 2).

Gorbatschow hat zwar die Irreversibilität der durch den Zweiten Weltkrieg in Osteuropa geschaffenen Verhältnisse betont, will aber doch den Verbündeten mehr Eigenverantwortung einräumen: das zeigten die Kommuniqués nach seinen Besuchen in Jugoslawien und in Polen. Jede Nation habe das Recht, sich ihren eigenen Weg zu wählen, erklärte er J. Chirac gegenüber. Die Geschichte würde entscheiden, welches die bessere Wahl war. »Es ist gut, daß sie alle verschieden sind.«

Die »Zügelung« des Militärs

Unter Breschnew schien der militärische Einfluß bedenklich zugenommen zu haben (hierüber vgl. v. Borcke, 1987). Gorbatschow aber gelang es, das Militär erstaunlich schnell seiner politischen Führung gefügig zu machen. Allerdings ist das sowjetische Militär überwiegend »technokratisch« orientiert und hat in Zeiten starker politischer Führung nie irgendwelche »bonapartistischen« Neigungen gezeigt. Aber die Zurücksetzung der Marschälle war doch frappierend, ja verletzend. Bei festlichen Anlässen und Paraden erschienen sie seit Tschernenkos Beerdigung an fast letzter Stelle: ein deutliches Signal.

Bereits am 1. Juli 1985 mußte der bisherige Rüstungssekretär, G. W. Romanow – von Andropow 1983 ins Sekretariat berufen –, zurücktreten. Das war der Auftakt zu spektakulären Umbesetzungen in der Militärführung, zu der (insbesondere der Kriegsmarine) Romanow Sonderbeziehungen unterhalten hatte. (Er protegierte den eigenwilligen und brillanten Generalstabschef N. W. Ogarkow.)

Bis Jahresende wurden u. a. ausgewechselt: der Chef der Politischen Hauptverwaltung, der Oberbefehlshaber der Strategischen Raketentruppen, der Kommandeur der Gruppe Sowjetische Streitkräfte in Deutschland sowie die der Gruppen von Streitkräften in Polen und Ungarn, ferner die Kommandeure einer Reihe wichtiger Militärbezirke (einschließlich der von Moskau und Leningrad) sowie der Oberbefehlshaber der sowjetischen Kriegsmarine. Die Landung von M. Rust mit seiner Cessna auf dem Roten Platz am 28.5.1987 gab Gorbatschow dann auch noch den Anlaß, sich von seinem ungeliebten Verteidigungsminister, Marschall S. L. Sokolow – mit 73 Jahren Ende 1984 ohnehin wohl nur als Übergangskandidat ernannt –, zu trennen.

Am 10.3.1985 reiste der frischgebackene Parteichef nach Minsk, wo gerade »Lehrgänge« für führende Militärkader abgehalten wurden *(TASS, 10.7.1985)*. Es war wohl auch das Hauptquartier des nach einigem Zögern und widersprüchlichen Gerüchten zum Oberbefehlshaber einer neuen »Westfront« ernannten Generalstabschefs N. W. Ogarkow. Gorbatschow muß hier seine politische Führungsrolle demonstriert haben. Schon kurz zuvor war den amerikanischen Unterhändlern in Genf aufgefallen, daß ihre sowjetischen Partner ausdrücklich betonten, Gorbatschow habe die Politbüro-Sitzung vom 7.3. geleitet, die ihre Instruktionen autorisiert hatte.

Die Minsker Rede ist bislang nicht gedruckt. *Prawda* brachte nur eine kurze Protokollnotiz, der zu entnehmen war, daß auch Verteidigungsminister Marschall S. L. Sokolow und der neue Rüstungssekretär L. N. Saikow anwesend waren. Doch man kann vermuten, worum es ging. Gorbatschow wird sich grundsätzlich zur Verteidigung bekannt haben, wie er das später auf dem Januar-Plenum 1987 tat:

»Die Partei hört nicht eine Minute in ihrem Bemühen auf, die Verteidigungsfähigkeit des Landes weiter zu erhöhen« *(Pr,* 28.1.1985).

Zugleich aber wird er die Folgen der Perestrojka für das Militär erklärt haben. Man hörte später, der Parteichef habe militärische Kostenüberziehungen getadelt und mit Ausgabenkürzungen gedroht (M. I. Goldman, *IHT,* 11.3.1987). Die Frage des militärischen Anteils an den nationalen Ressourcen drängt sich bei 11–13 % Verteidigungslast (und mehr) natürlich immer wieder auf und ist ein altes, kontroverses Thema. Gorbatschow aber scheint nicht bereit, die Verteidigung zu Lasten des Verbrauchers weiterhin zu privilegieren, jedenfalls nicht ohne Not. Im Juli 1985 betonte er bei einer Ansprache im ZK der Partei in Minsk, »Grundgedanke« aller Maßnahmen sei es, »die Lösung der Hauptprobleme der wirtschaftlichen und sozialen Entwicklung zu beschleunigen« *(ADN,* 11.7.1985). Wiederholt hat er sich gegen Abstriche an den sozialen Ausgaben und Programmen gewehrt: Lange Zeit habe die Einstellung vorgeherrscht, so sagte er im Mai 1987, man könne die Lösung sozialer Probleme auf die Zukunft verschieben – »auf Kosten der Interessen der Menschen und der Produktion« *(SR,* 27.5.1987).

Gorbatschow dürfte sich in Minsk für eine Rationalisierung der militärischen Strukturen eingesetzt und eine Überprüfung der Größe, des Wachstums und der Prioritäten der Militärausgaben angekündigt haben (Bialer/Afferica, 1985, S. 624). Gorbatschow will Qualität statt Quantität auch in diesem Bereich. In der Tat begann man unter Gorbatschow mit Kosten-Nutzen-Analysen in der Sicherheitspolitik, wie sie R. McNamara in den USA eingeführt hatte. Eine Folge war die neue Rolle ziviler Sicherheitsberater, die nun auch zu militärischen Fragen kritisch Stellung beziehen – eine von den Militärs schwerlich begrüßte Entwicklung.

Vielleicht ist Gorbatschow schon in Minsk auf gewisse Widersprüche des militärischen Denkens eingegangen. Man erfuhr auf Umwegen, er habe die Militärs nach dem Sinn der SS-20-Dislozierung gegen Westeuropa gefragt und keine befriedigende Antwort erhalten. Marschall Achromejew räumte inzwischen auch ein, das Militär habe zwar nicht an die Gewinnbarkeit eines Atomkriegs geglaubt, in der Praxis aber doch für einen solchen Eventualfall auf Sieg hin geplant. Auch habe man sich zu schnell auf Rüstungswettläufe eingelassen.

Es ist möglich, daß Gorbatschow in Minsk schon die Grundzüge seines »neuen Denkens« ankündigte, die er bereits in früheren Reden angedeutet hatte.

Unter Gorbatschow ist inzwischen der *defensive* Charakter der sowjetischen Militärdoktrin herausgestellt worden. Man mag einwenden: Das ist an sich nicht neu. Denn die Sowjetunion hat traditionell alle ihre Kriege – und sei es den Überfall auf das kleine Finnland 1939 – als »defensiv« und »gerecht« hingestellt. Doch es ging um mehr als um propagandistische Rabulistik. In einer spektakulären Veröffentlichung über eine Versammlung des Parteiaktivs des Generalstabs wurde inzwischen erneut betont (und eine solche Publiktation ist an sich schon bemerkenswert und eine deutliche politische Druckausübung), die defensive Militärdoktrin sei »das Herzstück der Perestrojka« *(KZ,* 13.8.1988). Es gebe neue Ansätze bei der Frage nach dem wahrscheinlichen Gegner und der wahrscheinlichen Natur eines Angriffs. Doch das Militär sei »in manchen strategischen Fragen noch Gefangener alter Dogmen.«

Gorbatschow wurde noch präziser und proklamierte – was im Rahmen einer wirklich defensiven Orientierung nur konsequent ist – die »vernünftige Suffizienz« *(Pr,* 31.1.1987). Die Idee ist ebenfalls von den USA übernommen, wo sie konzipiert worden war, um die Verteidigungsausgaben nicht ins Überdimensionale wachsen zu lassen. Auch in dieser Frage kritisierte kürzlich das Parteiaktiv den Generalstab »durch die Blume«:

> »Theoretisch gibt es in dieser Frage eine gewisse [!] Klarheit. Aber in der Praxis haben viele der Verwaltungen [des Generalstabs] ihre neuen Resolutionen einstweilen [zu] langsam und zaghaft ausgearbeitet. Die Arbeit daran, der Strategie eine defensive Ausrichtung zu geben, muß fortgesetzt werden« (a.a.O).

Mit anderen Worten: der Generalstab bediente sich einer alten bürokratischen Oppositionstechnik – der Verschleppung. Schon aus früheren Reden von Verteidigungsminister Sokolow, Generalstabschef Achromejew und auch des neuen Verteidigungsministers, D. T. Jasow, konnte man entnehmen, daß sich das Militär mit dem »neuen Denken« schwer tut.

Die Militärs versuchten zunächst in der unter Breschnew so bewährten Manier weiterzumachen: Man übernahm die Schlagworte und gab ihnen den Sinn, den man selbst bevorzugte. So unternahm W. Serebrjannikow *(KZ,* 19.12.1986) den Versuch, auch unter den neuen Bedingungen seinen Clausewitz (Krieg ist Fortsetzung der Politik) zu retten.

Andererseits hatten bereits die START-Verhandlungen gezeigt, daß der Generalstab in der strategischen Nuklearrüstung – einer »politischen«, rein militärisch im Grunde nicht »anwendbaren« Waffenkategorie – zu Konzessionen bereit war. Allerdings hoffte er offenbar mit Ogarkow, die »low tech« der nuklearen Interkontinentalraketen für die »high tech« moderner taktischer Waffen einzutauschen.*

Unter Gorbatschow hat das Militär deutlich an öffentlichem Prestige eingebüßt. Es war eine Warnung, als die Antikorruptionskampagne auch auf die bislang »sakrosankten« Vaterlandsverteidiger ausgedehnt wurde. Es stellt sich die Frage, inwieweit Gorbatschow nicht womöglich auf das KGB angewiesen war, als er das Militär so spektakulär zurücksetzte: im November 1985 hielt KGB-Chef W. Tschebrikow die große Rede zur Oktoberrevolution – eine Ehrung, die nicht einmal Andropow zuteil geworden war ...

Gorbatschow ist kein Mann des Militärs und möchte im Grunde auch nicht die *politischen* Folgen eines überstarken Militär-Establishments: »die Unterwerfung der Politik unter den Militarismus«, was zu reaktionären Konsequenzen führe *(Pr,* 31.3.1987).

> »Militarismus ist der Nährboden für Manifestationen der Reaktion und die Verschärfung des politischen Regimes« *(Pr,* 10.10.1987).

Auch hat er eine neue Vorstellung von Sicherheit. Schon 1970 verwies *SSchA,* die führende »amerikanologische« Zeitschrift der UdSSR, im Anschluß an amerikanisches Denken, auf den heute nur noch begrenzten politischen Wert militärischer macht, insbesondere nuklearer Macht(1/1970).

---

* Schon Chruschtschow hatte ja im Januar 1960 eine radikale Kürzung der Streitkräfte verkündet und offenbar anvisiert, sich wie die USA auf die nukleare Abschreckungsstrategie zu verlegen, einfach weil das die billigste Option war (der Grund, weshalb sich bereits der sparsame Republikaner-Präsident D. D. Eisenhower hierfür entschieden hatte, trotz seiner Bedenken als professioneller Militär). Das sowjetische Militär aber erinnerte sich lange an diese Entlassungen, die, mochten sie angesichts der Berlin-Krise auch bald wieder eingestellt werden, zu großen sozialen Problemen führten, z. B. wenn verdiente Militärführer als Schweinehirten arbeiten mußten.

Im Grunde hat das Militär seit Chruschtschows Tagen Mühe gehabt, seinen traditionellen Professionalismus auch im Atomzeitalter zu rechtfertigen, zumal angesichts westlicher Konsumgesellschaften, an deren Aggressivität selbst die sowjetische Führung schwerlich wirklich glaubte (vgl. v. Borcke, 1983). Auch dürfte die politische Führung der Widersprüche und Gefahren des rein militärischen Denkens gewahr geworden sein. Man fürchtet, im Eventualfall die politische Kontrolle an automatische, computerisierte Reaktionen zu verlieren. Tschernobyl (26.4.1986) war eine Warnung, daß Technik und Menschen versagen können. Gorbatschow kann mit seinem neuen Denken daher auf *logisch* nur zu ernst zu nehmende Prioritäten der sowjetischen Innen- und Außenpolitik verweisen. Sein Problem ist natürlich, daß das Sowjetsystem geradezu als eine Form von »militärisch-industriellem Komplex« gegründet wurde: alle politisch einflußreichen Apparate sind *interessenmäßig* den militärischen Prioritäten und Perzeptionen verhaftet. Das macht die Perestrojka so schwer. Aber das Militärwesen zeigt zugleich, wie ernst es Gorbatschow ist: dies ist bestimmt nicht der politisch leichteste Weg für einen sowjetischen Generalsekretär.

Partei und Perestrojka

Gorbatschows Einstellung zur Partei und speziell ihrem herrschenden Apparat ist von deutlicher Ambivalenz geprägt gewesen – kein Wunder. Die »Avantgarde«-Partei ist Lenins ureigenster Beitrag zur Politik des 20. Jahrhunderts (so wenig Lenin bereits den Partei-Staat konzipiert hatte), und Gorbatschow beruft sich auf Lenin. Unter Breschnew ist diese Partei sogar zum verfassungsmäßig »leitenden Kern« des politischen Systems aufgerückt.

Mehr noch, die Erfahrungen mit Reformbewegungen im Kommunismus und speziell das »Prager Modell« von 1968 scheinen zu zeigen, daß erfolgreiche Reformen von der Partei (oder zumindest ihrem bestimmenden Teil) getragen werden müssen. Denn was ist die Alternative, wenn auch Perestrojka in die Krise gerät? Wohl eher eine Militär- und/oder Polizeidiktatur als eine liberale Demokratie, die nicht ex nihilo entstehen kann.

Außerdem beruft sich die Partei auf demokratische Traditionen, die sich womöglich mit wirklichem Leben erfüllen lassen.

Andererseits sieht Gorbatschow nur zu genau, daß der (im Westen auf bis zu 500 000 Funktionäre geschätzte) Parteiapparat eine »träge Schicht« zwischen Führung und Volk ist *(FR, 18.9.1986; Pr, 28.1.1987, S. 4)*. Die Partei ist keineswegs immer auf der Höhe ihrer vermeintlichen Avantgarde-Rolle gewesen. Die Krise, mit der man jetzt ringt, ist wesentlich von ihr mitverschuldet *(Pr, 28.1.1987)*.

Schon 1985 forderte Gorbatschow eine »profunde Transformation der Parteiarbeit« *(Pr, 12.6.1985, S. 2)*. In Chabarowsk verlangte er im Juli 1986 von der Partei die »Selbstreinigung«. Sein Weg dorthin: Demokratisierung, einschließlich der »Mechanismen zur Bildung der leitenden Organe der Partei« (a.a.O.). Denn die Partei habe dem Volk zu dienen und nicht umgekehrt, wie er in Murmansk am 30.9.1987 erklärte *(M, 29.11.1987)*. In der Praxis sei mittlerweile infolge der Überbürokratisierung die Arbeitsfähigkeit von Politbüro und Sekretariat geschwächt worden (was ja auch Jelzin durchblicken ließ). ZK-Plena sollten wieder die wirklich wichtigen Fragen diskutieren *(Pr, 28.1.1988)*. Überhaupt sollten die repräsentativen Gremien der Partei aufgewertet werden und ihre »Exekutivorgane«, die sich verselbständigt haben, wieder rechenschaftspflichtig und »verantwortlich« im eigentlichen Sinne werden.

Kein Wunder, wenn das von Gorbatschow bereits am 31.6.1986 angekündigte ZK-Plenum zur Kaderpolitik – auf dem der Parteichef sein Wahl-Projekt vorbrachte – *mindestens* dreimal vertagt wurde und es sogar zur ersten Rücktrittsdrohung Gorbatschows gekommen sein soll. Er siegte – bedingt (1986 war immerhin dank einer guten Ernte das wirtschaftlich erfolgreichste Jahr des Jahrzehnts, und andere Führungsmitglieder werden ihm zumindest im großen und ganzen auch recht geben).

Die IX. Allunionsparteikonferenz behandelte dann im Sommer 1988 die politische Reform des Systems als solchen. Überraschend brachte Gorbatschow sein Projekt zur Einführung eines Präsidialsystems ein, was der bisherigen Form der »führenden Rolle« der Partei ein Ende machen würde und einem demokratisch legitimierten Präsidenten eine ungleich stärkere Position gegenüber dem Apparat geben müßte. Die Apparatschiki konterten mit dem raffinierten Gegenvorschlag, daß überall die Parteichefs auch Präsidenten der Räte werden sollten. Im Zuge der einsetzenden Verwirrung wurde die Bildung eines Ausschusses zur Abklärung dieser Frage beschlossen.

Immerhin sollte auch der Parteiapparat bis Ende 1988 in einen »Apparat neuen Typs« »transformiert« werden *(Pr,* 5.7.1988, S. 2). Ausdrücklich hieß es in den Resolutionen der Parteikonferenz, der Leitungsapparat habe den gewählten Organen zu dienen und sei ihnen voll rechenschaftspflichtig (a.a.O.). Auch soll bis Ende 1988 ein dramatischer Personalabbau erfolgen: Allein beim ZK sollen neun Abteilungen (von 22) aufgelöst werden, die sich mit Industrie und Landwirtschaft befaßt hatten. Landesweit sollen Zehntausende von Stellen frei werden *(SN,* 2.8.1988).

> »Die Zeiten sind unwiederbringlich vorbei, als der Apparat sich berechtigt fühlte, über alles und jedes zu bestimmen« *(Pr,* 11.8.1988).

Gelingen diese Reformen, dann ist es wirklich der Systemwandel. Denn wie der Satiriker A. Sinowjew meint:

> »Kommunismus ohne diesen Apparat ist genauso unmöglich wie Kapitalismus ohne Geld, ohne Gewinn, ohne Konkurrenz, ohne Banken« *(SZ,* 4.7.1987).

Man sollte präzisieren: Kommunismus ohne *diesen* Apparat wird etwas Neues sein, denn daß man Apparate und Verwaltung grundsätzlich braucht, das sehen auch sowjetische Reformer.

KGB und Perestrojka: Das Problem nimmt Gestalt an

Der einzige Apparat, der von weitreichenden personellen Umbesetzungen sowie von Kritik verschont blieb (jedenfalls bis Ende Sommer 1988), war das KGB: die Hausmacht von Gorbatschows früherem Protektor, Ju. W. Andropow.* Ja, man könnte versucht sein, Perestrojka als im Grunde ein KGB-inspiriertes Programm zu deuten: ihre geistigen Führer sind Männer, die entweder eine KGB-Beziehung unterhalten haben oder aber doch in enger Verbindung zu Andropow gestanden hatten – wie die Mitglieder von dessen »brain trust« F. Burlazkij, A. Bowin, G. Ch. Schachnasarow (vgl. hierzu A. Rahr, *RL,* 383/88, S. 1).

---

* Allerdings gibt es inzwischen einen neuen GRU-Chef: Generaloberst G. W. Kiroschejew (EIU, Country-Report, No. 1, 1988, USSR, S. 8).

Bis 1988 bestand die Spitzenführung des KGB aus W. M. Tschebrikow als Vorsitzendem, N. P. Jemochonow und F. D. Bobkow als Ersten Stellvertretenden Vorsitzenden sowie sieben (einfachen) Stellvertretern: G. Je. Agejew, M. I. Jermakow, W. A. Krjutschkow, I. A. Markelow, W. A. Matrosow, W. P. Piroschkow, W. A. Ponomarjow. Nur das Verteidigungsministerium ist mit drei Ersten Stellvertretern, 11 Stellvertretern und einem auf 5 000 Mann geschätzten Verwaltungspersonal *(Ec,* 12.12.1987, S. 42) ein noch größerer Apparat.

Die Spitzenführung des KGB wurde 1967 unter Breschnew radikal umbesetzt und war im wesentlichen seit jener Zeit unverändert geblieben. Gorbatschow hatte noch keine eigenen Protégés einschleusen können, worauf er aber längerfristig abzielen mußte; ebenso wie der Zweite Sekretär Je. K. Ligatschow als Hüter der Interessen der »kollektiven Führung« und des Parteiapparats auf seine besonderen Kontrollinstanzen bedacht war.

Mochten die personellen Veränderungen im KGB im Vergleich zu den massiven Umbesetzungen in den anderen Apparaten nicht der Rede wert erscheinen – es hatte doch seit Andropows Übernahme des höchsten Parteiamtes auch hier Wandel gegeben, der womöglich sogar bedeutsamer sein könnte, als es auf den ersten Blick erschien.

Am 27.5.1984, also unter K. U. Tschernenko, wurde in der *Prawda* ein neuer Erster Stellvertretender KGB-Vorsitzender identifiziert: N. P. Jemochonow. Inzwischen gibt es nähere Informationen über ihn. Er wurde 1921 geboren. 1952 schloß er die Leningrader Militärakademie für Meldewesen ab. Er ist Doktor der Technischen Wissenschaften. 1952–1968 arbeitete er zunächst als Forscher, später als Leiter eines nicht näher bekannten Forschungsinstituts. Nachdem Andropow 1967 KGB-Chef geworden war, wurde Jemochonow Leiter einer Hauptverwaltung dieses Apparats (vgl. A. Rahr, *RL,* 383/88, S. 2).

1985 schied der im März 1982 zum Ersten Stellvertretenden KGB-Vorsitzenden ernannte frühere Leiter der Verwaltung Streitkräfte, G. K. Zinjow, im Alter von 78 Jahren aus dem Dienst aus. Nachfolger wurde F. D. Bobkow. Dies geschah offenbar relativ kurz vor dem XXVII. Parteitag. Bobkow wurde zum ersten Mal am 28. Mai 1983, also als Andropow Parteichef war, zusammen mit G. Je. Agejew als stellvertretender KGB-Chef identifiziert. Im Dezember 1983 nahm er in seiner neuen Funktion an Beratungen der politischen Gremien der Streitkräfte teil *(AFP,*

4.12.1983). Es wurde vermutet, daß er damals Nachfolger des ehemaligen stellvertretenden KGB-Chefs W. Leschepekow geworden war, der im Sommer 1983 *(Iz,* 16.7.1983) zum stellvertretenden MWD-Minister ernannt worden war. Auch über ihn sind inzwischen nähere Informationen erschienen.

F. D. Bobkow wurde 1925 geboren. Im Zweiten Weltkrieg war er Sekretär des Leninsk-Kusnezkij Komsomol-Komitees im Gebiet Kemerowo. 1945 trat er in das KGB ein. 1956 schloß er die Moskauer Parteihochschule ab. Laut Dissidentenaussagen spielte er eine bedeutende Rolle bei der Kontrolle der Intelligenz während Chruschtschows »Tauwetter«. Anfang der sechziger Jahre half er, F. Castros Geheimdienst DGI aufzubauen. Unter Breschnew leitete er 1978–83 die Hauptverwaltung V (Gegnerbekämpfung, also Dissidenten). Als (zweiter) Erster Stellvertretender KGB-Chef war er insbesondere für Ideologie und Kaderpolitik zuständig (vgl. A. Rahr, *RL* 383/88) – also Tschebrikows frühere Aufgabe (seit 1967). Sein Sohn spielt eine prominente Rolle im Schriftstellerverband der RSFSR.

Im Juni 1986 brachte die Zeitschrift *Politischeskoje samoobrasowanije* (»Politische Selbstbildung«) Bobkows Artikel: »Politische Wachsamkeit – ein Gebot der Zeit« (6, 1986, S. 25–33), der mit seiner Vision omnipräsenter westlicher »Subversion« weit über eine gewöhnliche »Wachsamkeits«kampagne hinausging:

> »Die Schlagworte ›Demokratisierung‹, ›Verbesserung‹ des Sozialismus nach westlichem Modell und andere Ideen eines verkappten Antisowjetismus werden heute durch offene Aufrufe zur Ausschaltung des sozialistischen Systems in der UdSSR ersetzt, zu antisowjetischen und antigesellschaftlichen Aktionen und Staatsverbrechen ...« (vgl. *Strategic Review,* 4, 1986, S. 91).

Zwei Erste Stellvertretende KGB-Vorsitzende – das pflegte bislang eine Anomalie zu sein: 1967–70 war es das Vorspiel zur Absetzung des einen, N. Sacharow. Inzwischen könnte allerdings womöglich auch die unter Andropow vollzogene Aufwertung der Hauptverwaltung Ausland – die Jemochonow »betreut« – der Grund für die Doppelung sein, um so mehr, als gerade Gorbatschow mit seiner Perestrojka noch am ehesten auf die weltoffenen Tschekisten des Auslandsdienstes zählen kann. Andererseits könnte die Existenz der zwei Ersten Stellvertreter aber auch wieder signalisieren, daß hier verschiedene politische Bündnisse im Spiel sind und womöglich noch miteinander ringen. Denn der zweite Sekretär, Je. K. Ligatschow, hatte 1983–85 die Oberaufsicht über das KGB wahrgenommen – und seit der Versetzung von L. N. Sajkow auf den Posten des Moskauer Parteichefs hatte er derartige Funktionen möglicherweise wieder aufgenommen.

Generaloberst G. Je. Agejew, der durch ein Interview in *Trud* am 19.4.1987 die Aufmerksamkeit auf sich lenkte, ist stellvertretender KGB-Chef und Leiter der Zweiten Hauptverwaltung (Inland). Er ist Jahrgang 1929 und begann seine Laufbahn im Komsomol und Parteiapparat von Irkutsk in Sibirien. 1965 wurde er in das KGB versetzt, 1973 zum Leiter des Parteikomitees des KGB ernannt und 1981 zum Leiter einer Verwaltung. 1983, unter Tschebrikow als KGB- und Andropow als Parteichef, wurde er zum stellvertretenden KGB-Chef befördert. Er scheint für die Perestrojka relativ aufgeschlossen zu sein, denn in seinem Interview urteilte er ausdrücklich positiv über die sowjetischen Friedensinitiativen unter Gorbatschow, die »resoluten Schritte zur Demokratisierung unserer Gesellschaft«, »die breite Einbeziehung der Werktätigen in die Leitung der Produktion« und die offene Diskussion von Problemen, die den Staat betreffen, »zuweilen auch von schwerwiegenden Problemen« *(nedugow =* »Leiden«). Aber auch er meint, der »Klassenfeind« versuche von jeher, den sowjetischen Menschen »seine Stereotypen von Freiheit, Demokratie und Kultur« zu suggerieren *(Trud,* 19.4.1987, S. 4).

Chef der Ersten Hauptverwaltung, Ausland, ist W. A. Krjutschkow (geb. 1924). Seit seiner Ernennung zum dritten Sekretär der sowjetischen Botschaft in Budapest 1954 hatte er eng mit Andropow zusammengearbeitet. Als dieser 1957 Leiter der neugeschaffenen ZK-Abteilung für Beziehungen zu den kommunistischen und Arbeiterparteien Osteuropas wurde, ernannte er Krjutschkow zum Chef eines Sektors, der die politische Entwicklung in Ungarn verfolgte. 1967 wurde Krjutschkow Leiter des Sekretariats der Ersten Hauptverwaltung des KGB, dann stellvertretender Leiter dieser Hauptverwaltung, die damals über 10 000 Personen beschäftigte. 1974 wurde er unter Andropow Chef der Hauptverwaltung Ausland, 1978 stellvertretender KGB-Vorsitzender. 1987 war er Mitglied von Gorbatschows »Gipfel«-Delegation in Washington (A. Rahr, *RL* 383/88, S. 3). Er ist Mitverfasser mehrerer Bücher über Ungarn und das sozialistische System, u.a. mit D.Karaundschew, »Die Stärkung und Entwicklung des Weltsystems des Sozialismus« *(Ukreplenie i razvitie mirovoj sistemy socializma*, Moskau: Gospolitizdat 1962); »Auf Leninschem Weg« (Ekonomičeskaja gazeta, 2.6.1962); »Quelle der Stärke und Garantie für Erfolg« (a.a.O., 23.2.1963, S. 31); und mit K. Iwanew, *Die Verkörperung eines Traums. Zum 20. Jahrestag der Befreiung Ungarns (Vploščenie mečty. K 20-letiju osvoboždenija Vengrii.* Moskva: Znanie 1965) (vgl. Knight, 1988, S. 63, Anmerkung 11).

W. P. Piroschkow ist zuständig für die Administrative Arbeit im KGB. Er ist 1924 geboren. Seit 1950 hatte er als Komsomol- und Parteiführer im Altai Kraj gearbeitet; 1954 wurde er Sekretär, dann zweiter Sekretär eines dortigen Parteikomitees, dann Rajkomsekretär, 1961 schließlich Leiter der Abteilung für Partei-Organisationsarbeit des Krajkom und ein Jahr später dessen zweiter Sekretär. Unter Andropow wurde er in das KGB versetzt und ist seit 1971 stellvertretender Vorsitzender. 1980 wurde er als Abgeordneter des Altai Kraj in den Obersten Sowjet der RSFSR gewählt – ein Gebiet, das auch der Wahlbezirk Gorbatschows ist (A. Rahr, *RL* 383/88, S. 4).

Oberbefehlshaber der KGB-Grenztruppen ist Armeegeneral W. A. Matrosow. Er hat im Zweiten Weltkrieg unter dem Chef für Feindaufklärung eines Regiments der Grenztruppen an der karelischen Front gedient, wo er aller Wahrscheinlichkeit nach auch den jungen Partisanenführer Ju. W. Andropow kennenlernte. 1944–58 war er Mitarbeiter des Chefs einer Unterabteilung der Verwaltung Grenztruppen für einen Grenzbezirk, stellvertretender Leiter einer Unterabteilung, dann stellvertretender Leiter einer Abteilung der Hauptverwaltung Grenztruppen. Er besuchte die Moskauer Militärisch-Juristische Akademie der sowjetischen Armee bis 1955 und Höhere Akademische Kurse der Militärakademie des Generalstabs 1958–59. 1959 wurde er Stabschef des Militärbezirks Transkaukasus und anschließend Stellvertretender Stabschef der KGB-Grenztruppen. 1963 wurde er Oberbefehlshaber des Grenzbezirks Transkaukasus. Seit Dezember 1972 ist er Chef der KGB-Hauptverwaltung Grenztruppen. 1984 wurde er zum stellvertretenden KGB-Chef befördert. Zum Tag der Grenztruppen am 28. Mai 1988 – genau ein Jahr nach M. Rusts Landung auf dem Roten Platz – brachte die *Prawda* ein Interview mit ihm, in dem er betonte, ungeachtet der Verbesserung des internationalen Klimas »gibt die Lage an der Grenze keinen Anlaß zur Selbstbeschwichtigung«. U.a. verwies er auf den Einfall afghanischer Mudschahedin am 9.4.1988. Gefahren drohten auch von

»Agenten von Sonderdiensten, ideologischen Diversanten, dem
internationalen Terrorismus, Drogenhandel und Schmuggel.«

So forderte er Anhebung der Disziplin seiner Truppen, Wachsamkeit und militärische Kampfbereitschaft. Zugleich aber sei es
heute Aufgabe der Grenztruppen,

»günstige Bedingungen auch für die Erweiterung der internationalen Beziehungen unseres Landes zu schaffen.«

Auch in den Grenztruppen ginge eine Perestrojka vonstatten *(Pr,*
28.5.1988). Seit Rusts Schwabenstreich sind die KGB-Grenztruppen in den sowjetischen Medien zunehmend kritisiert worden.

Auf dem XXVII. Parteitag vom Februar-März 1986 zeigte sich,
daß die stellvertretenden KGB-Chefs S. N. Antonow und G. F.
Grigorenko durch M. I. Jermakow und I. A. Markelow abgelöst
worden waren. Es gab einen weiteren neuen Stellvertreter: W. A.
Ponomarjow (A. Knight, *RL* 484/87, S. 3). Während Jelzins
Amtszeit als Parteichef von Moskau wurden im Kampf gegen die
Korruption und organisierte Mafia in der Hauptstadt u.a. die Leitung der Hauptverwaltung der Miliz und des städtischen KGB
ausgewechselt (B. Jelzin, *Koms pr*, 4.12.1988, S. 5).

Seit 1985 sind auch unter den 14 unionsrepublikanischen KGB-
Chefs Umbesetzungen vorgenommen worden, wobei allerdings
nicht zuletzt die politische Position des unionsrepublikanischen
Parteichefs ein gewichtiger Faktor zu sein pflegt. So wurde in
Kasachstan 1986 W. M. Miroschnik zum neuen KGB-Chef
ernannt – und im Dezember Parteichef D. Kunajew abgesetzt: der
Auftakt zu den großen Unruhen von Alma Ata. KGB-Chef von
Kirgisien wurde 1985 W. A. Rjabokonj (inzwischen wegen Über-
engagement für Perestrojka wieder abgelöst). In Litauen wurde
am 11.5.1987 der 63jährige J. Petkavičius pensioniert und der bis
dahin weitgehend unbekannte E. Eismontas sein Nachfolger,
offenbar ein Mann vom neuen »Gorbatschow-Schlag«. In Tadschikistan war W. W. Petkelj 1985 zum KGB-Chef ernannt worden. Doch Ende 1987 wurde er in einer Weise kritisiert, die
womöglich das Vorspiel zu seiner Absetzung war (vgl. *Kommunist
Tadžikistana,* 30.12.1987; s. unten).

In Turkmenistan wurde im Mai 1988 überraschend der bisherige KGB-Chef, A. Bojko, nach Kritik an seinem luxuriösen

Lebensstil abgesetzt – also womöglich wegen Korruption (s. unten). In der Ukraine wurde im Mai 1987 N. M. Goluschko Nachfolger des wegen seiner Rolle in der Berchin-Affäre (s. unten) diskreditierten KGB-Chefs S. N. Mucha.

Der KGB-Chef der Sowjetrepublik Armenien, Marius Jusbaschjan, wurde im Oktober 1988 nach zehnjähriger Tätigkeit »zu anderer Tätigkeit« versetzt (*rtr*, 27.10.1988). Jusbaschjan war Mitglied des ZK und Kandidat des Parteibüros der Republik gewesen. Er war 1978 unter K. Demirtschjan ernannt worden, der im Mai 1988 nach monatelangen Unruhen in Armenien entlassen worden ist. Nachfolger Jusbaschjans wurde sein bisheriger Stellvertreter Walerij Badamjanz.

Am 11.8.1988 wurde der KGB-Chef von Aserbaidschan, Sia Jussif-Sade, im Amt seit dem Juni 1980, durch General I.I.Gorelowskij, einen Russen aus einer »Arbeiterfamilie«, abgelöst (*AFP*, 19.8.1988). Gorelowskij, ein noch relativ junger Mann (geboren 1942), arbeitete 1979-1986 als »verantwortlicher Mitarbeiter« (otvetstvennyj rabotnik) im ZK der KPdSU in Moskau (*Bakinskij rabočij*, 13.8.1988).

Schließlich wurde am 8.12.1988 der georgische KGB-Chef General A. Inauri, ein Veteran, pensioniert (*RL* 538/88, S.14): Der Ex-Kavallerist war schon seinerzeit für die Sicherheitsvorkehrungen bei der Konferenz von Teheran (1943) zuständig gewesen (*RL* 490/87, S.1). Nach Berijas Sturz wurde er 1953 MWD-Minister Georgiens.

Mit den Dossiers von drei Jahrzehnten hinter sich und wahrscheinlich auch Zugang zu den MWD-Archiven war Inauri einer der mächtigsten Männer der Republik und spielte die Rolle einer *éminence grise* (vgl. E. Fuller, RL 490/87, S. 3). Schewardnadse lobte Inauri auf dem XXVI. Parteitag der georgischen KP als den »erfahrensten Mann« des Parteibüros (*Zarja vostoka*, 23.1.1981). Die Partei- und Regierungszeitung Georgiens, *Kommunist*, widmete am 11.11.1987 ihre gesamte Rückseite einem von ihm verfaßten Roman und stellte dabei die Rolle des KGB-Chefs zu Beginn der fünfziger Jahre heraus, als eine Gruppe »Banditen« vernichtet wurde, die im Kaukasus auf der deutschen Seite gekämpft hatte.

Doch sechs Veränderungen an der Spitze der unionsrepublikanischen KGB-Filialen waren nicht spektakulär und entsprachen rein quantitativ der Rate in den ersten Jahren der Ära Breschnew, mit dem Unterschied, daß Breschnew, wie gesagt, einige persönliche Protégés in die freigewordenen unionsrepublikanischen Posten einschleusen konnte, was Gorbatschow dagegen bislang offenbar nicht gelungen ist. (Vgl. Knight, 1988, S. 79).

Es ist bezeichnend, daß sich an der Spitze der für die Personalpolitik der »Rechtsschutzorgane« einschließlich KGB zuständigen ZK-Abteilung für Administrative Organe ebenfalls noch kein radikaler Wandel vollzogen hat: Ihr alter Chef, N. I. Sawinkin, im Amt seit Beginn der Ära Breschnew – er wurde am 9.12.1988 75! – ist immer noch nicht pensioniert.

Das spricht dafür, daß Sawinkin auch gute Beziehungen zum KGB und der Andropow-Fraktion unterhalten haben muß und / oder für ein Patt in der Führung in dieser Frage, wie schon nach Chruschtschows Sturz im Oktober 1964.

Die ZK-Abteilung für Administrative Organe erhielt nur einen neuen ersten Stellvertreter: I. A. Larin, der am 8.8.1986 ernannt wurde (vgl. auch *KZ*, 13.8.1988, wo seine Teilnahme an dem so wichtigen Treffen des Parteiaktivs des Generalstabs gemeldet wurde). Ferner gibt es mehrere neue (einfache) Stellvertreter: A. S. Pawlow (ernannt am 24.7.1988), Luftwaffengeneral A. N. Soschnikow (seit 1983) und W. D. Welikanow, der zuerst im August 1987 auf diesem Posten identifiziert wurde.

Seit Anfang 1987 beaufsichtigte der ZK-Sektretär und ehemalige Leiter der Allgemeinen Abteilung, A. Lukjanow (*RL*97/87, S. 1), diese Abteilung. Seit dem ZK-Plenum vom 30. September 1988 steht Lukjanow nun als stellvertretender Vorsitzender des Präsidiums des Obersten Sowjet (und neu gewählter Politbürokandidat) Gorbatschow in seinem neuen, zusätzlichen Amt als Staatsoberhaupt zur Seite.

Es ist wahrscheinlich, daß seitdem W. M. Tschebrikow, der zum ZK-Sektretär mit Zuständigkeit für das Rechtswesen beförderte bisherige KGB-Chef, die Oberaufsicht über die ZK-Abteilung für Administrative Organe führt (vgl. A. Rahr, RL 423/88, S. 4) – was nicht gerade für verstärkte »externe« Kontrolle des KGB in personalpolitischen Fragen spricht. Seit Gorbatschows Quasi-Coup vom 30.9.1988 und der Radikalreform des ZK-Apparats erscheint das weitere Schicksal dieser Abteilung allerdings ungewiß. Es ist möglich, daß sie inzwischen in der neuen ZK-Kommission für das Rechtswesen aufgegangen ist (vgl. Knight, 1988, S. 61).

KGB-Funktionäre sind z.T. auch in anderen Bereichen aufgestiegen. Der Sinologe und politische Chefberater Andropows,

194

W. Scharapow – der nach Andropows Tod 1984 auch Tschernenko diente –, hatte lange Zeit mit Andropow im KGB zusammengearbeitet. Zusammen mit einem anderen ex-»Gebisten«, P.
Laptew, brachte er Andropows Reden und Aufsätze heraus und
nach dessen Tod Artikel und Filme zu seinem Gedenken. Kürzlich wurde Scharapow Botschafter in Bulgarien *(TASS,*
19.3.1988). Laptew avancierte 1984 zum »verantwortlichen Mitarbeiter« *(cotvetsvennji rabotnik)* des ZK: ZK-Sekretär A. I. Lukjanow wählte ihn zu seinem ersten Stellvertreter (vgl. *RS* 210/84, S.
2; *Deputaty Verchovnogo Soveta SSSR,* 1984, S. 239).

Der Vorsitzende des Staatskomitees für Radio und Fernsehen,
A. N. Aksjonow, ist ebenfalls ex-»Gebist«. Er gilt allerdings nicht
als journalistischer Star. Zuvor war er Botschafter in Warschau.
1959 war er zum stellvertretenden KGB-Chef und Innenminister
Weißrußlands ernannt worden, 1978 schließlich zum Ministerpräsidenten der Unionsrepublik.

Unter Gorbatschow scheint das KGB seine Zuständigkeiten
noch erweitert zu haben. Neo-Emigranten berichten z.B., daß es
inzwischen auf Rajon-Ebene nicht mehr nur KGB-Vertreter, sondern ganze Abteilungen, *otdely,* gibt *(Posev,* 9, 1987). Die Antikorruptionskampagne scheint dazu geführt zu haben, daß das
KGB, zuständig u.a. auch für schwere Wirtschaftsverbrechen,
seine Kontrollfunktionen in der Wirtschaft erweitert hat *(Washington Times,* 9.12.1988): Tschebrikows Bekanntgabe auf dem
XXVII. Parteitag, in einigen Ministerien und Institutionen seien
in letzter Zeit mehrere feindliche Agenten entlarvt worden *(ND,*
1.3.1986), könnte sich hiermit erklären.

Tschebrikow selbst erwähnte in seinem *Prawda*-Interview u.a.
auch Bodenschätze und Umweltschutz als eine KGB-Zuständig-
keit. Der KGB-Beitrag zum Programm der Perestrojka, den *Moscow News* im Juli 1988 druckte, ging ebenfalls ausdrücklich auf die
Umwelt-Problematik ein.

Gorbatschows Zweckbündnis mit der Staatssicherheit

Gorbatschow, der zu Beginn seiner Amtszeit als Parteichef das
KGB so betont umwarb, könnte selbst schon früher gewisse KGB-
Beziehungen gehabt haben. Nicht nur, daß er als »Kronprinz«
Andropows ein besonderes Verhältnis zur Staatssicherheit ent-
wickelt haben müßte (vgl. N. Poljanskij und A. Rahr, *FAZ,*

11.6.1986). Schon in den fünfziger Jahren, als Komsomol-Funktionär in Moskau, der offenbar ausländische Studenten zu überwachen hatte – daher seine Freundschaft mit Z. Mlynař (vgl. Mlynař, 1985) –, muß er zumindest gewisse Beziehungen zur politischen Polizei unterhalten haben (D. Vernet, *M*, 16.12.1987). Auch als Jurist vertrat er eine Berufsgruppe, die für die »Organe« besonders interessant ist. Seit 1979 war Gorbatschow Vorsitzender der Kommission des Obersten Sowjet für legislative Vorschläge, die für Fragen von Recht und Ordnung zuständig ist. Sein innenpolitisches Problembewußtsein, so ist bemerkt worden *(ZB,* 6, 1986, S. 2), könnte KGB-geprägt sein. Vor allem aber war Gorbatschow KGB-Chef Tschebrikow verpflichtet, der ihm im März 1985 im kritischen Moment half, gegen unerwartet starke Widerstände doch noch zum Parteichef gewählt zu werden.

Das Plenum vom 10. März 1985 wählte innerhalb von nur fünf Stunden nach Tschernenkos Tod M. S. Gorbatschow zum neuen Parteichef. Der »Übergang« erschien so reibungslos, daß manche Beobachter bereits spekulierten, die Sowjetunion hätte ihr traditionelles Nachfolgeproblem (die institutionelle Achillesferse aller Diktaturen) endlich gelöst. Doch in Wirklichkeit war die Willensbildung in der Führung keineswegs problemlos gewesen. Ursprünglich hatte es offenbar zur Zeit von Andropows Tod eine Absprache gegeben, wonach der kranke Tschernenko zwar Nachfolger wurde, dafür aber der jüngere Gorbatschow zweiter Sekretär und schließlich der Nachfolger Tschernenkos. Doch Tschernenko selbst scheint sich nicht daran gehalten zu haben. Schon nach Suslows Tod 1982 hatte er sich auf ein Bündnis mit dem Moskauer Parteichef W. Grischin eingelassen, um Breschnews ursprünglichen »Kronprinzen«, A. P. Kirilenko, auszustechen (der dafür samt Anhang zu Andropow überging). Im Laufe des Jahres 1984 trat Grischin zunehmend als Sprecher des schwerkranken Tschernenko auf. »Kremlologen« hatten bereits bemerkt, daß der siebzigjährige Moskauer Parteichef schon früher Nachfolgeabsichten signalisiert hatte, so als *Wetschernjaja Moskwa* auf einem Foto zum 1. Mai 1979 Kirilenko fortretouchiert hatte, was Grischin in größere Nähe zu Breschnew rückte. Im Dezember 1983 berichtete *Moskowskaja prawda,* daß Grischin den seit dem Sommer nicht mehr an der Öffentlichkeit erschienenen Andropow gesprochen habe – womit er erneut besondere »Nähe zum Chef« andeutete. Keine andere Zeitung brachte die Meldung.

Gorbatschows eigentlicher Hauptrivale, der neue ZK-Sekretär (seit 1983) G. W. Romanow, zuvor Parteichef von Leningrad, ein Mann mit engsten Beziehungen zum »militärisch-industriellen Komplex«, stellte sich in letzter Minute ebenfalls hinter Grischin, einfach um Gorbatschow zu blockieren *(IHT,* 1.7.1985).

In dieser kritischen Situation im März 1985 half KGB-Chef W. M. Tschebrikow Gorbatschow: Er führte KGB-Materialien über Korruption in Moskau gegen Grischin ins Feld *(NW,* 15.9.1986, S. 18), gegen den man pikanterweise auch vorbrachte, daß sein Sohn mit einer Tochter der ehemaligen Geliebten von Geheimdienstchef L. P. Berija, Ljalja Lawrentjewa Galperina, verheiratet war (Sch. Medwedew, 1986, S. 242). Schließlich müssen auch Vernunftgründe angesichts der kritischen Lage mitgespielt haben: Grischin war im September 1984 bereits 70 Jahre alt geworden und hatte 1981 einen Herzinfarkt erlitten – und inzwischen hatte man zur Genüge erlebt, was gerontokratische Regierungsunfähigkeit bedeutete.

Diese Spannungen erklären das schon fast skandalöse Herunterspielen von Tschernenkos Tod: die Traueranzeige auf Seite zwei (!) der *Prawda* (auf Seite 1 wurde Gorbatschows Amtsantritt bekanntgegeben) und nur drei Tage Staatstrauer (bei Andropows Tod waren es vier gewesen).

Gorbatschows erster machtpolitisch entscheidender Schritt war die Absetzung von Romanow: Am Schwarzen Meer soll ihm am 1. Juli 1985 ein Emissär des neuen Parteichefs das unterzeichnungsfertige Rücktrittsgesuch gebracht haben. Er wurde aus »Gesundheitsgründen« (er trank) pensioniert. Bald folgten Angriffe auf Grischins engste Mitarbeiter, und im Dezember wurde dieser danklos durch Je. N. Jelzin ersetzt. (Jelzins Sturz im November 1987 wegen »Ultra-Perestrojka«-Verhaltens war dann in gewissem Sinne die Rache von Grischins – allerdings sehr dezimiertem – Apparat).

Gorbatschow hatte also bei Amtsantritt politische »Schulden« gemacht, sowohl bei Gromyko als auch bei Tschebrikow und Ligatschow, der ihn damals ebenfalls unterstützte. Auf der XIX. Parteikonferenz vom Sommer 1988 erinnerte der von Jelzin in beispielloser Weise attackierte Ligatschow hieran:

> »Um die ganze Wahrheit zu sagen: das waren besorgniserregende Tage. Es war mir bestimmt, im Zentrum dieser Ereignisse zu sein, so daß ich das beurteilen kann. Ich möchte Ihnen sagen, daß dank

der festen Haltung der Politbüromitglieder Genossen Tschebrikow, Solomenzew und Gromyko sowie einer Gruppe von Ersten Gebietssekretären auf dem März-Plenum [1985] die einzig richtige Entscheidung getroffen wurde« *(Pr,* 2.7.1988, S. 11).

Es fiel auf, daß bei Tschernenkos Beerdigung im März 1985 Tschebrikow, obgleich erster Politbürokandidat, unmittelbar neben dem neuen Parteichef stand – in dem so protokollbewußten Sowjetregime bestimmt kein Zufall! Im April wurde er zum Politbüro-Vollmitglied befördert, nachdem er eben erst über zwei Jahre im Amt gewesen war. (Andropow hatte hierzu sechs Jahre gebraucht.) Als Tschebrikow dann noch im November 1985 die Rede zur Oktoberrevolution hielt, war klar, daß er zu einem der »Senioren« im Politbüro aufgerückt war: ein »Verbündeter« des Parteichefs, nicht etwa ein Weisungsempfänger.

Gorbatschow benutzte anfangs jede Gelegenheit, um die Staatssicherheit besonders zu loben. So erklärte er in seiner Rede anläßlich des 40. Jubiläums des Sieges im Zweiten Weltkrieg am 9.5.1985:

> »Der charakteristische Zug des Krieges als allgemeiner Volkskrieg fand seinen ausgeprägten Ausdruck in der Schöpfung eines zwei Millionen starken Aufgebots von Untergrundkämpfern auf dem zeitweilig vom Feind besetzten Gebiet, in der breiten Entfaltung der Partisanenbewegung. Hinter der Front, im Rücken des Feindes, gab es eine weitere Front – die der Partisanen. Die Rächer des Volkes nahmen an den Kämpfen teil. Das Land brannte unter den Füßen des Angreifers« *(K,* 8, 1985, S. 6).

Was Gorbatschow nicht ausdrücklich erwähnte, aber jeder wußte, der es wissen mußte: Partisanen und Untergrundkämpfer waren die Zuständigkeit der Staatssicherheit, die hier gepriesen wurde.

Auf dem XXVII. Parteitag wurde das KGB wieder in geradezu überschwenglicher Weise vom Parteichef gelobt:

> »Unter den Bedingungen der Zunahme subversiver Aktivität der Geheimdienste des Imperialismus gegen die Sowjetunion und die anderen sozialistischen Länder wächst die Verantwortung, die bei den *Organen für Staatssicherheit* liegt, erheblich. Unter der Leitung der Partei und bei strikter Einhaltung der sowjetischen Gesetze leisten sie große Arbeit bei der Aufdeckung feindlicher Intrigen, der Unschädlichmachung aller Arten subversiver Aktionen und beim Schutz der heiligen [!] Grenzen unserer Heimat.

Wir sind überzeugt, daß die sowjetischen Tschekisten immer auf der Höhe der an sie gestellten Anforderungen sein und Wachsamkeit, Ausdauer und Festigkeit im Kampf gegen jegliche Übergriffe auf unsere staatliche und gesellschaftliche Ordnung zeigen werden« (*Pr*, 26.2.1986, S. 7).

Das war in bezug auf Terminologie und Zielvorgaben eine vollkommen »unkritische« Übernahme der Selbstdarstellung des KGB, die, obgleich inhaltlich nicht neu, schon durch die bloße Länge auffiel.

Obgleich sich Ende 1986 – Anfang 1987 unverkennbare Spannungen zwischen Gorbatschow und dem KGB abzuzeichnen begonnen hatten, machte der Parteichef im Sommer 1987 folgende Eintragung in das Gästebuch des Ost-Berliner-Stadtkommandanten:

> »Ewiges Gedenken den Grenzsoldaten, die ihr Leben im Namen der sozialistischen DDR gegeben haben.« *(dpa, 10.6.1987).*

Auch der Grenzschutz ist, wie gesagt, eine Zuständigkeit der Staatssicherheit. Allerdings soll seit jenem Sommer der Schießbefehl gegen Flüchtlinge eingestellt worden sein.

Selbst auf dem Kader-Plenum im Januar 1987, als das ominöse Schweigen von Ligatschow und Tschebrikow für Spannungen sprach, erklärte Gorbatschow:

> »Die Organe für Staatssicherheit wachen aufmerksam über die Interessen [sic!] der Heimat, verfügen über ideologisch gestählte, Partei und Staat ergebene, professionell ausgebildete Kader. Wir sind sicher, daß die sowjetischen Tschekisten auch künftig rechtzeitig feindliche Intrigen, die sich gegen unser Land richten, aufdecken und resolut unschädlich machen werden.« (*Pr*, 28.1.1987, S. 5)

Wäre Gorbatschow tatsächlich nur der Diktator in spe, der seine totalitäre Macht ausbauen will wie Stalin seit Ende der zwanziger Jahre, gäbe es keinen Widerspruch zwischen Perestrojka und seinen Verbeugungen gegenüber der Staatssicherheit, die sich ja selbst geradezu als Vorkämpferin der Perestrojka präsentiert hat (vgl. Orlow, 1988). Auch solange »Perestrojka« nur als Antikorruptions- und Disziplinkampagne verstanden wurde – weiter kam es in der Praxis unter Andropow nicht, obgleich der bereits offenkundig an politische Systemreform dachte –, war das Zusammengehen noch möglich. Problematisch wurde die Allianz, als Gorbatschow mit Legalität und Demokratisierung ernst machte. War es Zufall, daß die Berchin-Affäre – der größte KGB-Skandal der Nachkriegszeit – vom Komitee für Parteikontrolle zur gleichen Zeit bekanntgegeben wurde wie ein großes Gesetzgebungsprogramm: Ende November 1986? Wie dem auch sei, seitdem Gorbatschow im September 1986 die Demokratisierung verkündet hatte, mehrten sich die Spannungssymptome – was erneut für die »Ernsthaftigkeit« von Gorbatschows Reformen spricht.

Die Berchin-Affäre

B. W. Berchin, Leiter des »Korrespondenten-Punktes« der Zeitschrift *Sowetskij schachtjor* (»Sowjetischer Bergmann«) *(Pravda Ukrainy,* 8.1.1987), hatte mit seiner Aufdeckung von Rechtsbeugungen in der Ukraine hohe Funktionäre gegen sich aufgebracht. Im Juli 1986 ließ ihn das KGB wegen »böswilligen Rowdytums« verhaften (vgl. *Sp,* 1, 1987, S. 84).

Dem Journalisten wurde ein Gespräch mit dem Staatsanwalt verweigert. Er wurde verhört, bis er die Besinnung verlor, und dann mit Spritzen wieder zu Bewußtsein gebracht (*RL* 424/87, S. 5), woran er später starb.

Koordinator der Intrige gegen Berchin war der stellvertretende KGB-Chef von Woroschilowgrad, A. Ditschenko *(RS,* 33/88, S. 2). Das KGB ging in »klassischer« Weise vor: man versuchte, Berchin zu kompromittieren. Ihm wurde unterstellt, er habe an der (illegalen) Verbreitung von pornographischen Videofilmen durch seine Freunde W. und I. Krejnin teilgenommen. In der Sowjetunion übt das KGB faktisch die ideologische Zensur über Video aus (vgl. V. Yassmann, *RS* 33/88). Aber die beiden Brüder waren nicht bereit, gegen Berchin auszusagen. Ja, einer von ihnen, ein Arzt, konnte mit Hilfe der *Medizinskaja gaseta* (»Medizinische Zeitung«) nachweisen, daß es sich bei besagten Videofilmen gar nicht um Pornographie gehandelt hatte. So konnte die Zeitung die Rehabilitation der beiden Brüder erreichen. Es gelang ihr jedoch nicht, die an der Affäre Schuldigen vor Gericht zu bringen.

Inzwischen hatte der Fall eine zusätzliche Dimension angenommen. Ditschenko hatte versucht, Berchin zu dem Geständnis zu erpressen, daß ein Mitarbeiter der *Prawda* – also des Zentralorgans der Partei! – ebenfalls in die Affäre verwickelt war (D. Kazutin, *MN*, 18.1.1987, S. 3). Damit aber wirkte der Fall bereits wie ein KGB-Coup gegen Glasnost und die Partei – was erklärt, wieso nun die Führung radikal durchgriff.

Am 4.1.1987 erschien über den Fall in der *Prawda* der Artikel von M. Odinez und M. Poltoranin. Ditschenko wurde genannt, allerdings nur als Mitglied des Büros des Obkoms Woroschilougrad. Das Stichwort KGB fiel noch nicht. Das gleiche war der Fall in dem Bericht der *Prawda Ukrainy* vom 8.1.1987. Die Zeitung meldete nur grobe Verletzungen des Rechts durch »die Rechtsschutzorgane« des Gebiets Woroschilowgrad aufgrund mangelnder Kaderausbildung in der Staatsanwaltschaft und im MWD sowie unzureichender Kontrolle durch das Gebietsparteikomitee Woroschilowgrad und berichtete von entsprechenden Sanktionen. Auch habe das ZK der Ukraine die Gebietsparteiorganisationen und das Stadtparteikomitee von Kiew verpflichtet, die politische Leitung der Rechtsschutzorgane zu verstärken und ihre Arbeit dauernd zu kontrollieren sowie die persönliche Verantwortung der Leiter dieser Organe für die strikte Einhaltung der Legalität zu erhöhen.

Da aber erschien in der *Prawda* am 8.1. auf Seite 1 plötzlich die beispiellose Selbstkritik von KGB-Chef Tschebrikow. Namentlich nannte er Ditschenko als stellvertretenden KGB-Chef von Woroschilowgrad und beklagte, dieser habe »die hohen Anforderungen, die an einen sowjetischen Offizier gestellt werden, diskreditiert« *(Pr,* 8.1.1987). Am 30.1.1987 folgten weitere Sanktionen: der ukrainische MWD-Minister, Generalmajor G. Berdow, erhielt einen strengen Verweis wegen »Laxheit«; zwei leitende Polizei(MWD)-Funktionäre wurden entlassen, zwei weitere degradiert. Am 15.2. verlor auch der Gebietsparteichef von Woroschilowgrad, B. T. Gontscharenko, seinen Posten: Nachfolger wurde der bisherige ZK-Sekretär der Ukraine für Partei-Organisationsarbeit, I. A. Ljachow. Am 25.5.1987 wurde schließlich der ukrainische KGB-Chef, S. N. Mucha, seines Amtes enthoben. Am 9.7.1987 meldete *Prawda Ukrainy,* Mucha sei zusammen mit sieben hohen Funktionären, einschließlich des Ministerpräsidenten der Republik, »im Zusammenhang mit seiner Entlassung aus dem aktiven Militärdienst« *(WSJ,* 15.7.1987) zwangspensioniert worden.

Seitdem begannen sich die Kritiken am Sicherheitsapparat zu mehren. Zugleich dürften diese Maßnahmen Gorbatschow einen gewichtigen Teil des KGB entfremdet haben *(Sp,* 7, 1988, S. 127).

Glasnost gegen KGB: Spannungen werden sichtbar

Im Januar 1987 wandte sich der prominente Jurist, Kriminologe und Strafrechtler, W. Kudrjawzew, – seit 14 Jahren Leiter des Instituts für Staat und Recht der Akademie der Wissenschaften, das u.a. an der Vorbereitung neuer Gesetze maßgeblich beteiligt ist – in der Zeitschrift *Sozialisticheskoje gosudarstwo i prawo* (»Sozialistischer Staat und Recht«) gegen »Rechtsnihilismus« und verwies auf die rechtsstaatlichen Erfahrungen der überwiegenden Mehrheit der Länder der Welt. Am 3.3.1987 zitierte Je. Komarow in einem Artikel über Kriegskommunismus und WTscheka Lenins Kritik an der »Schläfrigkeit« des Justizministeriums. Am 3.4. berichtete die *Prawda* über die Vorbereitung des neuen Strafgesetzes und betonte, daß es die Bürger besser schützen solle.

Es gab weitere Indizien, daß die Gorbatschow-Führung mit ihrer Betonung der Legalität ernst machte. Am 19.6.1987 meldete die *Iswestija* Sanktionen gegen den stellvertretenden Polizeichef und weitere Funktionäre in Jalta. Diese hatten versucht, Angestellte von Intourist zu kompromittieren, nachdem sich diese über die Ernennung ihres neuen Chefs durch Parteiinstanzen beschwert hatten. Am 21.7.1987 berichtete *Kasachstanskaja prawda* über eine große Säuberung des MWD und Justizministeriums der Republik: über 1 000 Polizisten seien entlassen worden; ca. 15 % der Mitarbeiter der Staatsanwaltschaft hätten ihren Posten verloren (entlassen oder degradiert) sowie 358 Polizisten in verantwortlichen Positionen. Grund: Verschleierung von Straftaten, illegale Verhaftungen und Mißachtung von Klagen der Öffentlichkeit. Ca. 16 000 Funktionäre der beiden Ministerien müßten sich »Eignungstests« unterziehen.

Solche Meldungen dürften deutliche Signalwirkung haben. Womöglich dienen Meldungen über Sanktionen gegen MWD-Funktionäre, über die man ja öffentlich sprechen kann, auch als verkappte Warnung an das KGB.

Am 7.8.1987 reiste Gorbatschow in seinen spektakulär langen »Urlaub« von 53 Tagen, der wohl nur zu begründete Vermutungen über Machtkämpfe auslöste. Denn in seiner Abwesenheit leitete der zweite Mann und in vieler Hinsicht sein Gegenspieler, Je. K. Ligatschow, Sekretariat und Politbüro. Dieser meldete sich sogleich verstärkt zu Wort und griff aktiver in die Politik ein. Damals soll Jelzin schon an Rücktritt gedacht haben, weil das Sekretariat unter Ligatschow alle seine Reformbestrebungen in

Moskau durchkreuzte. Mehr noch, am 10.9.1987, anläßlich des 110. Geburtstags von Tscheka-Gründer F. E. Dzierziński, hielt KGB-Chef W. M. Tschebrikow eine ominöse Rede, die in der Intelligenz mit Recht Besorgnis auslöste.

Tschebrikow vs. Gorbatschow: Kto kogo?

Ein 110. Geburtstag war kein »rundes« Jubiläum. Ihn trotzdem herauszustellen, deutete bereits an sich auf einen besonderen politischen Anlaß, der auch über den bloßen Auftakt zum 70jährigen Jubiläum der »Tscheka« im Dezember 1987 hinausgehen konnte, ein Jubiläum, das das KGB natürlich kräftig zur Selbstdarstellung benutzen wollte.

Tschebrikow ist der letzte der alten Breschnew-»Mafia« im Politbüro (neben W. Schtscherbizkij). Er stammt aus Breschnews »Lehen« Dnepropetrowsk, wo er allerdings das metallurgische Institut absolvierte, nachdem Breschnew selbst schon nicht mehr da war. Als Parteichef des bekannten Zentrums der Rüstungsindustrie – Anfang der sechziger Jahre gab es hier laut Penkowskij eine der größten Raketenfabriken der Sowjetunion (Penkovsky, 1965, S. 105) – arbeitete er unter dem heutigen ukrainischen Parteichef, W. Schtscherbizkij, der wohl auch sein eigentlicher Protektor gewesen ist. Schtscherbizkij hat inzwischen womöglich seinerseits von dieser Verbindung profitiert, was vielleicht seinen überraschend langen Verbleib im Amt erklärt, trotz aller Anzeichen von Unzufriedenheit seitens Gorbatschows. Tschebrikow soll nicht nur in freundschaftlicher Beziehung zu Breschnew gestanden haben, der ihn 1967 für das Amt des Kaderchefs im KGB empfahl, sondern auch zu Tschernenko, der als Leiter der Allgemeinen Abteilung wahrscheinlich auch gewisse Aufsichtsfunktionen über das KGB wahrgenommen hatte. Es heißt, Tschebrikow habe dank seiner Kompetenz Andropows Vertrauen gewonnen, der mit ihm bei einer Reorganisation des KGB-Personals zusammenarbeitete.

Mit 68 Jahren ist Tschebrikow also ein Vertreter der alten Generation – und er ist sich dieser Tatsache nur zu bewußt. Noch unter Breschnew verwies er seinerzeit auf »demagogische« Argumente gegen die Gerontokratie. Wie die ganze Breschnew-Generation hat ihn das Erlebnis des Zweiten Weltkriegs entscheidend geprägt. Er ist der einzige im heutigen Politbüro mit eigener Militärerfahrung: er diente sich damals vom einfachen Soldaten zum Bataillonskommandeur empor. Er zeigt sich in seinen Reden aufgeschlossen für die Perzeptionen und Prioritäten des »militärisch-industriellen Komplexes«. Im übrigen ist er wie Ligatschow den ideologischen Dogmen stark verhaftet. Er ist offenbar kein Intellektueller, kein Mann der großen Visionen – insofern also ganz anders als Ju. W. Andropow. Aber er hat deutliche politische Ambitionen und ist seit seiner Beförderung zum Politbüro-Vollmitglied sichtbar bestrebt gewesen, sich als »allround«-Führer zu profilieren. Ja, schon früher hat er sich zu Grundsatzfragen der Politik in Artikeln geäußert, was für einen KGB-Chef untypisch ist, arbeitet dieser doch traditionell eher im Hintergrund. Allerdings ist Tschebrikow kein »hundertprozentiger« Gebist, bedenkt man, daß er in diesem Apparat zunächst vor allem als politischer Aufpasser der Partei gewirkt hat. Darüber könnte es sogar zu Spannungen zwischen ihm und Andropows Stellvertretern Zwigun und Zinjow gekommen sein. Es wäre eine mögliche Erklärung für die Beförderungs-»Wirren« im Frühjahr 1982.

Tschebrikow benutzte den Dzierziński-Geburtstag im September 1987, um mit aller Klarheit seine Vorstellung von den Grenzen der Perestrojka herauszustellen:

> »Nötig ist ein klares Verständnis der Tatsache, daß sich die Perestrojka in unserem Staat und in unserer Gesellschaft unter der Führung der kommunistischen Partei vollzieht, im Rahmen des Sozialismus und im Interesse des Sozialismus« (*Pr*, 11.9.1987, S. 2, viii).

Dies klang wie das Echo Ligatschows, dem sich der KGB-Chef womöglich im Zuge der Entwicklungen seit Ende 1986 angenähert hatte, zumal Ligatschow vermutlich auch gewisse Aufsichtsfunktionen über das KGB wahrgenommen hat.

An sich, so könnte man natürlich einwenden, besagt Berufung auf »den Sozialismus« noch nicht viel: die Neuerer tun das auch (allerdings gab F. Burlazkij kürzlich zu, daß man selbst nicht so genau wisse, was das sei). Tschebrikow signalisierte aber sehr deutlich, daß er an das stalinistische Verständnis von »Sozialismus« anknüpft. Schon früher hatte er den »kollektivistischen Charakter unserer Ordnung« betont, den Primat der »gesellschaftlichen« (sprich: der staatlichen, parteilichen, zentralen) Interessen gegenüber denen des Individuums:

»Individualismus, anarchische Willkür, Mißachtung der Bürgerpflicht, Abweichung von den Normen der kommunistischen
Moral, alle Handlungen, die den gesellschaftlichen Interessen
schaden, sind mit der sozialistischen Lebensweise unvereinbar«
(K, 9, 1985, S. 49; vgl. Pr, 21.3.1984).

Dabei berief er sich auf die proletarisch-revolutionäre Mytholo-
gie, auch wenn er selbst längst erkannt hatte, daß diese von der
jüngeren Generation nicht mehr wirklich akzeptiert wird *(Molo-
doj Kommunist, 4, 1981).*

Tschebrikow wollte nicht sehen, worauf Gorbatschow ausdrücklich verwiesen hat *(Pr, 17.4.1987):* daß nämlich Demokratie, Pluralismus, Interessen- und Meinungsvielfalt keineswegs
gleichbedeutend mit »Anarchie« sind. Allerdings schien der
KGB-Chef »dazugelernt« zu haben, denn er räumte immerhin
ein:

> »Unter den Bedingungen der erweiterten Demokratie und Glas-
> nost zu leben, setzt Diskussionen und Widerstreit der Meinungen
> und Positionen voraus« *(Pr, 11.9.1987, S. 2).*

Doch Glasnost und Pluralismus sind die Aspekte der Perestrojka,
die das KGB mit den größten Bedenken erfüllen. In einem auf
Drängen der Neuerer zusammengestellten und von *Moskowskie
nowosti* im Juli 1988 veröffentlichten Beitrag des KGB zur Perestrojka wird u.a. ausdrücklich auf die Gefahr des Mißbrauchs des
»sozialistischen Pluralismus« verwiesen.*

W. Karpow, Oberst a.D., der die Vorbereitungen für das
Tscheka-Jubiläum im Dezember 1987 leitete, sprach sich auf der
Parteikonferenz im Sommer 1988 ebenfalls kritisch gegen Glas-
nostj aus *(NZZ, 1.7.1988).* A. Wlasow dagegen, der neue MWD-
Minister (bis zum September 1988) und ein resoluter Perestrojka-
Vorkämpfer, sieht das ganz anders:

> »Die Presse ist das Instrument der Glasnost; und das heißt, ein
> guter Helfer bei der Arbeit eines Führers jeden Ranges. Deshalb

---

* Auf der Parteikonferenz verlangte das KGB laut Tanjug (30.6.1988; Knight,
  1988, S. 64), daß etwas gegen »willkürliche Deutungen des Sozialismus« unternommen würde: »Dieser Vorschlag ist augenblicklich dringend, da die Sicherheitspolizei sich oft Manifestationen von Pluralismus gegenübersieht (Demonstrationen, Meetings usw.), die sie vor das Dilemma stellen: Wie soll man reagieren, mit oder ohne Knüppel?«

ist es befremdlich, aus dem Mund von Parteiarbeitern die Forderung zu hören, man müsse den Journalisten Zügel anlegen. Man muß sie unterstützen und nicht etwa der Stimme berauben!« (Zitiert von N. Popov, in: *SK,* 12.7.1988.)

Ob Tschebrikow nun wirklich Demokratie und Pluralismus mit Anarchie gleichsetzt oder ob es Ressortegoismus ist, der hinter seiner Weltsicht steht, ist eine offene Frage. Er äußerte Befürchtungen, daß der »Prozeß der gesteigerten sozialpolitischen Aktivität der Werktätigen« der Parteikontrolle entgleiten und die traditionell vermeintlich »monolithische« Einheit von »Partei und Volk« durchbrechen könnte *(Pr,* 11.9.1987, S. 2). Worum es dem ehemaligen Parteichef von Dnjepropetrowsk aber vor allem geht, ist die führende Rolle der Partei, der »erprobten Leninschen Avantgarde des Sowjetvolkes«, der »Inspiratorin und Organisatorin« all unserer historischen Siege:

> »Vom Sieg des Sozialismus kann ohne die ideologische und organisatorische Geschlossenheit der Partei keine Rede sein.« (a.a.O.)

Dies aber ist *keine* KGB-spezifische Sicht: Andropow hatte diese »führende Rolle« der Partei nicht mehr betont, und auch Gorbatschow gibt sich in dieser Frage (s. oben) – aus guten Gründen! – ziemlich ambivalent.

Tschebrikows so übermäßig »geheimnisbetonte« Weltsicht hat entweder etwas vom Eifer des professionellen »Novizen« und Partei-Kontrolleurs, oder aber man muß sie als Ausdruck eines bedenklichen Neo-Stalinismus sehen, der weiterhin vom »Nullsummenspiel« eines *totalen* Konfliktes der Systeme ausgeht (den Gorbatschow ja ausdrücklich ablehnt) – ein Totalkonflikt, in dem dann, wie im Stalinismus, auch jeder »Andersdenkende« sofort zum »Agenten« des Feindes wird. Ein Artikel des neuen Ersten Stellvertretenden KGB-Chefs Bobkow ist in der Tat in eben diesem Geist:

> »Es ist leicht zu erkennen, daß der sog. Kampf für die Menschenrechte nur der Versuch ist, sowjetische Gesetzesbrecher zu verteidigen und jene, die sich auf den Weg des Verrats und der feindlichen Handlungen gegen den Sozialismus begeben haben.« *(Političeskoe samoobrazovanie,* 6, 1986. Englische Übersetzung in: *Strategic Review,* fall 1986, S. 91.)

Tschebrikow meint, westliche Geheimdienste hätten insbesondere die gesamte schöpferische Intelligenz im Visier (die sich ja besonders neuerungsbegeistert gibt). Überhaupt wollten diese Dienste alle »Geheimnisse« der Sowjetunion ausspähen: in der Außenpolitik, in der Wirtschaft und in der Technik *(K,* 9, 1985, S. 51). (Seine Entdeckung von Spionen im Regierungsapparat dürfte ihn allerdings Ministerpräsident Ryshkow schwerlich sympathischer machen!) Seine in diesem Zusammenhang auf dem XXVII. Parteitag wörtliche Wiederholung einer Formulierung Stalins von 1937 ließ stärkste Bedenken gerechtfertigt erscheinen.

In der Tat wird Tschebrikow von mancher Seite eben jene allgemeine Verhärtung der sowjetischen Innenpolitik in der Zeit der Interregna vor Gorbatschow angelastet. War er doch KGB-Chef seit Dezember 1982. Und er war ein Mann, der ungeachtet einer langen Zusammenarbeit wahrscheinlich Andropow *nicht* besonders nahe stand.

Allenfalls in Fragen der Landwirtschaft könnte der Ukrainer Gorbatschow näher stehen. In seiner Dzierziński-Rede zitierte er jedenfalls eine Äußerung des »eisernen Felix«, in der dieser eine Industrialisierung vorwiegend auf Kosten der Bauern kritisiert hatte. Das deutete an, daß Tschebrikow, wie seinerzeit G. Jagoda, für einen »Bucharinschen« (im Gegensatz zum Stalinschen) Weg womöglich doch aufgeschlossen ist. In der Tat ist ja Bucharin bald darauf rehabilitiert worden (juristisch im Februar 1988, Wiederaufnahme in die Partei im folgenden Sommer).

M. S. Solomenzew berichtete in einem spektakulären Interview, in dem sich der Vorsitzende der Kommission für Parteikontrolle auch als Vorsitzender der Politbüro-Kommission zur Überprüfung der Stalinschen Terrorurteile zu erkennen gab, daß KGB-Chef Tschebrikow auch in dieser Kommission sitzt, die natürlich eng mit der Staatssicherheit zusammenarbeiten muß, die die relevanten Archive hütet *(Pr,* 19.9.1988).

Allerdings scheint Tschebrikow in Sachen Außenpolitik letztlich etwas weniger dogmatisch als Ligatschow, der pointiert den alten Klassenkampfgedanken herausgestellt hat – einfach, weil sonst die Partei Organisationsprobleme hat. Tschebrikow dagegen meint, der Versuch der Gorbatschow-Führung, die Idee des Sozialismus mit neuem Gehalt zu füllen, habe »reale Aussichten«. Zugleich aber fürchtet er die omnipräsenten Geheimdienste des Westens.

Hier ist wiederum Ressortegoismus im Spiel: das KGB »braucht« diese Feinde einfach, um seinerseits der Führung die anhaltende eigene Daseinsberechtigung zu »verkaufen«. Die Staatssicherheit, so die KGB-Auffassung, müsse solange weiterbestehen, »wie es Ausbeuter auf der Welt gibt« (M. Stepičev, *Pr,* 10.12.1987), mit anderen Worten: auf immer. In Tschebrikows Formulierung:

> »Der rabiate Ansturm der inneren und äußeren Reaktion und die Dialektik des Klassenkampfes selbst forderten nachdrücklich die Schaffung eines solchen Organs der Diktatur des Proletariats, das rechtzeitig die subversiven Pläne des Feindes des ersten Arbeiter- und Bauernstaats der Welt aufdeckte und schnell und entschieden den Widerstand der gestürzten Ausbeuter unterdrückte« *(Pr,* 11.9.1987).

So stellte sich die Frage, wie lange Gorbatschow und Tschebrikow zusammenarbeiten können und ob nicht bereits das »kto kogo«, das »Wer besiegt wen?« (Lenins Schlagwort) aktuell geworden ist. Jedenfalls war klar, daß der Kryptostalinismus Tschebrikows mit der liberalisierenden Stoßrichtung der Perestrojka längerfristig schwerlich vereinbar ist, trotz gegenseitiger politischer Anpassungstaktiken.

Bereits zur Zeit des Januar-Plenums 1987 kam das Gerücht auf, Tschebrikow könnte womöglich Schtscherbizkij als ukrainischen Parteichef ablösen (was die Beziehung zwischen den beiden Männern belasten könnte). Inwischen ist auch der lettische Partei- und ehemalige KGB-Chef, B. Pugo – der Adoptivsohn des verstorbenen Altbolschewiken und Vorsitzenden der Partei-Kontrollkommission, A. Pelsche –, als ein möglicher Nachfolger im Amt des Allunions-KGB-Chefs im Gespräch (vgl. *RL* 226/87, S. 3). Sollte die Altersgrenze von 65 Jahren eingeführt werden, hätte Gorbatschow natürlich die eleganteste Lösung gefunden: Tschebrikow ist 68, Ligatschow ebenfalls über 65.

Letztlich untersteht die Staatssicherheit dem Parteichef, bei gewissen Kontrollfunktionen des Zweiten Sekretärs. Tschebrikow kann also nicht allzu offen als Gegenspieler Gorbatschows agieren. Aber auch für Gorbatschow kann das KGB gefährlich werden, wie Chruschtschows Sturz zeigt und kürzlich Jelzins womöglich provozierter Zusammenstoß mit der Führung im ZK. Kommt es zur Kraftprobe, ist der Ausgang also noch gar nicht mit Sicherheit vorhersehbar.

Jelzins Sturz: Ein Rückschlag

Im Oktober 1987 wurde B. N. Jelzin, seit Dezember 1985 Parteichef von Moskau, zu Fall gebracht. Er hatte wie der »Prototransformer« gewirkt: tüchtig, engagiert, ohne ein Blatt vor den Mund zu nehmen. Gorbatschow selbst hatte ihn für das Amt vorgeschlagen. Sein Sturz war insofern ein schwerer Rückschlag, denn er schien zu bedeuten: der neue Parteichef konnte »seine« Leute nicht schützen (was in einem System mit so entwickelten Patronage-Beziehungen wie dem sowjetischen schwer wiegt).

Jelzin wollte Moskau zur neuen Musterstadt machen. Er säuberte Grischins Apparat radikal. Die Moskauer Funktionäre beschwerten sich bei Ligatschow.

Jelzin bot Gorbatschow schon während dessen Urlaub im August-September 1987 den Rücktritt an, wie Gorbatschow später berichtete, ließ sich dann aber dazu bewegen, erst die Feierlichkeiten zum 70. Jubiläum der Oktoberrevolution abzuwarten. Doch auf dem Oktober-Plenum 1987, das überraschend Gorbatschows historische Darlegungen diskutierte (und offenkundig zensierte), meldete sich spontan der leidenschaftliche Jelzin zu Wort. Es kam zu einem Wortgefecht mit seinen beiden Hauptwidersachern, Ligatschow und Tschebrikow (das später *Le Monde* zugespielt wurde, zum größten Verdruß vieler Konservativer):

> »Sie brauchen mich nicht anzuschreien, Genosse Ligatschow ... Ich muß in aller Offenheit sagen, Genossen, es ist schwer zu arbeiten, wenn man statt konkreter, freundschaftlicher Hilfe nur Predigten und grobe Zurückweisung erhält.«

Jelzin kam auf eines seiner Hauptthemen zurück, die nach wie vor schlechte Versorgungslage:

> »Wenig hat sich geändert. Die gleichen Funktionäre in den Ministerien decken mit aller Macht die Ladentischdiebe [im Einzelhandel]. Nein, Genosse Tschebrikow, es tut mir leid, das sind die Tatsachen« *(M, 2.2.1988)*.

Auf der XIX. Parteikonferenz im folgenden Sommer wiederholte er diesen Vorwurf: Korruption würde von höchster Seite in Moskau gedeckt. »Ich weiß aus Moskauer Erfahrung, es gibt bestimmt eine Mafia« *(Pr, 2.7.1988)*.

Auf dem Plenum des Moskauer Stadtparteikomitees am 11.11.1987 wurde Jelzin in Anwesenheit von Gorbatschow persönlich seines Amtes enthoben. 23 (!!) Funktionäre meldeten sich zu Wort. Eine wahre Hexenjagd nach stalinistischem Muster entbrannte. Jelzin mußte ein demütigendes »Schuld«-bekenntnis ablegen (er selber berichtete später, er sei schwer krank gewesen und habe kaum noch gewußt, was er tat). »Linkes Sektierertum«, »Anbiederung an die Arbeiter«, »Demagogie«, ein »Dolchstoß gegen die Partei« *(SR,* 15.11.1987), eigenmächtige Umorganisation des Moskauer Parteikomitees, mangelnde Liebe zur Hauptstadt, übermäßiger Ehrgeiz, ja sogar »Bonapartismus« wurden ihm vorgeworfen. Es war aber deutlich, daß das im Grunde auch Vorwürfe an Gorbatschow und die Perestrojka schlechthin waren. Spätestens seit diesem Zeitpunkt muß der Parteichef verstanden haben, daß seine unmittelbaren Hauptgegenspieler inzwischen der Parteiapparat und das KGB sind.

Denn die Jelzin-Affäre hatte Züge einer KGB-Provokation. Es fiel auf, daß bereits wiederholt – 1986 und 1987 – Tonbänder von Reden Jelzins in den USA auftauchten, ohne daß klar war, wie sie dorthin gelangt waren, auf denen er wie ein Robespierre in spe klang *(IHT,* 20.11.1987). Tschebrikow machte ihm den bezeichnenden Vorwurf, er habe sich in Anwesenheit von Ausländern allzu unvorsichtig geäußert – ein Vorwurf, der nach alten stalinistischen Maßstäben gleichbedeutend mit Verrat war. In der Tat hatte sich Jelzin zu heikelsten Fragen sehr offen gegeben: in Anwesenheit ausländischer Diplomaten bemerkte er, die Sowjetunion habe die größte Zahl von Strafgefangenen der Welt *(MN,* 18.10.1987); in der Bundesrepublik äußerte er sich freimütig zur Tschernobyl-Katastrophe; er ging auf Differenzen über die Außenpolitik ein und kritisierte scharf den Protektionismus der Diplomatischen Akademie des Außenministeriums bei der Auswahl der Studenten; angesichts von Rusts Landung auf dem Roten Platz im Mai 1987 nannte er das Militär »völlig untransformiert«. Kurz, er hatte einen Rundumschlag gegen alle die mächtigsten Apparate unternommen – kein Wunder, wenn ihn niemand verteidigte.

Allerdings gewann er durch seinen Sturz an Format und persönlicher Popularität. In Swerdlowsk wurden Tausende von Flugblättern zu seiner Unterstützung herausgegeben – etwas ganz Neues!

Gorbatschow, ein brillanter Taktiker, fing das Debakel ab. Er mußte sich von Jelzin trennen – die »Partei-Einheit« mußte, wenigstens zum Schein, gewahrt bleiben. Aber er verband diesen Rückzieher mit listigen Manövern. Jelzins »Fehler« wurden auf »politische Unreife« und übermäßigen Ehrgeiz reduziert. Vor allem, Gorbatschow ließ – ein spektakulärer Schritt – in der *Prawda* vom 13.11.1987 große Auszüge der Reden vom Plenum des Moskauer Stadtparteikomitees abdrucken – was den Konservativen, die mit ihren wirklichen Argumenten nicht gern vor die Öffentlichkeiten treten, sehr peinlich gewesen sein muß. Denn nachdem ZK-Sekretär A. I. Lukjanow sich als erster vorsichtig über die Hintergründe der Affäre geäußert hatte, erging plötzlich eine Weisung an alle Redakteure, dieses Interview nicht zu bringen!

Mit L. Sajkow kam ein umsichtiger und kompetenter Mann als Jelzins Nachfolger nach Moskau. Gorbatschow konnte also das Schlimmste verhindern, aber der große Schachspieler hatte einen »Turm« verloren ... Das verdankte er offenbar nicht zuletzt dem KGB. Mit Sajkows Versetzung könnte Ligatschow auch wieder die Teiloberaufsicht über die »Organe« zugefallen sein.

Gorbatschows Rede zur Oktoberrevolution fiel eher matt aus (vgl. v. Borcke, 1987). Doch er selbst relativierte sie schnell: schließlich habe er kein »Dogma« verkündet. Glasnost machte weitere Fortschritte. Mit zunehmender Leidenschaft wandten sich Kritiker den »weißen Feldern« und Schreckenstaten der Stalin-Zeit zu – und im gleichen Maße kam auch die »glorreiche« Tscheka-Tradition und -Gegenwart ins Gerede.

Bereits Ende September kritisierte *Sowetskaja kul'tura* die KGB-Zensur über Video – womöglich auch eine Reaktion auf die Berchin-Affäre (30.9.1987). Am 15.10.1987 berichtete *Medizinskaja gaseta* den Tod von W. Berchin – ein »Schlag ins Gesicht« des KGB.

Am 10.11. kritisierte *Iswestija* den [KGB-]Grenzschutz: dessen Funktionäre hätten bei der Inspektion von PKW, die für den Export bestimmt waren, Autos beschädigt. Der Vorwurf wog schwer genug, daß sich der Oberbefehlshaber der Grenztruppen, Armeegeneral W. A. Matrosow, am 4.5.1988 persönlich zu Wort meldete. Ein Faktor könnte die Landung von M. Rust auf dem Roten Platz gewesen sein. Denn der 28.5.1987 war ausgerechnet der Tag der Grenzschützer. Insofern war Rusts Schwabenstreich ein Affront nicht nur der Streitkräfte, sondern auch des KGB – was anfängliche laute Spekulationen in sowjetischen Medien über geheimdienstliche Hintergründe des Flugs erklärt ebenso wie die besonderen Schwierigkeiten, den jungen Mann wieder freizubekommen.

Am 28.11.1987 veröffentlichte *Kommunist Tadschikistana* bereits drei Wochen *vor* einem fälligen ZK-Plenum den ZK-Bericht über die Fortschritte der Perestrojka in der Republik (was nicht üblich ist). Über den KGB-Chef Tadschikistans hieß es in dem Bericht:

> »Petkel, W. W. – als Mitglied des Büros ist ihm die Koordination der Arbeit der Organisationen, die sich mit der militärisch-patrio-tischen Erziehung der Jugend befassen, anvertraut. Ernstliche Fortschritte hat es in diesem Bereich nicht gegeben. Der Stand dieser Arbeit verlangt von ihm verstärkte Aktivität, die Herstel-lung einer engeren Beziehung mit den Parteikomitees. Man würde auch gern seine aktivere Teilnahme an der Diskussion von Fragen während der Sitzungen des Büros sehen« (a.a.O., S. 3).

Mehr noch, die Öffentlichkeit wurde eingeladen, kritisch zur Arbeit der Mitglieder des Parteibüros Stellung zu beziehen, KGB-Chef W. W. Petkel nicht ausgeschlossen. So etwas war noch kei-nem unionsrepublikanischen KGB-Vorsitzenden passiert, jeden-falls nicht, solange er im Amt war.

Der Fall A. W. Malyschew

Was Ju. Schtschekotichin in der *Literaturnaja gaseta* vom 3.12.1987 (S. 3) berichtete, war abenteuerlich genug und zeigte die Grenzen der Perestrojka in den Rechtsschutzorganen (das KGB wurde namentlich nicht genannt), insbesondere der Pro-vinz. Es war auch nicht zu übersehen, daß dies bereits der zweite KGB-Skandal in der Ukraine im Jahr 1987 war.

Im August 1985 war A. W. Malyschew, MWD-Kapitän und Leiter der Abteilung zur Bekämpfung des Diebstahls von Staats-eigentum in Odessa, wegen Korruption verhaftet worden. Nicht nur, daß er womöglich übereifrig gewesen war; seine Ernennung auf den ziemlich hohen Posten schon mit 29 Jahren ließ ihn bereits an sich in manchen Augen suspekt erscheinen, da dies auf Protek-tion zu deuten schien. Er selbst berichtete Schtschekotichin, sein Schicksal sei im Grunde schon 1983 besiegelt gewesen, als Gene-ral Starowezkij aus dem Gebiet Iwanowo-Frankowsk zum Chef des MWD Odessa ernannt wurde. Dieser rief Malyschew zu sich und verlangte von ihm, er solle gestehen, er habe an den ehemali-gen Gebietssekretär und den Leiter des MWD von Odessa Gelder verteilt. Malyschew lehnte ab und beschwerte sich beim Obkom der Partei. Man begann, zunehmend Druck auf ihn auszuüben. Das ging so weit, daß ihm sogar sein Abitur und sein Juristen-Diplom aberkannt wurden. Er reiste schließlich nach Moskau ins Allunions-MWD. Dort schien man ihm entgegenzukommen; doch als er das Gebäude verlassen wollte, wurde er von Vertretern der Odessaer Rechtsschutzorgane verhaftet.

Der Untersuchungsrichter Ju. Bobowskij – faktisch Bevollmächtigter der Oblastj (Gebiets)-Verwaltung Odessa des KGB (*LG*, 17. 8.88) – hatte ihn als Statisten in einem fabrizierten Korruptionsskandal vorgesehen. Der Odessaer Staatsanwalt W. Simarin sagte Malyschew im Gefängnis, jetzt würde ihm niemand helfen, »nicht einmal das Politbüro«. Entweder er gebe sich als »Zeuge« gegen gewisse hochgestellte Personen her – u.a. den ersten Sekretär des Stadtparteikomitees von Odessa und den Leiter der für die Parteiaufsicht über die Rechtsschutzorgane zuständigen Abteilung für Administrative Organe –, oder er werde nie mehr aus der Haft entlassen.

Man ließ Malyschew wissen, daß eine Reihe »kooperativer« Schieber im Gefängnis bei bester Ernährung fast wie auf freiem Fuß lebten, daß ihre Urteile sehr abgemildert oder die Verfahren gegen sie sogar eingestellt wurden. Einmal wurde einer der »Zeugen« vor seinen Augen an einer festlich gedeckten Tafel bewirtet und das mit Delikatessen, wie man sie sonst kaum kannte. Dieser Mann, Gorezkij, lud Cognac trinkend Malyschew ein, doch einzuwilligen und sich dann zu ihnen zu setzen. Zugleich wurde Druck ausgeübt. »Man wird dich erschießen«, drohte Staatsanwalt W. Simarin. Ju. Bobowskij sagte einmal nachdenklich: »Vielleicht machen wir einen Spion aus dir.«

Ein Mitarbeiter der georgischen Staatsanwaltschaft, N. W. Schaschkin, hatte Mitleid: »Ich wäre froh, wenn ich dir helfen könnte, aber man verfolgt mich mit anonymen Anzeigen. Ich stehe jetzt zur Beförderung an. Daher ist nichts zu machen. Entschuldige.«

Der Leiter der Abteilung der Staatsanwaltschaft zur Überwachung von Kriminalprozessen an den Gerichten von Odessa, G. P. Schuljatschenko, erriet bald , »daß ein sehr Starker Hand angelegt hat«. Er verlor seine Stelle. Als ein Mitglied des Obersten Gerichts der Moldau-Republik die Anklage fallenlassen wollte, ließ Staatsanwalt Simarin ihn zu sich zitieren, um ihm nach stundenlangem Warten zu erklären: »Sie sind nicht länger Abteilungsleiter ... Sie sind nicht länger Starschij sowetnik (»Oberrat«). Ich werde alles tun, um Sie von hier zu entfernen.«

Dafür unterzeichnete N. W. Schaschkin, ein Untersuchungsrichter aus Georgien, die Anklage. Seine Rechtfertigung Ju. Schtschekotichin gegenüber: »Ich habe sie nicht verfaßt. Ich unterzeichnete nur.«

Schließlich wurde der Fall vom Obersten Gericht der Moldau an die Moskauer Staatsanwaltschaft geleitet. Nach anfänglicher Skepsis Malyschew gegenüber wurde dieser im August 1987 freigelassen. Bald darauf meldete er sich in der Redaktion der *Literaturnaja gaseta*. Der Schluß von Ju. Schtschekotichin, der schon einmal im Januar 1983 über einen ähnlichen Fall in Odessa berichtet hatte (wonach ein Zeuge unter ungeklärten Umständen im Gefängnis starb): »Vielleicht werden nicht nur in Odessa, sondern auch anderenorts derart Schmiergelder ›verteilt‹.«

Er stellte sich vor, wie die Leiter der Rechtsschutzorgane Odessas ihren Chefs in Moskau meldeten: Wir haben eine Mafia entlarvt! »Die, die ›Perestrojka‹ rufen, haben nur die alten Traditionen übernommen.«

Es war bedenklich, daß zwar die Moskauer Staatsanwaltschaft sich des Falls annahm, dann aber der Odessaer Staatsanwalt W. Simarin zunächst in seine Heimatstadt zurückkehren konnte, als sei nichts geschehen. Ja, KGB-Untersuchungsrichter Ju. Bobowskij und Staatsanwalt W. Simarin verklagten den *Literaturnaja gaseta*-Korrespondenten vor einem Moskauer Gericht! Doch zum Prozeßtermin am 21.7.1988 erschienen die beiden dann nicht.

Denn inzwischen hatte sich das Komitee für Parteikontrolle eingeschaltet *(Pr, 20.1.1988)*, Malyschew rehabilitiert und die Mittäterschaft von Bobowskij, Simarin usw. bekanntgegeben. Bobowskij wurde aus der Partei – und implizit hieß das auch: aus dem KBG – ausgeschlossen. Entsprechende Strafen sollen verhängt worden sein.

Mittlerweile waren noch weitere abenteuerliche Details bekanntgeworden. Bobowskij hatte seine Nostalgie nach einem neuen »1937« – also einem neuen Stalin-Terror – zum Ausdruck gebracht. Malyschew berichtete am ersten Tag des Gerichtsverfahrens, man habe ihm in der Untersuchungshaft angedroht, er würde mit dem Tode bestraft werden, wenn er nicht die Denunziation gewisser Mitarbeiter des Außenministeriums (!) unterzeichnete.

Insgesamt waren derart im Odessaer KGB-Gefängnis an die sechzig Funktionäre, zumeist des MWD, bis über drei Jahre inhaftiert gewesen. Das Zentrale Sowjetische Fernsehen kam im Sommer 1988, am 6.6., 31.7. und 21.8. noch wiederholt auf den Skandal zurück. Denn (in den Worten von Schtschekotichin):

> »Wenn so etwas in unserer Zeit passieren konnte, mußte man zu zweifeln beginnen, ob die bitteren Wurzeln der Vergangenheit wirklich ganz ausgerottet sind.«

Inzwischen wurde bekannt, daß der Gebietsparteichef von Odessa, Nikolaj Snigirew, sowie über 400 weitere Parteifunktionäre amtsenthoben worden sind (*W*, 29.8.1988). Speziell über den Gebisten Ju. Bobowskij wurde gemeldet, daß dieser Bevollmächtigte der Oblastj (Gebiets)-Verwaltung des KGB sich anläßlich eines Bestechungsfalls 7000 konfiszierte Rubel angeeignet hatte – was dem Image der Korruptionsfreiheit der »Organe« Abbruch tat. Auch warf man ihm und anderen Funktionären aus Odessa vor, bei Verhören Zeugen geschlagen zu haben (*LG*, 24.8.1988), mit anderen Worten: ernste Verstöße gegen die Legalität.

Zunehmende Kritik am KGB. »Die Vergangenheit muß man kennen«

Inzwischen hatte es weitere Signale gegeben. Am 5.12.1987 berichtete *Krasnaja swesda,* der (MWD-)Chef von Wolgograd, General Iwanow, sei wegen Bestechlichkeit zu 10 Jahren Haft verurteilt worden und seine Stellvertreter zu 12 Jahren. Sie hatten Diebstähle in der Industrie vertuscht.

Am 8. Dezember 1987 mahnte das Komitee für Parteikontrolle »ernste Mängel in der Arbeit der Rechtsschutzorgane der udmurtischen ASSR« an bei der Durchführung des ZK-Erlasses vom 20.11.1986: »Über die weitere Stärkung der sozialistischen Legalität ...«

Das 70. Jubiläum der Tscheka am 18. Dezember 1987 fiel betont dürftig aus, und zwar so sehr, daß es bereits wie eine Zurücksetzung wirkte. Zwar war auch das 60. Jubiläum nicht sonderlich in den Medien zelebriert worden, aber diesmal war die Zurückhaltung schon auffallend: es gab ein paar Artikel über weniger berühmte Tschekisten, mehr nicht. Von der Veranstaltung selbst erfuhr man nur durch ihre Erwähnung im Fernsehprogramm *Wremja* (»Die Zeit«) sowie eine Notiz der *Prawda* vom 19.12.1987. Die Festsitzung fand im »geschlossenen Kreis« im

Zentralen KGB-Klub Dzierziński in Moskau statt *(RL* 383/88). Neben KGB-Chef Tschebrikow waren auch Gorbatschow und ZK-Sekretär A. I. Lukjanow präsent (was Lukjanows Aufsichtsrolle auch über die »Organe« bestätigte). Doch große Reden wurden nicht publiziert, und am 21.12. reiste Tschebrikow nach Vietnam und Laos ab.

Am 23.12.1987 bekundete *Sowetskaja Moldawija* Sorge über das »moralische Klima« in den Rechtsschutzorganen der Republik. Funktionäre von Rajon-Abteilungen des MWD in Kischinjow hatten im Interesse positiver Erfolgsmeldungen und ihrer Planerfüllung die Opfer von Gewalttaten und Diebstählen zu Erklärungen genötigt, daß diese in Wirklichkeit unaufgeklärten Fälle bereits geregelt seien.

> »So stellt sich vor allem die Frage: ›Wohin blickt das MWD der Republik‹?«

schrieb der Staatsanwalt der Hauptuntersuchungsverwaltung der Republik, M. Burmistrow.

> »In Gesprächen brachten viele Mitarbeiter der Organe des MWD, insbesondere die jungen, ihre Sorge über die ungesunde Lage zum Ausdruck, die sich in ihren Unterabteilungen herausgebildet hat, und [bekundeten] ihren Unwillen, sich hiermit künftig abzufinden.«

Am 18.1.1988 berichteten Ju. Arakeljan und W. Somow in der *Prawda* über die Korruption der Miliz und anderer Rechtsschutzorgane in Armenien, eine Bürokratie, die seit 13 Jahren keinerlei Überprüfung mehr unterlegen habe. Es habe sich eine Verschmelzung von Ordnungshütern mit der »kriminellen Welt« vollzogen. Die Führung der Republik und namentlich Parteichef K. Demirtschjan wären dabei voll im Bilde gewesen und hätten alle Klagen, die an die Kommission für Parteikontrolle geschickt wurden, bewußt nicht weitergeleitet.

Am 23.1.1988 berichtete die *Prawda* in gleichem Sinne über die enormen Schwierigkeiten, mit denen die Staatsanwaltschaft bei ihrer Untersuchung der Korruption in Usbekistan, der Raschidowschtschina, rang: organisiertes Verbrechen in größtem Maßstab.

Am 27.1.1988 brachte *Literaturnaja gaseta* einen Artikel des bekannten Gerichtsreporters A. Waksberg über Stalins Generalankläger, A. Wyschinskij, den Stalin 1935 auf dieses Amt berief, weil er ihn für gefügig, brutal – und kompromittiert hielt. Denn, so enthüllte Waksberg, Wyschinskij habe als Beamter unter der Regierung A. Kerenskij kurz vor der Oktoberrevolution einen Haftbefehl gegen den »deutschen Spion« Lenin unterzeichnet! Wyschinskij tat sich bereits 1928 als Vorsitzender in dem von der OGPU inszenierten Schachty-Prozeß hervor, als angebliche »Sabotage« von bourgeoisen Spezialisten für wirtschaftliches Versagen verantwortlich gemacht wurde. Waksberg, der auf die sonderbare Verbindung von »politischem Banditentum mit glänzenden juristischen Formulierungen« in Wyschinskijs Arbeit verwies, forderte, die Gegenwart von »dem langanhaltenden Einfluß dieses Ungeheuers auf unser Rechtsbewußtsein« zu befreien. Das war auch ein Schlag gegen den Geist der »Tscheka«.

Am 22.2.1988 brachte die *Komsomolskaja prawda* einen Bericht des Historikers S. Mikojan – Sohn des Altbolschewiken A. Mikojan –, der sich, angeblich auf dringende Leserwünsche, mit Berijas Verbrechen befaßte. Mikojan schrieb:

> »Die Vergangenheit muß man kennen. Schon deshalb, damit die Zukunft endgültig von der Vergangenheit befreit wird.«

Obgleich er sich auf die »Insider«-Informationen seines Vaters berief, brachte er keine neuen Tatsachen. Bemerkenswert aber sein Schluß über die sich weiter entwickelnde sozialistische Gesellschaft:

> »Sie stößt ihn [Berija] ab, seinen Apparat [sic!], diese fürchterliche Maschine ...«

Am 13.3.1988 nahm *Iswestija* den luxuriösen Lebensstil des turkmenischen KGB-Chefs A. Bojko kritisch zur Kenntnis. Die Kritik an Bojkos Luxusheim implizierte, er habe womöglich Bestechungsgelder angenommen. Kurz darauf wurde er in der Tat amtsenthoben *(Turkmenskaja iskra*, 22.5.1988).

Im Juni-Juli erschienen an ziemlich »exotischen« Stellen *(Molodjosch Estonii* vom 23.6., *Sowetskaja Kirgisija* vom 13. und 16.7., *Moskowskij awtosawodez)* Artikel des Historikers A. Latyschew, Lehrstuhlinhaber an der Parteihochschule, über Stalins Säuberung der Komintern-Führung (die inzwischen auch überprüft wird): zu den Opfern zählten u.a. 100 italienische und ca. 800

217

jugoslawische Kommunisten. Die Liquidierung der polnischen KP, so schloß Latyschew, diente Stalin einfach dazu, ihre physische Vernichtung zu verschleiern.

Latyschew schnitt auch den Bruch Stalins 1948 mit Tito an, als in Jugoslawien »titoistische Agenten, bourgeoise Nationalisten und andere Abweichler« entdeckt wurden, und das bei direkter Teilnahme der »Straforgane des Verbrechers Berija«. Hierzu bemerkte er in Klammern:

> »In jenen Jahren gab es in den Organen für Sicherheit und innere Angelegenheiten der Länder der Volksdemokratien die Institution der sowjetischen Berater« (*Sovetskaja Kirgizija*, 15.7.1988).

Inzwischen war auch bei den Rehabilitierungen von N. I. Bucharin, A. I. Rykow, G. Je. Sinowjew, L. B. Kamenew, K. Radek und anderen ausdrücklich auf die Fabrikation von Anklagen durch die OGPU, also durch Stalins Geheimpolizei, verwiesen worden. Bei der Revision des Falls des »Antisowjetischen rechtstrotzkistischen Zentrums« durch den Obersten Gerichtshof der UdSSR wurde jedoch der Protest der Staatsanwaltschaft im Fall des gleichzeitig abgeurteilten ehemaligen Geheimdienstchefs G. G. Jagoda ausdrücklich zurückgewiesen (*Ag*, 14, 1988). Am 19.8.1988 erschien in der *Prawda* das spektakuläre Interview von M. S. Solomenzew, dem Vorsitzenden der Kommission für Parteikontrolle und des im November 1982 von Gorbatschow angekündigten Ausschusses des Politbüros zur Revision von Stalins Terror-Urteilen, der vom Schock sogar dieser Funktionäre bei der Wiederdurcharbeitung der Materialien berichtete:

> »Die Schuld Stalins persönlich und seiner engsten Umgebung vor Partei und Volk wegen der Zulassung der Massenrepressionen und Illegalitäten ist wirklich ungeheuerlich« (*Pr*, 19.8.1988).

S. Mikojan ging bereits so weit, für seinen Vater um Vergebung zu bitten: Selbstmord war für ihn als Familienvater kein Ausweg, und indem er weiterarbeitete, konnte er oft Schlimmeres verhüten. Auf dem XX. Parteitag gab er bekanntlich den Auftakt zu Chruschtschows Generalangriff auf Stalin. Am 10.11.1988 verwies die *Kasachstanskaja prawda* zum ersten Mal in der Sowjetunion auf Stalins Verantwortung für die Ermordung Trotzkis 1940 in Mexiko-City. Bislang lautete die sowjetische Version: Trotzki sei von einem enttäuschten Gefolgsmann ermordet worden. Im Januar 1989 berichtete dann der Historiker N. Wasezkij in der *Literaturnaja gaseta* über die Hintergründe dieses Falles: Das NKWD bildete hierzu den spanischen Kommunisten R. Mercader aus, der den Anschlag auch ausführte (vgl. *RL* Report, 13.1.1989, S. 31).

Bis zum Ende 1988 wurde im Zuge der Aufarbeitung der Geschichte und des Kampfs mit Mißständen im bestehenden System die Rolle der Sicherheitsorgane zunehmend diskutiert – in erster Linie die des MWD, was aber zugleich eine verkappte Kritik auch am KGB gewesen sein könnte. Allgemein kam man noch nicht so weit, die anhaltende Daseinsberechtigung einer politischen Polizei im angestrebten sozialistischen Rechtsstaat direkt in Frage zu stellen, aber die Debatte könnte kurz vor dieser Wendung stehen. Im März 1989 (*MN*, 5.–12.3.1989) tat ihn dann der Historiker M. Ljubinev, der Ausmaß und Arbeitsweise des KGB direkt in Frage stellte.

Schritte auf dem Weg zu Rechtsstaatlichkeit und offener Gesellschaft

Ehe über die Zukunft des KGB und der Perestrojka einige abschließende Betrachtungen angestellt werden, ist es angebracht, sich die Schritte in Richtung auf die angestrebte sozialistische Rechtsstaatlichkeit und neue Offenheit zu vergegenwärtigen, die bislang unternommen worden sind.

Es ist bezeichnend, daß der Jurist Gorbatschow sein Reformprogramm im August 1986 zunächst einmal in Gestalt des »Plans zur Vorbereitung von Gesetzesakten, Regierungserlassen und Vorschlägen zur Gesetzgebung für die Jahre 1986–90« bekanntgab. Ende 1986 wurde eine große Justizreform angekündigt. In den Resolutionen der XIX. Allunionsparteikonferenz vom Sommer 1988 heißt es hierzu, diese Reform habe »die Souveränität des Gesetzes in allen gesellschaftlichen Bereichen« des neuen Rechtsstaats zu gewährleisten. Angekündigt wurden noch einmal die Revision des Straf- und Verwaltungsrechts, der Prozeßordnung und der Legislation über Straf- und Arbeitslager (ispravitel'no-trudovoe zakonodatel'stvo), Einführung eines »Komitees für Verfassungsaufsicht«, damit die normativen Akte der Ressorts die gesetzlichen Vorschriften genau einhalten und diese Akte überhaupt auf ein Minimum reduziert werden, Anhebung der Rolle der Staatsanwaltschaft, Stärkung der Unabhängigkeit der Staatsanwälte und »Ausschluß jeglicher Druckausübung auf und Einmischung in ihre Tätigkeit« *(Pr,* 5.7.1988, S. 3).

Im übrigen überdenkt man die bisherigen »Dissidenten-Artikel«. Das Strafrecht soll »humanisiert« werden; die Todesstrafe steht zur Debatte; die verfassungsmäßig garantierte Annahme der Unschuld eines Angeklagten soll auch faktisch durchgesetzt werden; die Anwälte sollen eine größere Rolle spielen; die Einführung einer Verwaltungsgerichtsbarkeit wird diskutiert *(Sp,* 25.1.1988, S. 148).

Es gab eine ganze Reihe weiterer vielversprechender Schritte.

Ab 1.1.1987 traten die im November 1986 zum ersten Mal publizierten Ausreisebestimmungen in Kraft. Allgemein hat die Publikation von zuvor nicht veröffentlichten Erlassen in Form eines Gesetzes die Tendenz zur Verschärfung von Vorschriften gezeigt. Auch dieses Gesetz bietet formal die Möglichkeit, eher noch restriktiver in dieser Frage vorzugehen als bisher, unter Hinweis auf die Sicherheit, Moral und Gesundheit der Bürger. Andererseits aber wurde das Jahr 1987 im Hinblick auf die Emigration ein Rekordjahr: 40 000 Personen verließen die Sowjetunion (A. Vlasov, *Koms pr,* 17.12.1987; *dpa,* 5.5.1988). Die Zahl der genehmigten Aussiedler auch in die Bundesrepublik ist die größte seit über 30 Jahren. Unter den deutschen Aussiedlern ist ein erstaunlich hoher Prozentsatz religiös *(RCL,* spring 1988, S. 79). (Allerdings konnte das KGB nicht widerstehen, auch diesmal den Anlaß zu nutzen, um zu versuchen, nach Kräften neue Agenten und Informanten zu werben.)

Auch der Tourismus nahm zu: 1985 hatten etwa 600 Sowjetbürger die Erlaubnis zu Auslandsreisen erhalten; bis Mai 1988 waren es bereits 2 500, davon die Hälfte – und das ist ganz neu – Privatreisende *(dpa,* 5.5.1988). Zugleich berichtete Präsident Reagan im Dezember 1987 in einem Interview in der *Iswestija* (4.12.1987), daß seit dem Genfer Gipfel inzwischen über 100 000 Amerikaner die Sowjetunion besucht hätten.

Seit Anfang 1987 hörte die Sowjetunion auf, die russischen Sendungen von BBC zu stören; allerdings wurden die so frei gewordenen Kapazitäten nun gegen Radio Liberty eingesetzt, das »schwarze Schaf« des KGB, da es ja versucht hat, die bis vor kurzem mangelnde interne Pressefreiheit zu ersetzen. Radio Jerusalem wurde seit dem Sommer 1987 nicht mehr gestört *(dpa,*

15.7.1987). Die Kurzwellensendungen der Deutschen Welle in tschechischer und slowakischer Sprache wurden seit Februar 1988 nicht mehr gestört *(rtr,* 11.2.1988); aber ihre Sendungen für Bulgarien und Afghanistan (in Dari und Paschtu) wurden noch erheblich gestört *(AP,* 11.5.1987).

A. Bowin äußerte die Hoffnung, »daß die Tage der Störsender gezählt sind. Wenn die Sowjetunion nicht überzeugen kann, dann ist eben etwas an ihrem Standpunkt falsch, und ihre Politik ist korrekturbedürftig« *(rtr,* 15.4.1987). Das ist eine typisch »Gorbatschowsche« Einstellung!

In den Medien hat die Glasnostj z.T. auch ausländische Stimmen mit einbezogen, seit *Prawda* vor kurzem begann, prominenten ausländischen Sprechern zu kontroversen Themen Platz einzuräumen – natürlich mit sowjetischem Gegenkommentar. Die ungemeine Verbesserung der Qualität der Medien hat zu einer Erhöhung ihrer Gesamtauflage um etwa 20 Millionen in einem Jahr geführt *(GA,* 11.8.1988), und eine Reihe – wie *Prawda* und *Moscow News* (April 1988) – haben sogar mit fremdsprachigen Ausgaben im Ausland zu experimentieren begonnen. Ausländische Zeitungen und Zeitschriften wie *Times, Newsweek* und andere sollen künftig an Moskauer Kiosken erhältlich sein *(AP,* 18.5.1988). Kurz, der »eiserne Vorhang« hat einer neuen, bewußt gesuchten internationalen Kommunikation Platz gemacht – nicht zuletzt auch ein Schachzug gegen konservativen Dogmatismus.

Die Führung erwägt die Abschaffung des § 190 (Verleumdung des Sowjetsystems) und Modifizierung von § 70 (»antisowjetische Agitation und Propaganda«), also der berüchtigten Dissidenten-Paragraphen des Strafrechts der RSFSR. Am 17.1.1987 erklärte der sowjetische KSZE-Unterhändler Ju. Kaschlew in Wien, die Sowjetunion begänne mit der Überprüfung der Fälle all jener Gefangenen, die wegen »antisowjetischer« Aktivitäten verurteilt worden seien. Als die sowjetische Presse am 20.1.1987 eingehend über die polnische Amnestie vom September 1986 berichtete, deutete das auf ähnliche Pläne Moskaus. Am 30.1.1987 sprach auch Justizminister Krawzow in Wien von »radikalen Maßnahmen«, um die Dissidenten-Artikel 70 und 190 abzuwandeln. Ja, manche Juristen verwiesen bereits angesichts von Glasnost auf die Absurdität solcher Paragraphen. Allenfalls der Tatbestand »versuchter Umsturz der staatlichen Ordnung« soll weiterbestehen.

In der Menschenrechtsproblematik gibt es unbestreitbare Fortschritte. Schon 1986 machte sich die Sowjetunion für eine internationale Menschenrechtskonferenz in Moskau stark. Am 20.11.1987 erklärte sie sich bereit, daß ein internationaler Ausschuß zur Diskussion dieser Probleme gebildet wird. Am 30.11.1987 berichtete der prominente Politikberater F. Burlazkij von der Bildung einer sowjetischen Menschenrechtskommission unter seinem Vorsitz. Im Juli 1988 erklärte er, seine Kommission werde den Antrag auf Begnadigung aller religiösen Gefangenen stellen – die im Westen inzwischen auf 260 geschätzt werden *(W,* 30.7.1988). (Frühere Schätzungen gingen in die Zehntausende.)*

Gorbatschow hat die größte Freilassung von politischen Gefangenen eingeleitet, seit Chruschtschow den GULAG öffnete *(M,* 27.2.1987). Am 2. Februar 1987 berichteten die Sacharows von zwei unveröffentlichten Dekreten des Präsidiums des Obersten Sowjet, die diesen Prozeß einleiteten. *Iswestija* brachte am 14.2.1987 hierzu einen Artikel unter dem Titel »Ein humanitärer Akt«. Etwa 140 Personen, die unter Artikel 70 und 190.1 des Strafgesetzbuches der RSFSR verurteilt worden waren, hätten

> »sich dem Präsidium des Obersten Sowjet mit der Erklärung genähert, daß sie sich künftig keinerlei illegalen Aktivitäten widmen würden.«

Faktisch wurden Gefangene mehr oder minder erpreßt, eine Erklärung zu unterzeichnen, wonach sie

---

* Die genauen Ausmaße des sowjetischen GULAG sind schwer zu schätzen. S. N. Jelzin erwähnte einmal, die Sowjetunion habe die größte Häftlingsbevölkerung der Welt. Nach westlichen Schätzungen gibt es etwa 2500 Haftanstalten in der UdSSR, davon 43 Lager im Hohen Norden und Sibirien, 1100 Lager mit »strengem Regime«, 1300 mit »gewöhnlichem Regime«. Eine Schätzung der Häftlingszahl Ende 1986 lautete: zwischen zwei und sechs Millionen (G. Anquetil, *Nouvel Observateur*, 26.12.1986 – 1.1.1987, S. 31). Aufgrund der 1971 einundzwanzig Millionen nicht wahlberechtigten Personen – wovon bei ca. 2,0 bis 2,5 % geistig Behinderten in der Gesamtbevölkerung ca. 5 Millionen als legitimerweise zur Ausübung ihrer Bürgerpflicht nicht fähig einzuschätzen wären – kam ein Beobachter gar auf eine Häftlingsbevölkerung von 16 Millionen im Jahre 1971 *(RM,* 26.12.1986)! Auch die genaue Zahl politischer Häftlinge ist schwer zu ermitteln. Im Juli 1987 wurde in der quasi-dissidenten Zeitschrift *Glasnost* (vypusk 2–4, S. xiv) aufgrund keineswegs vollständiger Informationen eine Zahl von 180 genannt, die noch in Lagern und im Exil verblieben seien. Das KGB behauptete im Spätsommer 1988 *(Argumenty i fakty,* No. 34, 1988), es seien nur noch neun politische Häftlinge in Gefängnissen und Lagern übrig.

»niemals antisowjetische Aktivitäten unternommen hatten noch gegenwärtig derartige Aktivitäten unternehmen, noch beabsichtigten, das in Zukunft zu tun.«

Viele unterschrieben, einfach weil sie ihre Aktivitäten nicht als kriminell verstanden. Andere unterschrieben nicht und wurden z.T. wieder inhaftiert. Waren sie international bekannt genug, wie S. Krachmalnikowa, F. Swetow, W. Rusak, wurden sie trotzdem freigelassen. In der Art, wie dies geschah, spiegelte sich die alte »Tscheka-NKWD«-Mentalität zuweilen überdeutlich.

> »Sie sind nicht amnestiert worden«, wurde J. Roschkalns gesagt, »Sie sind nicht begnadigt worden. Sie sind aufgrund von Anweisungen von oben freigelassen worden. Sollten Instruktionen von oben kommen, Sie wieder zu inhaftieren, werden wir das auch tun« *(RCL,* winter 1987, S. 322).

Aber es gab weitere Erleichterungen. Bislang war die Lage vieler freigelassener Häftlinge dadurch so erschwert, daß sie keine Zuzugsgenehmigung zu ihrem früheren Wohnort bekamen und deshalb dort als illegal galten oder sich täglich bei der Miliz melden mußten. Oder man verweigerte ihnen die Ausreise ins Ausland, obgleich sie gültige Papiere hatten *(epd,* 10, 1988, S. 8). Nach dem neuen Ausreisegesetz sind Ablehnungen von den Behörden zu begründen – was es früher nicht gab. Auch soll es laut Chef des Moskauer OVIR (Abteilung für Visa und Registrierungen) künftig Häftlingen möglich sein, zu ihren Familien in die Wohnung zurückzukehren (Erlaß des Moskauer Stadtrats vom 10.2.1988).

Die neue Linie demonstrierte auch die Einladung an eine Delegation der Internationalen Helsinki-Föderation: Am 23.1.1988 trafen 23 Personen in dieser Mission in Moskau ein *(NZZ,* 31.1./ 1.2.1988). Sie fanden das Außen- und Justizministerium für ihre Anliegen am aufgeschlossensten, im Gegensatz zu MWD und Gesundheitsministerium.

Am 10.6.1987 gab der amerikanische Chefunterhändler auf der KSZE-Folgekonferenz in Wien bekannt, inzwischen seien 135 Personen freigelassen worden. Weitere 400–500 befänden sich noch in Haft. Am 2.9.1987 versprach K. P. Chartschew, Vorsitzender für den Rat für Angelegenheiten der Religionen, sogar die Freilassung aller religiösen Gewissensgefangenen bis zur 70-Jahr-Feier der Oktoberrevolution im November 1987, was überoptimistisch war. (Ähnliches plante Gorbatschow hinsichtlich der Rehabilitation der Altbolschewiken, die sich auch verzögerte.)

Zum 70jährigen Jubiläum der Revolution wurde diesmal bereits Monate im voraus, am 10.6.1987, eine Amnestie erlassen. Sprecher G. Gerassimow bestätigte, daß hierunter auch Häftlinge fielen, die aufgrund von Artikel 142 (Verletzung der Gesetze über die Trennung von Kirche und Staat und Schule und Kirche) sowie Artikel 190 und 227 (Verletzung von Personen und Rechten von Bürgern unter dem Schein, religiöse Riten auszuüben) verurteilt worden waren. Ausgenommen seien nur Personen, die Lagervorschriften verletzt hätten, und jene in psychiatrischen Kliniken.

Am 17.1.1988 berichtete *Moskowskie nowosti,* das Präsidium des Obersten Sowjet habe ein Statut (Poloschenije) über die Bedingungen und das Verfahren bei der Einweisung in psychiatrische Behandlung verabschiedet. Am 11.7.1987 hatte die *Iswestija* zum ersten Mal über Mißbrauch der Psychiatrie in der Sowjetunion berichtet. Die Sonderkorrespondenten der Regierungszeitung, E. Maksimowa und Dr. jur. I. Martkowitsch, schrieben:

>»Man sagte uns, daß es erheblich mehr Diagnosen auf Schizophrenie gebe als Schizophrene.«

Der Gesellschaft sei es nicht erlaubt, eine Behandlung zu erzwingen. In der Praxis jedoch ließe man sich von widersprüchlichen Gesichtspunkten leiten. Der Chefpsychiater des Gesundheitsministeriums betonte: »Ich bin gegen eine weite Auslegung [des Befunds].« Ein Abteilungsleiter des berühmt-berüchtigten Serbskij-Instituts für Allgemeine Gerichtspsychiatrie meinte dagegen, unter Schizophrenie falle auch »gesellschaftliche Unruhe« bzw., wie es der Inhaber des Lehrstuhls für Psychiatrie am Kiewer Institut für Medizin formulierte, »Phantasien gesellschaftlichen Charakters«.

Schon seit 1977 hatte das Institut für Staat und Recht an einem so nötigen Gesetz hierzu gearbeitet, »aber einer der damaligen Führer des Gesundheitswesens wünschte das nicht.« Inzwischen aber seien Juristen, Psychologen, das Ministerium für Gesundheit und das für Justiz sowie die Staatsanwaltschaft für ein solches Gesetz. Nur gewisse Psychiater hätten noch Einwände.

Die Schlußfolgerung der Autoren:

>»Das Gesetz muß auch die Ärzte, die auf diesem komplexen Gebiet arbeiten, und den ganzen Zweig unter seine besondere Kontrolle stellen.«

Am 11.2.1988 gab A. Tschurkin, der Chefpsychiater des MWD, die erste Pressekonferenz in der Sowjetunion zu diesem Thema. Seit dem 1.3.1988 sind die berüchtigten psychiatrischen Anstalten mit ihrem quasi-militärischen Regime, deren Ärzte MWD- und KGB-Offiziere waren und deren Personal sich z.T. aus Kriminellen rekrutierte, dem Gesundheitsministerium unterstellt. Das könnte, so darf man hoffen, das Ende der »politischen Psychiatrie« bedeuten.

Auch die Überreste des Stalinschen GULAG, die Straflager, sind kritisch durchleuchtet worden. Am 15.4.1987 konnte ein Lagerinsasse, W. Stawronskij, in einem Leserbrief an die *Literaturnaja gaseta* über die »primitiven« und »ineffektiven« Umerziehungsmaßnahmen in sowjetischen Lagern klagen. Das hatte es bislang noch nie gegeben. Am 21.5.1987 veröffentlichte TASS ein Gespräch mit einem Lagerleiter. Am 18.1.1988 berichtete *Ogonjok* zum ersten Mal über die Zustände in einem Arbeitslager für kriminielle Jugendliche. Im Juli 1988 erklärte F. Burlazkij, daß sich eine Arbeitsgruppe seiner Menschenrechtskommission speziell auch mit den Arbeits- und Umerziehungslagern befasse. Auch Jelzin spielte ja schon auf dieses Problem an. Insofern in diesen Lagern ebenfalls absoluter Primat wirtschaftlicher Planerfüllung herrscht, ist von Interesse, daß der berühmte Ökonom N. Schmeljow inzwischen ausdrücklich erklärte, rein ökonomisch gesehen sei Stalins GULAG unrentabel gewesen.

Die Rehabilitierungen von Stalin-Opfern erreichen nun endlich die wirklich Prominenten: Chruschtschow hatte die Rehabilitierung Bucharins noch nicht durchsetzen können. Weitere ermutigende Signale waren zumindest Diskussionsbereitschaft mit Polen wegen des Massakers von Katyn und die Errichtung eines Denkmals für Raoul Wallenberg in Budapest,* des Retters Abertausender von Juden zur Nazizeit in Ungarn; er wurde womöglich auf Breschnews persönlichen Befehl von der einmarschierenden sowjetischen Armee gefangengenommen. Später soll er wiederholt im sowjetischen GULAG gesehen worden sein, aber Moskau erklärte ihn für tot.

Auch eine solche antitotalitäre Maßnahme wie der Erlaß des Präsidiums des Obersten Sowjet vom 4.2.1988 gegen anonyme Anzeigen und Beschwerden ist nur zu begrüßen.

* Es könnte sein, daß mit Gromykos endgültigem Ausscheiden aus der sowjetischen Spitzenführung am 30.9.1988 nun das letzte Hindernis verschwunden ist, das der Aufklärung des Schicksals von R. Wallenberg im Wege gestanden hat.

All dies sind *Ansätze*. Aber sie weisen doch in eine Richtung, die Hoffnung macht. Zunehmend stellt sich damit aber auch die Frage nach der künftigen Rolle des KGB: Denn, wie Ju. Orlow resümierte, prinzipiell »ist alles umkehrbar, solange das KGB existiert« (1988, S. 11).

Perestrojka auch des KGB? Chancen und Aussichten

Die Frage nach der Rolle des KGB – gar nicht zu sprechen von seiner Abschaffung – ist, wie gesagt, noch nicht wirklich Thema der Diskussion. Es gibt Behauptungen der KGB-Führung, auch bei ihnen gebe es Perestrojka – und die wird man wohl so verstehen müssen wie auch gewisse anfängliche Akklamationen der Perestrojka durch das Militär. Vielleicht, daß das KGB etwas aufgeschlossener ist. In der Tat hat es gewisse Symptome gegeben, daß zumindest ein (kleiner?) Teil der »Gebisten« sich »transformiert« zeigt. Menschenrechtler und jüdische Emigranten berichteten z.B., daß unter Gorbatschow KGB-Einheiten sogar versuchten, Drogen zurückzuholen, die sie in die Wohnungen von Dissidenten eingeschleust hatten, um diese zu kompromittieren: Sie fürchteten sich offenbar vor Kollegen, die derlei »klassische« Methoden gegen sie selbst ins Feld führen könnten (vgl. M. Sieff, *The Washington Times,* 9.12.1987). Man erfuhr, daß KGB-Offiziere in Sibirien Spenden für ein Denkmal der Stalin-Opfer sammelten (zu denen allerdings auch so manche eigenen früheren »Kollegen« gehören, wie jetzt gern betont) und Angehörigen von Verfolgten mit Dokumenten aus Geheimpolizeiarchiven halfen *(Sp,* 29, 1988, S. 118).

Das paßt in das Rehabilitierungsprogramm, wie es Solomenzew als Vorsitzender des betreffenden Politbüro-Ausschusses umrissen hat *(Pr,* 19.8.1988).

Inzwischen ist sogar vom Einschreiten leitender Gebisten gegen lokale Parteibürokraten im Interesse der Perestrojka berichtet worden, und zwar nicht nur im Hinblick auf Wirtschaftsreformen, sondern sogar zugunsten der Demokratisierung und Glasnost! So verlor der Erste Sekretär des Gebietskomitees Jaroslawl, F. Loschtschenkow, sein Mandat als Delegierter der XIX. Parteikonferenz 1988 infolge von Protesten der Lokalbevölkerung. Auf einem Plenum hatten die Gefolgsleute Loschtschenkows, des heutigen Vorsitzenden des Staatskomitees für Materielle Reserven, geltend gemacht, seine Gegner seien gegen die Perestrojka. Dann aber ergriff der örtliche KGB-Chef, R. Rasschiwin, das Wort und erklärte, die Proteste gegen den Ex-Parteichef seien eine Demonstration »hohen politischen Bewußtseins und warmer Unterstützung für die Perestrojka«. Danach verwandelte sich die Debatte in praktisch einstimmige Angriffe auf Loschtschenkow, der daraufhin von der Liste der Delegierten zur Parteikonferenz gestrichen wurde *(Iz,* 18.6.1988).

In Estland haben höhere KGB-Funktionäre die Bewohner des Valga Rajon gegen die lokalen Parteivertreter verteidigt, die sie angriffen, nachdem die Leute die estnische Nationalflagge auf einem öffentlichen Gebäude gehißt hatten.

Für z.T. möglicherweise sehr »originelle« Ansichten in den »Diensten« spricht auch das Interview mit einem polnischen Geheimdienstler, das die polnische Dissidenten-Zeitung *Replika* brachte:

> »Der Kommunismus ist aus, die Menschen unterstützen ihn nicht. Vielleicht wird er sich in der Mongolei halten können ... Der Sozialismus ist wirtschaftlich zu schwach. Zwei weitere Amtszeiten Reagans, und der Kreml wird Kapitulationsverhandlungen einleiten. Westliches Kapital wird einströmen, und das Volk wird sich freuen. Die Anfänge werden hart sein, aber ein neuer Marshall-Plan wird eingeführt werden, und wir werden aufholen ... Der Kapitalismus hat das Geld und ein System, das funktioniert« *(RFE,* Polish Press Review/4, 29.5.1987, S. 23).

Und er wünschte den Dissidenten »viel Glück«!!

Solche Ansichten mögen extrem sein – und polnisch. Aber Anklänge davon gibt es auch in der Sowjetunion, und sie sind womöglich »tschekistischer« als die Tschebrikows!! Das KGB hat ja in der Sowjetunion, was die slawische Bevölkerung angeht, nicht die gleiche »koloniale« Rolle wie die Dienste Osteuropas, die im Grunde wissen, daß ohne die Vorherrschaft Moskaus die kommunistischen Regime riskieren, gestürzt zu werden. Das gibt ihm mehr Spielraum, so daß im KGB nicht unbedingt weniger »Reformer« sein müssen als seinerzeit in der STB der Tschechoslowakei. Wie oben dargestellt, sind immer wieder neue Impulse gerade auch von der politischen Polizei ausgegangen.

Andererseits wäre es ungewöhnlich, wenn ein Riesenapparat sich freiwillig selbst abbauen würde. Auch die Streitkräfte haben aus Ressortegoismus Konzeptionen verfochten, an die sie im

Grunde sachlich nicht glaubten – wie besagte Planung auf Sieg im Atomkrieg. Für die Perestrojka des KGB werden also wahrscheinlich auch – sehr starke – Anstöße »von außen«, vor allem seitens der Führung, nötig sein.

Gorbatschow hat das KGB-Problem bislang nicht kritisch andiskutiert, im Gegensatz zu allen anderen bürokratischen Bereichen, wo er sich extrem lernfähig gezeigt hat. Wir haben jedoch seine Meinung zur Auslandsaufklärung, die er mit einer klassischen Argumentation grundsätzlich rechtfertigte. So erklärte er während einer Pressekonferenz mit J. Chirac 1985:

> »Jede Botschaft im Ausland erhält Weisungen von ihrer Regierung, Entwicklungen zu verfolgen, Informationen über sich dort vollziehende Prozesse zu liefern, damit sowohl in bezug auf bilaterale als auch internationale Probleme nichts Unvorhergesehenes eintritt« *(ZSF,* 4.10.1985).

Allerdings sind gegen das sowjetische Verständnis hiervon ernste Einwände zu erheben: die sowjetische Aufklärung geht mit ihren Aktivmaßnahmen weit über klassische Spionage hinaus. Zu Recht stellte z.B. A. Sacharow kürzlich in seinem im Moskauer Progress-Verlag erschienenen Buch die Frage, ob es

> »Verbindungen des KGB mit der in den sechziger und siebziger Jahren entstandenen ›terroristischen Internationale‹ oder anderen destruktiven Aktionen gegeben haben könnte« *(FAZ,* 24.6.1988).

Bereits die Indizien einer möglichen KGB-Rolle bei der Mobilisierung von »Friedensbewegungen« (s.o., Das KGB in der sowjetischen Westpolitik) in Westeuropa (vgl. *Readers' Digest*, Okt. 1982) ist mit »Nichteinmischung« nicht vereinbar, gar nicht zu reden von regelrechten Subversionsbestrebungen.

Das nötige Ausmaß der Absicherung gegen »Überraschungen« seitens ziviler Konsumgesellschaften, wo ca. 90 % aller wichtigen Informationen ohnehin offen sind, ist auch nicht im entferntesten mit KGB-Projektionen »rabiater Angriffe« des Klassenfeindes zu begründen. Allerdings hat die Technologie-Spionage höchste Priorität, zumal angesichts der Einschränkungen, die die Reagan-Administration dem Technologie-Export zu setzen versucht hat. Es ist bestimmt kein Zufall, wenn mit Jemochonow ein *Technologe* Erster Stellvertretender Vorsitzender des KGB geworden ist.

Aber sollte die Sowjetunion wirklich den Détente-Kurs wieder-
beleben, würden auch solche Einschränkungen sehr wahrscheinlich in erheblichem Maße abgebaut, schon weil sie den auf offene
Kommunikation angewiesenen westlichen Staaten z.T. sogar
selber schaden. Kurz, so wenig eine Großmacht ohne ihren
Geheimdienst auskommen wird, die sowjetische Hauptverwaltung Ausland ist im Zuge der neuen Politik der Öffnung reform-
bedürftig.

Unter Andropow genoß die Hauptverwaltung Ausland im
Westen den Ruf höchster professioneller Kompetenz. Man kann
nur hoffen, daß ein solches Propaganda-Traktat wie das von *Argumenty i fakty* (17, 1988) veröffentlichte aus einem anderen »Ressort« (Presseabteilung, Spionageabwehr??) stammt.

Dort heißt es, die Geheimdienste der USA, der BRD und
Frankreichs hätten gemäß einem »strategischen Plan«, der im
letzten Jahr in Washington von einer von der US »intelligence
community« organisierten Konferenz entwickelt worden sei,
geheime Operationen zur Destabilisierung der UdSSR mittels Bildung einer politischen Opposition [!] und Ausnutzung des Prozesses der Perestrojka und Demokratisierung zur Unterminierung
des sowjetischen Staates und der gesellschaftlichen Ordnung von
innen in die Wege geleitet. Vorgesehen seien Arbeit auf dem Territorium der UdSSR zur Schaffung eines bürgerlichen Mehrpar-
teiensystems [!], sowie provokative Lügen über die »Entstehung
und Zunahme von Widerstand gegen die Perestrojka« und das
angebliche Heranreifen starker sozialer Konflikte in der Sowjetunion. Auf dem Territorium der Bundesrepublik sei ein Koordi-
nationszentrum zur Durchführung ideologischer Diversion mit
dem Namen »Internationale Solidarität« geschaffen worden, das
die sowjetische Bevölkerung psychologisch vorbereiten solle,
Sympathien für »antikommunistische Aktionen« zu entwickeln.
Geleitet werde es von elf Agenten der Geheimdienste; es gebe
eine monatliche Zeitschrift »Internationale Solidarität« heraus. In
Westeuropa sollen etwa 100 Stellen antikommunistische Literatur
verbreiten. In Frankreich würden Videocassetten vorbereitet, die
illegal in die Sowjetunion eingeschleust werden sollen, um vor
allem die Jugend ideologisch zu zersetzen. Hieran nähmen CIA-
Agenten, Exilsowjetrussen, Leute wie F. Kusnezow, W. Bukow-
skij und W. Maksimow teil.

Angesichts solcher »Analysen« weiß man nicht, ob man lachen
oder weinen soll ... Dies ist ein Zerrbild von beim KGB befürchte-

ten Weiterentwicklungen unter der Perestrojka selbst, die implizite als Werk der »Agenten des Imperialismus« dargestellt wird!

Es gibt auch zu denken, daß sich Großorganisationen, die sich »gefährdet« fühlen, neue »Missionen« suchen. Ist es ein Zufall, daß die größte Desinformationsaktion von Dzierzińskis Apparat, der sog. Trust (vgl. Grant, 1986), genau 1921 begann, mit der Zeit der NEP, als die Forderung nach Normalität und die Kritiken an der Tscheka so zugenommen hatten? Man kann nur hoffen, daß eine Serie schauerlich-spektakulärer (Selbst?!-)Morde unter Wissenschaftlern, die in modernsten Bereichen der Rüstung mit SDI-Relevanz arbeiteten, vor allem bei der englischen Firma Marconi, nicht als Ergebnis irgendeines Aktivmaßnahmenprogramms zu deuten sind (vgl. *Expr*, 15.5.1987; *IHT*, 4./5.4.1987).*

Der britische Staatsminister für Verteidigung, Lord Trefgarne, konnte jedenfalls einen möglichen Zusammenhang zwischen diesen Todesfällen nicht einfach »ausschließen«. Als Abschreckungsexempel aber wäre so etwas aus gewisser Sicht nur zu »plausibel« ...

Über die interne Rolle des KGB hat sich Gorbatschow in seinem sonst typischen kritisch-rationalen Stil noch gar nicht geäußert. Das KGB-Gesetz ist mit dem Jahr 1990 bewußt spät angesetzt.**

Das dürfte nicht etwa darauf zurückzuführen sein, daß es von geringer Priorität ist. Wahrscheinlich rechnet der Parteichef damit, daß seine Perestrojka erst dann die »kritische Masse« erreicht haben wird, die eine so heikle Reform erlaubt. Denn erste vorsichtige Ansätze einer kritischen Diskussion zeigen, daß man

---

* Am 29.10.1988 berichtete sogar *Sowetskaja Rossija* hierüber: »Die ersten Opfer der ›Sternenkriege‹? Das geheimnisvolle Verschwinden von englischen Wissenschaftlern beunruhigt die Öffentlichkeit des Landes.«

** Das Statut (Poloschenije) des KGB ist, im Gegensatz zu den Statuten einer ganzen Reihe anderer Ministerien, jedoch unveröffentlicht. Hierin aber sind die eigentlichen Pflichten und Rechte der politischen Polizei umrissen, und es gibt keine Informationen, daß und wann in dieser Hinsicht Reformen geplant sein könnten (Knight, 1988, S. 68). Das für 1990 angekündigte KGB-*Gesetz* dagegen könnte – wie im Falle des Grenzgesetzes – sehr allgemein gehalten bleiben und nichts über die Arbeitsmethoden des KGB aussagen.
    Gewisse Rechtsexperten sind sogar für eine Stärkung des KGB eingetreten, so W. Raldugin (*SGiP*, 5, 1988, S. 23–29): Er bezog sich dabei auf das Recht des KGB, Verträge abzuschließen, erweiterte Vollmachten beim Grenzschutz und Ausweitung des Begriffs des Staatsverbrechens durch Änderungen in der Gesetzgebung.

auch in der Sowjetunion nur zu wohl sieht, daß Reformen gerade auch hinsichtlich dieses Apparates nötig sind. Die Wiederbelebung der Erinnerungen an den Stalinismus dürfte diesen Einsichten höchste Dringlichkeit geben.

Offizielle Sprecher haben einstweilen solche Ansätze zurückgewiesen. So betonte der stellvertretende Justizminister W. Gubarjow anläßlich der Verabschiedung des neuen Beschwerdegesetzes, daß es Bürgern erlaubt, gegen Amtspersonen vorzugehen, die ihre Kompetenzen mißbrauchen, dieses Gesetz beträfe nicht die Streitkräfte und die Staatssicherheit *(TASS, 1.7.1988).* Auch I. A. Lukjanow, der als ZK-Sekretär die Durchführung der Justizreform und offenbar auch den Sicherheitsapparat überwacht hat, erklärte, die Privilegien des KGB würden nicht geschmälert werden. Selbst A. Jakolew, der Architekt der neuen Glasnost, hat sich dagegen gewandt, im KGB nur eine Gefährdung der Freiheit zu sehen. Das Gesetz über die Gerichtliche Ordnung zur Beschwerde gegen inkorrekte Entscheidungen von Amtspersonen ist seit dem 1.1.1988 in Kraft. Hierzu hatte im Mai *Nedelja* (No. 30, 1988; vgl. *UT,* F-325, 2.8.1988, S. 25) vorsichtig bemerkt:

> »Besonderen Regeln, die von der Gesetzgebung der UdSSR aufgestellt worden sind, unterliegen Beschwerden über Entscheidungen, die mit der Gewährleistung der Verteidigungsfähigkeit und staatlichen Sicherheit zusammenhängen.«

Aber die bloße Tatsache, daß ein neues KGB-Gesetz bis 1990 verabschiedet werden soll, deutet doch an, daß Gorbatschow das KGB ebenfalls »verrechtlichen« (Yassmann, 1988) und seinen bisher weitgehend unklaren Status fixieren will (vgl. K. Holm, *FAZ,* 15.7.1987). Immerhin verdient Beachtung, daß sich die ersten Stimmen zu dieser nötigen Reform bereits gemeldet haben.

Anläßlich der XIX. Parteikonferenz betonte der stellvertretende Justizminister Wyschinskij erneut die Kontrollfunktion der Staatsanwaltschaft auch gegenüber dem KGB *(FAZ,* 28.6.1988). Am 19.6.1988 veröffentlichte die *Prawda* die Stellungnahme des Juristen Ju. M. Baturin, der forderte,

> »Zonen außerhalb der Kenntnisnahme des Obersten Sowjet aufzuheben und damit zu beginnen, auch die Arbeit der Organe für Staatssicherheit in seinen Kommissionen zu diskutieren.«

Insofern Gorbatschow nun nach Stärkung der Sowjets und einem Präsidialsystem strebt, unter dem der Präsident u.a. die Staatssicherheit kontrollieren würde *(NZZ,* 30.6.1988), ist es wohl »kein Zufall«, wenn die *Prawda* eine solche Idee publiziert.

In der Tat, aus den Abschlußresolutionen der XIX. Parteikonferenz vom Sommer 1988 ging hervor, daß Staats- und Dienstgeheimnisse künftig genau definiert werden sollten – und aus anderen Publikationen wurde deutlich, daß auch das ausdrücklich nicht erwähnte KGB unter diese Bestimmungen fallen soll (U. Engelbrecht, *GA,* 6.7.1988).

Ogonjok, an der vordersten Front der Perestrojka, seit Egor Jakowlew neuer Chefredakteur ist, druckte einen Leserbrief von W. Nikitin, einem 30jährigen Lehrer aus Spasskaja Guba in der Karelischen ASSR, der schrieb:

> »Ich glaube, die Zeit ist gekommen, den Schleier des Geheimnisses auch von der Tätigkeit des KGB zu lüften, denn wie soll sonst die Gesellschaft das KGB kontrollieren, wenn sie nichts hierüber weiß?« (*Og,* 33, 13.–20.8.1988.)

In vielen Ländern müßten die Sicherheitsdienste schließlich regelmäßig Parlamentsausschüssen Rechenschaft ablegen, z.B. die CIA und die Bundespolizei FBI in den USA *(SZ,* 16.8.1988).

Im August 1988 brachte die Zeitschrift *Wek XX i mir* (»Das 20. Jahrhundert und der Frieden«) einen Leserbrief, der forderte, man solle im Obersten Sowjet ein öffentliches »Hearing« über die Perestrojka des KGB abhalten. Die Zeitschrift ist das Organ des Sowjetischen Komitees zur Verteidigung des Friedens – eine KGB-Frontorganisation!! Im September wurde ein Artikel von W. Rubanow, Abteilungsleiter in einem Forschungsinstitut des KGB, im *Kommunist* angekündigt, der ebenfalls gegen die allgemeine Geheimhaltung in Sachen KGB auftrat. Zum gleichen Thema äußerte sich dieser Autor in der Zeitschrift *Sozialistischeskaja sakonnostj* Nr. 8, August 1988, sowie in Radio Moskau am 5.9.1988, als er erklärte, die Geheimhaltungsregeln seien »Ausdruck der Tatsache, daß Macht über dem Gesetz stand«. W. Rubanow monierte

> »das Übermaß an Geheimhaltung. Sogar im Fall ihrer Nutzung zu eigennützigen Zwecken ist vom Gesetz keinerlei Verantwortung vorgesehen. Die Beweislast für die Unangemessenheit der Beschränkungen liegt bei denen, die ... die Klaue der Geheimhal-

tung fortnehmen wollen. Und nötig wäre umgekehrt die *Präsumption der Nichtgeheimhaltung*« (*UT*, F45,1988, S. 6; *A i f*, 45, 1988, S. 6).

Die Zeitung *Argumenty i fakty* brachte einige absurde Beispiele: So erhielt z.B. ein Leser aufgrund seiner Beschwerde über den Radioempfänger »Leningrad-010-Stereo« die Antwort der Redaktion, sie könne leider seinen Brief nicht veröffentlichen, da man aus Zensurgründen nicht den Namen der Herstellerfirma (also ein Rüstungsbetrieb) nennen könne (a.a.O).

Denkt man diese Ideen weiter, müßte am Ende des Wegs eine neue Auslandsaufklärung einerseits und eine Art Verfassungsschutz (z.B. für den Fall terroristischer Anschläge usw.) andererseits stehen, möglichst noch organisatorisch im Interesse der »checks and balances« voneinander getrennt. Aber das ist alles noch Spekulation. Immerhin ist es ermutigend, daß die ersten Stimmen überhaupt gewagt haben, dieses Thema anzuschneiden.

Die öffentliche Meinung könnte »reifer« sein, als man denkt. Vielleicht ist es symptomatisch, was der Leningrader Autor und Regisseur, G. Beglow, erlebte, der für die Verfilmung seiner vor zwanzig Jahren geschriebenen Memoiren über seine Erlebnisse in Stalins GULAG die Mittel nicht von »Lenfilm« bekommen konnte. Als er hierüber im *Lokal*fernsehen berichtete und eine Kontonummer angab, war das Ergebnis für ihn »erschütternd«: bis August 1988 Spenden in Höhe von 60 000 Rubel! Statt eines geplanten Vierzig-Minuten-Streifens kann er jetzt die Arbeiten an einer zweiteiligen Serie beginnen, die heißen soll: »Aktenzeichen: Betr. uns selbst« *(GA*, 24.8.1988).

Gegen die Arkanpolitik mit ihrer extremen Geheimhaltung – die ein Nährboden für sicherheitsdienstliche Exzesse sein kann – geht man ebenfalls an. So meinte der Historiker L. A. Onikow *(Pr*, 19.6.1988) zunächst sehr »orthodox«: »Die Existenz des imperialistischen Systems bedeutet die Gefahr anhaltender Spionage und Subversion«. Doch nach dieser »klassischen« Einleitung kam die bemerkenswerte Folgerung:

> »Das Leninsche Prinzip der Glasnost erfordert, daß Informationen, die geheim sind, aufgezählt und dieses Verzeichnis selbst publiziert wird« *(Pr*, 19.6.1988).

Bislang durfte ja nicht einmal die Existenz von Glawlit, der Hauptverwaltung zur Wahrung der Staatsgeheimnisse in der

Presse, in den Medien erwähnt werden. Ein neues Gesetz über Staatsgeheimnisse sei also nötig:

> »Je genauer wir die Grenze der Geheimhaltung bestimmen, desto weniger Subjektivismus wird es geben« (a.a.O.).

Ju. Afanasjew, der Rektor der staatlichen Hochschule für Geschichte und Archivwesen und inzwischen dank seines couragierten Eintretens für historische Glasnost und für Ehrlichkeit einer der berühmtesten Historiker der Sowjetunion, forderte die Öffnung der Archive:

> »Ich glaube, daß man wie in allen zivilisierten Ländern eine Frist festlegen muß, nach deren Ablauf geheime Dokumente allgemein zugänglich werden. Darüber hinaus müßte die Frage der Schaffung eines einheitlichen Archiv-Fonds des Landes gelöst werden, in den auch die Partei-Archive einbezogen werden müßten. Man muß auch den Zugang aller Forscher zu den Dokumenten der Partei erweitern. Bislang herrschen in Partei-Archiven erheblich mehr Einschränkungen als in den staatlichen Archiven« (*Literaturnaja Rossija,* 17.6.1988).

Die Forderung ist um so dringlicher, als interessierte Stellen schon längst mit der systematischen Vernichtung kompromittierender Dokumente begonnen haben. Die Archive der Staatsanwaltschaft und des Justizministeriums wurden schon in den 60er – 70er Jahren »gesäubert«, und inzwischen warnte *Glasnostj,* die semi-dissidente Zeitschrift von S. Grigorjanz, vor der anstehenden Vernichtung des Vereinten Sonderarchivs des Militärkollegs und des Obersten Gerichts *(Ob"edinennyi Osobyj archiv Voennoj kollegii i Verchovnogo Suda SSSR),* wo die Unterlagen über alle jene aufbewahrt werden, die in den 30er und 40er Jahren abgeurteilt wurden. Diese Akten werden bereits seit 1985 systematisch vernichtet! Ihre Verbrennung sollte bis 1992 abgeschlossen sein. S. Grigorjanz appellierte daher an Gorbatschow:

> »Ich wende mich an Sie, den Generalsekretär des ZK der KPdSU, mit der Bitte, sofort die Vernichtung der letzten Erinnerungsfetzchen über Millionen unserer zu Tode gequälten und unschuldig umgekommenen Väter und Großväter zu verhindern« (*Glasnost'j,* vypusk 2–4, Juli 1987, S. II).

Tschebrikows Prawda-Interview vom 2.9.1988: Eine Aussöhnung?

Am 2.9.1988 brachte die *Prawda* ein Interview mit KGB-Chef W. M. Tschebrikow, in dem dieser Fragen über die Aufgaben seines Apparats und dessen Rolle insbesondere in der Perestrojka umriß. Es war womöglich bedeutsam, daß dieses Interview genau zu dem Zeitpunkt erschien, als Ligatschow wieder einmal im Land herumreiste und sich in Reden vom progressiven Flügel im Politbüro abgrenzte. Formal zumindest stellte sich Tschebrikow nun voll hinter den neuen Kurs, auch wenn er bei näherem Hinsehen in Grundsatzfragen kaum zurückgewichen ist.

Die Tschekisten, so erklärte der KGB-Chef, betrachteten die Perestrojka als ihre »ureigene Sache« – »krownoje delo«. Für das KGB sei es eine Frage von »prinzipieller Bedeutung«, daß seine Mitarbeiter es verstünden, auch unter den neuen Bedingungen zu arbeiten. Entscheidend sei die »Arbeit mit Kadern«.

> »Große Bedeutung messen wir daher der Perestrojka im Denken unserer Mitarbeiter bei.«

Auch in der Parteiorganisation des KGB, so berichtete Tschebrikow, vollziehe sich eine Perestrojka:

> »Die demokratischen Prinzipien und Glasnost werden in der Arbeit der Grundorganisationen erweitert, unter Berücksichtigung der Besonderheiten unserer Aktivität.«

Der KGB-Chef war bemüht, den Konsens im Politbüro zu betonen und damit implizit Spekulationen über mögliche Reibungen zwischen ihm und dem Parteichef zurückzuweisen.

> »Vor allem möchte ich betonen, daß in prinzipiellen Fragen bei uns im Politbüro volle Einheit herrscht.«

Nachdem er erneut sein Hauptanliegen betont hatte – die weitere Stärkung der »führenden und organisierenden Rolle« der Partei –, erklärte er diesmal ausdrücklich:

> »Ich bin für die Erweiterung der Demokratie und Glasnost und für eine radikale, wissenschaftlich fundierte Wirtschaftsreform, für eine Reform des politischen Systems, für die volle Entfaltung des Potentials der sozialistischen Ordnung.«

Dieses Bekenntnis zur Perestrojka barg allerdings so manche unausgesprochenen Einschränkungen in sich: Was ist eine »wissenschaftlich fundierte« Wirtschaftsreform – wissenschaftlich im Sinne der modernen Wirtschaftswissenschaften oder »wissenschaftlich« im ideologischen Sinne, womit ja zugleich die Doktrin bezeichnet werden kann? Reform des politischen Systems als »volle Entfaltung der sozialistischen Ordnung« – eine Ordnung, die in ihren stalinistisch geprägten Strukturen ja gerade zur Krise geführt hat – oder Reform zugunsten einer neuen Form von Sozialismus, wie die Neuerer wollen? In der Sache schien Tschebrikow von seiner alten Einstellung grundsätzlich nicht abzuweichen. Immerhin, im Namen des KGB rang er sich zu der ausdrücklichen Erklärung durch:

>Wir sind überzeugt, daß in den Prozessen der Erweiterung der Demokratie und Glasnost, die auf Initiative der Partei [?] eingeleitet worden sind, ein gewaltiges Potential zur Stärkung des Sozialismus begründet liegt.«

Das war schon eine recht beachtliche Unterstützung für die Perestrojka im innovativen Sinne. Denn, so erläuterte der KGB-Chef, seine Funktionäre verstünden,

>daß die Organe und Truppen des KGB mit der Lösung der ihnen gestellten Aufgaben unter den heutigen Bedingungen nur fertig werden, wenn sich ihre Tätigkeit mit dem Prozeß der Erweiterung der Demokratie und Glasnost in der Gesellschaft organisch verbindet ...«

Tschebrikow verweist auf den bereits eingeführten neuen Stil:

>Die Mitarbeiter des KGB wenden der Erweiterung und Stärkung ihrer Verbindungen mit den Werktätigen gewaltige Aufmerksamkeit zu. Sie besuchen oft Arbeitskollektive, halten dort Reden, führen Gespräche, tun viel, um die Formen der Teilnahme der Gesellschaft an der Sache der Gewährleistung der Sicherheit des Staates zu vervollkommnen.«

Das KGB gibt sich also zu mehr »Offenheit« bereit, fordert aber auch durch den Mund seines Chefs mehr Mitsprache:

>Wir sind bereit, auf Fragen zu antworten, und wir haben wirklich etwas zu sagen.«

236

Doch zugleich kam Tschebrikow wieder auf die von ihm so oft betonte enorme, ja gewachsene »Bedrohung« durch »Subversion« von außen zurück, die er hinter den

> »feindlichen Aktionen von antisowjetisch, antisozialistisch einge-stellten Personen im Land, die auf die Unterminierung und Liqui-dierung der bei uns bestehenden Ordnung abzielen,«

wähnt. Er selbst erwähnte, daß in letzter Zeit der Vorwurf immer lauter geworden sei,

> »daß wir uns mit ›irgendwelchen Geheimdiensten des Westens‹ und ›mythischen ausländischen Agenten‹ fast schon selbst Angst machen und geradezu Opfer der eigenen ›Spionomanie‹ wer-den.«

Dagegen führte er nun »Fakten« an: Sowohl im sowjetischen Vertei-digungsministerium als auch im KGB, im Außenministerium, im Ministerium für Außenhandelsbeziehungen usw. seien feindliche Agenten entlarvt worden. »Leider waren unter ihnen auch Mitarbei-ter des KGB.« (Das Eingeständnis war bemerkenswert.) In den Jah-ren 1986–87 seien über 50 Diplomaten und Korrespondenten aus NATO-Ländern ausgewiesen worden, da sie Aktivitäten nachge-gangen seien, die mit ihrem diplomatischen Status nicht vereinbar gewesen seien. (Er erwähnte dabei nicht, daß viele von ihnen bloße Opfer von sowjetischen »Gegenmaßnahmen« gegen die Ausweisun-gen eigener Spione war.) Noch abenteuerlicher eine weitere Zahl:

> »Allein in den führenden kapitalistischen Staaten wurden in den letzten dreieinhalb Jahren durch [ausländische] Geheimdienste über 6 000 Provokationen [gegen sowjetische Vertretungen und Bürger] unternommen.«

Solche Zahlenangaben sind natürlich nicht näher überprüfbar.

Doch wohl noch mehr als die Gefahren »von außen« scheinen dem KGB-Chef interne Erosionssymptome Sorge zu bereiten. So behauptet er, ausländische Geheimdienste nutzten das Aufkom-men von autonomen Gruppen, um »die führende Rolle der Partei zu diskreditieren«, indem derart eine »politische Opposition« geschaffen werden solle. Immer wieder setzte er in gut stalinisti-scher Tradition interne Repluralisierung und Liberalisierung mit ausländischer »Intervention« gleich.

Tschebrikow fürchtet im Grunde, daß die »sozialistische Demokratie« durch einen »bürgerlichen Liberalismus« ersetzt werden könnte *(Pr,* 14.4.1984).

Immerhin bestätigte Tschebrikow, daß die Gorbatschow-Führung in der Tat auf eine »Verrechtlichung« auch des KGB hinarbeitet:

> »Jetzt werden zusätzliche Maßnahmen ergriffen zur Stärkung der rechtlichen Grundlage der Tätigkeit der Organe und Truppen des KGB der UdSSR, zur Präzisierung ihrer Position und Rolle im Mechanismus des sowjetischen sozialistischen Staates. Insbesondere wird in Zusammenarbeit mit den interessierten Ressorts ein Gesetz über die Staatssicherheit vorbereitet.«

Zugleich betonte er das Mitwirken auch des KGB an der Justizreform:

> »Zu einer ganzen Reihe von Allunions-Gesetzesakten haben wir konkrete Vorschläge gemacht.«

Tschebrikow stellte sich also formal hinter die Gorbatschow-Führung, sprach allerdings nur vom April-Plenum 1985, dem XXVII. Parteitag und folgenden ZK-Plena sowie der Parteikonferenz. Gorbatschow selbst zitierte er gar nicht. Er identifizierte sich mit »dem Politbüro«.

Inhaltlich war sein Interview trotz gewisser interessanter Details keine Sensation; aber die Tatsache des bloßen Erscheinens eines solchen Interviews des KGB-Chefs über die Rolle seines Apparats in der *Prawda* war etwas völlig Neues und Beachtliches. Hiermit zeigte sich erneut, daß dieser Apparat es heute für nötig hält, sich zu rechtfertigen. Tschebrikows Ausführungen über die Rekrutierung neuer Mitarbeiter wirkten fast wie eine Werbekampagne. Ja, seine formalen »Rückzieher« und Bekenntnisse zur Perestrojka könnten andeuten, daß es auch im KGB nicht unbedeutende Kräfte gibt, die für ein »neues Denken« aufgeschlossen sind.

Für diese Hypothese sprachen auch gewisse frühere Interviews von unionsrepublikanischen KGB-Chefs. Das Interview des neuen kasachischen KGB-Chefs, W. Miroschnik *(Kasachstanskaja pravda,* 7.6.1988), war zwar noch voller traditioneller Klischees. Einen neuen Stil versuchte der KGB-Chef von Litauen, E. Eismontas (im Amt seit dem 11.5.1987), der sich von weltmännischer Souveränität gab und betonte, Aufgabe des KGB sei es,»der Partei bei der noblen Aufgabe der Erneuerung der sowjetischen Gesellschaft zu helfen« *(Sovetskaja Litva,* 11.6.1988). Er betonte:

> »Die in den Thesen des ZK (zur XIX. Allunions-Parteikonferenz vom Sommer 1988) angeschnittenen Fragen zur Vervollkommnung der Rechtsschutzorgane beziehen sich auch in Gänze auf uns, die Funktionäre der Staatssicherheit.«

Ebenfalls im »neuen Geist« sprach der KGB-Chef der Ukraine, Brigadegeneral N. M. Goluschko, im Amt seit Mai 1987:

> »Die Führung des unionsrepublikanischen KGB macht sich nun Gedanken darüber, wie man den Menschen klarmacht, daß wir keine ›konspirative‹, ›geschlossene‹ politische Organisation sind und daß wir nach mehr Offenheit streben in jenen unserer Tätigkeitsbereiche, wo das möglich ist« (vgl. *RL* 420/88, S. 4).

Dabei berichtete er über sich selbst, daß er schließlich zu jener Generation gehöre, die vom XX. Parteitag geprägt ist – also von Chruschtschows Entstalinisierung. Dann aber folgten die Standardwarnungen: Die Demokratie würde »von gewissen Leuten« zum Schaden der Staatsinteressen genutzt. Die wachsende Zahl ausländischer Besucher hätte auch zu verstärkten Spionageanstrengungen des Auslands geführt, um Verteidigungs- und Wirtschaftsgeheimnisse auszuspionieren *(Radjanska Ukraina,* 9.8.1988; über Goluschkos Biographie s. *Pravda Ukrainy,* 26.5.1987).

Derartige Stellungnahmen könnten andeuten, daß Tschebrikow als Vertreter der alten Generation womöglich auch mit zunehmender Kritik im eigenen Apparat rechnen muß. Einstweilen wirkte Tschebrikows Interview allerdings wie die Besiegelung einer Art Aussöhnung zwischen ihm und Gorbatschow. So fiel auf, daß bereits im Juni-Juli 1988 die zu entgegengesetzten Tendenzen gerechneten Zeitungen *Moskowskie nowosti* (19.6.1988) Vorkämpferin der Perestrojka), und *Sowetskaja Rossija* (9.7.1988) – die der Anti-Perestrojka-Plattform der Nina Andrejewa ihre Seiten geöffnet hatte – gleichermaßen über die aktive Teilnahme von Mitgliedern des sibirischen KGB bei der Errichtung eines Denkmals für die Opfer des Stalinismus berichteten. A.Jakowlew zeigte sich in Riga dem KGB gegenüber betont versöhnlich, und Gorbatschow hatte auf der Parteikonferenz im Sommer 1988 erklärt:

»Man muß auch die zielgerichtete Arbeit der Führung des Komitees für Staatssicherheit, des Verteidigungsministeriums und des Generalstabs zur Vervollkommnung ihrer Aktivität unter den Bedingungen des heutigen Entwicklungsabschnitts unserer Gesellschaft, der Entfaltung von demokratischen Prozessen, unterstützen« *(Pr, 29.6.1988, S. 5)*.

Immerhin, Gorbatschow hatte nicht mehr »unkritisch« das KGB als solches gelobt, sondern seine Reformbemühungen – womit er ein Signal gesetzt haben dürfte.

Das ZK-Plenum vom 30. 9. 1988. Gorbatschow geht aufs Ganze

Bereits zum 30.9.1988 – statt wie erwartet im Oktober – ließ Gorbatschow ein Plenum des ZK zusammentreten. Es soll laut Radio Warschau und Budapest nur eine einzige Stunde getagt haben. Doch das Ergebnis war die größte personalpolitische Veränderung in der sowjetischen Spitzenführung seit 1957 (als Chruschtschow in einer Führungskrise die Mehrheit des Politbüros ausbootete, die ihn hatte stürzen wollen). Einen Tag später ließ sich Gorbatschow zum neuen Staatschef ernennen – was erst für das Frühjahr 1989 erwartet worden war.

Auf einen Schlag wurden die Führer der verbleibenden alten Garde pensioniert oder degradiert.

Staatsoberhaupt A. A. Gromyko mußte zugeben, das Alter sei eine »störrische Tatsache« und wurde von Gorbatschow mit Dank verabschiedet, auch wenn er hierüber »traurig« sein mochte. Es heißt, er habe bereits früher Gorbatschow seinen Rücktritt angeboten, und dieser machte nun zu einem für ihn gelegenen Zeitpunkt von diesem Angebot Gebrauch. Höflich sprach der Parteichef dabei die Hoffnung aus, der ehemalige Außenminister möge seiner Führung auch weiterhin »mit seiner Erfahrung zur Seite stehen« *(Pr,* 1.10.1988). Schließlich verdankte Gorbatschow ihm sein Amt.[*]

Aber das Gerücht, Gromyko, der sich in letzter Zeit auffallend positiv über Stalin geäußert hatte, sei in einem kritischen Moment ins Lager der Konservativen übergegangen, war nur zu plausibel.

---

[*] Gromyko hatte mit seinem leidenschaftlichen Plädoyer auf dem März-Plenum 1985 den Ausschlag für Gorbatschows Wahl zum Nachfolger im Amt des Generalsektretärs gegeben.

Im Grunde blieb dieser Mann aus der Schule von A. A. Schdanow, G. M. Malenkow und W. M. Molotow bis zuletzt orthodoxer Kommunist (vgl. A. Schewtschenko, *Sp,* 6, 1985, S. 122): »Der beste Konservative, den ich kenne« (in den Worten des ehemaligen britischen Außenministers Sir Alec Douglas Home). Nur für seinen eigenen Bereich, die Außenpolitik, forderte Gromyko eine überideologische Sichtweise. Er soll ein Hauptbefürworter der Militärintervention in Afghanistan gewesen (M. Binyon, *TT,* 23.3.1981) und für einen Einmarsch in Polen eingetreten sein. Vor allem: mit seiner Haltung zur NATO-Nachrüstung – provoziert durch die sowjetische Dislozierung der SS-20-Raketen – hatte er die wohl größte sowjetische diplomatische Niederlage der letzten Jahrzehnte zu verantworten. Auch sein eingefleischtes Mißtrauen gegen alle Deutschen, ja sein im Grunde »klassisches« Großmachtdenken entsprach nicht mehr dem neuen Zeitgeist. In seiner Abschiedsrede bekannte Gromyko sich zwar zur Perestrojka, aber doch betont in einem nicht-revisionistischen Sinne *(Pr,* 1.10.1988).

Sensationell war die Zurücksetzung von Je. K. Ligatschow – dem Mann, der so unverkennbar nach der Rolle eines neuen Suslow gestrebt hatte. Ligatschow hatte in entscheidendem Maße die Organisation des XXVII. Parteitages von 1986 bestimmt und wirkte ebenfalls maßgeblich bei der Herausgabe des – allzu wenig – revidierten Parteiprogramms mit. (Auch Gromyko, so erfuhr man kürzlich, war hieran beteiligt gewesen.) Ligatschows Zurücksetzung war ganz wesentlich auch eine Niederlage des konservativen Parteiapparats, in dessen Namen er noch kürzlich erklärt hatte, diese Partei sei eine herrschende und sie werde auf ihre führende Rolle nie verzichten *(Pr,* 6.3.1987).

Es ist recht wahrscheinlich, daß Ligatschow von vornherein als konservatives Gegengewicht zu Gorbatschow in die Führung berufen worden war, nachdem dieser ex-Koslow-Protégé unter Breschnew 18 Jahre ohne weitere Beförderung als Gebietssekretär von Tomsk gearbeitet hatte. Im Zuge der Perestrojka hatte sich Ligatschow besonders gegen die – wie er es sieht – Verunglimpfung der sowjetischen Geschichte gewandt. Ja, sogar über die heute als Ära der Stagnation gedeuteten Breschnew-Jahre erklärte er herausfordernd (unter Verweis auf sein eigenes Wirken in Westsibirien): »Es war eine unvergeßliche Zeit ...« *(Pr,* 27.8.1988). Als tüchtiger Administrator hatte auch er sich gegen alles »Obsolete« gewandt. Doch resolut wies er Hoffnungen

»unserer Klassengegner« »auf die Abkehr der Sowjetunion vom Sozialismus, hin zu Marktwirtschaft und zum ideologischen Pluralismus« zurück *(Pr,* 17.8.1987).

Gelegentlich hat er sich an entscheidenden Liberalisierungsmaßnahmen beteiligt. So soll er für die Freigabe von Abuladses erschütterndem Film »Die Reue« – eine künstlerische Auseinandersetzung mit dem Problem totalitärer Diktatur schlechthin – verantwortlich gewesen sein *(IHT,* 30.9.1988). Doch in seinem Denken blieb er im Grunde ein Mann der alten Generation.

Am 4. Dezember 1987 verkündete Ligatschow in Paris in einem aufsehenerregenden Interview mit *Le Monde,* er leite inzwischen die Arbeit des Sekretariats und signalisierte damit seine Rolle als »Nummer eineinhalb« und zugleich implizit eine Teilentmachtung Gorbatschows (vgl. *IHT,* 16.1.1988). Gorbatschows Gefolgsleute dementierten diese Behauptung umgehend, andere Funktionäre aber bestätigten ihre Richtigkeit. Nach dem offenkundig von Ligatschow höchstpersönlich inszenierten Nina Andrejewa-Vorfall vom Frühjahr 1988 soll er dann jedoch bereits die Funktionen des Zweiten Sekretärs verloren haben.

Inzwischen wurde nun dieses weder in der Verfassung noch im Parteistatut offiziell bestehende Amt eines »zweiten Sekretärs« , das Suslow mit so enormer Machtfülle ausgestattet hatte, wieder abgeschafft. In Abwesenheit des Parteichefs rotiert der Vorsitz im Politbüro heute erneut (so wie schon unter Chruschtschow; vgl. S. Mikojan, *SK,* 13.8.1988) unter den ZK-Sekretären (W. A. Medwedjew, *TASS,* 30.9.1988), und die Funktionen, die Suslow kumuliert hatte, sind gezielt auf verschiedene Ämter verteilt worden.

Schon auf der Parteikonferenz vom Sommer 1988 gab der weißrussische Parteichef Sokolow bekannt, daß Ligatschow nicht mehr für die Ideologie verantwortlich sei *(SN,* 2.7.1988), eine Zuständigkeit, in die Gorbatschows enger Vertrauter A. Jakowlew zunehmend hineingewachsen war. Der Konflikt mit B. N. Jelzin während der Konferenz war Ligatschows Prestige auch nicht gerade förderlich, da er daraufhin öffentlich überführt wurde, Unwahrheiten zu sagen: Seine Behauptung, unter Jelzin als Parteichef von Swerdlowsk habe es in dieser Ural-Stadt Rationierungen gegeben, wurde ausdrücklich zurückgewiesen.

In der Tat hatte A. Sacharow recht, als er Ligatschow einen »gefährlichen Fanatiker« nannte. Ligatschow scheint einen ausgesprochenen Machtinstinkt zu besitzen – schon früher einmal wurde er wegen »Woschdismus« (Führergebaren), also Autoritarismus, gerügt. Er ist also schwerlich ohne eigenes Zutun in die Rolle des konservativen Gegenpols zu Gorbatschow hineingewachsen. Ja, dieser Sproß aus einer Familie von Altgläubigen scheut keineswegs vor machiavellistischen Manövern zurück. Er hätte Gorbatschow gefährlich werden können und war das auch bereits geworden. Aber der Parteichef erwies sich bislang als der bessere Taktiker.

Als ZK-Sekretär für die Landwirtschaft ist Ligatschow immer noch für einen vitalen Bereich zuständig. Schließlich entscheidet die Leistungsfähigkeit der Landwirtschaft darüber, ob die Versorgungskrise lösbar sein wird, und die Lösung dieser Krise wiederum ist die Voraussetzung dafür, daß die Perestrojka auch breite Unterstützung im Volke findet, eine Unterstützung »von unten«, die bislang noch bedenklich gering erscheint. Ligatschow kann also künftig noch gefährlich »bremsen«. Denn auch in diesem Bereich denkt er als Traditionalist, der von Industrialisierung der Landwirtschaft und Großprojekten träumt (vgl. seinen Artikel in *K*, 4, 1987). Die von Gorbatschow verfochtene Teilreprivatisierung und Wiedererweckung der persönlichen Initiative – Maßnahmen, die aus ökonomischer Sicht so dringend erscheinen – sind in seinen Augen Anathema. Andererseits ist sein neuer Aufgabenbereich, sobald er auch praktisch-politische Verantwortung mit sich bringt, für einen sowjetischen Traditionalisten eine Art politisches »Himmelfahrtskommando«. Diese neue praktische Verantwortung kann daher durchaus disziplinierend wirken – oder aber zu Ligatschows endgültigem Sturz führen. Denn an den Problemen der Landwirtschaft – der Achillesferse des sowjetischen Wirtschaftssystems – sind bislang alle seine Vorgänger auf analogen Posten gescheitert, mit der einen bemerkenswerten Ausnahme: des politischen Überlebenskünstlers Gorbatschow (und dieser überlebte nicht etwa aufgrund der rein landwirtschaftlichen Leistungen der Sowjetunion unter seiner Amtsführung als ZK-Sekretär!).

Neuer »zweiter Mann« ist unverkennbar L. N. Sajkov, Jelzins Nachfolger als Parteichef von Moskau, ein Technokrat und Rüstungsmanager aus Leningrad und ehemaliger Protégé von G. W. Romanow. Das wurde unverkennbar, als dieser Gorbatschows Ernennung auch zum Staatsoberhaupt am 1.10.1988 vorschlug. Ein solcher Vorschlag wird traditionell vom »zweiten Mann« vorgetragen.

Der Chef der bisherigen Verbindungsabteilung des ZK (die zuständig für die Beziehungen zu den herrschenden kommunistischen Parteien in Osteuropa war), W. A. Medwedjew, ein habilitierter Nationalökonom, wurde Chefideologe. Er war Hauptarchitekt von Gorbatschows neuer Osteuropa-Politik und insofern ein prominenter Reformer, der sich allerdings in seinen Ansprachen vorsichtig gibt. Er wurde nun direkt zum Vollmitglied des Politbüros befördert.

Die gesamte Außenpolitik einschließlich Osteuropas und sozialer Bewegungen im Ausland wurde in den Händen von A. Jakowlew, einem der brillantesten Köpfe der Gorbatschow-Führung, als Vorsitzendem der neuen ZK-Kommission für die Außenpolitik konzentriert. Die ZK-Abteilung für Beziehungen zu den kommunistischen und Arbeiterparteien Osteuropas ebenso wie die ZK-Abteilung für Auslandskader (traditionell vom KGB benutzt, um seine Agenten zu lancieren, vgl. oben S. 41) wurden der Internationalen Abteilung eingegliedert. Neuer Leiter dieser derart gestärkten Organisation wurde der bisherige Nowosti-Chef und Ex-Botschafter in Bonn, Walentin Falin.

Opfer dieser Reorganisation war A. F. Dobrynin, Ex-Botschafter in Washington und seit 1986 Nachfolger von B. N. Ponomarjow als Chef der Internationalen Abteilung. Dobrynin wirkte womöglich zu sehr als Mann aus Gromykos Außenministerium. Noch dazu hatte er besondere Beziehungen zu Ligatschow unterhalten *(Sp,* 3.10.1988, S. 169). Auch näherte er sich dem 70. Lebensjahr und, so berichtete A. Schewtschenko, leidet (angeblich) an Krebs. Doch am allerplausibelsten erscheint noch die unkomplizierte Erklärung eines sowjetischen Insiders:

>Es gab zwei brillante, glänzende Außenpolitiker, und Platz war nur für einen« *(NW,* 10.10.1988, S. 29).

Eine weitere Sensation war die Beförderung von KGB-Chef W. M. Tschebrikow zum Vorsitzenden der ZK-Kommission für das Rechtswesen und neuen ZK-Sekretär. Da sich Gorbatschow im Gegensatz zu Chruschtschow 1957 nicht auf das ZK stützen kann – hier sind die »Relikte« der Breschnew-Zeit noch zu stark –, stellt sich natürlich die Frage, wie er diese offenkundige Machtprobe so souverän bestehen konnte. Schon wiederholt hatte Gorbatschow sich ja in extremis mit einer Rücktrittsdrohung durchgesetzt. Doch die Vermutung liegt nahe, daß auch bei Gorbatschows September-Coup von 1988 das KGB wieder einmal eine Hintergrundrolle spielte (vgl. D. Mann; *RL* 436/88, S. 1).

Tschebrikow, dessen spektakuläres *Prawda*-Interview vom 2.9.1988 wie eine Aussöhnung mit Gorbatschow gewirkt hatte, gratulierte dem Parteichef am Tage nach dem Plenum anläßlich einer außerordentlichen Sitzung des Obersten Sowjet »strahlend« *(W,* 3.10.1988) zur neu erworbenen Würde des Staatsoberhauptes. In der Tat war der Ex-KGB-Chef als Vorsitzender einer der sechs neuen ZK-Kommissionen – das Ergebnis einer radikalen Reorganisation des zentralen Parteiapparats – persönlich mit neuem Prestige aus diesem Revirement hervorgegangen.

Die »Polizei-Fraktion« wurde personalpolitisch in gewisser Hinsicht wieder einmal gestärkt. So wurde der bisherige MWD-Minister A. W. Wlasow, ein tüchtiger Administrator, neuer Ministerpräsident der RSFSR, der bedeutendsten Unionsrepublik. Er ist ein engagierter Verfechter der Perestrojka. Er verfügt womöglich nicht nur ex officio über besondere Beziehungen auch zum KGB. Denn in den 60er Jahren arbeitete er im Parteiapparat von Irkutsk mit G. Agejew zusammen, einem heutigen stellvertretenden KGB-Vorsitzenden (vgl. *RL* 423/88, S. 6). Auch ist er ein Bekannter Gorbatschows seit ihrer Zusammenarbeit im Nordkaukasus, spätestens seit er im Sommer 1984 Parteisekretär von Rostow geworden war *(Pr,* 26.7.1988; *RL* 384/88, S. 2). Wlasow wurde zugleich Kandidat des Politbüros.

Sein Vorgänger im Amt, W. I. Worotnikow, wurde Vorsitzender des Präsidiums des Obersten Sowjet der russischen Republik, ein Amt, das im Zuge von Gorbatschows Reformen ebenfalls aufgewertet werden soll (sonst wäre Worotnikows neuer Posten eine gewisse Zurücksetzung).

Nachfolger des ebenfalls pensionierten M. S. Solomenzew – der als Vorsitzender der Parteikontrollkommission offenkundig bei der Rehabilitierung hoher Stalin-Opfer »gebremst« hatte – wurde B. K. Pugo, General der Staatssicherheit und ehemaliger KGB- und anschließend Parteichef von Lettland. Er war ja bereits als Kandidat für das Amt des Allunions-KGB-Chefs im Gespräch gewesen *(RL* 226/87, S. 3).

Pugo ist der Adoptivsohn des lettischen Altbolschewiken A. Pelsche, Solomenzews Vorgänger im Amt, der 1983 im Alter von 84 Jahren an Lungenkrebs starb. Als Parteimitglied seit 1915 hatte Pelsche noch Lenin gekannt. Seinerzeit arbeitete er als Tschekist unter F. E. Dzierziński, dann in den Sonderabteilungen der Staatssicherheit in den Streitkräften; er absolvierte wie M. A. Suslow das Institut für die Rote Professur und wurde Schwager des künftigen Chefideologen, mit dem er bei der Sowjetisierung Lettlands zusammenarbeitete. In Breschnews Politbüro war er ebenso wie Suslow Verfechter einer »kollektiven Führung«.

Solomenzew wiederum war ein Ex-Protégé von Chruschtschows ehemaligem zweiten Sekretär und konservativem Gegenspieler, F. R. Koslow, seinerzeit Parteichef von Leningrad. Solomenzew wurde Gegenspieler Breschnews in Kasachstan, der ihn nach seinem Machtantritt 1964 wieder durch den von Chruschtschow abgesetzten D. Kunajew als Parteichef der Republik ablösen ließ. In der Ära Breschnew blieb er als Ministerpräsident der RSFSR im Politbüro ein Außenseiter, aber genoß noch die Protektion Suslows.

Die Parteikontrollkomission ist ursprünglich eine Art oberstes Parteigericht gewesen und die Instanz, die über die Reinheit der Ideologie und die Verhinderung von Fraktionsbildung zu wachen hatte. Ihre Funktionen dürften unter der Perestrojka ebenfalls neu zu definieren sein. Ihr wurde nun im Zuge der allgemeinen administrativen Rationalisierung die Zentrale Revisionskommission mit einverleibt.

Tschebrikows Nachfolger als KGB-Chef wurde W. A. Krjutschkow, also der Mann in der KGB-Führung, der als enger Protégé Andropows , Ungarn-Fachmann, und Repräsentant der allgemein eher »kosmopolitisch« ausgerichteten Hauptverwaltung Ausland Gorbatschow und seinem Reformkurs noch am allernächsten gestanden haben dürfte. Kurz nach dem Plenum wurde seine aufsehenerregende Rede bei einer Konferenz im Außenministerium veröffentlicht, in der er Schewardnadses Forderung nach einer Perestrojka auch dieses Apparats unterstützte (Meždunardonaja žizn', 10, 1988). Dabei äußerte er sich äußerst kritisch über das simplistische Weltbild der Kremlführung in der Vergangenheit (*IHT*, 5.1.1988) und forderte, neue Anstrengungen zu unternehmen, um »die Geister« westlicher Politiker zu gewinnen – was aus dem Munde des Mannes, der seit Mitte der siebziger Jahre unter anderem für die sowjetischen Desinformationskampagnen zuständig gewesen war (*RFED/RLD*, 26.10.1988), nicht ohne Ironie klang. Zugleich waren dies die bislang offensten Ausführungen über Aktivitäten des KGB, die je in der sowjetischen Presse veröffentlicht worden sind.

Krjutschkows Beförderung wurde über die Köpfe von N. P. Jemochonow und F. D. Bobkow hinweg vollzogen. Sie war womöglich auf Widerstände gestoßen. Jedenfalls fiel auf, daß

Krjutschkow nicht zugleich zum Kandidaten des Politbüros ernannt wurde, sondern weiterhin bloßes ZK-Mitglied blieb.

Das aber war faktisch eine Zurücksetzung auch des KGB als Institution, da der Verteidigungsminister (und die »Tschekisten« verstehen sich als eine Art analoger Institution zu den Militärs) ja immerhin Kandidat des Politbüros ist. Allerdings müßte Krjutschkow doch wohl mit seiner baldigen Beförderung auch in dieses höchste Führungsgremium rechnen dürfen – er wurde bereits umgehend vom Generaloberst zum Armeegeneral befördert (*TASS*, 1.10.1988) – es sei denn, daß das KGB tatsächlich von Gorbatschow radikal in seinem Einfluß zurückgestuft werden sollte; das scheint indes wenig wahrscheinlich.

Andererseits ist die Staatssicherheit nun wohl kontrollierbarer und reformierbarer geworden. Die absehbare Ablösung der bald pensionsreifen Führer Jemochonow (67) und Bobkow (63) könnte weitere institutionelle Auswirkungen auf das KGB haben.

Pensioniert wurde auch P. N. Djemitschew, Erster Stellvertretender Vorsitzender des Präsidiums des Obersten Sowjet, wo der ehemalige Kulturminister und ZK-Sekretär, der einmal der Ideologie-Kommission vorgestanden hatte, bei Staatspräsident Gromyko gewissermaßen »Unterschlupf« gefunden hatte.

Gorbatschow ist nun also seit dem 1.10.1988 auch mit der Würde des Staatsoberhauptes bekleidet – was ihm als Parteichef die auch von sowjetischer Seite im Grunde als nötig empfundene zusätzliche internationale Legitimität (z.B. bei der Unterzeichnung von Staatsverträgen) und damit auch mehr Prestige verleihen soll. Er brauchte als Stellvertreter einen Mann, der ihm näherstand. Für dieses Amt wurde der ZK-Sekretär A. I. Lukjanow ausersehen, der bislang das Rechtswesen und die administrativen Organe beaufsichtigt hatte und zuvor Leiter der Allgemeinen Abteilung gewesen war.

Versetzt wurde die ZK-Sekretärin A. P. Birjukowa, die erste Frau in der sowjetischen Führung seit Je. Furzewa. Sie wurde stellvertretende Ministerpräsidentin mit Zuständigkeit für die Konsumgüterindustrie – was nach traditionellen Maßstäben eher eine (durch die Abschaffung der ZK-Abteilungen für die Industrie bedingte) Entschädigung für einen höherrangigen Posten war.

Pensioniert wurde ferner der ZK-Sekretär W. I. Dolgich, ein Technokrat nach dem Schlage des früheren Ministerpräsidenten A. N. Kossygin, der schon 1982 ausdrücklich auf die »Unaufschiebbarkeit« von Reformen verwiesen hatte *(SR,* 21.4.1982). Dolgich hatte sich zunächst als Manager in Noril'sk im hohen Norden einen Namen gemacht – er war womöglich Sohn eines hohen MWD-Funktionärs der Stalin-Zeit *(T,* 22.11.1982, S. 18). Zeitweilig war er Hauptzuständiger für den Energiebereich. Er hatte Tschernenko nahegestanden. Seit dem XXVII. Parteitag von 1986 war seine Position ungewiß geworden.

Pensioniert wurde auch I. W. Kapitonow, der bis 1985 Kaderchef gewesen war, zuletzt offenbar mit Zuständigkeit für Parteiernennungen in der RSFSR bis Obkom- (also Gebiets-) Ebene. Zu Breschnew und dessen Anhang – A. P. Kirilenko und K. U. Tschernenko – trübten sich seine Beziehungen offenbar. Alle drei erschienen nicht zu der Festveranstaltung, als Kapitonow im April 1979 die traditionelle Rede zu Lenins Geburtstag hielt – eine Abwesenheit, die unüblich war.

Seit Ligatschow 1983 neuer Kaderchef geworden war, war Kapitonow zum Vorsitzenden der Zentralen Revisionskommission ernannt worden, einem eher ehrenamtlichen Posten. Von ihm wird berichtet, er sei zusammen mit Solomenzew der Hauptvertreter einer »russitischen«, d.h. russisch-nationalen Fraktion in der Führung gewesen (A. Agurskij, *Posev,* 6, 1982, S. 31), eine Tendenz, mit der auch Ju. W. Andropow sympathisiert hatte.

Ferner pensioniert wurde der stellvertretende Ministerpräsident A. Antonow, der durch N. W. Talysin als neuer Vorsitzender der deutsch-sowjetischen Wirtschaftskommission abgelöst wurde. Gorbatschow hatte Antonow auf dem Juni-Plenum 1987 namentlich kritisiert. Talysin, offenbar ein Elektronik- und Rüstungsfachmann, hatte 1980–85 als ständiger sowjetischer Vertreter beim RGW (Comecon) gearbeitet und war als solcher der Hauptverantwortliche für einen wenig erfolgreichen Plan zur technologischen Kooperation *(RFE,* RAD BR/202, 7.10.1988, S. 2). 1985–87 war er Ju. Masljukows Vorgänger im Amt des Gosplanchefs, das unter ihm offenbar gestärkt werden sollte. Er ist vom September-Plenum 1988 vom Posten eines Ersten Stellvertretenden Ministerpräsidenten auf den eines bloßen stellvertretenden Ministerpräsidenten zurückversetzt worden.

Insgesamt hat Gorbatschow also mit dem September-Plenum von 1988, zumindest formal, seine Position enorm gestärkt: weitere Ämterkumulation, Zurücksetzung potentieller Gegenspieler, Abschaffung der Position eines »zweiten Sekretärs«, Durchsetzung seines Führungsanspruchs auch gegenüber einem widerstrebenden Parteiapparat und ganz allgemein der Beweis seiner Entschlossenheit und Fähigkeit, zu führen.

Allerdings sind seine beiden potentiell gefährlichsten Gegenspieler, Ligatschow und Tschebrikow, keineswegs ausgeschaltet worden. Ja sogar der zumindest indirekt schon so oft und scharf kritisierte ukrainische Parteichef W. Schtscherbizkij überlebte auch diese Führungskrise politisch. Doch Gorbatschows Gegner haben deutlich an Möglichkeiten eingebüßt, dem Parteichef wirklich gefährlich zu werden. Denn sogar der problematische neue bzw. erneute Verbündete Gorbatschows, Tschebrikow – mochte er auch weiterhin in seiner Funktion als Vorsitzender der ZK-Kommission für das Rechtswesen die allgemeine Oberaufsicht über die »administrativen Organe« (KGB, MWD, Justiz) wahrnehmen – ist mit seiner Versetzung auf den Posten eines ZK-Sekretärs gewissermaßen (wie Gromyko 1985) »nach oben gelobt« und von den *operativen* Hebeln der KGB-Macht entfernt worden. An seine Stelle ist mit Krjutschkow ein Mann getreten, von dem man annehmen muß, daß er Gorbatschow gegenüber loyal ist.

Im Oktober sickerte in Moskau durch, Gorbatschow habe die Hauptverantwortung für den Kreml-Komplex vom KGB auf die Armee übertragen (Chr. Schmidt-Häuer, *Z*, 7.10.1988). Mit anderen Worten: Er hat womöglich auch seine Leibwache, traditionell von der Staatssicherheit gestellt, durch Militärs ersetzt. Er hat also Schritte unternommen, um einem Coup »von rechts« mit Hilfe konservativer KGB-Kräfte vorzubeugen. Die Diskussion in den Medien über die Hintergründe von Chruschtschows Sturz und die Rolle gewisser Elemente der KGB-Führung hierbei hat zu konkreten Konsequenzen geführt. Ohnehin pflegen derartige »historische« Debatten in der Sowjetunion aktuelle politische Anlässe zu haben.

Andererseits dürfte die Politbüro-Führung – in der Gorbatschow bis heute nur fünf Männer als seine wirklich engen Verbündeten betrachten kann – einen überstarken KGB doch mit Bedenken sehen. Das könnte mit erklären, wieso das KGB als *Institution* – ungeachtet des Aufstiegs gewisser mit diesem Apparat mehr oder minder direkt in Beziehung stehender Einzelpersönlichkeiten – aus diesem Coup für die Perestrojka in mancher Hinsicht doch mit eher geschmälertem Prestige hervorgegangen ist. Das gilt vor allem für den Teilverlust der Direktrepräsentation des KGB im Politbüro. (»Indirekt« ist Tschebrikow natürlich weiterhin »sein« Mann.)

Gorbatschow hat sich als Meister des klassisch-sowjetischen »kto kogo« (»Wer besiegt wen«) gezeigt – auf dem September-Plenum 1988 vor allem als Verfechter einer Art »raison de perestroika«, einer Form von konstitutioneller Staatsräson. Mit anderen Worten, er mußte sich über eben jene Verfahrensregeln hinwegsetzen, die er selber im Zuge der Konstitutionalisierung erst noch konsequent durchsetzen möchte. Denn hätte er sich jetzt an sie gehalten, wäre auch die angestrebte Konstitutionalisierung mit an Sicherheit grenzender Wahrscheinlichkeit in Frage gestellt worden: ein klassisches Dilemma konstitutioneller Politik angesichts von Gegnern, die ihre Spielregeln nicht anerkennen.

Gorbatschow, der das Volk lehren möchte, nicht einfach auf einen »guten Zaren« zu hoffen, sah sich genötigt, im Interesse der Reformen seine persönliche Macht zu stärken und damit zumindest potentiell auf eine neue Form von »Einmannregime« hin zu arbeiten. Das war nicht das einzige Paradox, in das dieses Plenum vom 30.9.1988 eingemündet ist. Dazu gehört auch die Ernennung des KGB-Chefs zum Oberzuständigen für die Einführung eines Rechtsstaats und eines Ideologen zum Chef der Landwirtschaft und damit jenes Bereichs, in dem sich Gorbatschow zuerst als Innovator gezeigt hatte und der bei pragmatischen Reformen noch am schnellsten eine »Rendite« abwerfen könnte ...

Politik zeigte sich also wieder einmal nicht etwa als Durchführung von abstrakt-logisch konzipierten Plänen, sondern als die Kunst des Möglichen, als Strategie und Taktik.

So waren denn auch die Umstände der Einberufung des Plenums offenbar dramatisch. Die Entscheidung fiel auf einer Sondersitzung des Politbüros am Montag (gewöhnlich tagt dieses Gremium donnerstags), den 26.9.1988 *(NW,* 10.10.1988, S. 27). *TASS,* die zentrale Nachrichtenagentur, war zunächst überhaupt nicht informiert. Nur G. Gerassimow, der Sprecher des Außenministeriums, konnte in New York erklären, es ginge bei dem Plenum um Veränderungen »in der Arbeit unserer politischen Struktur« *(IHT,* 29.9.1988). Doch diese Erklärung war nicht sonderlich überzeugend, hatte doch das Politbüro zu solchen Veränderungen schon vom Juli-Plenum (1988) des ZK die Ermächtigung erhalten.

Auch war nicht zu übersehen, wie eine Reihe von Spitzenführern überstürzt nach Moskau zurückkehrte:

Außenminister E. A. Schewardnadse erreichte die Nachricht vom bevorstehenden Plenum bei einer Rede vor der UNO-Generalversammlung, Verteidigungsminister D. Jasow mußte eine

Indien-, Generalstabschef S. Achromejew eine Schwedenreise abbrechen. Ohne Not aber hätte Moskau selbst im Zeitalter der Glasnost schwerlich in so spektakulärer Weise auf eine Führungskrise aufmerksam gemacht.

Die unverkennbar dramatischen Umstände des so kurzfristig anberaumten Plenums deuteten in der Tat auf eine akute Krise in der Führung. Die allgemeine Lage war entsprechend: besorgniserregende ethnische Unruhen – die Berichterstattung in den sowjetischen Medien über die Entwicklungen in Aserbaidschan und Armenien war in den letzten Monaten immer härter geworden, das ominöse Stichwort »Subversion« war in zunehmendem Maße aufgetaucht; dazu Abnabelungstendenzen im Baltikum und in Osteuropa; der Rückzug einer sich bis dahin für »unbesiegbar« ausgebenden Militärmacht aus Afghanistan; Glasnost und die immer schonungslosere Offenlegung interner Mißstände und Probleme; eine sich zuspitzende Versorgungskrise, die in Moskau mancherorts geradezu als Hauptanlaß für das Plenum hingestellt wurde – Gorbatschow, soeben von einer Sibirienreise zurück, hatte im Fernsehen berichtet, die Leute seien ihm »an die Kehle« gegangen »und recht haben sie«. Last not least und wahrscheinlich das eigentliche Auslösungsmoment der Krise war die anstehende Radikalreform des Parteiapparats.

Kein Wunder, wenn sich seit dem Sommer Manifestationen einer konservativen Opposition wieder verstärkt hatten und Ligatschow auch 1988, ungeachtet aller Zurücksetzungen, erneut Gorbatschows Urlaub nutzte, um die konservative Position zu verfechten. Allerdings trat ihm diesmal A. Jakowlew öffentlich mit aller Bestimmtheit entgegen.

Mit dem ZK-Plenum vom 30.9. nutzte Gorbatschow nun seinerseits offenbar gezielt den Urlaub seines Hauptwidersachers – Ligatschow weilte gerade an der Schwarzmeerküste, und eine ganze Reihe anderer Spitzenführer war im Ausland –, um eine Art legalen Coup in die Wege zu leiten. Das eigentliche Szenario zu dieser »Flucht nach vorn« war von Gorbatschow aber womöglich doch von längerer Hand vorbereitet. Denn rückblickend erscheint nun die seinerzeit so frappierende Forderung des Parteichefs der Komi-Republik, Mel'nikow, auf der Parteikonferenz im Sommer 1988, A. Gromyko, G. Solomenzew und M. S. Arbatow sollten zurücktreten (Tschebrikow nannte er nicht!), in neuem Licht. Mel'nikow müßte bereits von Amts wegen besondere Beziehungen zur Staatssicherheit haben, denn auf dem Territorium seines

Gebietes gibt es die größte GULAG-Bevölkerung der Sowjetunion.

Auch Jelzins Auftritt auf dieser Parteikonferenz war ungewöhnlich – »normalerweise« können sich gestürzte Spitzenführer nicht bei sowjetischen Parteiveranstaltungen profilieren, und das schon gar nicht auf Kosten des bisherigen »zweiten Mannes«, der noch im Politbüro sitzt. Jelzin aber setzte sein Duell mit Ligatschow fort, dem er ausdrücklich bescheinigte, er sei ein Hindernis für die Perestrojka. Auch dieses Intermezzo könnte nicht nur auf Jelzins leidenschaftliche »Spontaneität« zurückzuführen gewesen sein; es handelte sich offenkundig auch um deutliche Warnungen an die von diesen Kritiken Betroffenen.

Im Anschluß an das Plenum bemerkte Gorbatschow selbst: Es gab Anlaß, daß man noch einmal auf alte Methoden zurückgreifen mußte. Jedenfalls wäre sonst das Schicksal des Reformkurses bereits im Spätsommer 1988 sehr ungewiß geworden.

Das Problem spitzt sich zu

Die Debatten über die Rolle des KGB sind also kurz davor, in eine entscheidende Phase zu treten. Dieser Apparat hat mit einer massiven Public-Relations-Gegenoffensive zu seiner Selbstrechtfertigung reagiert. Die Tatsache, daß er sich hierzu genötigt sieht, zeigt, daß er sich in der Defensive fühlt.

Zugleich ist er immer noch Gorbatschows institutionelle Hauptstütze – wenn dieser sich wahrscheinlich auch einem »transformierten« Militär mit neuem Oberbefehl annähern dürfte, zumal inzwischen sein zweiter Mann der Rüstungsfachmann Sajkow ist.

Doch das KGB ist immer noch eine enorme Macht. Seine anhaltende Schlüsselrolle im Entscheidungsprozeß verdeutlichte die von der *Prawda* am 29.11.1988 veröffentlichte Zusammensetzung der neuen sechs ZK-Kommissionen, also der obersten Führung des Parteiapparats und damit der eigentlich herrschenden Instanz. In diesen sechs Kommissionen ist das KGB in fast jeder einzelnen mit je einem seiner gegenwärtigen oder doch früheren Führer vertreten – in der Kommission für Rechtsfragen sogar durch zwei –, oder es sitzen hierin Männer mit zumindest gewissen engeren KGB-Beziehungen, und zwar:

– in der *Kommission für Parteiaufbau und Kaderpolitik* B. K. Pugo, General des KGB, Ex-KGB-Chef von Lettland und seit dem September-Plenum 1988 neuer Vorsitzender des Komitees für Parteikontrolle;

– in der *Ideologie- Kommission* Ex-KGB-Mann A. N. Aksjonow (65), heute Vorsitzender von Gostelradio (*Pr*, 16.12.1987), seit 1959 stellvertretender KGB-Chef und dann seit 1978 Ministerpräsident von Weißrußland (vgl. *Sp*, 12, 1986), seit 1983 Botschafter in Warschau; ferner sitzt in diesem Ausschuß W. W. Karpow, der Erste Sekretär des Schriftstellerverbandes der UdSSR, Oberst a. D. (*Sp*, 27, 1988, S. 122) – wie es heißt: des KGB. Er spielte u. a. eine Schlüsselrolle bei der Vorbereitung der Siebzigjahrfeier der Tscheka vom Dezember 1987 (s. o.; vgl. *RL* 294/87, S. 14);

– in der *Kommission für Fragen der sozial-ökonomischen Politik* sitzt mit A. W. Wlasow, bislang MWD-Minister und seit dem September-Plenum von 1988 Vorsitzender des Ministerrats der RSFSR, ein Mann, der als MWD-Minister zumindest gewisse institutionelle Beziehungen zum KGB unterhalten haben muß und darüber hinaus womöglich zum stellvertretenden Vorsitzenden des KGB und Chef der Hauptverwaltung Inland, G. Agejew, in engerer Beziehung steht;

– in der *Kommission für die Außenpolitik* sitzt W. A. Krjutschkow, seit dem 30.9.1988 neuer KGB-Chef, ein Mann, der vielleicht vom »Jakowlew-Schlag« ist, zumindest dessen Verbündeter, was die Rücksichtnahme von Gorbatschows außenpolitischem Hauptberater gegenüber dem KGB mit erklären könnte;

– Ex-KGB-Chef W.M.Tschebrikow ist, wie gesagt, Leiter der *Kommission für Rechtsfragen*, in der auch der Erste Stellvertretende KGB-Chef F. D. Bobkow, Gebist seit 1945 und offenbar ein ausgesprochener Konservativer, einen Sitz hat.

Übrigens fällt auf, daß der unter Tschernenko eingesetzte 65jährige Erste Stellvertretende KGB-Chef N. P. Jemochonow *nicht* vertreten ist. Das könnte bedeuten, daß seine Pensionierung bevorsteht.

Die äsopischen Debatten über Stellung und Mission des KGB gingen auch nach dem September-Plenum von 1988 weiter. Hohe KGB-Führer traten mit weiteren Interviews an die Öffentlichkeit, und weitere kritische Stimmen und Signale wurden laut.

Am 18. November 1988 wurde detailliert über die Versammlung des Parteikomitees des armenischen KGB berichtet – und das war ungewöhnlich. Dieser Apparat hatte gerade einen neuen Chef, W. Badamjanz, bekommen. Doch die Herausstellung der *Parteiorganisation* des KGB signalisierte eine Disziplinierungskampagne.

Im Bericht des Sekretärs des Parteikomitees wurde vom zunehmenden Tempo der Perestrojka in dieser Republik gesprochen. Es hieß, die Parteiorganisation des KGB habe ihren Einfluß auf Auswahl und Verteilung der KGB-Kader zu erhöhen, deren persönliche Verantwortung und Disziplin zunehmen müsse. Nach einer Verbeugung vor der »hohen Verantwortlichkeit« der Gebisten »bei der Erfüllung ihrer Dienstpflichten« wurde gemeldet, daß eine Reihe KGB-Funktionäre zur strengen »Partei- und Verwaltungsverantwortlichkeit« herangezogen worden seien, »bis hin zum Ausschluß aus den Organen des KGB« – ein unüberhörbares Signal.

Dann ging es aber doch in eher traditionellem Geist weiter. Wie so oft wurde die Notwendigkeit enger Beziehungen des KGB zu den »Werktätigen« betont, die »Vervollkommnung der Formen der Teilnahme der Gesellschaft an der Sicherung der staatlichen Sicherheit«. Das klang wie ein Euphemismus für den verstärkten Gebrauch von Denunziationen.

Badamjanz mahnte aber, die Gebisten könnten mit ihren Aufgaben nur erfolgreich fertig werden, »wenn sich ihre Tätigkeit organisch mit dem Prozeß der Erweiterung der Demokratie und Glasnost verbindet«.

Dies dürfte in der Tat das Schlüsselproblem sein: Bis zu welchem Punkt können KGB und eine liberalisierende Perestrojka zusammengehen? Oder, wie das Problem aus KGB-Sicht aussieht: Wie muß sich das KGB den neuen Gegebenheiten anpassen, um seine anhaltende Rolle, Position, ja womöglich seine Daseinsberechtigung zu rechtfertigen?

Wie Gorbatschow betonte Badamjanz sogleich die angeblich primär auf die Abwehr *ausländischer* Subversion gerichtete Mission der »Organe«. Insbesondere gelte es, die sowjetische Wirtschaft vor den Übergriffen fremder Geheimdienste zu schützen, die sich die Erweiterung der Außenhandelsbeziehungen und wissenschaftlich-technischen Verbindungen mit dem Ausland in jeder Weise zunutze zu machen bestrebt seien und angeblich dem Gang der Reform in der UdSSR Schaden zufügen wollten. Dies aber war ein Topos des »alten Denkens« *par excellence*, der insbesondere während des Interregnums seit Ende der Breschnew-Ära laut geworden war und der in Wirklichkeit gar nicht mehr in die neue außenpolitische Linie des Gorbatschow-Regimes paßt.

Bezüglich der eigenen Gesellschaft wurde wieder einmal die »Prophylaxe« und »Erziehungsarbeit« herausgestellt. Das KGB sei entschlossen, zusammen mit den Werktätigen der Republik und der Partei, nicht zuzulassen, »daß die mächtige, von der Perestrojka in der Republik ausgelöste Bewegung von gewissen Leuten in die Sackgasse gesteuert werde«.

Das war offenkundig eine Anspielung auf die nationalen Spannungen in der Region (*Kommunist*, Armenien, 18.11.1988, S. 4). In der Tat, die Furcht vor der Destabilisierung angesichts nationaler Bestrebungen und Bewegungen und einer sich belebenden und repluralisierenden Gesellschaft mit ihrer Unzahl neuer Gruppen, Meetings und Demonstrationen ist für große Teile des KGB-Personals ein Alptraum. Es ist bezeichnend, daß schon Ende 1987 die Einrichtung einer neuen »Speznas«-Einheit auch des MWD, die Moskauer »schwarzen Berets«, in die Wege geleitet wurde, die dann anläßlich einer Demonstration der Demokratischen Union zum 21. August 1988 – anläßlich des »70jährigen Jubiläums des Roten Terrors«, den Lenin 1918 ausgelöst hatte – massiv durchgriffen und damit eine große Kontroverse auslösten. Eine Demonstration vom 30. Oktober 1988 zu Allerseelen in Minsk hatte ähnliche Folgen. In diesem Zusammenhang ist auch das neue Demonstrationsgesetz zu sehen, das praktisch hinter verschlossenen Türen vorbereitet und dann plötzlich am 30.7.1988 verabschiedet wurde. Juristen haben sich z.T. sehr kritisch hierüber geäußert.

Am 6.12.1988 erschien in der *Kasachstanskaja prawda* eine fast schon frappierend scharfe Kritik des neuen Parteichefs der Republik, G. Kolbin, an dem früheren KGB-Chef, A. Kamalidenow, der zeitweilig ZK-Sekretär für Ideologie gewesen war und zuletzt, bis zu seiner Pensionierung »aus Gesundheitsgründen« (*Radio Moskau*, 6.12.1988), Vorsitzender des Obersten Sowjet von Kasachstan war. Kolbin monierte, daß Kamalidenows

> »kompromißlose Einstellung im Kampf gegen Manifestationen von Nationalismus, Protektionismus, Vereinsmeierei und Nepotismus mitunter über den Rahmen der Logik hinausging« (*RL* 538/88, S. 10).

Am 16.12.1988 brachte *Krasnaja swesda* anläßlich des 70. Jahrestages zur Gründung der militärischen Spionageabwehr des KGB ein Interview mit dem »Mitglied des Kollegiums des KGB der UdSSR«, Generalleutnant W. S. Sergejew, der sich damit offenbar als Nachfolger von G. K. Zinjow, Breschnews Mann als Chef der KGB-Verwaltung Streitkräfte, identifizierte. Nach seiner Einstellung zum Stalinschen Terror der 30er Jahre befragt, gab Sergejew zu, dieser sei nun einmal eine traurige Tatsache. Doch er gab sich nicht übermäßig zerknirscht, was die Rolle seines »Ressorts« hierbei anging. Zugleich kam er auf das heute gängige Argument des KGB, daß schließlich nicht alle Tschekisten Erfüllungsgehilfen Stalins waren:

> »... Nicht wenige Funktionäre der Spionageabwehr versuchten, sich der Illegalität entgegenzustellen, darunter die ersten Leiter der militärischen Spionageabwehr M. S. Kedrow, A. W. Ejduk und andere.«

M. S. Kedrow, seit Januar 1920 Leiter der NKWD-Abteilung für Zwangsarbeit und in den 20er Jahren Mitglied des OGPU-Kollegiums, war in Wirklichkeit ein Mann von extremer Grausamkeit gewesen, der nach dem Bürgerkrieg Anfälle von Wahnsinn hatte (Leggett, 1979, S. 269 ff.). Er war ein Opfer von Stalins »Kult« und wurde am 16.4.1939 verhaftet. Laut *Argumenty i fakty* hatte er im Transkaukasus Gesetzesverletzungen Berijas aufgedeckt. 1941 sprach ihn ein Gericht frei, aber er wurde nicht aus der Haft entlassen und »auf Berijas Befehl erschossen« (*Aif*, 17, 1988). Nach Chruschtschows Geheimrede wurde er rehabilitiert.

In dem Interview wurde Sergejew die kitzlige Frage gestellt, ob nicht angesichts der neuen, »konstruktiven« Außen- und Innenpolitik der KPdSU und der ersten Schritte hin zum Abbau der militärischen Konfrontation »die Sorgen der Spionageabwehr weniger geworden wären«. Die Antwort des KGB-Funktionärs war ganz im alten Geist:

> »Seinerzeit gelangte Lenin zu dem Schluß, daß die Organe für Staatssicherheit im Mechanismus des sowjetischen Staates langfristig bestehen bleiben würden und ihre Aktivität erst in dem Maße eingeengt und auf politische Aufgaben beschränkt werden würde, wie die neue Gesellschaft aufgebaut wird. Es gibt keinerlei Anzeichen, daß die Geheimdienste der USA und ihrer Verbündeten ihre Aufklärungs- und subversive Arbeit anderer Art gegen die Sowjetunion und ihre Streitkräfte eingestellt haben (svoračivali).«

Schließlich zählte Sergejew die weitgespannten Aufgaben seines Amtes auf, die auf die Dauer in dieser wenig präzisierten Form schwerlich mit Perestrojka, »neuem Denken« und Rechtsstaat vereinbar sein dürften:

– rechtzeitige Aufdeckung und Unterbindung von Spionage- und Untergrundaktivitäten ausländischer Geheimdienste;

– desgleichen von kriminellen Handlungen feindlicher Elemente zur Schwächung der Militärmacht in den sowjetischen Streitkräften;

– Verhinderung ideologischer [sic!] Diversion, die auf das Personal der sowjetischen Armee und Kriegsflotte abzielt;

– Verfolgung von Straftaten bei Staatsverbrechen, die laut Gesetz der UdSSR in der Kompetenz der Organe für Staatssicherheit liegen;

– Teilnahme an der Arbeit des Oberbefehls und der politischen Organe zur Anhebung der politischen Wachsamkeit [sic!] des Personals« (KZ, 16.12.1988).

Das Interview war ein weiteres Beispiel für die erzkonservative Einstellung eines großen Teils der mit der inneren Sicherheit beauftragten KGB-Führer.

Es ist also unverkennbar, daß das KGB die Losungen der Perestrojka in der Innenpolitik zum Teil zwar übernommen hat, aber zugleich in bedeutendem, ja womöglich entscheidendem Maße noch dem »alten Denken« verhaftet geblieben ist. Gorbatschow aber muß mit diesem Apparat leben, ja sich in erheblichem Maße auf ihn stützen, jedenfalls solange der Parteiapparat noch nicht konsequent »transformiert« ist. Dabei übt er über das KGB noch keineswegs die volle Kontrolle aus.

Mit der Ernennung Krjutschkows, einem »Modernisten«, hat er sich offenbar zum ersten Mal in der KGB-Personalpolitik durchgesetzt – und das wog um so mehr, als zuvor noch nie ein Chef der Hauptverwaltung Ausland KGB-Chef geworden ist. Bis September 1988 konnte Gorbatschow offenbar wenig Einfluß auf die KGB-Personalpolitik nehmen, wobei natürlich zu bedenken ist, daß er auch nicht über dieselben personalpolitischen Beziehungen in diesem Bereich verfügte wie sein Vorgänger im Amt als Ex-Polit-Offizier und Kriegsteilnehmer.

Im Gegensatz zu Breschnew konnte Gorbatschow bei der Ernennung von inzwischen sieben neuen unionrepublikanischen KGB-Chefs während seiner ersten drei Amtsjahre keine persönlichen Gefolgsleute einschleusen. Auch mußte er offenbar zunächst auf die Sensibilitäten des KGB betont Rücksicht nehmen. So fiel auf, daß die Sowjetunion zu Beginn seiner Amtszeit stets bemüht war, mit Ausweisungen sowjetischer Diplomaten wegen »mit ihrem Status unvereinbarer Aktivitäten« möglichst symmetrisch mit entsprechenden Ausweisungen von Angehörigen des betreffenden Staates zu kontern.

Problematisch für Gorbatschow ist auch der »Marines-Skandal« an der US-Botschaft in Moskau vom Frühjahr 1987, dessen Einzelheiten erst in jüngster Zeit publik geworden sind – just zu der Zeit, wo ein neuer Mann ins Weiße Haus in Washington eingezogen ist, die amerikanische Außen- und Sicherheitspolitik also wieder einer Revision unterworfen wird, wie der neue Sicherheitsberater, B. Scowcroft, ja auch bereits angekündigt hat.

Was war geschehen? Das KGB hatte über das von ihm gestellte (und womöglich auch erpreßte) weibliche Personal der Botschaft einige einsame junge Männer der »Marines«, des Bewachungspersonals, in Liebesabenteuer verwickelt und sich hörig gemacht. Derart vermochte es sich Zugang zum Gebäude zu verschaffen, offenbar bis hinein in das »Allerheiligste«, die CPU (Communications Programs Unit), einschließlich Code-Raum.

Zwar widerriefen die zunächst freiwillig geständigen, dann aber ungeschickt verhörten »Marines« ihre Aussagen, so daß rechtlich wieder einmal nur wenig zu machen war. Später stellte sich auch noch heraus, daß die elektronischen Kommunikationssysteme der Botschaft erfolgreich angezapft worden waren – zur größten Verlegenheit von CIA und NSA, die daher den Skandal, wie zuvor auch das State Department, möglichst zu vertuschen bestrebt waren.

Inzwischen spricht man in den USA bereits von dem womöglich größten CIA-Fiasko seit der erfolglosen Intervention in Kuba (Bay of Pigs) 1961. Denn die CIA könnte als Folge womöglich ihr gesamtes Agentennetz in der UdSSR verloren haben. Die menschlichen Kosten: 26 Exekutionen, wovon laut R. Kessler allerdings nur drei wirkliche Agenten waren (vgl. *T*, 20.2.1988, S. 18–25).

Wie der Fall Guillaume könnte dieser an sich große Erfolg eines östlichen Sicherheitsdienstes gravierende Folgen für die Außen- und Sicherheitspolitik haben. Vielleicht wird Gorbatschow seine Ansichten zu den Methoden der Auslandsaufklärung nun doch modifizieren müssen ...

Ausblick: Ein Ende des »Untergrunds«?

Aus der Optik unserer wohlabgesicherten westlichen liberalen Demokratien mögen die Neuansätze in der Sowjetunion im Zeichen der Perestrojka sehr bescheiden und vor allem sehr unsicher erscheinen. Der erfolgreiche Abschluß dieser faktischen Liberalisierung ist noch keineswegs gesichert: insbesondere Destabilisierung in Gestalt von Unruhen unter den Nationalitäten oder/und in Osteuropa wäre eine der großen Gefahren; auch die mangelnde Versorgung und damit die Zurückhaltung der breiten Massen – die ohnehin eine Leistungsgesellschaft erst zu akzeptieren lernen müssen – ist eine große Klippe. Eine erfolgreiche Reform des Wirtschaftssystems wird viele Jahre brauchen. Doch die *Stoßrichtung* der Reformen – so wenig diese sogleich aufgrund eines »grand design« entwickelt wurden und erst recht nicht systematisch durchgeführt werden konnten – ist mittlerweile unbestreitbar und *konsistent.*

Ein geschätzter Kollege möchte mit »nüchterner Entschiedenheit« gegen »törichte und schwarmselige Mutmaßungen hinsichtlich einer schrittweisen, allmählichen Demokratisierung der Sowjetunion« eintreten (Dahm, 1988, S. 15). Doch es geht meines Erachtens in der Tat um eine solche schrittweise Demokratisierung (die Alternative ist wahrscheinlich eine Notstandsdiktatur, womöglich mit faschistoiden Zügen), und dies nicht einfach aus »Schwarmseligkeit«, sondern weil das überbürokratisierte, quasi-theokratische stalinistische System modernen Anforderungen nicht gerecht werden kann, ja nicht einmal mehr seine ursprünglichen Kontroll- und Steuerungsfunktionen in befriedigender Weise erfüllt. Auf dem Spiel steht die Zukunft der Sowjetunion als Großmacht. Schon Lenin aber hat, wenn es um die fundamentale Frage der Macht ging, gegen Dogmen und Ideologie entschieden. Und Gorbatschow ist im Grunde offenbar gar nicht einfach der »Mann des Parteiapparats«, eines Apparats, den er in manchen Hinsichten sowohl ideologisch als auch politisch wenn nicht auszuschalten, so doch zurückzusetzen bestrebt gewesen ist, jedenfalls solange er nicht radikal »transformiert« ist.

Ob eine Demokratisierung der Partei selbst möglich ist, muß sich zeigen. Denn ursprünglich war die »Avantgarde«-Partei ja Herrschaftsinstrument einer Diktatur und nicht wie Parteien in pluralistischen Systemen Medium zur Artikulation gesellschaftlicher Interessen gegenüber der Regierung. Doch Wahlen zu ihren Leitungsgremien müßten die Partei, wenn nicht schon verantwortungsvoller (»responsible«), so doch zumindest aufgeschlossener (»responsive«) für gesellschaftliche Belange machen. Gorbatschows Wahlprojekt ist insofern nur zu begründen. Der Ausgang der Wahlen vom 23.3.1989 wurde zu einem Triumph der Neuerer.

Natürlich ist eine Gefahr, daß eine solche Entwicklung statt zu mehr Liberalität zu mehr Korruption führt oder, am wahrscheinlichsten, zu beidem. Andererseits zeigt die Furcht der Konservativen vor Verbürgerlichung und Liberalismus doch, daß eine solche Möglichkeit keineswegs ein Hirngespinst ist. Die innersowjetische öffentliche Reformdiskussion deutet eben in eine solche Richtung. Diese Diskussion aber gilt gar nicht in erster Linie dem Ausland – so sehr man auch hier inzwischen um Bundesgenossen wirbt –, sondern der eigenen konzeptionellen und letztlich auch machtpolitischen Abklärung. Ihre Teilnehmer gehen dabei persönlich bewußt Risiken ein. Man will, wie A. Aganbegjan in quasi-jakobinischem Geist ausrief, Perestrojka oder Tod. Man ist sich des Scheiterns früherer Reformbewegungen nur zu bewußt und will alte Fehler vermeiden. Man weiß, dies könnte die letzte historische Chance sein. Die Konservativen können zwar bremsen, aber sie haben keine rational überzeugendere Alternative. Sie können demagogisch Fehlschläge der Reformen ausbeuten, aber sie können nichts Besseres an deren Stelle setzen. Das ist eine zusätzliche Chance für die Neuerer.

Gorbatschow meint also, was er sagt, und er spricht im allgemeinen weitgehend ohne den traditionellen »double talk«, so wenig ein Staatsmann und Politiker immer voll das sagen (und tun!) kann, was er denkt. Glasnost ist nichts weniger als eine Revolution in der Information und Kommunikation, die über kurz oder lang unweigerlich auch strukturelle Folgen haben muß. Ja selbst in den Apparaten hat sich inzwischen so manches »bewegt«: sie sollen eben *nicht* weitermachen wie früher. Das gilt sogar für die »Rechtsschutzorgane«, einschließlich des KGB. In den Worten eines Obersten der Miliz, W. Losbjakow:

> »Es ist ein Drama für viele unserer Kader, die jahrelang durch ›Unberührbarkeit‹ verwöhnt waren, wenn z.B. offen über Probleme der Organisation der Arbeit der Besserungs- und Arbeitsinstitutionen diskutiert wird.«

Denn »die Philosophie solcher Aktivitäten«, so bemerkte Losbjakow treffend, sei bislang »außerhalb der gesellschaftlichen Kontrolle gewesen« *(Iz,* 9.8.1988). Das gilt in noch stärkerem Maße vom KGB. Jedenfalls spricht es Bände, daß nun auch diese Institution, in Gestalt ihrer am modernsten denkenden Vertreter, bewußt aus dem »Untergrund« hervortreten will.

So wenig man heute über solche Entwicklungen schon in Euphorie verfallen sollte – man muß sich stets vor Augen halten, daß der Ausgang der Perestrojka noch gar nicht absehbar ist –, so wenig sollte man einfach seine Augen vor all den neuen Entwicklungen verschließen, die sich in der Sowjetunion unter Gorbatschow vollzogen haben. Perestrojka, was immer ihre konzeptionellen, politischen und sozialen Mängel und Probleme sein mögen, ist doch ein heroischer Versuch, der als solcher auch moralische Unterstützung verdient: wirkliche Schritte in Richtung auf ein neues, humaneres, rationaleres und entwicklungsfähigeres System. Die bloße Einsicht in diese Notwendigkeit ist zugleich eine Bestätigung von Grundwerten, für die die liberale Tradition des Westens von jeher gestanden hat.

Erwartungen oder gar Hoffnungen auf eine neue russische Revolution im Sinne eines wirklich gewaltsamen Umsturzes zu setzen ist in Wirklichkeit viel »schwarmseliger«. Eine neue Revolution könnte durchaus wieder in ein zumindest autoritäres Regime einmünden. Gewaltsame Revolutionen sind, wie man im Osten inzwischen nur zu wohl weiß, die Pflanzstätte von Diktaturen und Totalitarismen gewesen; der liberale Weg aber beruhte historisch eben auf dem Kompromiß mit einem »ancien régime«. Das hat ihm wenig dramatischen »Appeal« gegeben (der Grund für die Abneigung der russischen Radikalen des 19. Jahrhunderts). Doch in der Politik sollte es nicht in erster Linie um Ästhetik gehen, und das schon gar nicht in der heutigen Welt. Ein revitalisierter Totalitarismus in Rußland wäre in der Tat eine neue große Gefahr, nicht nur für die Sowjetunion. Ein Scheitern der liberalisierenden Perestrojka könnte auch ein kaum wiedergutzumachender Schlag für die liberal-demokratische Idee als solche sein. Insofern haben die sowjetischen Reformer nur zu recht, wenn sie betonen, auf dem Spiel steht nicht nur die Zukunft ihres Landes, sondern die der ganzen Welt.

V. Teil
Gorbatschow und die Religionspolitik

Nach der Reihe von Interregna, die im Grunde schon in der späten Breschnew-Zeit eingesetzt hatten, wurde 1985 mit M. Gorbatschow endlich ein vergleichsweise junger und vor allem ein sehr dynamischer, kompetenter und lernfähiger Mann zum Parteichef gewählt. Er vermochte es, seine Vormacht erstaunlich schnell zu konsolidieren. Diese Entwicklung war schon insofern positiv für die Gläubigen, als die schlimmsten Repressalien gegen sie allgemein in Zeiten der Führungs*schwäche* zu fallen pflegten.

Natürlich herrschte in kirchlichen Kreisen der Sowjetunion nach all den Erfahrungen der Vergangenheit zunächst extreme Verunsicherung: Wie würde es weitergehen?

Der neue Parteichef hielt sich in Religionsfragen anfänglich auffallend zurück. Gorbatschow erörterte nie religiöse Themen, betonte Metropolit Juwenalij, der Leiter des kirchlichen Außenamtes (*epd,* 10, 1988, S. 31). Aber er agitierte auch nicht zugunsten des Atheismus *(RL* 381/87, S. 1). Angesichts der großen unterschwelligen Bedeutung der Religion in Rußland – wo es inzwischen geradezu eine religiöse (wenn auch keine theologische) Renaissance gegeben hat – war es nicht sehr wahrscheinlich, daß Gorbatschow die religiöse Problematik einfach nicht für aktuell und relevant hielt. Doch Schweigen eines Mitglieds des Politbüros kann auch etwas anderes heißen, und das ganz besonders, wenn ein Problem seine »Zuständigkeiten« tangiert: nämlich daß dieser Führer die »Linie« des Politbüros hierzu nicht billigt. (Denn seit Stalins Tagen ist das Politbüro bemüht, nach außen eine geschlossene Front zu demonstrieren.)

Erstes Signal, daß in der Tat eine neue Politik in Sachen Religion zu erwarten war, war das geradezu beispiellose Treffen hochrangiger Theologen und kommunistischer Funktionäre, das in Budapest unter der Ägide der ungarischen Akademie der Wissenschaften vom 8. bis 10. Oktober 1986 abgehalten wurde. Es war von dem inzwischen (am 1. Juli 1986) verstorbenen Kardinal L. Lekai und Parteichef J. Kádár organisiert worden. Es knüpfte an ein analoges Treffen in Slowenien 1984 an. Ja, es hatte eine ganze Reihe früherer Treffen gegeben, dank derer die russisch-orthodoxe Kirche ihre Rolle im Weltkirchenrat ausgebaut hatte.

Skeptiker könnten zu dem Budapester Treffen bemerken: Wieder ein Versuch, die Kirchenvertreter als »nützliche Idioten« (in Lenins Formulierung) in die sowjetische »Friedens«politik einzuspannen. Doch bereits die diskutierten Themen deuteten an, daß es um mehr ging: die Frage nach der Natur des Menschen, zwischenmenschliche Beziehungen, persönliche Autonomie und Verantwortung, Ethik und Arbeit. Kompetente Fachleute, insbesondere aber die schöpferische Intelligenz sowie gewisse modern denkende Funktionäre im Osten hatten zunehmend erkannt: Sollen Wirtschaftsreformen wirklich erfolgreich sein, so ist die »Remoralisierung« einer apathisch und zynisch gewordenen Gesellschaft nötig, die Wiedererweckung von Verantwortung, Motivation, Initiative und Kreativität, kurz: ein neuer »Geist«.

Denn der »Faktor Mensch«, so hat man inzwischen entdeckt, ist die Haupt»reserve« jeder Modernisierung: »Ein Erfolg der Perestrojka ist unmöglich ohne die Aktivierung des als organische Einheit von Bewußtheit und Tätigkeit verstandenen Faktors Mensch«, schrieb A. Tursunow in einem Grundsatzartikel in der *Prawda* (16.1.1987). Anläßlich des Treffens der Oberhäupter und Repräsentanten der Kirchen im Dreifaltigkeitskloster des Hlg. Sergius (Troize-Sergejewa Lawra) im November 1987 kam *TASS* noch einmal ausdrücklich auf diesen Gesichtspunkt zurück, nämlich »die große Bedeutung, die dem Menschen als sozial aktiver Persönlichkeit« beigemessen werde *(TASS,* 17.11.1987).

Doch Aufsehen erregte Gorbatschow zunächst nicht mit diesen vorsichtigen und schwer einschätzbaren Neuansätzen, sondern vielmehr mit einer spektakulären Rede in Taschkent, auf der Durchreise nach Indien. Mit leichter Verspätung entnahmen westliche Korrespondenten der *Sarja wostoka* (»Morgenröte des Ostens«) vom 25.11.1986 Gorbatschows Kriegserklärung an »alle Manifestationen von Religion«. Teilnahme an religiösen Riten und gleichzeitige Parteimitgliedschaft – gang und gäbe in Zentralasien – seien unvereinbar.

Zurück also zur alten Politik des militanten Atheismus? Unterschied sich Gorbatschow demnach in keiner Weise von seinen Vorgängern im Amt?

Doch manches sprach dafür, daß es in diesem Fall um einen Sonderfall ging: den neuen militanten Islam.

Sonderfall Islam: Moskaus Furcht vor dem Dschihad

Nachdem das Breschnew-Regime über Jahre einen beiderseits profitablen Modus vivendi mit dem zentralasiatischen Islam unterhalten hatte – er ließ sich gut in die sowjetische Dritte-Welt-Politik und speziell die Politik gegenüber den arabischen Staaten einspannen –, änderte sich die Lage nach der iranischen Revolution und der sowjetischen Intervention in Afghanistan (1979). Westliche Beobachter hatten das vorausgesehen. Doch derartige Prognosen unter Verweis auf die *umma*, die weltweite Gemeinschaft aller Moslems, wurden von sowjetischer Seite zunächst als böswillige Schwarzmalerei abgetan:

> »Man will derart den nationalistischen und konfessionellen Islam stärken und die Feindschaft der Muselmanen gegenüber dem russischen und ›christlichen‹ Volk anfachen«,

hieß es in einem anonymen Leitartikel in *Nauka i religija* (»Wissenschaft und Religion«) (Okt. 1984).

Inzwischen hat sich die Stimmung in der sowjetischen Führung radikal gewandelt. Zentralasien wird nun in der Tat als »gefährdete« Region betrachtet: enorme Korruption, insbesondere die Raschidowschtschina in Usbekistan, verdeutlicht, daß hier nicht die Partei die Klans, sondern die Klans faktisch die Partei kooptiert hatten. So ist Zentralasien unter Gorbatschow inzwischen einer »Säuberung« unterzogen worden, die rein quantitativ nur noch mit Stalins Tagen vergleichbar ist (A. Alexiev, *IHT*, 6.1.1987). Diese Antikorruptionskampagne dauert inzwischen bereits fünf Jahre an, wurde also schon unter Andropow begonnen. In Usbekistan wurden u.a. vier ZK-Sekretäre, ein Ministerpräsident und der stellvertretende Vorsitzende des Obersten Sowjet verhaftet; der MWD-Minister und sein Stellvertreter begingen Selbstmord; drei weitere Funktionäre wurden zum Tode verurteilt *(dpa,* 17.3.1988). Insgesamt wurden in den letzten vier Jahren etwa 4000 Funktionäre vor Gericht gestellt *(AFP,* 3.3.1988). Allein aus dem MWD, zuständig für die Ordnungspolizei, wurden bis Anfang 1987 250 leitende Funktionäre gefeuert *(NW,* 12.1.1987, S. 12).

Zwei Tage vor Gorbatschows Rede in Taschkent erschien in *Sowjet Turkmenistana* (23.11.1986) ein Artikel von L. Berdyjewa und Dsh. Chomatdardyjew, die auf den subversiven Einfluß »aus-

ländischer Radiostationen« wie »Gorgan« und »Bandar Turk-
men« verwiesen:

> »Hauptziel der ideologischen Subversion ist, um es direkt zu
> sagen, die wirtschaftliche Desintegration der zentralasiatischen
> Republiken und folglich die Liquidierung von deren sozialisti-
> scher Struktur.«

Die Gegner der Sowjetunion, so hieß es, nutzten »die Ausübung
der Religion, kulturelle Borniertheit und nationalistische Tendenzen« als Kräfte, die den »Zusammenbruch der Sowjetunion«
bewirken sollen.

Wie dramatisch sich die Lage zuspitzte, zeigte der mit unge-
wöhnlicher Publizität verbundene Besuch von KGB-Chef W. M.
Tschebrikow vom 25. bis 30. April 1987 in Usbekistan und Tadschikistan. In der Nacht vom 8. zum 9. April waren »Duschmanen«
nen« beim Fluß Pandschab in sowjetisches Gebiet eingedrungen
(KZ, 23.4.1987, S. 4) und belegten derart dramatisch Behauptungen der afghanischen Widerstandsführer, die Mudschahedin hätten auch auf sowjetischem Gebiet zu agieren begonnen. Das war
der dringende Anlaß für Tschebrikows Treffen mit der Führung
des Grenzschutzes und des KGB der Region.

Im *Kommunist Tadshikistana* vom 30.12.1987 berichtete der
tadschikische KGB-Chef W. W. Petkel von Dutzenden von Prozessen gegen inoffizielle moslemische Geistliche, die einen
»Dschihad«, einen »heiligen Krieg« gegen das Sowjetsystem
erklärt hätten. Besonders bedenklich daran erschien ihm, daß
diese versuchten, die Partei und die Organe zur Wahrung der
öffentlichen Ordnung zu infiltrieren. Er ging auch auf die Beziehungen zwischen dem militanten Islam und dem afghanischen
Widerstand ein.

Entgegen ursprünglichen Vermutungen, die sowjetischen sun-
nitischen Moslems würden für schiitische Ideen und die schiitische
Sufi-Bewegung nicht aufgeschlossen sein – zumal sie wirtschaftlich immerhin noch erheblich besser gestellt sind als ihre Glau-
bensgenossen jenseits der Grenzen –, hat sich inzwischen gezeigt,
daß junge sowjetische Moslems hierauf doch ansprechen. Sowjetische Beobachter geben sich besorgt über das offen verkündete
Bestreben gewisser »Ultras« im Iran, ihre islamische Revolution
auch nach Sowjetisch-Zentralasien zu tragen. Ein Fachmann verwies darauf, daß bereits 38 (I. Beljajew, *LG,* 20.5.1987) iranische

Radiostationen an der sowjetischen Grenze im Einsatz seien. Mehr noch, es hat sich gezeigt, daß junge sowjetische Moslems auch den afghanischen Widerstand als Fortsetzung ihres eigenen Krieges der zwanziger und dreißiger Jahre sehen, des Kampfes der »Basmatschi« gegen die Sowjetmacht, und das um so mehr, als es noch Familienbande über die Grenze gibt. Nicht zuletzt ermutigt sie, daß das sowjetische Militär in Afghanistan den Ruf seiner »Unbesiegbarkeit« verloren hat.

Am 13. und 20.5.1987 erschien ein langer Artikel von I. Beljajew in der *Literaturnaja gaseta.* Der Autor ging davon aus, daß die These des Pariser Islamisten A. Bennigsen durchaus ernst zu nehmen sei, daß heute der Islam eine womöglich noch größere Gefahr für das sowjetische Reich als die westlichen Demokratien sei. Es gebe bereits einen umfangreichen »Islam-Isdat« und eine ganze »Infrastruktur« von 1 800 »Parallelmoscheen« (also nichtregistrierten Moscheen). Der Autor gab vielleicht die Optik des KGB wieder, denn er erwähnte auch, in den USA habe 1986 eine Konferenz über den Islam stattgefunden, deren Ziel es gewesen sei, Zentralasien von der Sowjetunion abzulösen!

Ein einheimischer zentralasiatischer Spezialist, Talib Saidbajew, antwortete hierauf *(LG,* 10.6.1987, S. 14): In Wirklichkeit sei die Zahl der registrierten Moscheen in Zentralasien lächerlich klein. Er nannte keine genauen Zahlen. W. Furow, stellvertretender Vorsitzender des Rats für Angelegenheiten der Religion, hatte 1976 von 300 registrierten und 700 nichtregistrierten Moscheen gesprochen – und das bei einer islamischen Bevölkerung von schätzungsweise 60 Millionen (die genaue Zahl kennt man nicht). Saidbajew betonte, es gelte, zunächst einmal die elementarsten verläßlichen Kenntnisse über den innersowjetischen Islam zu gewinnen. Die gesamte Islam-Forschung der Sowjetunion habe sich bislang allein mit dem Ausland befaßt.

Moskaus neue Sorgen um die Stabilität in Zentralasien mögen übertrieben sein. Das KGB hat ein altes Ressortinteresse, die Nationalitätenfrage hochzuspielen, und das heute um so mehr, als der »Nationalismus« die wohl größte Gefahr für die Perestrojka mit ihrer mancherorts ungeliebten Glasnost und dem verdächtigen neuen Pluralismus ist. Konservative können scheinbar plausibel darauf verweisen, daß man mit dieser Form von »Demokratisierung« die Destabilisierung einleite. Ob ihre Methoden – der Ruf nach Einsatz staatlicher »Macht«, wie ihn W. Schtscherbizkij angesichts der Nagornyj-Karabach-Krise laut werden ließ *(Pr,*

20.7.1988) – längerfristig der bessere Weg sind und zu welchem Preis, das sehen sie sich noch nicht genötigt, in einem detaillierten »Szenario« darzulegen.

Immerhin dürften aufgeklärte »Gebisten« sehen, daß man in der Nationalitätenproblematik doch besser Konzessionen machen sollte. Im KGB-Beitrag zum Programm der Perestrojka vom Juli 1988 wird ausdrücklich erwähnt, Schulen und Clubs, die die Sprachen der verschiedenen Nationalitäten lehren, sollten weniger behindert werden *(SZ,* 2.7.1988). Inzwischen ist es der Parteiapparat unter Ligatschow, der im Interesse seiner Kontrolle wieder die »Rotation der Kader« und damit faktisch die Russifizierungspolitik forciert hat, nämlich das Einschleusen russischer Funktionäre in Spitzenpositionen auch der nationalen Republiken, was bereits zu dem großen Ausbruch in Alma Ata im Dezember 1986 führte. Das KGB scheint auch die Notwendigkeit einer neuen Religions*wissenschaft* im eigentlichen Sinne zu sehen, zwecks Abklärung der »Fakten« und analytisch untermauerter Reformvorschläge. So soll z.B. der Koran neu aufgelegt werden.

Wie immer die weitere sowjetische Islam-Politik sich entwickeln mag, diese Hintergründe erklären in erheblichem Maße Gorbatschows »Ausfall« in Taschkent. In anderem Zusammenhang äußerte sich Gorbatschow über die Religion ganz anders. Kurz nach Taschkent lobte er im indischen Fernsehen Tsch. Ajtmatows neuen Roman, *Placha* (»Die Richtstätte«), dessen Held nach einer »zeitgemäßen Gottesgestalt« sucht – ein Roman, mit dem die große Diskussion von 1986–87 über die Religion und die Frage der Notwendigkeit der Existenz Gottes ausgelöst wurde. Auf dem Moskauer Friedensforum im Februar 1987 nannte Gorbatschow die Religion ausdrücklich eine der »grundlegenden Kräfte« der Menschheit *(dpa,* 14.2.1987). Als russischer Patriot macht er einen deutlichen Unterschied zwischen der Orthodoxie und dem Islam – eine »Zweigleisigkeit«, die womöglich zu neuen Problemen führen kann.

Gorbatschow und die russisch-orthodoxe Kirche

Unter Gorbatschow ließen die Angriffe auf die russisch-orthodoxe Kirche und ihre Traditionen merklich nach. Bis zum Sommer 1988 mehrten sich die Signale zugunsten einer neuen Politik der religiösen Toleranz, ja der »Kooptierung« der Gläubigen in eine neue, gesamtnationale patriotische »Front«. Im November 1987 publizierte K. P. Chartschew einen Grundsatzartikel, womit wohl signalisiert werden sollte, trotz Rückschlägen für Perestrojka im September-Oktober ginge es weiter voran. Hierin erklärte er:

> »Wir alle, Gläubige und Nichtgläubige – rudern im gleichen Boot. Um das erwünschte Ufer möglichst schnell zu erreichen, müssen wir koordiniert, abgestimmt und mit maximalen Ergebnissen vorgehen« *(Nauka i religija,* 11, 1987, S. 23).

Schon Stalin hatte ja demonstriert, daß Staat und Kirche in gewisser Weise auch im Kommunismus zusammenarbeiten können, und zwar gerade in einer nationalen Krise. Gorbatschow dürfte aber mehr noch von anderen Vorbildern geleitet werden: von der Vision vom Kommunismus »mit menschlichem Gesicht« der fünfziger und sechziger Jahre; von gewissen Strömungen im Eurokommunismus und unter westlichen Marxisten, die für religiöse Toleranz eingetreten sind (Rigby/Miller, Hrsg., 1986, S. 4); von Neuansätzen in Osteuropa, wo Ungarn, Polen und die DDR demonstriert haben, daß ein modus vivendi mit den Kirchen keineswegs zur Destabilisierung führen muß (wenn auch das neue Selbstbewußtsein der evangelischen Kirche in der DDR sowjetische Konservative erschrecken wird; vor allem aber von der neuen russisch-nationalen Denkrichtung in der Intelligenz.

Inzwischen ist Polens W. Jaruzelski Gorbatschows engster Verbündeter im Ostblock. In Polen aber gab es seit Februar 1986 *(IHT,* 12.3.1986) alle Anzeichen, daß die Beziehungen zwischen Kirche und Staat verbessert werden sollten. Im September 1986 ließ Jaruzelski alle politischen Gefangenen amnestieren und erfüllte damit eine wesentliche Voraussetzung für die Aussöhnung mit der Kirche. Denn nirgends ist klarer als in Polen mit seiner mächtigen katholischen Kirche, daß die Religion weder abzuschaffen noch »gleichzuschalten« ist. In den Worten des (inzwischen im Mai 1987 abgelösten) polnischen Ministers für Religionsfragen, A. Lopatka:

> »Die Kirche ist ein Phänomen, das es auch in einem entwickelten sozialistischen System in einem gesellschaftlich bedeutsamen Ausmaß geben wird, da die religiösen Bedürfnisse des Menschen relativ lange erhalten bleiben. Sich den Sozialismus in Polen ohne Kirche zu denken, wäre ein Beweis für Unkenntnis der polnischen Wirklichkeit« *(IHT,* 7.7.1983).

Die Aktualität des »polnischen Wegs« in Sachen Religionspolitik wurde deutlich, als die *Literaturnaja gaseta* am 4.2.1987 ein großes Interview mit dem Primas der katholischen Kirche, Kardinal J. Glemp, brachte – eine geradezu sensationelle Publikation. Bemerkenswert war auch der Kommentar dazu von Sonderkorrespondent L. Potschewalow: Polen sei das »katholischste Land« der Welt. 82 % der Bevölkerung seien Katholiken. Es gebe dort mehr Kirchen als sogar in Italien. Der polnische Klerus sei ein »mächtiger Apparat« mit einer starken Publizistik und vor allem sehr diszipliniert: »eine große Kraft«. Selbst Mitglieder der Polnischen Vereinigten Arbeiterpartei bezeichnen sich häufig als gläubig.

> »Ein Paradox? Allemal. Aber man muß damit rechnen. Das verlangt das neue politische Denken« *(LG,* 4.2.1987, S. 14).

Meinungsumfragen hätten aber ergeben, daß die Mehrheit der Polen trotzdem für die Fortsetzung des »Aufbaus des Sozialismus« sei:

> »Die absolute Mehrheit der Gesellschaft ist der Meinung, ... die Aktivität und Stellung der katholischen Kirche verlange nicht die Konfrontation mit dem Staat« (a.a.O.).

Im Gegenteil, im allgemeinen Interesse sei konfliktfreie Zusammenarbeit möglich.

Entscheidend ist, daß Gorbatschow kein dogmatischer Ideologe ist, sondern ein Staatsmann, der vor allem politisch und patriotisch denkt. War es nicht etwa bezeichnend, daß er bei seinem England-Besuch 1984 nicht die Zeit fand, das Grab von K. Marx aufzusuchen? Auch sein Protektor Andropow soll der »russitischen«, der russisch-nationalen Strömung positiv gegenübergestanden haben. Gorbatschows Frau Raissa wurde zum Mitglied des zehnköpfigen Präsidiums des neuen Kulturfonds gewählt unter dem Vorsitz des betagten und hochangesehenen Akademiemitglieds D. Lichatschow, einem der herausragenden Vertreter des neuen russisch-christlichen Nationalgefühls. (Für Raissa war dies womöglich ein Trostpflaster, denn es wurde ihr nachgesagt, sie hätte den Ehrgeiz gehabt, Kulturministerin zu werden.)

Im Zuge der Renaissance des Nationalgefühls ist seit den sechziger Jahren zugleich die Sympathie für Religion und Kirche einzigartig gewachsen, ganz wesentlich auch als Folge von Chruschtschows Politik extremer Kirchenverfolgung, als dieser im Namen des »entfalteten Aufbaus des Kommunismus« etwa die Hälfte aller Klöster und Kirchen (ca. 10 000!) schließen ließ. M. Agurskij berichtet, daß die russisch-nationale Strömung sogar im Parteiapparat Protektion genossen hat (Agurskij, 1982), erst recht natürlich im Militär und KGB. »Die Religion«, so resümierte A. Nujkin, »verdient Respekt als Teil der nationalen Kultur und des Volksbewußtseins« *(NM,* 4, 1987, S. 252).

Die 1966 gegründete Gesellschaft zur Erhaltung der Kulturdenkmäler, VOOPIK, hat mit 30 Millionen Mitgliedern inzwischen einen größeren Anhang als selbst die Partei (20 Millionen).

Die russisch-nationale Strömung aber verweist zu Recht auf den großen Beitrag, den die Kirche bei der Schaffung eines mächtigen Staats und Nationalgefühls geleistet hat (vgl. D. Pospielovsky, 1987, S. 292). In der vorsichtigen Formulierung von W. Scherdakow, Professor für wissenschaftlichen Atheismus an der Akademie für Gesellschaftswissenschaften beim ZK der KPdSU:

> »Eben der Umstand, daß sich die Kirche nie von den Werten unserer traditionellen nationalen Kultur losgesagt hat, ruft heute gewisse Sympathien für die Religion hervor« *(Sociologičeskie issledovanija,* 4, 1987, S. 46).

Sogar Gorbatschows engster Mitarbeiter, A. Jakowlew – seinerzeit wegen seiner militant-»internationalistischen« Stellungnahme gegen die »Russophilie« vom Posten des Propaganda-Sekretärs degradiert und für zehn Jahre (1973–83) auf den des Botschafters in Kanada »verbannt« – erwähnte in einem beachtlichen Grundsatzartikel, der offenbar als ideologische Plattform der Perestrojka gedacht war, die große zivilisatorische Bedeutung der Christianisierung Rußlands *(Vestnik Akademii Nauk,* 6, 1987, S. 69). Dieser Passus wurde im Abdruck durch *Kommunist* (des unter Aufsicht des Parteiapparats und damit damals wohl speziell auch Ligatschows stehenden theoretischen Organs der Partei) dann bezeichnenderweise ausgelassen *(K,* 8, 1987) ...

Die neue religiöse Stimmung wurde besonders durch die sog. Dorfschriftsteller getragen. Interessanterweise genossen diese schon unter Breschnew Protektion. Unter Gorbatschow aber sind ihre Vertreter bis in die höchsten Positionen des Schriftstellerverbandes aufgestiegen. Und es waren diese Dorfschriftsteller, die auch als erste von einer *Krise* gesprochen haben. Ihre Diagnose ebenso wie ihre Forderung nach einer neuen Ethik aber hat sich Gorbatschow zu eigen gemacht.

Der Stimmungsumschwung ist also enorm. Im Mai 1986 konnte W. Astafjew eine fulminante Anklage gegen die (namentlich natürlich nicht genannte) Partei und Ideologie publizieren:

>»Was ist aus uns geworden? Wer hat uns in den Abgrund des Bösen und des Unglücks gestürzt? Wer hat das Licht des Guten in unseren Seelen ausgelöscht und uns in eine ewig dunkle Höhle geworfen, wo wir umherirren, Boden suchen, irgendeine Stütze und irgendein Licht, das uns in die Zukunft weist ... Wir lebten mit einem Licht in der Seele, das lange vor uns von den Schöpfern der großen Tat *(podwiga)* errungen wurde, das für uns angezündet worden war, damit wir nicht im Dunkeln umherirren« *(Naš sovremennik,* 5, 1986, vgl. hierzu Brahm, 1987).

Der weißrussische Philosoph und Lektor der *Snanije* (»Wissen«)-Gesellschaft, E. Pylilo, erklärte unumwunden, die heutige Moral vieler Menschen sei schließlich christlichen Ursprungs, und man solle daher endlich mit der grundlosen Denunziation des gesamten religiösen Erbes aufhören (*Literatura i iskusstvo,* 5.9.1986). Er verlor seinen Posten.

Im Sommer 1986 erschien Ajtmatows Roman *Placha* (»Die Richtstätte«) mit dem »Gott suchenden« Helden Awdij Kallistratow. Der Autor selbst bemerkte zu dem Roman: »Jesus Christus hat mir Gelegenheit gegeben, dem heutigen Menschen etwas Verborgenes mitzuteilen ...« *(LG,* 13.8.1986). Damit löste er eine vehemente Diskussion aus.

Im Juli 1986 druckte *Komsomol'skaja prawda,* das Organ des kommunistischen Jugendverbands, den Artikel des Atheismus-Spezialisten, Dr. I. Krywelew, ab. Dieser warnte:

>»Wenn man sich vom prinzipiellen, konsequenten Atheismus abwendet, so heißt das, daß man sich von den eigentlichen Grundlagen der wissenschaftlich-materialistischen Weltanschauung trennt. Die Sittlichkeit von der Religion abhängig zu machen – ist das nicht eine Form von ›Kokettieren mit dem Göttchen‹?

>Und jetzt fordert man uns auf, sich ›das Licht in die Seele‹ zurückzuholen, uns vom ›Unglauben‹ loszusagen, man ruft uns auf, unseren Atheismus zu bereuen und bei jemand um Verzeihung zu bitten. Und auf die ›Gotteslästerer‹, d.h. die Atheisten, wird ›der letzte strafende Regen‹ herabprasseln [eine Formulierung Astafjews], der sie vernichten soll im Namen der Verwirkli-

chung der höchsten Prinzipien der menschlichen Güte und Barm-
herzigkeit« *(Koms pr,* 30.7.1986).

Der Artikel war im ganzen zwar sachlicher als der Rückgriff auf
Lenins vulgäre Formulierung vom »Kokettieren mit dem Gött-
chen« (seine Kriegserklärung 1908 gegen die »Gottsucher« A. A.
Bogdanow, A. W. Lunatscharskij, W. W. Basarow); aber sein
Zweck war überdeutlich. Bald danach, im Spätsommer, warnte
auch der »zweite Mann« des Regimes, Je. K. Ligatschow, davor,
die sowjetische und die christliche Moral auf eine Stufe zu stellen.
Am 28.9.1986 kam die *Prawda* hierauf zurück und forderte die
Erziehung »überzeugter Atheisten«.

Diese Debatten erreichten ihren einstweiligen Höhepunkt im
Dezember 1986 mit einem Artikel von I. Lakschin in der *Iswestija.*
Mitte März 1987 warnte die *Prawda* noch einmal vor »nationalisti-
schen, pazifistischen und religiösen Bestrebungen«.

Doch die atheistische Propaganda führte offenkundig ein Rück-
zugsgefecht. Im Gegensatz zu früher – z.B. im Fall W. Solouchins
– litten die so Angegriffenen keinen (sichtbaren) Schaden. Im
Gegenteil, die Angreifer wurden selbst (und das von z.T. sehr
hochgestellten Kollegen!) unter Beschuß genommen. W. Scherdakow urteilte über den Krywelew-Beitrag:

> »Vom Standpunkt des philosophischen und ethischen Gehalts ist
> der Artikel unter aller Kritik. Ich kann bezeugen, daß die Mehr-
> zahl [!!] der Spezialisten im Bereich der Religionsforschung sich
> in der entschiedensten Weise von der Position Krywelews distan-
> zierte« *(Sociologičeskie issledovanija,* 4, 1987, S. 81).

Bereits im September 1986 (als in Polen die kirchenfreundlichere
Politik anlief) meldete sich Akademiemitglied D. Lichatschow,
Vorsitzender des Kulturfonds, in der *Literaturnaja gaseta* zu Wort
und unterzog die traditionelle Einstellung zu den Gläubigen und
der Kirche einer vernichtenden Kritik:

> »Der Glaube wird als Zeichen von Unwissenheit betrachtet,
> obgleich man sagen muß, daß die Feindseligkeit gegenüber den
> Gläubigen aus Unwissenheit, Unkenntnis der Geschichte der Kir-
> che und der Geschichte im allgemeinen herrührt ...
> Bei uns herrscht die Meinung, die Klöster seien Pflanzstätten
> des Obskurantismus gewesen. Doch wer schrieb die Bücher ab?
> Wer führte neue Systeme des Landwirtschaftens ein, z.B. auf den

Solowki-Inseln? Wer baute neue Fruchtsorten an? Mit den Problemen der Genetik und Selektion befaßte man sich schon in den Klöstern der alten Rus! 300 Sorten Äpfel waren bereits bekannt! Ich spreche noch gar nicht von der Ästhetik – der Ästhetik des Kirchengesangs, der Ästhetik des kirchlichen Wortes, der Malerei, der Architektur ...

Außerdem wissen wir, welche Rolle die Kirche in der Geschichte Rußlands gespielt hat: in der Ära der feudalen Zersplitterung z.B. trat die Kirche für die Einheit und gegen die Bruderkriege ein. Sie inspirierte den Kampf gegen die ausländischen Eroberer. Wir sprechen vom Sieg Dmitrij Donskojs [1380 über Khan Mamaj] auf dem Schnepfenfeld [womit die Mongolenherrschaft erschüttert wurde], aber wir verschweigen Sergej von Radonesh [um 1314–92, der eine große Bewegung zur Gründung von Klöstern auslöste], den Inspirator dieses Sieges« *(LG,* 9. 9. 1986, S. 2).

Lichatschow forderte daher die wirkliche Trennung von Kirche und Staat. Der Staat, insbesondere der Rat für die Angelegenheiten der Religion, solle sich nicht länger in kirchliche Fragen einmischen.

Auch der für einen »liberalen« Kommunismus bekannte Dichter Je. Jewtuschenko schrieb einen Leserbrief:

»Der Atheismus kann nicht die Quelle der Sittlichkeit sein ... Die Quelle der Sittlichkeit ist die Kultur. Doch aus der historischen Erfahrung der Sittlichkeit – der positiven und der negativen – kann man nicht die Religion hinauswerfen, denn ihre Geschichte ist untrennbar von der Geschichte als solcher. Reflexionen über Religion, die nicht den Charakter simplistischer Offenbarungen haben, kann man nicht ironisch als ›Kokettieren mit dem Göttchen‹ abtun.«

Er benutzte den Anlaß, um sich zugleich für die Wiederauflage der Bibel einzusetzen:

»Die Bibel ist ein großes Kulturdenkmal. Bis heute verstehe ich nicht, wieso die staatliche Verlagsanstalt den Koran herausgegeben hat, die Bibel jedoch nicht. Ohne Kenntnis der Bibel kann unsere Jugend vieles bei Puschkin, Gogol, Dostojewskij, Tolstoj gar nicht verstehen. Der ganze frühe Majakowskij ist von biblischen Metaphern durchzogen. Die Bibel kostet in Buchläden und auf dem ›schwarzen Markt‹ enorme Summen [bis über 100 Rubel; durchschnittliches Monatsgehalt: 190 Rubel]. Krywelew möchte, daß alle Atheisten werden, doch wie soll das denn möglich sein, wenn sie die Bibel gar nicht kennen?« *(Koms pr,* 10.12.1986.)

Derartige Stellungnahmen in den zentralen Medien sind in der Sowjetunion ohne höhere Protektion schwerlich möglich. In der Tat erschien dann im März 1988 im *Kommunist* ein anonymer Leitartikel (der einer Weisung entspricht) über »Sozialismus und Religion«, in dem man sich von den Exzessen der Stalinzeit distanzierte und eine grundsätzlich positive Einschätzung der Kirche vertrat:

> »Man muß den Umstand in Betracht ziehen, daß die Kirche es vermocht hat, ihren Platz in der sozialistischen Gesellschaft zu finden, ohne ihre Lehre aufzugeben und ohne das Vertrauen entweder der Gläubigen oder des Staates zu täuschen« *(K,* 4, 1988, S. 122).

Die Linie zugunsten der patriotischen Front wurde mit aller Deutlichkeit proklamiert:

> »Wir haben nicht das Ziel einer forcierten Überwindung der Religion ... Die Kommunisten betrachten die Religionsproblematik im Kontext ihrer Hauptaufgabe, des neuen gesellschaftlichen Aufbaus« (a.a.O., S. 48).

> »Es hat nicht den geringsten Sinn, sich die führenden religiösen Organisationen, die den Weg der Unterstützung der gesellschaftlichen Transformation eingeschlagen haben und ihre Übereinstimmung mit den Grundzielen der Innen- und Außenpolitik bekunden, zu ideologischen und politischen Gegnern zu machen. Im Gegenteil, notwendig ist die Vereinigung der Gläubigen und Nichtgläubigen im Interesse der gemeinsamen Sache – der revolutionären Transformation des Landes« (a.a.O., S. 49).

Bedeutsam verwies der Artikel auf die RSDRP, die 1898 gegründete Allrussische *Sozialdemokratische* Arbeiterpartei (aus der erst 1903 der Bolschewismus sich abzweigte), die den Kampf gegen die Religion vor 1917 überhaupt nicht in den Vordergrund gestellt hatte, im Interesse der gemeinsamen demokratischen Front.

Die Konsequenzen aus solchen Denkansätzen könnten über ein bloßes Zweckbündnis hinausgehen. Schon im Oktober 1987 sah sich die Agitprop-Zeitung *Argumenty i fakty* (»Argumente und

Fakten«) veranlaßt, die brisante Frage zu beantworten, warum die Polnische Vereinigte Arbeiterpartei sogar Gläubige als Mitglieder aufnähme (21.10.1987). Gorbatschow lobte, wie gesagt, Ajtmatows Roman »Placha« im November 1986 (*Posev,* 10, 1987, S. 38). A. Nujkin widmete dem »neuen Gottsuchertum« einen ganzen Artikel, der im folgenden April in *Nowyi mir* (»Neue Welt«, der berühmten Literaturzeitschrift, die unter A. Twardowskij als Chefredakteur (1958–1970) ihre große Blütezeit erlebte) erschien. Von Ajtmatows Helden meinte er zwar, der wirke gekünstelt und habe im Grunde auch wenig Profundes zu sagen. Persönlich liege ihm die »gottsucherische Linie« nicht. Und dennoch ...

> »Die ›Linie‹ führt die in dem Roman beschriebenen zeitgenössischen Ereignisse in die breiten Koordinaten der allgemeinmenschlichen Geschichte ein, bringt sie in Beziehung zu der uralten Suche von vielen Generationen unserer Ahnen nach unerschütterlichen Gesetzen des menschlichen Seins, gibt den Ereignissen des heutigen Tages eine besondere, profunde, eschatologische Bedeutung. Völlig partikulare Ereignisse ... füllen sich mit einem tiefen symbolischen Sinn, nehmen Züge einer schrecklichen Warnung an die ganze Menschheit vor der heraufziehenden universalen Katastrophe an« (*NM,* 4, 1987, S. 255).

Unter Gorbatschow soll die alte militante Atheismus-Propaganda durch eine neue Religionswissenschaft abgelöst werden. Diese hätte nicht nur die elementaren Tatbestände abzuklären, angefangen bei der methodisch keineswegs unkontroversen Frage, wieviel Gläubige es in der Sowjetunion gibt – denn wer ist nun wirklich im Sinne wissenschaftlicher Quantifizierbarkeit als »gläubig« anzusehen?*

Als Folge der Öffnung erwartet man den »Schock« des Kontakts mit den »geistigen Traditionen der Weltkultur« (*SK,* 24.11.1987). Man müsse, so schrieb A. Nujkin, auf die unerwartetsten Manifestationen von Religiosität gefaßt sein und vor allem bereit zu ernster, profunder Auseinandersetzung, zur

> »Suche nach Antworten auf Fragen, die weder die Aufklärer des 18.–19. Jahrhunderts zu lösen vermochten noch die Klassiker des Marxismus-Leninismus [!!]« (*NM,* 4, 1987, S. 257).

Offen gibt dieser Vertreter des neuen, »kultivierten« Atheismus dabei zu, das Hauptproblem sei,

»daß die Menschheit bislang noch keine konsistente materialistische Theorie des Geistes entwickelt hat« (a.a.O., S. 258).

Mit anderen Worten: er verweist sogleich auf die eigentliche theoretische Schwachstelle des »wissenschaftlichen Atheismus«. Scherdakow erklärte ebenfalls,

> »daß unsere atheistische Propagandaliteratur in der Regel merklich hinter der religiös-philosophischen zurücksteht. Letztere ist oft erheblich gehaltvoller, interessanter und sogar undogmatischer [!!]« *(Sociologičeskie issledovanija, 4, 1987, S. 45).*

Die Tausendjahrfeier

Die Wende in der Religionspolitik, bereits seit längerem aus den Diskussionen in den Medien absehbar, wurde dramatisch verdeutlicht, als Parteichef Gorbatschow am 1. Mai 1988 Patriarch Pimen im prunkvollen Katharinensaal des Kreml empfing. Bereits der Raum signalisierte besonderen Respekt. Es wurde zwar vermerkt, daß dieser Empfang auf Wunsch des Patriarchen stattfand. Auch hatte es bereits im November 1987 ein Treffen gegeben, im Hinblick auf die Tausendjahrfeiern. Doch diesmal wurde der Empfang als »historisch« herausgestellt *(NZZ,* 3.5.1988).

Das war er auch. Denn man müßte bis ins Jahr 1943 zurückgehen, um ein vergleichbares Treffen zwischen dem Kirchen- und Partei- bzw. Staatsführer der Sowjetunion zu finden. Und Gorbatschow dürfte mit diesem Empfang mehr als die bloße Weiterführung der Stalinschen Politik im Sinne haben, die Kirche in die sowjetische Sicherheitspolitik einzuspannen.

Ausdrücklich würdigte Gorbatschow bei diesem Anlaß die Christianisierung als »wichtigen Meilenstein auf dem jahrhundertelangen Weg des russischen Staates« *(NZZ,* 2.5.1988). Damit bestätigte er die russisch-nationale Optik. Zugleich trat er für »das uneingeschränkte Recht der Gläubigen« ein, ihren Glauben auch »mit Würde zu vertreten« *(FAZ,* 2.5.1988). Der Staat werde sich künftig nicht mehr in die Angelegenheiten der Kirche einmischen. Mehr noch, »Fehler«, die in der Vergangenheit gemacht worden seien, würden berichtigt werden. Leitender Gesichtspunkt der neuen Religionspolitik sei »die Festigung der Einheit aller Werktätigen und unseres ganzen Volkes« im Interesse der Perestrojka

(SZ, 2.5.1988). Auf der XIX. Allunionsparteikonferenz im Sommer 1988 bescheinigte der Parteichef den Gläubigen ausdrücklich, daß sie ihre Pflichten als sowjetische Bürger vorbildlich erfüllten *(NZZ,* 30.6.1988).

Die Umkehr in der Religionspolitik ist nichts weniger als atemberaubend. Die Haltung der Führung zur Tausendjahrfeier verdeutlicht das. Dieses Jubiläum drohte zunächst für das kommunistisch-atheistische Regime eher peinlich zu werden. Pimens These, »von Anfang an habe die Kirche zur Entwicklung der russischen Kultur, Nation und des russischen Staates beigetragen« *(RCL,* winter 1987, S. 266), wurde ausdrücklich zurückgewiesen, so noch von einer Konferenz von Wissenschaftlern, die am 18.–19.3.1986 in Wladimir stattfand *(RCL,* summer 1987, S. 199). Die Richtlinien der Partei zum Millennium wurden auf dem Juni-Plenum 1983 verabschiedet, als der damals ernstlich erkrankte Andropow zum letzten Mal in der Öffentlichkeit erschien (und damit begannen konservative Gegenoffensiven). Tschernenko war damals der für die Ideologie zuständige Zweite Sekretär. Die Richtlinien wurden nicht veröffentlicht. Sie liefen aber offenbar auf den Versuch hinaus, das historische Jubiläum so weit wie möglich herunterzuspielen. Das geht aus einem anonymen, autoritativen Leitartikel in *Nauka i religija,* dem Organ des offiziellen Atheismus, hervor:

> »Sowjetische Wissenschaftler leugnen nicht die Rolle der Kirche im Schicksal unseres Landes; sie leugnen nicht, daß diese bestimmte Ereignisse beeinflußt hat. Sie bestreiten auch nicht die wohlbekannte Rolle des Klerus bei der Einführung des Lesens und Schreibens, der Herausgabe von Chroniken, der Entwicklung der Architektur, Malerei usw. Doch, um bei den historischen Tatsachen zu bleiben, zeigen marxistische Wissenschaftler, daß die Kirche stets die Hauptstütze des Feudalismus, der absoluten Macht und der Leibeigenschaft war, daß sie jene verfolgt hat, die nicht ihren Glauben teilten oder anderer ethnischer Herkunft waren, daß sie dem guten Verständnis und der Freundschaft der Völker feindlich gegenüberstand« *(Nauka i religija,* Okt. 1984).

So kamen denn auch die Vorbereitungen zu den Feiern nicht voran – jedenfalls nicht bis Mitte 1985. Der Durchbruch fand erst im Herbst jenes Jahres statt. Metropolit Juwenalij berichtete hierzu:

> »Es soll nicht unerwähnt bleiben, daß unsere Regierung, namentlich Generalsekretär Gorbatschow, am Fortschritt der Arbeiten großes Interesse zeigt ...« *(epd,* 10, 1988, S. 29).

Spekulationen, daß womöglich sogar der Papst geladen werden könnte, bewahrheiteten sich allerdings nicht. Ja, dieser durfte entgegen seinem ausdrücklich bekundeten Wunsch nicht einmal zur 600-Jahrfeier der Katholisierung Litauens reisen – angeblich weil der Vatikan nicht die »Grenzen« der Sowjetunion (im Klartext: die Annexion der baltischen Staaten) anerkennt und/oder, wie G. Gerassimow, der Sprecher des Außenministeriums, am 1. 9.1987 plausibel erklärte, weil die unionsrepublikanischen Autoritäten darum ersucht hatten, daß dieser Besuch nicht stattfinden möge. Doch auch in Litauen gab es Konzessionen (s. unten).

Aussöhnung mit dem Vatikan?

Mehr noch, auch eine Aussöhnung mit dem Vatikan erscheint nicht länger unwahrscheinlich. Gorbatschow hatte bereits Ende 1985 seinen Wunsch nach einem Italien-Besuch bekundet, der zwar verschoben werden mußte, der aber eine Audienz beim Papst nahelegen könnte. A. A. Gromyko wurde schließlich bereits dreimal vom Papst empfangen *(WSJ,* 21.5.1987).

In der Sicherheitspolitik könnten sich gewisse Gemeinsamkeiten anbahnen, seit der Vatikan seine Bedenken gegen SDI bekundet hat. Ein Empfang beim Papst würde Gorbatschows bewußt gesuchtem internationalen Image eine zusätzliche Dimension verleihen.

Alte Konfliktpunkte werden im Grunde systematisch abgebaut. Das beginnt bei der Menschenrechtspolitik. Seinerzeit warf der Vorsitzende des Rats für Angelegenheiten der Religion dem Vatikan vor, er

> »partizipiert aktiv an der Propaganda-Kampagne der Bourgeoisie zur ›Verteidigung der Menschenrechte‹. Die Menschenrechte bilden das dauernde Leitmotiv der gegenwärtigen ideologischen Aktivität des Vatikan, um das sozialistische Regime zu diskreditieren« *(Istina,* 1–2, 1987, S. 27).

Nachdem aber das Gorbatschow-Regime selbst an die Abschaffung von Dissidenten-Paragraphen im Strafrecht denkt (die durch Glasnost absurd geworden sind), die Freilassung von politischen Gefangenen wieder aktiviert hat und zudem seit 1986 selber für eine internationale Menschenrechtskonferenz in der eigenen

Hauptstadt eintritt, ist dieses Problem kein Argument mehr für Gegnerschaft (was nicht heißen soll, daß Moskau absolut unkritisierbar in diesen Fragen geworden ist, aber der gute Wille ist unverkennbar).

Auch der andere große Gegensatz, die Lage der Unierten Kirche (s. unten), könnte womöglich behoben werden, sollte diese aufgrund eines tragbaren Kompromisses wirklich legalisiert werden.

Am 27.10.1987 nahm der »Außenminister« der russisch-orthodoxen Kirche, Metropolit Filaret, an dem vom Vatikan veranstalteten Friedensgebetstag in Assisi teil. Anschließend wurde er vom Papst empfangen. Die 1980 abgebrochenen Beziehungen zwischen dem Moskauer Patriarchat und dem Vatikan wurden wieder aufgenommen. Sogar das konservative Prager Regime trat mit dem Vatikan in Verhandlungen über anstehende Probleme ein – vor allem die überfällige Besetzung der 10 (von 13!) vakanten Bischofsstellen. Die dritte Polen-Reise des Papstes ließ sich auffallend problemlos organisieren. Im Dezember 1987 wurde der Vatikan über das Gipfeltreffen in Washington zwischen Gorbatschow und Reagan von A. Grinewski vom sowjetischen Außenministerium ausführlich unterrichtet. Am 20.2.1987 trat das Chor- und Tanzensemble der sowjetischen Armee im Vatikan auf.

Der Papst selbst vergißt nie, daß er Slawe ist: ein slawischer Papst, der zugleich die »geistige Einheit des christlichen Europa« repräsentieren möchte, wie er es in seiner Pfingst-Predigt 1979 ausdrückte (Floridi, 1986, S. 229). Der Vatikan verfolgt die Perestrojka mit größter Aufmerksamkeit. Mit Recht sieht er gerade in der Religionspolitik den Gradmesser für ihren Erfolg.

In den Beziehungen zu Rom ist der Wandel zunächst einmal im »Atmosphärischen«. Doch der aufmerksame Beobachter sollte die Möglichkeit eines »Durchbruchs« zumindest mit einkalkulieren. In der Tat wurde im März 1989 gemeldet, Gorbatschow würde noch im gleichen Jahr »sehr wahrscheinlich« bei seinem für November geplanten Italien-Besuch mit dem Papst zusammentreffen (*FAZ*, 2.3.1989).

Erleichterungen für die russisch-orthodoxe Kirche

Für die russisch-orthodoxe Kirche ist die Revision der Religionsgesetzgebung und speziell des Stalinschen Gesetzes über religiöse Vereinigungen von 1929 von allergrößter Bedeutung.

Stalins Gesetz, das die Kirche auf bloße Ritualien beschränken sollte, war im Grunde als Maßnahme gedacht, um diese als Institution zu liquidieren. Verboten ist es seitdem,

> »besondere Kinder-, Jugend-, Frauen-, Gebets- und andere Versammlungen zu organisieren, ebenso auch allgemein biblische, literarische, handarbeitliche, gemeinsamer Arbeit, dem religiösen Unterricht dienende oder ähnliche Versammlungen ... und ebenso Ausflüge und Kinderspielplätze einzurichten, Bibliotheken und Lesehallen zu eröffnen, Sanatorien oder ärztliche Hilfe zu organisieren« (Simon, 1970, S. 63).

G. Jakunin berichtete, daß an der Revision dieses Gesetzes bereits seit Jahren gearbeitet wird *(RM,* 5.6.1987, S. 6). Die Gerüchte mehren sich, daß es bei diesen Arbeiten in der Tat um das Gesetz von 1929 geht – was im Rahmen der Perestrojka mit ihrer Weiterführung der Entstalinisierung nur konsequent wäre. Denn die tatsächlichen Beziehungen zwischen Staat und Kirche haben diesen Rahmen längst gesprengt, wie Metropolit Aleksij in einem Interview 1987 betonte *(MN,* 20.9.1987, S. 13).

Doch die Gesetzgebung zur Perestrojka insgesamt verläuft nur allzu schleppend. Im Sommer 1987 berichtete Gorbatschow, daß das Politbüro 12 derartige Dokumente noch nicht verabschiedet hatte. Alle Gesetze sind betont konservativ ausgefallen.

Die Revision der Religionsgesetzgebung ist für den Rat für Angelegenheiten der Religion eine diffizile, ja heikle Angelegenheit. Konservative wie Ligatschow (ironischerweise aus einer Familie von Altgläubigen) sind in dieser Frage besonders sensibel. Gorbatschow aber hat als guter Taktiker derartige Widerstände zunächst immer zu »umschiffen« versucht.

Am 14.11.1986 wurde neben dem Allunionsrat für Angelegenheiten der Religion ein weiterer derartiger Rat speziell beim Ministerrat der *RSFSR* gebildet. Damit wurde nicht nur wieder einmal die besondere slawische Dimension von Gorbatschows Politik deutlich. Die Bildung einer Art Parallelorganisation konnte auch ein organisationstechnisches Mittel sein, um den allzu konservativen alten Rat – der mit Chartschew 1985 ohnehin einen neuen Vorsitzenden erhalten hatte – zu überspielen. Der neue Vorsitzende des RSFSR-Rates, Prof. L. Kolesnikow, erklärte, Zweck seiner Organisation sei es,

»die Bedürfnisse und Wünsche der Gläubigen zu erforschen und bei der Lösung ihrer akuten Probleme zu helfen« *(RL* 409/87; *FAZ,* 9.9.1987).

Im übrigen benutzten Gorbatschow und die Neuerer die alte Taktik, sich zur Überwindung stalinistischer Strukturen und Dogmen zunächst einmal auf Lenin zu berufen, in diesem Fall das berühmte Dekret von 1918 über die Trennung von Kirche und Staat. An sich war dieses Dekret keineswegs liberal, untersagte es doch den »Unterricht in religiösen Glaubenslehren an öffentlichen und privaten Lehranstalten.« Mehr noch:

> »Die kirchlichen und religiösen Gesellschaften haben nicht das Recht, Eigentum zu besitzen. Sie haben nicht das Recht einer juristischen Person« (Simon, 1970, S. 62).

Doch die Neuerer wollen offenkundig über Lenins Dekret hinausgehen. Zu diesem Zweck kann man sich in gut marxistischem Geist auf die gewandelte historische Situation sowie gewisse tolerantere Stellungnahmen des Parteigründers berufen. So konnte man Anfang 1986 dem *Shurnal Moskowskoj Patriarchii* (»Journal des Moskauer Patriarchats«) entnehmen, daß religiöse Vereinigungen doch den Status einer juristischen Person hätten – wofür sowjetische Juristen bereits seit Anfang der achtziger Jahre eingetreten waren. Diese Anerkennung aber wäre ein erster, entscheidender Schritt auf dem Weg zu einer wirklichen Legalisierung der Kirche. Auch die Frage des Rechts der Kirche auf Eigentum soll damit neu geregelt werden.

Im Oktober 1986 hatte Chartschew ganz allgemein eine Liberalisierung in Aussicht gestellt. Im Januar 1988 wurde er deutlicher. Unter anderem sprach er von der Möglichkeit des zivilen Ersatzdienstes (bislang war Wehrdienstverweigerung ein streng geahndetes Delikt). Auch privater Religionsunterricht sollte wieder möglich werden *(Iz,* 27.1.1988).

Bislang ist es noch zu keiner Änderung der Zivilgesetzgebung gekommen, die die Gläubigen betrifft. Aber es gab eine Reihe von Maßnahmen, um Erleichterungen zu schaffen. So wurde in einigen Moskauer Kirchen die faktisch illegale Praxis abgeschafft, daß Personen, die sich kirchlich trauen oder taufen lassen wollen, der Registrierung unterliegen, ebenso die Eltern minderjähriger Täuflinge *(RM,* 5.6.1987). Und die Beantragung der Registrierung einer neuen Gemeinde – die laut Gesetz möglich wird, sobald zwanzig Personen hierfür eintreten – soll von den Behörden nach Anweisung des Rats für die Angelegenheiten der Religion nicht mehr künstlich auf unbestimmte Zeit hinausgezögert werden.

Die russisch-orthodoxe Kirche darf zwei neue Zeitschriften herausbringen: den *Moskauer Kirchlichen Boten (epd,* 10, 1988, S. 30) sowie *Religion in der UdSSR (NZZ,* 22.10.1987), eine Zeitschrift, die von Nowosti auch in mehreren westlichen Sprachen sowie auf Arabisch gedruckt werden soll. Anläßlich der Tausendjahrfeier wurde auch eine Neuauflage von 100 000 Bibeln bewilligt. Die Zahl mag gering erscheinen, mißt man sie an einer in die Millionen gehenden Nachfrage (die Zahl der Gläubigen, gar nicht zu sprechen von allgemein Interessierten, wird auf 20–60 Millionen geschätzt!); aber immerhin entsprechen 100 000 Exemplare der Gesamtzahl von Bibeln, die in der Geschichte der Sowjetunion überhaupt aufgelegt wurden, nämlich 1956 25 000, 1968 40 000 und 1970 30 000 (V. Stepakow, *G2W,* 6, 1983, S. 18–29). (Das schließt natürlich den Samisdat aus.) Auch soll es künftig für Bibeln keinen »eisernen Vorhang« mehr geben, wie dem französischen Bischof J. Rozier zugesichert wurde *(AFP,* 30.9.1987). Chartschew bestätigte noch einmal: Künftig wird es möglich, Bibeln zu importieren *(epd,* 10, 1988, S. 6).

Eine Reihe weiterer Klöster und Kirchen ist zurückgegeben worden, so Optima Pustyn (bei Kaluga) *(MN,* 20.12.1987), ein Kloster, das nach der Revolution geschlossen worden war, sowie am 2.3.1988 Tolgskij Monastyr am Oberlauf der Wolga, wo das erste Frauenkloster der RSFSR entstehen soll. Man rechnet auch mit der Rückgabe eines Klosters auf den Solowki-Inseln an die Kirche *(epd,* 10, 1988, S. 29). Auch in Litauen wurden zwei berühmte Kirchen an die dortige katholische Kirche zurückgegeben (s. unten).

Seit Ende Juli 1987 gibt es das Telejournal »Religion und Politik«, in dem sich Atheisten dem Dialog mit Gläubigen stellen. Damit wird eine Praxis der 20er Jahre wiederbelebt. Seitdem hatte sich das Regime strikt geweigert, auf einen Dialog einzugehen, da ein solcher angeblich die »kommunistische Moral« und ideologische »Wachsamkeit« untergraben würde: mit anderen Worten, man fühlte sich einem Dialog offenbar nicht gewachsen.

Die Genehmigung eines Landeskonzils anläßlich der Tausendjahrfeiern war ebenfalls ein Entgegenkommen.

Die Politik gegenüber nicht-orthodoxen Religionsgemeinschaften

Die neue Ausrichtung der Religionspolitik hat auch erste positive Folgen für andere Religionsgemeinschaften gezeigt.

Baltikum

Der betagte Kardinal J. Vaivods, der 1983 bischöflicher Administrator von Riga (Lettland) wurde und 1987 zur Zeremonie seiner Amtseinführung nach Rom reisen durfte, konnte bereits seiner »Freude« Ausdruck geben, »daß die schlimmsten Zeiten der Verfolgungen vorüber zu sein scheinen« (RCL, summer 1987, S. 202).

Zur 600-Jahr-Feier der katholischen Kirche Litauens konnte zwar kein Vertreter des Vatikans nach Wilna kommen, obgleich der Papst persönlich seinen Wunsch hiernach bekundet hatte. Gewisse Konzessionen gab es dennoch. Zwei berühmte Kirchen wurden zurückgegeben: St. Kasimir in Wilna und die Kirche der Friedenskönigin in Klaipeda. 50 000 Gebetskarten, 11 500 Bände des Neuen Testaments, 25 000 Kalender, 50 000 Katechismen, 6 500 Exemplare einer kirchlichen Zeitschrift konnten für die Gläubigen herausgegeben werden.

Im September fand im Präsidium des Obersten Sowjet Litauens ein Treffen leitender Funktionäre mit kirchlichen Würdenträgern statt, zwecks »offenen Meinungsaustauschs« über aktuelle Probleme (MN, 6.12.1987). Das wirkte wie eine Fortsetzung des »Budapester Modells«. Derartige Treffen sollen auch künftig stattfinden.

Juden

Den Juden – der international »sichtbarsten« religiösen Minderheit – wurden ebenfalls nicht unbeträchtliche Konzessionen gemacht. 1987 durften 5 400 Personen ausreisen – die größte Zahl seit den siebziger Jahren. 1986 waren es dagegen bloße 914 gewesen, 20 % weniger als 1985. Auch wurde den Juden zugesagt, daß neue Synagogen eröffnet werden könnten, wo nachweislich Bedarf besteht. Nach westlichen Schätzungen gibt es 50–100 Synagogen in der Sowjetunion bei ca. 20 000 jüdischen Gläubigen (RL 472/87, S. 2). Künftig soll den Juden ebenfalls erlaubt sein, wichtige religiöse Werke zu drucken oder zu importieren (IHT, 1.4.1987). Das Verbot, Kinder in Synagogen und Schulen Hebräisch zu lehren, soll aufgehoben werden *(Ec,* 12.12.1987). Auch soll die Ausbildung zum Rabbiner im Ausland möglich werden. Im September 1987 wurde bekannt, daß Juden in Moskau künftig koschere Nahrung kaufen können – eine Möglichkeit, die es bis dahin im Ostblock nur in Ungarn gab.

Unierte Kirchen

Die Unierte Kirche der Ukraine – eine katholische Kirche des byzantinischen Ritus – hat laut J. Terelja, dem Vorsitzenden des Zentralkomitees der ukrainischen Katholiken, 5 Millionen Anhänger in der Ukraine und weitere 1,9 Millionen in anderen Gebieten. Es gibt 900–1000 Priester, 1200 Nonnen, über 10 Bischöfe (Ukrainische Katholische Kirche, 1988, S. 97). Stalin ließ die Unierte Kirche auf dem Scheinkonzil von Lwow 1946 der russisch-orthodoxen Kirche eingliedern, sowohl um jede »Einmischung aus dem Ausland« zu unterbinden, als auch um dem ukrainischen Nationalismus die geistigen Wurzeln zu nehmen. Das Ergebnis war eine Untergrundkirche.

Angesichts der neuen Ansätze in der Religionspolitik schrieben Terelja und eine Gruppe ukrainischer katholischer Aktivisten Gorbatschow, daß sie hofften, daß sich die Beziehungen bessern würden. Terelja selbst durfte im September 1987 nach Haftstrafen von insgesamt 20 Jahren in den Westen ausreisen.

Im Sommer 1987 gab es Kontakte zwischen führenden Persönlichkeiten der Unierten Kirche und sowjetischen Funktionären. Der Unierten Kirche soll die Legalisierung angeboten worden sein, wenn sie sich autokephal, also vom Vatikan unabhängig erkläre (wofür es ein Vorbild in den 20er Jahren gibt). J. Terelja gab sich »relativ optimistisch«, daß die Legalisierung in der Tat stattfinden würde. Allerdings stößt sie auf den Widerstand der russisch-orthodoxen Kirche. Nach Tereljas Angaben leben immerhin 85 % der Gläubigen der russisch-orthodoxen Kirche in der Ukraine, die auch über 90 % von ihrem Einkommen aufbringen sollen *(KNA,* Nr. 75, S. 104). Doch über eine Lösung wird laut nachgedacht. Es sei Sache des Staates, meinte Metropolit Irinej, »von sich aus Schritte zu unternehmen«, um die mit Rom verbundenen Ukrainer als religiöse Gemeinschaft anzuerkennen« *(KNA,* Nr. 75, 29.3.1988).

Mag Patriarch Pimen die Unierte Kirche als eine seiner besonderen Sorgen sehen (s. sein Interview, *Iz,* 10.4.1988) – es gibt auch in der russisch-orthodoxen Kirche eine Strömung, die glaubt, die Befreiung ihrer Kirche von ihrer faktisch »imperialen« Rolle könne der Vertiefung ihrer Wurzeln im eigenen Volk dienlich sein (C. Patock, in: *RCL,* winter 1987, S. 260).

Andere

In der Sowjetunion haben evangelische Gruppen und Sekten erheblich zugenommen. Insbesondere die Baptisten haben soviel Zulauf gerade aus dem einfachen Volk gefunden, daß in der russischen Intelligenz bereits Befürchtungen einer »Verdeutschung« der Kultur aufgekommen sind.

Auch in diesem Bereich hat es Zeichen einer Lockerung gegeben. So wurde z.B. am 3.12.1987 die Baptistin Anna Tschertkowa nach 15 Jahren in einer psychiatrischen Klinik plötzlich freigelassen.

An die 20 000 Pfingstler wollen auswandern *(RCL,* spring 1988, S. 79). Ihnen gegenüber hat es gewisse kleine Konzessionen gegeben. So meldete die IGfM (Internationale Gesellschaft für Menschenrechte, Frankfurt) am 9.11.1987, daß mit der Familie G. Maidanjuk zum ersten Mal eines der zahlreichen Glieder der Gemeinde, die inhaftiert gewesen waren, aus dem fernöstlichen Dorf Tschugujewka ausreisen durfte. Allerdings waren noch weitere acht ihrer Mitglieder in Straflagern.

Die Nummer 4 von *Nauka i religija* brachte 1987 den Artikel eines Adventisten.

In Moskau wurde die Hare Krishna-Sekte legalisiert, die lange Zeit das Schreckgespenst gewisser Konservativer gewesen war.

All das sind kleine Signale, die aber in der sowjetischen Politik bedeutsam sind, da sie immerhin neue Absichten bekunden.

Ausblick: Vom militanten Atheismus zur religiösen Toleranz?

Gorbatschow hat sich seit April 1987 ausdrücklich zum »sozialistischen Rechtsstaat« bekannt. Ein Rechtsstaat aber muß im Interesse sowohl seiner Effektivität als auch seiner inneren und außenpolitischen »Friedensfähigkeit« weltanschaulich (weitestgehend) neutral sein (vgl. H. Krüger, 1964, S. 178–185). Historisch ist das in Westeuropa die Lehre aus den Religionskriegen des 16. Jahrhunderts gewesen. Heute beginnt man, diese Einsicht in der Sowjetunion nachzuvollziehen.

Führende sowjetische Juristen haben betont, für den Status eines sowjetischen Bürgers dürfe es keine Rolle spielen, welches seine Weltanschauung ist. »Nirgendwo steht in unseren Gesetzen, daß Atheismus und Staat untrennbar sind«, mahnte der Dichter Je. Jewtuschenko in seinem Leserbrief an die *Komsomol'skaja prawda* (10.12.1986). Der autoritative Artikel im *Kommunist* im März 1988 bekräftigte diese Einsicht, indem er Lenin zitierte (eine beliebte Technik bei kontroversen Fragen): »Die Sowjetrepublik«, hatte dieser vertreten, »kennt keinerlei religiöse Unterschiede«; sie stünde »außerhalb *(vne)*« jeder Religion (K, 4, 1988, S. 117). Chartschew ging noch einen Schritt weiter, als er als neues Ziel proklamierte, »daß auch der gottgläubige Teil der Bevölkerung im Sozialismus glücklich sein soll« *(E. Voss, epd,* 10, 1988, S. 6).

Der Zweck der neuen Politik ist klar. Gorbatschow kann derart »mit einem Federstrich die Sympathie von über 100 Millionen Sowjetbürgern gewinnen«, wie es Pfarrer E. Voss formulierte (a.a.O., S. 10) – nur daß sehr viel mehr dazu nötig sein wird als nur ein »Federstrich«.

Gorbatschow sieht den »Zerfall der gesellschaftlichen Moral« *(Pr,* 28.1.1987), die Korruption, die kulturelle und ökologische Krise: »Jetzt wissen wir nicht nur aufgrund der Erfahrungen der Vergangenheit, sondern auch der Gegenwart, daß es uns ohne eine Stärkung der sittlichen Gesundheit der Gesellschaft nicht gelingen wird, die Aufgaben der Perestrojka zu lösen« *(Pr,* 28.1.1987, S. 4).

All dies sind entscheidende Faktoren bei der neuen Anerkennung der positiven Rolle der Kirche (D. Pospielovsky, 1987, S. 296). Gorbatschows engster Mitstreiter, A. Jakowlew, hat inzwischen die Notwendigkeit einer neuen Ethik zum Grundproblem der Perestrojka erklärt *(Pr,* 3.12.1987). Eine solche Ethik aber, darauf verwies schon E. N. Dawydow in seinem Buch *Die Ethik der Liebe und die Metaphysik der Willkür,* das Molodaja Gwardija 1982 in einer Auflage von 50 000 herausbrachte (es handelt sich um einen Vergleich der Philosophien von L. Tolstoj, F. Dostojewskij und A. Schopenhauer), ist ohne »absolute Imperative« nicht möglich (vgl. *Istina,* 1–2, 1987, S. 7–19).

Dies ist eine verbreitete Grundstimmung in der heutigen Intelligenz. So schrieb L. Woskresenskij über den Film »Der Kalte Sommer 1953«, der die Befreiung eines von Kriminellen terrorisierten Dorfes durch drei politische Gefangene zum Thema hat:

»Früher oder später kommt der Augenblick, daß Menschen, die ihr Gewissen nicht verloren haben, das Volk, die Gesellschaft, die Heimat, die Welt erretten« *(MN,* 17.1.1988, S. 13).

Die Wiederbegründung der Ethik ist ein Hauptanliegen der neuen Gesellschaft *Memorial,* die sich dem Gedenken der Opfer des Stalinismus geweiht hat. So erklärte der Schriftsteller A.Rybakow, Autor des berühmten Romans *Kinder des Arbat,* auf der erweiterten Sitzung des Organisationskomitees der Gesellschaft im Spätsommer 1988:

> »Eben in diesem Prozeß einer sittlichen Transformation, einer sittlichen Katharsis und Erneuerung, muß *Memorial* seinen Platz finden« *(LG,* 35, 1988, S. 2).

Gorbatschow, der von westlichen Spezialisten natürlich an Maßstäben gemessen wird, die Lenin und Stalin diese gelehrt hat, könnte – *vielleicht!* – besser aufgrund dieser neuen Stimmung zu verstehen sein.

Er selbst ist, zumindest im übertragenen Sinn, offenbar ein »Gläubiger«, der seine Zukunftsvision gar einmal mit einem »strahlenden Tempel auf einem grünen Hügel« verglich *(Sp,* 45, 1987, S. 180). Oft wirkt er wie ein missionarischer Einzelkämpfer. Auch hat er sein Interesse für philosophische Fragen bekundet *(Pr,* 20.5.1987, S. 3). Er habe sich in seiner Jugend ebenfalls über ethische Probleme und den Sinn des Lebens gequält *(Pr,* 17.4.1987).

Derartige Beobachtungen sprechen im Grunde für eine »idealistische« Lebensphilosophie. Es heißt auch, seine Mutter sei religiös.

So beginnt man sich heute auf die ethischen Wurzeln der vorrevolutionären russischen Intelligenz zu besinnen. In dem wahrscheinlich von A. Jakowlew verfaßten *Prawda*-Leitartikel vom 5.4.1988 gegen den Nina-Andrejewa-»Leserbrief« (das konservative Gegenmanifest gegen Perestrojka) heißt es bereits ohne alle Abstriche: Die Intelligenz

> »nimmt sich die besten Traditionen, die ihre Vorgänger schufen, als Rüstzeug, appelliert an das Gewissen, an die Sittlichkeit und Anständigkeit und verteidigt die humanistischen Prinzipien und sozialistischen Lebensnormen.«

Das klingt schon sehr nach einem Sozialismus »mit menschlichem Gesicht«. Die Humanisierung des Systems ist in letzter Zeit zunehmend zum neuen großen Ziel erhoben worden. Neuerer sehen, daß die stalinistische Auffassung, in den Gläubigen (und letztlich in der Gesellschaft schlechthin) den heimlichen Nährboden von zumindest potentiell »antisowjetischen« Verschwörungen zu sehen, absurd war. Der *Kommunist*-Artikel vom März 1988 kommt ausdrücklich auf diese »verzerrte« Auffassung zu sprechen, wonach vermeintlich

> »jeder konsequente Anhänger der Religion ein heimlicher oder jedenfalls doch bereits ein potentieller Gegner des Sozialismus sei« *(K,* 4, 1988, S. 115–123, insbes. S. 118).

> »Die Zeit ist gekommen, der mißtrauischen und negativen (nedrobroželatel'noe) Einstellung zu den Gläubigen, zu ihren Idealen wie Humanität, Liebe, sittliche Selbstvervollkommnung für immer ein Ende zu bereiten« (a.a.O., S. 121–122).

Allerdings war man im März 1988 im *Kommunist* noch nicht konsequent. Zugleich hieß es hier (ein »Einschub« konservativer Gegenleser oder die alte, stalinistische Selbstzensur??):

> »Selbstverständlich muß man gegen jede Abkehr von den prinzipiellen weltanschaulichen Positionen des Marxismus-Leninismus eintreten ... Die Partei betont die unabänderliche Verpflichtung eines jeden Kommunisten, aktiv an der Verbreitung der dialektisch-materialistischen Weltanschauung mitzuwirken« *(K,* 4, 1987, S. 121, 123).

Im *Prawda*-Leitartikel vom 5.4.1988 wurden derartige »Verpflichtungen« überhaupt nicht mehr erwähnt!

Es ist klar, daß die neue Linie zur Religionspolitik mit enormen Widerständen ringt. Rührt sie doch an das Kerndogma der Ideologie. So schrieb Nina Andrejewa in ihrem Anti-Perestrojka-Leserbrief (wahrscheinlich ein unter Ligatschows Anleitung von einem Kollektiv im ZK-Apparat überarbeitetes Dokument):

> »Wie mir scheint, hat die Frage nach Rolle und Stellenwert der sozialistischen Ideologie heute eine äußerst zugespitzte Form angenommen. Die Autoren von konjunkturbedingten Artefakten untergraben unter dem Motto der sittlichen und geistigen ›Katharsis‹ die Grenzen und Kriterien der wissenschaftlichen Ideologie ...« *(SR,* 13.3.1988).

Zuvor hatte die *Moskowskaja prawda* gewarnt, das politische Bündnis mit den Kirchen in Sachen Friedenspolitik und Umweltschutz sei noch lange nicht gleichbedeutend mit »geistiger Abrüstung« und erfordere zugleich verstärkte atheistische Propaganda (10.4.1987). Kurz, die Konservativen nehmen die neuen Ansätze durchaus ernst! Denn sie sehen: Untergräbt man die Ideologie, untergräbt man zugleich die geistige Basis für die bisherige Vorherrschaft der Partei, die Lenin ja auf den Anspruch gründete, die einzige richtige Einsicht in die Geschichte zu besitzen.

Gorbatschow aber hat solche Ansprüche zurückgewiesen. Auf der XIX. Parteikonferenz im Sommer 1988 wurde klar, daß er sieht: Politische Reformen bedeuten in erster Linie, daß sich die Partei aus ihrer bisherigen quasi-universalen Vorherrschaft zurückziehen muß – nach der Wissenschaft auch aus der operativen Wirtschaft, aus der Kultur, vielleicht auch aus Glaubensfragen. Das aber hieße, daß Perestrojka faktisch jenen Weg beschreitet, der historisch in Europa zur liberal-freiheitlichen Weltanschauung und Politik führte.

So zeigt das neue Denken gerade auch in der Religionspolitik, daß es den Reformern ernst ist. Gewissensfreiheit liegt an der Wurzel der liberalen Weltanschauung und des politischen Pluralismus. In unserer Zeit hat die Entwicklung in Polen das erneut bestätigt. Mit Recht meint der Philosoph L. Kolakowski:

> »Ich glaube, daß die katholische Kirche das wirkliche Element zugunsten des Pluralismus in der polnischen Gesellschaft gewesen ist« *(RFE,* Yugoslav SR/3, 7.3.1986, S. 29).

Das sieht niemand klarer als gerade ein sowjetischer Konservativer! Die Widerstände sind besonders erheblich an der »Peripherie«, wo man sich Moskau fern weiß. »In den Randgebieten der UdSSR und in den Provinzen gibt es keine Perestrojka«, berichtete J. Terelja (Ukrainische Katholische Kirche, S. 105). Der Vorsitzende des Rats für die Angelegenheiten der Religion, K. P. Chartschew, hat ebenfalls auf dieses Problem der lokalen Widerstände verwiesen:

> »Die Praxis der Anwendung der Prinzipien und Thesen des Dekrets [von 1918, auf das man sich heute einstweilen beruft] und der hierauf begründeten Normen muß in vieler Hinsicht vervollkommnet werden. Insbesondere seitens der örtlichen Funktionäre. Die einen widersetzen sich dem Neuen, weil sie ›Konzessio-

nen‹ an die Kirche für unzulässig halten. Andere sind nicht in der Lage, ihre Beziehungen zu den Gläubigen korrekt zu organisieren, und erwarten Anweisungen von oben, wie man in jedem einzelnen Fall vorgehen solle, und verschleppen die Entscheidung einfacher Fragen. Das führt zu Klagen der Gläubigen in Moskau. Im letzten Jahr allein z.B. erhielt der Rat für Angelegenheiten der Religion über 3 000 Beschwerden. Die Registrierung von Religionsgemeinschaften zieht sich über Jahre hin, so in den Gebieten Lwow, Ternopol, Grodno, Kuljabski, Perm, Leningrad und in einer Reihe von Rajons der Moldauer SSR. Auch das Verbotssyndrom ist noch allzu lebendig« *(Iz,* 27.1.1988, S. 3).

Analog der Vorsitzende des neuen Rats für die Angelegenheiten der Religion beim Ministerrat der RSFSR, L. Kolesnikow:

> »Es geschieht nicht selten, daß die örtlichen Behörden der Ansicht sind, sie hätten das Recht, sich grob gegenüber den Gläubigen zu verhalten, deren Briefe unbeantwortet zu lassen und sich in die Angelegenheiten religiöser Organisationen einzumischen« (Interview in *SR,* 6.4.1988, *KNA,* Nr. 81, 7.4.1988).

Die Widerstände gegen das neue Denken in der Religion sind z.T. äußerst einfallsreich. So wurden z.B. in der Leningrader Saltykow-Schtschedrin-Bibliothek alle Karteikarten mit Hinweisen zu religiösen Fragen über Nacht entfernt! Im März 1988 erfuhr man von einem Plan, die gesteigerte Nachfrage nach geistlicher Literatur dadurch zu drosseln, daß solche Werke nur noch an Institutionen ausgeliehen werden sollten, die ihre (natürlich atheistischen) Forschungsthemen angeben. Ohnehin gibt es solche Materialien nur noch an den zwei bis drei größten Bibliotheken des Landes *(RM,* 27.3.1988, S. 3).

Seit Anfang 1987 begannen sich die Pro-Perestrojka-Medien der Rechte der Gläubigen anzunehmen. Am 27.1.1987 berichtete *Moskowskie nowosti* über Verletzung von Rechten der Gläubigen in Baschkirien, wo örtliche Funktionäre Religion, wie A. Neschnyi ironisch bemerkte, als ein Problem auf gleicher Ebene wie Trunksucht und Rowdytum anzusehen gewohnt waren. Im Frühjahr wurde betont objektiv über das Wunder von Gruschewo berichtet, einem ukrainischen Dorf, wo einem jungen Mädchen die Jungfrau Maria erschienen war. Das führte zu einem enormen Pilgerstrom, so daß die örtlichen Autoritäten zunächst wieder einmal »durchzugreifen« versuchten.

Im Herbst 1987, vor dem 70. Jubiläum der Revolution, nahmen solche positiven Berichte zu. So erschienen einige von deutlicher Sympathie getragenen Artikel über die Altgläubigen *(MN, 23.10.1987, 29.11.1987)*. Am 21.10.1987 brachte die *Literaturnaja gaseta* einen Artikel von S. Kisseljow über N. Sakidon, einen Priester, der Opfer einer Verleumdungskampagne in der Lokalzeitung wurde. Der Priester wird sympathisch geschildert. Der Vorsitzende des ukrainischen Rats für die Angelegenheiten der Religion mußte schließlich einräumen, die Lokalzeitung habe ernstlich gegen die Partei- und Regierungsdirektiven verstoßen.

Derartige Presseberichte pflegen in der Sowjetunion stets Signalcharaker zu haben.

Nicht minder auffallend war die deutlich verstärkte Präsenz von Geistlichen an der Öffentlichkeit. Den Auftakt bildeten die Interviews mit Kardinal J. Glemp in der *Literaturnaja gaseta* Anfang Februar 1987 und mit Metropolit Aleksij in *Moskowskie nowosti* am 20.9.1987.

Natürlich wurde die Rolle der Kirche in der »Friedenspolitik« herausgestellt; der sowjetischen Delegation zur 44. UNO-Sitzung gehörten diesmal sogar drei Geistliche an. Ende des Jahres konnte der Erzbischof von Wologda und Welikij Ustjug, M. Mudygin, sogar in der *Prawda* (21.12.1987) zu den sittlichen Problemen der Jugend schreiben. Solche »Mitsprache« in Fragen der Innen- und Gesellschaftspolitik aber war etwas völlig Neues.

So wenig die neue Religionspolitik schon voll abgeklärt ist, geschweige denn überall befolgt wird, so deutlich sind also die Indizien für neue Absichten. Sogar ein so erfahrener und vorsichtiger Beobachter wie Kardinal J. Glemp konnte daher am 19.5.1987 im schwedischen Fernsehen erklären, unter Gorbatschow hätten sich die Beziehungen zwischen Kirche und Staat deutlich gebessert. Gläubige in der Sowjetunion sahen das offenbar genauso. Sie fühlten sich ermutigt, eine Reihe von Petitionen an die russisch-orthodoxe Kirche zu senden, sie möge sich für die Aufhebung der diskriminierendsten Maßnahmen gegen die Gläubigen einsetzen und nicht (wie es G. Jakunin und einige Gesinnungsgenossen formulierten).

> »eine einzigartige historische Chance vertun, die der Herr unserer
> Heimat und Mutter-Kirche sendet« *(RM,* 17.7.1987, S. 7).

Eine erfahrene Beobachterin der sowjetischen Kirchenpolitik kam zu dem Schluß, für die offiziellen Kirchen der Sowjetunion sei 1987 das beste Jahr seit 1917 gewesen (O. Antić, *RS,* 16/88, S. 1)! G. Jakunin, seinerzeit als Dissident abgeurteilt, sah mit Hoffnung die »Anzeichen von Wandel in der Einstellung zu den Gläubigen«, insbesondere in den Massenmedien,

> »wo der Gedanke geäußert wird, daß die Gläubigen nicht *izgoi* [im alten Rußland Leute, die ihre soziale Zugehörigkeit verloren hatten] und Renegaten sind, sondern vollberechtigte Mitglieder unseres Staates und unserer Gesellschaft« *(RM,* 5.6.1987).

Doch mit den Hoffnungen beginnen auch schon neue Sorgen, nicht nur für die politischen Reformer, sondern auch für die Gläubigen und Geistlichen selbst. So hatte bislang die dogmatische Selbstisolierung die russisch-orthodoxe Kirche gegen den Einfluß der »Befreiungstheologie« immunisiert. Der neue »Dialog« mit Marxisten könnte das ändern. Ein gelehrter Priester der jüngeren Generation äußerte schon vor einigen Jahren Bedenken angesichts der durchaus nicht so unwahrscheinlichen Möglichkeit, daß ein »Nationalbolschewismus« die Kirche kooptieren könnte. Trotzdem glaubte er:

> »Wenn Rußland eine Zukunft haben soll, so wird das nur in Gestalt einer national-christlichen Renaissance sein, d.h. in einem Zusammenfließen des nationalen Patriotismus mit der Kirche, wo die geistlichen Fragen der Kirche überlassen bleiben und die Kirche nicht politischen Zielen unterworfen wird« (A. Nazarov in: *Vestnik Russkogo christianskogo dviženija,* No. 135, 1981, S. 280–281; zitiert von Pospielovsky, 1987, S. 296).

Mag die Perestrojka »in ihren praktischen Auswirkungen die 40 russischen Religionsgemeinschaften mit ihren rund 115 Millionen Gläubigen noch nicht erreicht« haben (E. Voss, *epd,* 10, 1988, S. 4) – *potentiell* bahnt sich hier grundlegender Wandel an. Die neuen *Ansätze* sind jedenfalls unbestreitbar, und die Stoßrichtung der Perestrojka-Politik weist in der Tat in Richtung auf Toleranz und Gewissensfreiheit und damit auch auf Liberalisierung und Repluralisierung im originär-historischen Sinn, so wenig der endgültige Sieg dieser »Transformation« heute schon gesichert erscheint.

Chronologie

1917, 23. Okt./6. Nov.	Bolschewistische Machtergreifung
1917, 7./20. Dez.	Gründung der *Tscheka*
1918–20	Bürgerkrieg
Juni 1918	A. G. Beloborodow, Vorsitzender des Uraler Gebietsrats, unterzeichnet Befehl (prikaz), Zar Nikolaus II. und seine Familie zu erschießen
1921 (März)–1928	NEP (»Neue Ökonomische Politik«)
1922, 6. Febr.	Erlaß (postanowlenije) des WZIK (Allunionsexekutivkomitees des Obersten Sowjet): Tscheka zur GPU beim NKWD der RSFSR
1922, Dezember	Gründung der UdSSR
1923–34	OGPU (»Vereinigte Staatliche Politische Verwaltung«)
1924, 21. Jan.	Tod W. I. Lenins
1926, 20. Juli	Tod F. E. Dzierziński; Nachfolger als OGPU-Chef W. R. Menschinskij (bis 1934)
1928, 1. Okt.	Beginn des Ersten Fünfjahrplans
1929, 8. April	»Gesetz über religiöse Vereine«
1929–32	»Entkulakisierung« und Zwangskollektivierung der Landwirtschaft. Es folgen drei Jahre Hungersnot.
1930	Leitung der Miliz und kriminellen Fahndung an OGPU (Ag, 14, 1988)

1934, 26. Jan.–10. Febr.	XVII. Parteitag
Juli	Allunions-NKWD geschaffen, dem OGPU unterstellt wird, die zur Hauptverwaltung für Staatssicherheit (Glawnoje uprawlenije gosudarstwennoj besopasnosti) transformiert wird. Leiter G. G. Jagoda, seit 1924 stellvertretender OGPU-Vorsitzender
1. Dez.	Ermordung von S. M. Kirow in Leningrad
1935, 2. Mai	Austausch der Parteiausweise angeordnet: Säuberung der Partei
26. Sept.	G. G. Jagoda von N. I. Jeshow als Chef der Staatssicherheit abgelöst
5. Dez.	Neue Verfassung
1937, Januar	N. I. Jeshow zum Generalkommissar für Staatssicherheit ernannt
1937–38	Große Säuberung
1938, Juli	L. P. Berija wird Jeshows Stellvertreter
1939, Januar	Jeshow verhaftet
August	Deutsch-sowjetischer Nichtangriffspakt
1939–40	Berija »säubert« erneut den Apparat der Staatssicherheit
1940, Frühjahr	Katyn: Massaker an polnischen Offizieren
1941, Februar	Berija wird Generalkommissar für Staatssicherheit; bis Juli 1941 gesonderter NKGB unter W. N. Merkulow

22. Juni	Deutscher Angriff
20. Juli	Ukas des Präsidiums des Obersten Sowjet: NKGB und NKWD zu einem einzigen Kommissariat für Innere Angelegenheiten der UdSSR unter L. P. Berija; »Säuberung der zu räumenden Gebiete
1943, 14. April	NKGB wieder aus dem NKWD ausgegliedert; Vorsitzender W. N. Merkulow
1943, Sommer	Bildung von *Smersch* (»Tod den Spionen«) aus den erweiterten »Sonderabteilungen« in den Streitkräften
1944	Deportation der Krim-Tataren, Inguschen, Balkaren
1945, 8. Mai	Deutsche Kapitulation
1945, Juni	Chefs der Staatssicherheit zu Generälen befördert: faktische Gleichstellung mit dem Militär
1946	Auflösung von *Smersch*; Wiedereinführung der »Sonderabteilungen« in den Streitkräften
seit 7. August	Berija leitet Dringlichkeitsprojekt zur Herstellung einer Atombombe
1946, 18. Okt.	W. S. Abakumow zum MGB-Minister ernannt
1946–51	*Komitet informazii*
1948, 31. Aug.	Tod von A. A. Shdanow; es folgt die »Leningrader Affäre« (Liquidierung von Shdanows führenden Protégés),

	GRU wieder dem Verteidigungsminister unterstellt
1948–52	»Anti-Kosmopolitismus«-Kampagne
1950, 25. Juni bis 27. Juli 1953	Korea-Krieg
1951–53	S. D. Ignatjew Minister für Staatssicherheit
1953, 13. Jan.	Bekanntgabe der »Ärzteverschwörung«
5. März	Tod von J. W. Stalin
6. März	G. M. Malenkow wird Ministerpräsident; einheitliches MWD unter L. P. Berija
26. Juni	Berija verhaftet
1953–54	Berijas Sicherheitsfunktionäre aus Osteuropa abberufen
1954, März	Einrichtung des KGB unter I. A. Serow
Juli	Ju. W. Andropow wird Botschafter in Ungarn
Dezember	Radio Free Europe sendet täglich die Enthüllungen von J. Swiatlo, dem abgefallenen stellvertretenden Abteilungsleiter für Parteisicherheit im polnischen Ministerium für Staatssicherheit. Es folgt die Absetzung führender polnischer Sicherheitsfunktionäre und Reorganisation dieses Apparats
1955, Febr.	Rücktritt Malenkows vom Amt des Ministerpräsidenten

1956, 14.–25. Febr.	XX. Parteitag. Chruschtschows »Geheimrede« gegen Stalin
22. Okt.	W. Gomulka gibt seinen »Weg der Demokratisierung« Polens bekannt
23. Okt.	I. Nagy neuer ungarischer Ministerpräsident
23. Nov.	Entführung von Nagy
seit Anfang 1957	Schaffung von »Verbindungsoffizieren« der sowjetischen Staatssicherheit in den polnischen Sicherheitsdiensten
März	Ju. W. Andropow wird Leiter der neugebildeten ZK-Abteilung für Beziehungen zu den herrschenden Parteien in Osteuropa
1958	A. N. Schelepin löst I. A. Serow als KGB-Chef ab; Serow wird GRU-Chef (bis 1963)
1959	Abteilung für »Aktivmaßnahmen« im KGB eingerichtet: Programm der strategischen Desinformation
1960, Januar	MWD der UdSSR aufgelöst. Funktionen an Innenministerien der Unionsrepubliken. Minister für die Wahrung der öffentlichen Ordnung: W. S. Tikunow (1960–62)
1960	Neuer Strafgesetzkodex; Beginn der Glorifizierung der sowjetischen Spione
1961, 13. Aug.	Mauerbau in Berlin begonnen
17.–31. Okt.	XXI. Parteitag

13. Nov.	W. Je. Semitschastnij wird neuer KGB-Chef
1961, Frühjahr bis August 1962	GRU-Oberst Penkowskij liefert Informationen an den britischen Geheimdienst
1962, Oktober	Kuba-Krise; vor dem Bundesgerichtshof in Karlsruhe Prozeß gegen den KGB-Agenten B. Staschinskij (Mörder der ukrainischen Emigrantenführer L. Rebet und S. Bandera)
(spätestens) Ende 1962/ Anfang 1963	Chruschtschows Anweisung über »feuchte Angelegenheiten«: politische Morde im Ausland nur noch im äußersten Fall und von ausländischen Agenten durchzuführen
1963, Januar	K. Philby, der 1940–1951 den britischen MI 6 infiltriert hatte, setzt sich in die Sowjetunion ab
März	P. I. Iwaschutin löst I. A. Serow als GRU-Chef ab
1964, seit Herbst	Beginn einer Publikationskampagne über die »glorreiche« Tschekisten-Tradition
Oktober	Sturz N. S. Chruschtschows
1965	KGB beginnt, den kubanischen Geheimdienst DGI (gegründet 1961) zu kontrollieren, der 1968 »gleichgeschaltet« wird
1966, Januar	Trikontinentale Konferenz in Havanna

298

29. März	Auf dem XXIII. Parteitag lobt Breschnew die Staatssicherheit
1967, 18. Mai	Ju. W. Andropow löst W. Je. Semitschastnij als KGB-Chef ab
21. Dez.	50jähriges Jubiläum der *Tscheka*: Höhepunkt der Publizität der Staatssicherheit seit 1953
1968, 13. Aug.	Intervention in der Tschechoslowakei
1968, November	MOOP, das »Ministerium zur Wahrung der gesellschaftlichen Ordnung«, wieder in »MWD« umbenannt
1970, 12. Aug.	Moskauer Vertrag mit der Bundesrepublik
1971, 30. März–9. April	XXIV. Parteitag
September	Ausweisung von 105 Sowjetagenten aus Großbritannien
1973, April	ZK-Plenum: KGB-Chef Ju. W. Andropow, Außenminister A. A. Gromyko und Verteidigungsminister A. A. Gretschko werden Politbüro-Vollmitglieder
1974, 6. Mai	Rücktritt von Bundeskanzler Willi Brandt wegen der Guillaume-Affäre
1977, 9. Sept.	Rede von KGB-Chef Ju. W. Andropow zum 100. Geburtstag von Tscheka-Chef F. E. Dzierziński
Oktober	Neue sowjetische Verfassung
1978, 7. Juli	Gesetz über den Ministerrat: KGB »der UdSSR«

Oktober	Kardinal K. Wojtyla zum Papst gewählt
seit Oktober	KGB-Rolle in der iranischen Revolution
1979	Abfall von W. Stiller
1979, 24. Dez.	Intervention in Afghanistan
1981, Febr.-März	XXVI. Parteitag
30. März	Anschlag auf US-Präsident R. Reagan
13. Mai	Anschlag auf Papst Johannes Paul II.
6. Sept.	Ermordung des ägyptischen Staatschefs A. Sadat
1982, 20. Jan.	Tod des Ersten Stellvertretenden KGB-Vorsitzenden K. S. Zwigun: Selbstmord wegen Loyalitätskonflikt?
14. März	G. K. Zinjow, Leiter der KGB-Verwaltung Streitkräfte, als neuer Erster Stellvertretender KGB-Vorsitzender genannt (*KZ*, 16.3.1982, S. 1 Spalte 1)
März	In der Thorner Gegend Polens taucht die OAS (*Organisation Anti-Solidarność*) auf
4. April	W. M. Tschebrikow zum (zweiten) Ersten Stellvertretenden KGB-Vorsitzenden befördert
22. April	KGB-Chef Andropow hält (zum zweiten Mal) die Rede zu Lenins Geburtstag, traditionell die Aufgabe eines ZK-Sekretärs

24. Mai	ZK-Plenum: Rückkehr Ju. Andropows ins ZK-Sekretariat
Juni	Der stellvertretende Konsul in Teheran, W. A. Kusitschkin, fällt zu den Briten ab
10. Nov.	Tod L. I. Breschnews
12. Nov.	Ein außerordentliches Plenum des ZK wählt Andropow zum neuen Generalsekretär
22. Nov.	G. A. Alijew, Partei- und zuvor KGB-Chef von Aserbaidschan, wird neuer Erster Stellvertretender Ministerpräsident
17. Dez.	W. M. Tschebrikow löst W. W. Fedortschuk als KGB-Chef ab; Fedortschuk wird MWD-Minister
Dezember	Ali Agca, der Papst-Attentäter, beginnt zu gestehen
1983, Februar	Oberstleutnant B. Nut (französische Spionageabwehr) ermordet
30. März	Miliz (= MWD) zum ersten Mal öffentlich kritisiert
5. April	Frankreich weist 47 sowjetische Diplomaten wegen Spionage aus
Juni	ZK-Plenum über Ideologie: K. U. Tschernenko warnt besonders vor dem Einfluß der Kirche
1983	148 sowjetische Staatsangehörige weltweit wegen Spionageverdacht ausgewiesen

1984, 15. Febr.	Tod Andropows; Nachfolger K. U. Tschernenko. Starke Zunahme der KGB-Verfolgung von Glaubensgemeinschaften
14. März	US-Präsident Reagan warnt Moskau und die Warschauer Pakt-Staaten diskret vor weiterer Spionage und Unterstützung des Terrorismus
19. Okt.	Entführung des Arbeiterpriesters J. Popieluszko durch Angehörige des polnischen Sicherheitsdienstes
27. Okt.	Der polnische Innenminister, General Cz. Kiszczak, gibt den Tod Popieluszkos und die Verhaftung von drei Funktionären des Innenministeriums bekannt
13. Dez.	Selbstmord N. A. Schtscholokows, MWD-Minister 1967–82
27. Dez.	Eröffnung des Prozesses gegen Popieluszkos Mörder in Thorn. Urteilsverkündung am 7. Febr. 1985
1985, 4. Jan.	*Iswestija* über die Funktionen des Rats für Angelegenheiten der Religionen: Gewährleistung »des verfassungsmäßigen Prinzips der Gewissensfreiheit und der korrekten Anwendung der Gesetze«
10. März	Tod K. U. Tschernenkos; Nachfolger M. S. Gorbatschow
23. April	ZK-Plenum: XXVII. Parteitag für Februar 1986 angesetzt. KGB-Chef W. M. Tschebrikow, ZK-Sekretär N. I. Ryschkow, ZK-Sekretär Je. K. Liga-

tschow zu Politbüro-Mitgliedern gewählt; Verteidigungsminister Marschall S. L. Sokolow zum Politbüro-
Kandidaten. Konzept der Beschleunigung der sozio-ökonomischen Entwicklung

17. Mai	Beginn der Anti-Alkohol-Kampagne
21. Juni	*Prawda* gegen zunehmenden Revisio- nismus und Nationalismus im Block
24. Juni	W. Jurtschenko, Leiter der KGB-Spio- nage in den USA und Kanada, setzt sich ab (im November kehrt er in die Sowjetunion zurück)
1. Juli	Ausscheiden von ZK-Sekretär für Rüstung, G. W. Romanow: Es folgen Umbesetzungen im militärischen Oberbefehl
2. Juli	Beförderung von Außenminister A. A. Gromyko zum Vorsitzenden des Präsi- diums des Obersten Sowjet. Nachfol- ger wird E. A. Schewardnadse. Beginn der Perestrojka des Außenministe- riums und der Diplomatie
1985, 11. Juli	Rede Gorbatschows vor Militärführern in Minsk
Ende Juli	Abfall des Londoner KGB-Residenten O. Gordiewskij
August	Flucht H. Tiedges vom BfV; eine Reihe von Stasi-Spionen setzt sich aus der Bundesrepublik ab
13. Sept.	London weist 25 Sowjets aus

15. Sept.	Washington schränkt Reiserecht östlicher Diplomaten ein
6. Nov.	KGB-Chef W. M. Tschebrikow hält die Ansprache zur Oktoberrevolution
18. Nov.	Genfer Gipfeltreffen zwischen Gorbatschow und Reagan
22. Nov.	Einrichtung von Gosagroprom (»Staatskomitee für den agro-industriellen Komplex")
Dezember	Sowjetunion tritt der Anti-Folter-Konvention der UNO bei
1985	*International Herald Tribune* (9.4.1987): 1985 »Jahr des Spions«
1986, 20. Jan.	Verbesserung des Telefondienstes angekündigt
18. Febr.	Altbolschewik fordert in Leserbrief an *Prawda* wieder periodische Säuberungen der Partei
25. Febr.–6. März	XXVII. Parteitag der KPdSU
7. März	Neues Parteistatut veröffentlicht
26. April	Reaktorkatastrophe in Tschernobyl, Ukraine. Gorbatschow erscheint 18 Tage nicht in der Öffentlichkeit. Tschebrikow wie Gorbatschow für Glasnost?
23. Mai	Gorbatschow über Reform der Ziele und Strukturen der sowjetischen Diplomatie
24.–25. Mai	Amerikanisch-libyscher Zusammenstoß im Golf von Sidra

26. Mai	Kongreß der Filmschaffenden: »Revolution« der Neuerer, Neuer Vorsitzender wird Je. Klimow
28. Mai	Allunionskonferenz des leitenden Personals des KGB
Juni	*Politischeskoje samoobrasowanije*: Artikel des Ersten Stellvertretenden KGB-Chefs F. Bobkow
1986, 6. Juni	Gorbatschow besucht die Czepel-Fabrik in Budapest: Ohne Reformen ein Scheitern des Sozialismus nicht ausgeschlossen
7. Juni	Anhebung des Höchstmaßes von Gefängnisstrafen von 15 auf 20 Jahre
1. Juli	Gesetz über »nichterarbeitete Einkommen« tritt in Kraft
Juli	Journalist W. Berchin von *Sowjetskij schachtjor* (»Sowjetischer Bergmann«), der in der Ukraine Rechtsbeugungen nachgegangen war, auf Veranlassung des Woroschilowgrader stellvertretenden KGB-Vorsitzenden, A. Ditschenko, wegen »Rowdytums« verhaftet
27. Juli	Abreise Gorbatschows nach sowjetisch Fernost. Er fordert in Chabarowsk Selbstreinigung der Partei, tritt gegen veraltete Dogmen ein
30. Juli	*Trud*: Angeblicher BND-Agent I. Suslow verhaftet; *Komsomolskaja prawda*: I. Krywelew gegen »Flirten mit dem Göttchen«

31. Juli	Die Sowjetunion gibt Schaffung einer Kommission für Menschenrechte bekannt
23. Aug.	In New York wird der sowjetische UNO-Funktionär G. F. Sacharow wegen Spionageverdacht festgenommen
28. Aug.	Im Plan zur Vorbereitung von Gesetzesakten, Regierungserlassen und Vorschlägen zur Verbesserung der Gesetzgebung für die Jahre 1986–90 wird u.a. ein neues KGB-Gesetz angekündigt (*SPP SSSR*, No. 31, 1986, Art. 162)
31. Aug.	Festnahme des Korrespondenten von *US News and World Report*, N. Daniloff, eine Woche bevor er nach über fünf Jahren in Moskau in die Vereinigten Staaten zurückkehren sollte
Ende Aug.	Anschlag auf Gorbatschow in Pizunda am Schwarzen Meer? (Nachricht der *Baltimore Sun* vom 17.9.; *Welt* vom 26.9.). Information aufgrund von Andeutungen von KGB-Verbindungsmann V. Louis
Ende Aug.– Anfang Sept.	»Blinde« Bombenanschläge in Paris. Die »syrische Verbindung« des Terrorismus wird zunehmend öffentlich diskutiert. (Syrien ist Moskaus Hauptverbündeter im Nahen Osten)
1986, 2. Sept.	Polen: Das Jaruzelski-Regime läßt alle politischen Gefangenen frei
12. Sept.	Daniloff gegen Kaution aus der »Schutzhaft« entlassen

19. Sept.	Gorbatschow in Krasnodar: Perestrojka eine »Revolution«
28. Sept.	Dem sowjetischen UNO-Vertreter, Ju. Belonogow, wird eine Liste von 24 sowjetischen, weißrussischen und ukrainischen Mitarbeitern der sowjetischen UNO-Mission überreicht, die wegen Spionage die USA bis zum 1. Oktober verlassen sollen
29. Sept.	Freilassung Daniloffs
Herbst	Dank Gorbatschows Intervention beginnen Vorbereitungen für Millennium der russisch-orthodoxen Kirche voranzukommen
1. Okt.	Rückkehr G. F. Sacharows in die UdSSR
2. Okt.	Politbüro betont Notwendigkeit der Stärkung der »sozialistischen Legalität« durch »Neustrukturierung« der Arbeit von Polizei, Staatsanwaltschaft und Gerichten
8.–10. Okt.	Treffen von Theologen und kommunistischen Ideologen in Budapest
12. Okt.	Beileidserklärung der sowjetischen Regierung zum Tod des ermordeten Mitarbeiters von Außenminister H. D. Genscher, G. von Braunmühl
16. Okt.	Sowjetunion gibt zu verstehen, daß sie die amerikanische Ausweisung ihrer Diplomaten nicht mehr diskutieren will
22. Okt.	TASS berichtet Hinrichtung des angeblichen Spions A. Tolkatschew

24. Okt.	Großbritannien bricht diplomatische Beziehungen zu Syrien ab: Prozeß des Libanesen N. Hindawi (der im April einen Bombenanschlag auf eine israelische Boeing 747 versucht hatte) ergab massive Indizien für Beteiligung des syrischen Botschafters in London sowie des syrischen militärischen Geheimdienstes.
	Gorbatschow in Taschkent: Kriegserklärung an Überreste religiöser Phänomene und Teilnahme von Parteimitgliedern an religiösen Riten
29. Okt.	K. P. Chartschew, Vorsitzender (seit 1985) des Rats für Angelegenheiten der Religionen beim Ministerrat der UdSSR, erklärt in einem Interview in New York, Gorbatschow werde einige der Restriktionen in der sowjetischen Religionspolitik auflockern
1986, 1. Nov.	*Radio Polonia*: M. Moczar im Alter von 73 Jahren verstorben
3. Nov.	55 Sowjet-Diplomaten und ihre Familien verlassen die USA: größte Ausweisung in der Geschichte der Vereinigten Staaten
8. Nov.	Die Sowjetunion veröffentlicht zum ersten Mal ihre Ausreisebestimmungen
10. Nov.	EG beschließt begrenzte Sanktionen gegen Syrien
17.–19. Nov.	Sitzung des Obersten Sowjet: u.a. neues Gesetz über »individuelle Arbeit« verabschiedet

308

29. Nov.	ZK-Beschluß über Justizreform: Staatsanwaltschaft gibt Berchin-Affäre bekannt
30. Nov.	*Sowjetskaja Rossija* berichtet über Teilnahme eines (KGB-)Grenzschützers an Ausschreitung betrunkener junger Männer gegen ein Kriegerdenkmal. Am 28.12. muß sich sein Vorgesetzter öffentlich entschuldigen
17. Dez.	Einen Tag nach Ablösung des kasachischen Parteichefs D. A. Kunajew durch den Russen G. Kolbin brechen große Unruhen in Alma-Ata aus
23. Dez.	Rückkehr A. N. Sacharows nach Moskau
1987, ab 1.1.	Gosprijomka (staatliche Qualitätsabnahme); neue Ausreisebestimmungen in Kraft
7. Jan.	Selbstkritik von KGB-Chef W. M. Tschebrikow in der *Prawda* wegen Berchin-Affäre
17. Jan.	Ju. Kaschlew: Überprüfung der Fälle von Gefangenen, die wegen »antisowjetischer Agitation« verurteilt wurden
ab 20. Jan.	Russische Sendungen von BBC nicht mehr gestört
22. Jan.	*Moscow News* tritt gegen Verletzung der Rechte von Gläubigen ein: Beginn einer ganzen Reihe von Artikeln zu diesem Thema
27. Jan.	Nach mehrwöchigem Ringen findet nach mindestens dreimaliger Verta-

gung das von Gorbatschow am 31.7.1986 angesagte ZK-Plenum über Kaderfragen statt: Gorbatschows Wahlprojekt vorgestellt

1987, 30. Jan.   Justizminister Krawzow in Wien: Art. 70 und 190 (»antisowjetische Agitation und Propaganda« sowie »Verleumdung«) sollen radikal geändert werden

2. Febr.   Die Sacharows geben unveröffentlichtes Dekret des Obersten Sowjet-Präsidiums bekannt: Freilassung politischer Gefangener. Sprecher G. Gerassimow nennt zunächst am 10.2. die Zahl von 140.
Breschnews ehemaliger Schwiegersohn und früherer stellvertretender MWD-Minister Ju. Tschurbanow wegen Korruption verhaftet

16. Febr.   *Ogonjok* berichtet zum ersten Mal über Anwendung von Folter durch die Polizei

22. Febr.   Moskauer Forum »Für eine atomfreie Welt, für das Überleben der Menschheit«

Frühjahr   US-Marines-Skandal an Moskauer Botschaft; sieben sowjetische Agenten in der BRD enttarnt

3. März   ZK-Thesen zum 70. Jahrestag der Oktoberrevolution: Lob der Kollektivierung und Fünfjahrpläne, aber Verletzung der Legalität kostete das Land teuer. Sowjetische Wirtschaft werde auf ihre Effektivität und Innovationsfähigkeit getestet.

	Prawda: E. Komarow über Militär und WTscheka unter dem Kriegskommunismus: Lenin gegen Schwäche und »Schläfrigkeit« des Justizministeriums
bis 1. April	Sowjetunion verringert UNO-Delegation auf 221 Personen, um weiterer Ausweisungen durch Washington zuvorzukommen
März–April	Eine Reihe verdächtiger »Selbstmorde« [??] unter Spitzenwissenschaftlern der (britischen) Rüstungsindustrie (Marconi)
3. April	*Prawda*: Neues Strafrecht in Vorbereitung, das Rechte der Bürger besser schützen soll
Nacht vom 8. zum 9. April	Angriff afghanischer Widerständler am Fluß Pandshab
9. April	*Iswestija*-Interview mit dem Überläufer W. Jurtschenko, der sich am 24. Juni 1985 in die USA abgesetzt hatte und im November in die Sowjetunion zurückkehrte
1987, 9.–11. April	Gorbatschow in Prag
16. April	Gorbatschow vor dem XX. Komsomolkongreß: Demokratisierung sei Triebkraft der Erneuerung
19. April	*Trud:* Interview mit stellvertretendem KGB-Vorsitzenden G. Agejew: Perestrojka auch im KGB
21. April	US State Department: 1970–86 672 Sowjets aus 54 Ländern ausgewiesen, zumeist wegen Spionage

24. April	*Druschba nardow* (»Völkerfreund-schaft«) beginnt den Roman A. Ryba-kows über die Stalinzeit, *Kinder des Arbat*, zu veröffentlichen
29. April	KGB-Chef Tschebrikow nimmt am Treffen leitender Offiziere der Grenz-truppen und führender Funktionäre des tadschikischen, usbekischen und turkmenischen KGB teil: Überfälle der Mudschahedin auf sowjetisches Terri-torium im März-April
Mai	Unruhen in der Moldau
ab 1. Mai	Gesetz über individuelle Arbeit in Kraft
11. Mai	Litauischer KGB-Chef Juizas Petkiavi-cius (63) nach zwanzig Jahren »pensio-niert«; Nachfolger Eduardas Eismun-tas
24. Mai	*Iswestija* spricht vom Gesetz über »Volksdiskussionen« und nicht mehr (*VVS SSSR* Nr. 37, 10.9.1986) von »Referenden«
28. Mai	Ukrainischer KGB-Chef S. N. Mucha wegen Berchin-Affäre amtsenthoben. Nachfolger N. Goluschko
30. Mai	M. Rust landet mit einer Cessna auf dem Roten Platz. Ca. 100 Grenzsoldaten wegen Trun-kenheit verhaftet
8.–14. Juni	Polen-Besuch von Papst Johannes Paul II.
14. Juni	Gedenkfeier in Riga für die von Stalin deportierten Letten

21. Juni	Wahl-»Experiment« mit mehreren Kandidaten
28. Juni	TASS über 600-Jahrfeier der Christianisierung Litauens
1987, 29. Juni	ZK-Plenum billigt Richtlinien zur Wirtschaftsreform. Gesetz über Staatsunternehmen
1. Juli	Stellvertretender Justizminister W. Gubarew über neues Gesetz über Beschwerdeführung gegen Amtsmißbrauch: Landesverteidigung und Staatssicherheit ausgenommen
Juli	A. Sacharow in *Glasnost* (Hrsg. S. Grigorjanz) Nr. 1: Seit Februar 1987 150 politische Gefangene freigelassen. In *Glasnost* Nr. 2–4 berichtet D. G. Jurasow über Vernichtung der Archive des Vereinigten Sonderarchivs des Militärkollegs und Obersten Gerichts. S. Grigorjanz fordert Gorbatschow auf, die Verbrennung dieser letzten Hunderttausende von Dokumenten über den Stalin-Terror, die bis 1992 abgeschlossen werden soll, zu stoppen. Die Verbrennungen werden seit zwei Jahren durchgeführt
11. Juli	*Iswestija* berichtet zum ersten Mal über Mißbrauch der Psychiatrie
21. Juli	*Kasachstanskaja prawda* über große Säuberung im MWD und Justizministerium der Republik
30. Juli	Präsidium des Obersten Sowjet fordert Beschleunigung der Justizreform

Juli-Sept.	Erleichterungen für private Nebenwirtschaften in der Landwirtschaft
7. August–29. Sept.	Gorbatschow in »Urlaub«. Leitung von ZK-Sekretariat und Politbüro durch Ligatschow. Konservative Gegenoffensive
20.–23. Aug.	Erste Konferenz von informellen Gruppen in Moskau: »Klub der gesellschaftlichen Initiativen« zur Unterstützung der Perestrojka gegründet
23. Aug.	Demonstrationen im Baltikum gegen Hitler-Stalin-Pakt von 1939
27. Aug.	Neuer Artikel 126-1 über Geiselnahme ins Strafrecht aufgenommen; Sowjetunion hatte kürzlich internationale Konvention über Geiselnahmen unterzeichnet
1. Sept.	K. P. Chartschew zu US-Senator R. Lugar: bis November alle Gewissensgefangenen frei
1987, 3. Sept.	*Sowjetskaja kultura* kritisiert ideologische Kontrolle über Video durch KGB
10. Sept.	110. Geburtstag von Tscheka-Gründer F. E. Dzierziński: ominöse Rede Tschebrikows über Grenzen der Perestrojka. Bündnis Tschebrikows mit Ligatschow seit Jahresbeginn?
22. Sept.	Jurist A. Jakowlew: Art. 190-1 (antisowjetische Verleumdung) »veraltet« und mit Glasnost unvereinbar
Oktober	*Literaturnaja gaseta* berichtet über Fall des MWD-Kapitäns A.W. Malyschew,

den seine Vorgesetzten wegen Übereifers bei Aufdeckung von Diebstählen an Staatseigentum zu Fall bringen wollten: Verwicklung des KGB-Funktionärs Ju. Bobowskij

6. Okt. Moldauer KGB-Chef G. Wolkow beschuldigt ausländische Radiostationen, nationalistische und religiöse Spannungen in seiner Republik zu schüren

8. Okt. Pakistan schickt sechs Mitglieder der KGB-»Einheit 2177«, die in Afghanistan dient, nach einer angeblichen Notlandung in Pakistan wieder in die Sowjetunion zurück;
Moscow News löst große Debatte über die Beibehaltung oder Abschaffung der Todesstrafe aus

13. Okt. Gorbatschow in Leningrad: warnt Partei, sie könnte ihre führende Rolle verlieren. Er wolle nicht eine Säuberung nach dem Muster von Maos Kulturrevolution

17. Okt. Rücktritt von G. Husak, Partei- und Staatschef der Tschechoslowakei

21. Okt. ZK-Plenum zur 70-Jahrfeier der Oktoberrevolution überraschend einberufen. Gorbatschow spricht zu strittigen Fragen der Geschichte. Ligatschow und Tschebrikow melden sich zu Wort

3. Nov. Gorbatschows Rede zur Oktoberrevolution fällt eher enttäuschend aus, aber Glasnost kann fortgesetzt werden

10. Nov. *Iswestija* kritisiert KGB-Grenzschutz

11. Nov.	Georgischer *Kommunisti* feiert den Republiks-KGB-Chef, General A. Inauri (MWD-Minister und KGB-Vorsitzender der Republik seit 1953)
1987, 28. Nov.	*Kommunist Tadschikistana* fordert zur öffentlichen Kritik an Parteibüro auf, einschließlich an KGB-Chef W.W. Petkel; Leserbrief in *Ogonjok* beklagt sich über Verbot, außerhalb der Arbeitszeit mit Ausländern zusammenzutreffen
29. Nov.	*Moscow News* berichtet über Leben des Flugzeugkonstrukteurs A. N. Tupolew in einer »Scharaga«, einem stalinistischen Sondergefängnis für Wissenschaftler: offenbar das erste Mal, daß eine solche Institution in einem sowjetischen Medium diskutiert wird
Dezember	Schaffung einer MWD-Abteilung zur »besonderen Verwendung« (*osobogo naznačenija*) gegen Krawalle (*Sovetskij sport*, 3.9.1988). Bis Herbst 1988 nur in Moskau
4. Dez.	*Prawda*: Interview mit B. Pugo
8. Dez.	Im »Komitee für Parteikontrolle«: ernsthafte Mängel in der Arbeit der Rechtsschutzorgane der udmurtischen ASSR
8.–9. Dez.	Gipfeltreffen Reagan/Gorbatschow in Washington
16. Dez.	Festveranstaltung zum 70. Jubiläum der Tscheka mit erstaunlich wenig Publizität

21. Dez.	Abreise Tschebrikows nach Vietnam
23. Dez.	*Sowjetskaja Moldawija*: Sorge über das »moralische Klima« in den Rechtsschutzorganen der Republik
28. Dez.	*Radio Moskau*: Ermordung einer Parteifunktionärin in Usbekistan wegen Einsatzes für Antikorruptionskampagne. Oberst der Miliz verdächtigt, eine Mörderbande hierzu gedungen zu haben
30. Dez.	*Kommunist Tadschikistana*: KGB-Chef W. Petkel über Beziehungen zwischen dem militanten Islam und den afghanischen Mudschahedin
1988, 18. Jan.	*Ogonjok* berichtet über Arbeitslager für kriminelle Jugendliche
20. Jan.	*Prawda*, Rubrik »Im Komitee für Parteikontrolle«, berichtet über Fall des Kapitäns A. W. Malyschew (vgl. Okt. 1987). Absetzung des KGB-Funktionärs Ju. Bobowskij
23. Jan.	*Prawda* über Schwierigkeiten der Untersuchungsrichter bei Aufdeckung des organisierten Verbrechens in Usbekistan
2. Febr.	Juristische Rehabilitation von N. I. Bucharin, A. I. Rykow und anderen Mitgliedern des sog. Blocks der Rechten und Trotzkisten. Polizeichef G. Jagoda ausdrücklich *nicht* rehabilitiert
4. Febr.	TASS: Erlaß des Präsidiums des Obersten Sowjets gegen anonyme Anzeigen usw.

Mitte Februar	Unruhen in Armenien wegen Massaker an Armeniern im aserbaidschanischen Sumgait (Industriestadt nördlich von Baku)
21. Febr.	*Komsomolskaja prawda*: Der Historiker S. Mikojan berichtet aufgrund dringender Leserwünsche über die Verbrechen von Stalins Geheimdienstchef L. P. Berija
28. Febr.	*Nedjelja*: I. Schusenin über Berijas Ende
März	*Kommunist* über »Sozialismus und Religion«
ab 1. März	Psychiatrische Anstalten aus Kompetenz des MWD in die des Gesundheitsministeriums: Ende der Politpsychiatrie?
2. März	*Komsomolskaja prawda*: F. Burlazkij über die erste Politbürositzung nach Stalins Tod
13. März	*Sowjetskaja Rossija*: Leserbrief der Leningrader Dozentin Nina Andrejewa: von Ligatschow lancierte und sogleich in Umlauf gebrachte Plattform der Perestrojka-Gegner; *Iswestija* berichtet über das luxuriöse Leben des turkmenischen KGB-Chefs A. Bojko
seit Mitte März	*Argumenty i fakty* beginnt, wöchentliche Bulletins des KGB (»Das KGB teilt mit und kommentiert«) zu veröffentlichen
1988, 2./3. April	*Neues Deutschland* bringt Nina Andrejewa-»Leserbrief«

23. März	*Literaturnaja gaseta*: CIA schürt Unruhen in Armenien
5. April	*Prawda*: anonymer, autoritativer Leitartikel (wohl aus der Feder von ZK-Sekretär A. Jakowlew) gegen den Nina Andrejewa-Brief vom 13.3.
6. April	*Prawda*: Internationale Verschwörung »in und um« Nagornyj; Karabach (Aserbaidschan)
14. April	Rede Tschebrikows in Tscheboksary, Tschuwaschische ASSR: Sorge über Glasnost und nationale Unruhen
15. April	Selbstkritik von *Sowjetskaja Rossija* wegen Nina Andrejewa-Brief
April-Mai	Wahlen der Delegierten zur 19. Allunions-Parteikonferenz
Mai	Generalstaatsanwalt der UdSSR, A. M. Rekunkow, überraschend abgelöst. Nachfolger A. Ju. Sucharew. Rekunkow soll die Ermittlung gegen B. Tumanow, Leiter eines Goldbergwerks, aufzuhalten versucht haben
seit 19. Mai	Sumgait (bei Baku) durch Sicherheitskräfte von der Außenwelt abgeriegelt
22. Mai	*Turmenskaja iskra:* Der KGB-Chef von Turkmenistan, A. Bojko, amtsenthoben. Korruption?
27. Mai	ZK-Thesen zur 19. Parteikonferenz: Reform des politischen Systems, sozialistischer Rechtsstaat, Begrenzung von Amtszeiten, gegen übertriebene Geheimhaltung des Parteilebens und for-

malistische Nomenklatura-Methoden

28. Mai	D. Wassiljow, Führer der rechtsradikalen Organisation *Pamjatj*, vom KGB verwarnt
	Prawda: Interview mit Armeegeneral W. A. Matrosow, Kommandeur der KGB-Grenztruppen
4. Juni	Ligatschow spricht in Togliatti gegen Zulassung politischer Opposition und Markt sowie »Auflösung der Partei in der Gesellschaft«: das wäre die Destabilisierung
4.–16. Juni	Tausendjahrfeier der Christianisierung der Kiewer Rus'
7. Juni	*Kasachstanskaja prawda*: Interview mit KGB-Chef von Kasachstan, W. Miroschkin
1988, 9. Juni	*Iswestija* fordert schnelle Erstellung neuer Geschichtsbücher, da alte unbrauchbar
11. Juni	*Sowjetskaja Litwa*: Interview mit dem neuen litauischen KGB-Chef E. Eismuntas
13. Juni	Das Oberste Gericht hebt Stalins Urteile gegen die Altbolschewisten G. Je. Sinowjiew, L. B. Kamenew und K. Radek auf
14. Juni	Massendemonstrationen im Baltikum anläßlich des 47. Jahrestages der Massendeportationen durch Stalins Geheimdienst

21. Juni	N. I. Bucharin, A. I. Rykow posthum wieder in Partei aufgenommen (Meldung der *Prawda* am 10.7.1988)
23. Juni	*Molodjosch Estonii*: Artikel von A. Latyschew über Stalins Säuberung der Komintern-Führung
Ende Juni	Untersuchungsrichter T. Gdlian: Mehrere Delegierte der Parteikonferenz in die usbekische »Raschidowschtschina« (Korruptionsskandal unter Raschidow, † 1983) verwickelt. Generalstaatsanwalt A. Sucharew rügt Gdlian öffentlich wegen Kompetenzüberschreitung
28. Juni–1. Juli	19. Allunions-Parteikonferenz über die Reform des politischen Systems: Trennung von Partei und Staat, geheime Wahlen, Stärkung der Sowjets, Amtszeitbegrenzung, Gewissensfreiheit, Rechtsstaat. Gorbatschows Präsidialregime-Vorschlag an Ausschuß verwiesen. Dem Parteiapparat wird seine Existenzberechtigung bescheinigt
ab 1. Juli	Gesetz über Genossenschaften in Kraft
11. Juli	Rede Gorbatschows im polnischen Sejm
13., 15. Juli	Der Historiker A. Latyschew von der Moskauer Parteihochschule berichtet weiter über Stalins Säuberung der Komintern-Führung
17. Juli	*Prawda*-Interview mit zwei wegen Korruption inhaftierten usbekischen Funktionären: Das ganze System war korrupt; Verbindungen bis in die höchsten Stellen

1988, 21. Juli	Die KGB-Untersuchungsrichter Ju. Bobowskij und Popow, die den Journalisten Ju. Schtschekotichin, Verfasser des Artikels über A.W. Malyschew in der *Literaturnaja gaseta* im Dezember 1987, wegen Verleumdung verklagt hatten, erscheinen nicht zum festgesetzten Gerichtstermin
29. Juli	ZK-Plenum. Einführung des Pachtsystems. Resolutionen über Gerichte und Wahlen in den Parteiorganisationen. Hauptrichtungen der Perestrojka des Partei-Apparats. Kommission unter Gorbatschow zur »Vorbereitung von Vorschlägen [Präsidialsystem!] zur Verwirklichung der Reform des politischen Systems«.
	Newa beginnt Abdruck von A. Koestlers Roman *Sonnenfinsternis* über den Stalin-Terror; Warschau: *Polytika* (ehemaliger Chefredakteur M. Rakowski) druckt zum ersten Mal im Ostblock Chruschtschows Geheimrede vor der geschlossenen Sitzung des XX. Parteitags vom 25.2.1956 ab
30. Juli	F. Burlazkij sagt, seine Menschenrechtskommission werde Begnadigung aller religiösen Gefangenen beantragen und arbeite auch an einer kritischen Überprüfung der Arbeits- und Besserungslager
30. Juli	Verordnung des Präsidiums des Obersten Sowjet über Demonstrationen
31. Juli	Ca. 2000 Mitglieder der informellen Gruppen wollen in Moskau eine

»Volksfront« zur Unterstützung der Perestrojka gründen.
In Fernsehserie »Nach Mitternacht« wird über Illegalitäten des KGB in Odessa und die heimliche Nostalgie eines seiner Funktionäre nach einem »neuen 1937« berichtet

August

Ogonjok, W. Weresajew über seine Lesung seines Romans »Die Sackgasse« über Revolution und Bürgerkrieg vor Mitgliedern des Sownarkom: Dzierziński gab Wahrheit der geschilderten Tscheka-Terroraktionen offen zu. »Auf mich machte er einen bezaubernden Eindruck.«

3. Aug.

Literaturnaja gaseta: »Die Tragödie der Leute aus Stahl«. Fragment aus der Autobiographie von A. Koestler über die Stalinschen Prozesse

1988, 4, 5. und 9. Aug.

L. Schinkarew, *Iswestija*: »Die Zone. Auf der alten Straße nach Sibirien.« Warum befinden sich die Arbeitslager in Sibirien? Die Redaktion: Beitrag zur Vorbereitung neuer Legislation über Zwangsarbeit (ispravitel 'no-trudovoe zakonodatel'stvo)

6.–13. Aug.

Ogonjok: A. Wajnschtejn fordert Ausschluß Stalins aus der Partei: »Der Henker und seine Opfer können nicht in derselben Partei bleiben.«
Argumenty i fakty über Arbeit der sowjetisch-polnischen Historikerkommission zur Aufklärung der »weißen Flecken«: Probleme bei Zugang vor allem zu sowjetischen Archiven

13. Aug.	*Argumenty i fakty*: Augenzeuge S. Latyschew berichtet über den von Stalin ausgelösten Hunger in der Ukraine 1933: Keine Einzelfälle auf dem Lande, daß Eltern ihre Kinder aßen *Bakinskij rabotschij*: Neuer Vorsitzender des KGB der aserbaidschanischen SSR Generalmajor I. I. Gorelow
13.–20. Aug.	*Ogonjok*: W. Nikitin fordert in Leserbrief, den »Schleier des Geheimnisses über KGB-Aktivität zu lüften«
17. Aug.	*Sowjetskaja Rossija*: Interview mit stellvertretendem MWD-Minister B. W. Sabotin: »Ich kann nicht sagen ..., daß die Legalität bis heute vollständig gesiegt hat.«
19. Aug.	*Sowjetskaja Rossija*: »Nach der Bar«. Olympia-Hoffnung des Sportvereins »Dinamo« (in Moskau – er gilt als KGB-protigiert). O. Schwedow, erstochen als Folge eines allzu freien Lebens dieser zum großen Teil aus der Armee rekrutierten Sportler
21. Aug.	Einsatz der Einheit »zur besonderen Verwendung« des MWD (*Sovetskij sport*, 7.9.1988) gegen Demonstration der »Demokratischen Union« zum 70. Jahrestag des Beginns des »Roten Terrors« unter Lenin
22. Aug.	*Literaturnaja gaseta*: TASS über Ausgang des Prozesses aufgrund der Klage des KGB-Bevollmächtigten von Odessa, Ju. Bobowskij, und des Ex-Staatsanwalts des Gebiets Odessa, Simarin, gegen Ju. Schtschekotichin wegen seines Berichtes über den Fall A. W. Maly-

schew vom 2.12.1987: Klage auf 13malige Beleidigung abgelehnt und Übernahme der Prozeßkosten von 1 147 Rubel Simarin auferlegt

1988, 23. Aug. Pressekonferenz in der Hauptverwaltung für innere Angelegenheiten des Moskauer Stadtexekutivkomitees über Demonstration vom 21.8.

24. Aug. *Iswestija*, Leserbrief: Auch in Straflagern herrscht Korruption.
Ein weiterer Leserbrief: Einführung und Verschärfung des Paß-Systems führte zu Freiheitsbeschränkungen

27. Aug.–3. Sept. *Ogonjok*: Schriftsteller D. Kugultinows Augenzeugenbericht über die Deportation der Kalmycken 1944

September *Sem'ja*,36/1989:»Die Asche der Hingerichteten klopft an unsere Herzen!« Die Redaktion der Wochenzeitschrift wandte sich offiziell an Justizminister A. Sucharew und den ZK-Sekretär für das Rechtswesen, W. M. Tschebrikow, die Begräbnisstätten der 1931–41 in Moskauer Gefängnissen Erschossenen festzustellen.
Schurnal newropatologii i psichiatrii/ 9,1988, S. 153–157: »Über Maßnahmen zur weiteren Vervollkommnung der psychiatrischen Hilfe (Beilage 16 zum Erlaß (prikaz) des Ministeriums für Gesundheit der UdSSR No. 225 vom 21. März 1988)«

3. Sept. *Sowjetskaja Rossija*: MWD-Major Ju. Tscherskow schlägt vor, das System der »Tagesplanübererfüllung« (začetnych

dnej) in Zwangsarbeits-Institutionen einzuführen.

Moskowskaja prawda: Herausgeber der Zeitschrift *Glasnost*, S. Grigorjanc, ließ Mitarbeiter des MWD bespitzeln

4. Sept. *Snamja Junosti*: Der Schriftsteller S. I. Grachowskij, 75, 18 Jahre Häftling in Stalins Lagern, glaubt, ein gutes Denkmal für die unschuldig Umgekommenen wäre die Herausgabe ihrer Werke

6. Sept. *Prawda*: W. Korionow über die »subversiven« Radiosendungen von *Radio swoboda* und *Radio Free Europe*

8. Sept. *Trud* über Zwangsumsiedlung von Bürgern türkischer Herkunft gemäß Order vom 14.11.1944: 110 000 Menschen umgesiedelt; beim Transport kamen Zehntausende aufgrund von Kälte, Hunger und Krankheit ums Leben

1988, 8. Sept. *Kasachstanskaja prawda*: »Das siebenunddreißigste (Jahr)«: Forderung nach historischer Wahrheit über die unter Stalin repressierten kasachischen Bolschewiken

9. Sept. *Radjanska Ukraina*: Interview mit ukrainischem KGB-Chef M. M. Goluschko.
Iswestija: Denkmal für die Häftlinge von »Norillaga« (in Norilsk): 200 000 Rubel gesammelt

10. Sept. *Iswestija*: »Über Kriminalität – öffentlich«. Schaffung einer Abteilung für »sittliche Statistik« (moral'noj stati-

stiki) beim Staatskomitee für Statistik der UdSSR

11. Sept.   *Sowjetskaja Litwa*: »Über die Rehabilitation unserer Bürger«. 1941–1952 37 362 Familien, d.h. 120 926 Menschen, aus Litauen deportiert. 1987 hat Sonderkommission 80 Personen rehabilitiert, 208 im ersten Halbjahr 1988

Iswestija, Leserbrief aus Ufa: Nutzen der freiwilligen Volsk-Druschinniki (Hilfspolizisten) oft fast gleich Null

12. Sept.   *Prawda*: Die Operation »Bumerang«. Von den sowjetischen und polnischen Organen für Staatssicherheit gemeinsam durchgeführte Operation gegen die »Organisation ukrainischer Nationalisten«.
Iswestija: »Die Tragödie in Kuropaty: Wer wurde hier erschossen?« Augenzeugenaussagen über Massenerschießungen in Kuropaty (bei Minsk) durch das NKWD von 1937 bis Kriegsbeginn

13. Sept.   *Snamja junosti*, Weißrußland: »Was geschah nach der Komintern?« Die »jugoslawische Affäre« der Kominform und ihre Rückfälle zur Zeit Chruschtschows und Breschnew-Suslows

14. Sept.   *Iswestija* über die seit dem 1.9. geltenden neuen Zoll-Bestimmungen.
Molodjosch Estonii: MWD-Minister Estlands über Mafias und »schwarze Berets«, die militärischen Einheiten des MWD

1988, 15. Sept.   *Iswestija*: Tschebrikow in Wladiwostok.

Sozialistischeskaja industrija: George Blake, englischer Spion für die Sowjetunion, 1961 von der britischen Spionageabwehr verhaftet, 1966 in die Sowjetunion entkommen, berichtete über sich selbst

16. Sept.　　*Prawda*: Die Kollektivierung: »Wie es gewesen ist«. Gespräch mit dem Historiker Dr. W. P. Danilow und Kandidat der Wirtschaftswissenschaften N. W. Tepzow.
Veteran: Roj Medwedjew: »Der erfolglose (*nesostajavšijsja*) ›Erbe‹ Stalins«, G. M. Malenkow

18. Sept.　　*Moskowskie nowosti*, Egor Jakowlew: Die Wiederherstellung der ehrlichen Namen zwingt dazu, sich auch denen zuzuwenden, die ihnen die Ehre nahmen. »Mir fällt es schwer, in einer Partei mit denen zu bleiben, die folterten, Greueltaten verübten und vernichteten.«
Sowjetskaja Rossija, S. Kosterin: »Der Fall Tuchatschewskij«. Historische Analyse der Hintergründe

19. Sept.　　Leserbrief des doppelten Überläufers W. Jurtschenko, inzwischen »Berater des Außenministeriums der UdSSR«, an *Moskowskie Nowosti*: »In der amerikanischen Presse erschossen ...«

21. Sept.　　*Literaturnaja gaseta*, A. Waksberg: »Stürmischer Applaus«. Die Rache G. Alijews am ehemaligen Staatsanwalt Aserbaidschans, der seine Vergangenheit kannte

Mitte Oktober　　*Ogonjok,* 42/1988: Leserbrief von A. Ratschkow, Parteimitglied und Veteran der Arbeit: »Eben das vollständige Fehlen irgendwelcher Information schuf die Bedingungen für das Amoklaufen der Repressionen in der Zeit des Stalin-Terros und öffnete der Willkür in der Aktivität des NKWD Tür und Tor.«

29. Okt. *Sowjetskaja Rossija*, A. Birjukow: »Die ersten Opfer der Sternenkriege?« Das mysteriöse Verschwinden englischer Wissenschaftler beunruhigt die Öffentlichkeit des Landes

1988, 30. Okt. *Moskowskie nowosti* berichten über Schauspiel »Kolyma« von I. Dworezkij.
Sowjetskaja Litwa: Eine Kommission beim litauischen Ministerrat zur Entschädigung der illegal aus Litauen Deportierten gebildet: Rückgabe des Besitzes, Überlassen einer Wohnung

November *Literaturnyj Kirgisistan*, 11/1988: Grigorij Wolter über die Deutschen in der Arbeitsarmee in »Tscheljabmetallurgstroj«. Berija hatte Zwangsarbeit von über 100 000 sowjetischen Bürgern deutscher Nationalität angeregt, die derart als potentielle Feinde zu isolieren und ggf. bei ungünstiger Entwicklung an der Front zu liquidieren waren.
Literaturnaja gaseta, 48/1988, S. 5: »Das Geheimnis des Waldes von Bykownja« (bei Kiew): Hier sind Opfer von Massenerschießungen nicht durch die Deutschen, sondern durch »die unseren« begraben.
Nedjelja: »Das Verhör. Verbote oder ist alles erlaubt? Zur juristischen Allgemeinbildung (pravovoj vceobuč)«.

Moskowskie nowosti, 46/88, S. 14:
Über Briefing in der Hauptverwaltung
des Moskauer MWD unter der Leitung
von Generalleutnant P. Bogdanow:
Seit Jahresbeginn in Moskau 644 nicht-
autorisierte Meetings und Demonstrationen. »Im allgemeinen sehen sich
einstweilen die Milizionäre den De-
monstranten konfrontiert und nicht
etwa die Ideologen.«

Sobjesjednik, 49/1988: Interview mit
dem Schriftsteller Ju. Schtscherbakow
über den Hunger in der Ukraine 1932
bis 33

Golos rodiny, 47/88, über den Inland-
paß: »Man spürt in diesem Dokument
das Echo des Stalinismus.« »Ist es wert,
die schwerfällige und teure Paß-Kanz-
lei beizubehalten?«

Wjek XX i mir, 11/1988: Ist es nicht
seltsam: Wenn ein paar Schüler
wohlmeinende Losungen nonkonfor-
mistisch darstellen, stürzt die Miliz
sogleich los, sie auseinanderzutreiben
und zu unterdrücken, und die Neofa-
schisten von »Pamjatj«, die bewußt den
Rassenhaß anfachen, rührt man mit
keinem Finger an ...

1988, November

Woprosy istorii, 11/1988, druckt Briefe
N. I. Bucharins ab, u.a. einen vom
Dezember 1924 an F. E. Dzierziński.

Iswestija: Interview mit dem Mitglied
des Kollegiums der Hauptverwaltung
zur Wahrung der Staatsgeheimnisse
(Glawlit), W. Solodin: Es gibt keine
»Sonderfonds« mehr.

Moskowskie nowosti: Requiem in der
Kathedrale von Paneweschis (Litauen)
für Ärzte, die 1941 vom NKWD getötet
wurden.

Argumenty i fakty, 45/1988, S. 8: Kann man sich über Handlungen der Miliz beschweren?

Argumenty i fakty, 46/1988: Gespräch mit dem stellvertretenden Direktor des Instituts für die Wirtschaft des sozialistischen Weltsystems, L. Jagodowskij, über den Ungarn-Aufstand 1956: »Es war im wesentlichen die erste scharfe Krise des Stalinismus ...«

Druschba narodow, 11/1988, über den Roman von Je. Samjatin, *My* (»Wir«), eine der großen »Anti-Utopien«

1.–10. Nov.	Bereitschaft »Nummer eins« in allen Unterabteilungen (podrazdelenijach) des inneren Dienstes (MWD) und der Wahrung der öffentlichen Ordnung (*Iz*, 3.11.1988)
3. Nov.	*Krasnaja swesda*: Interview mit dem Leiter der Politischen Verwaltung der inneren Truppen des MWD, Generalmajor A. Grienko
6. Nov.	*Moskowskie nowosti*: Erstes Treffen ehemaliger Häftlinge von Stalins Lagern und Gefängnissen: Arbeitsgruppe zur Ausarbeitung der Prinzipien einer Vereinigung gebildet und enge Zusammenarbeit mit Gesellschaft »Memorial« beschlossen.

Iswestija: In Katyn wird ein Gedenkkomplex errichtet für die polnischen Offiziere, die »1943« in der Gefangenschaft »von den Faschisten« erschossen wurden (W. Ananjew, Hauptinspektor der Verwaltung für Fragen der bildnerischen Künste und Museen des Kulturministeriums).

Sowjetskaja Litwa über Schaffung einer Regierungskommission zur Untersuchung der Morde von 1941

1988, 7. Nov.　　*Moskowskaja prawda*: A. Antonow-Owsejenko spricht über seine beiden Bücher über Stalin und Berija

9. Nov.　　Von *Nowosti* (*Iz*, 11.11.) für in- und ausländische Journalisten organisiertes Briefing: »Glasnost und die Archive«. Die Schwierigkeiten der Forscher insbesondere mit den Archiven des Außenministeriums, KGB, MWD und Verteidigungsministeriums

10. Nov.　　*Moskowskaja prawda*, A. Kirilina: »Der fatale Schuß«. Die Meinung der Historiker beim Leningrader Obkom zu den »drei Versionen der Ermordung S. Kirows«: nicht Stalin, sondern Jagoda.
Prawda Ukrainy: Gespräch mit dem MWD-Minister der Ukraine, I. D. Gladyschew, über die Arbeit des MWD unter den neuen Bedingungen

11. Nov.　　*Prawda* über Aufstand in Arbeitskolonien in Pawenischkes, Litauen.
Molodjosch Estonii, Brief eines Kriegsveteranen über die Kollektivierung in Odessa: Ganze Familien starben, und man »entkulakisierte« oft jene, die ohnehin kein Auskommen hatten.
Komsomolskaja prawda: Studenten und Lehrer der juristischen Fakultät der Universität Vilna fordern Schaffung einer Kommission, um alle Repressionen Stalins aufzudecken.
Medizinskaja gaseta: Interview mit den Ärzten, die bei Stalins Tod anwesend waren.

A. a. O., Prof. A. Belkin: »War Stalin psychisch krank?« Stalin war das nicht im klinischen Sinne

12. Nov.

Wetschernjaja Moskwa: »Die erschossene Literatur«. Schriftsteller wollen eine Gedenkplatte für die unter Stalin umgekommenen Kollegen errichten.

Sowjetskaja Belorussija über die Kommission des Büros des ZK der KP Weißrußlands »zum zusätzlichen Studium der Materialien, die mit den Repressionen zusammenhängen, die in der Zeit der 30er und 40er Jahre sowie zu Beginn der 50er Jahre stattfanden«

1988, 12.–19. Nov.

Ogonjok: »Das Denkmal des Gewissens. Es unterliegt nicht dem Vergeben. Zur Woche des Gewissens«.
Ogonjok, Leserbrief von N. S. Popowitsch aus Tomsk: D. Danin hat in *Sowetskij ekran* (14/1988) darauf verwiesen, daß unter Stalin das Urteil »10 Jahre ohne das Recht auf Korrespondenz« in Wirklichkeit Erschießung bedeutete. Popowitsch ergänzt: Um den Betrug aufrechtzuerhalten, pflegte man den Angehörigen der Erschossenen 10 Jahre nach dem Urteil falsche Zeugnisse von deren Tod aufgrund von »Herzversagen« und anderen Ursachen zuzuschicken. Im Gebiet Tomsk seien damals Zehntausende umgekommen. Massengräber seien bekannt. Der Staatsanwalt des Gebietes, A. I. Knjasewitsch, habe ihm verweigert, sich über den Fall seines 1937 erschossenen Vaters zu informieren. Es sei nötig, endlich die Weisungen zu ändern, die so etwas verbieten

A.a.O.: Die Staatsanwaltschaft des Industrie-Rajon von Ischewsk beteiligt sich an der Errichtung eines Mahnmals für die Stalin-Opfer

13. Nov.

Plenum des ZK der KP Armeniens: Zweiter Sekretär, W. N. Konowalow, pensioniert, Nachfolger B. P. Poljanitschenko; u.a. KGB-Chef der Republik, I. I. Gorelowskij, in geheimer Abstimmung zum Mitglied des Büros des armenischen ZK gewählt.

Trud: »Chruschtschow gegen Stalin«: Obgleich über 30 Jahre alt, bleibt Chruschtschows Geheimrede uns unzugänglich. Die Originaltonbänder sind weder seinen Erben noch Forschern zugänglich.

Argumenty i fakty, »Das KGB teilt mit und kommentiert«: kurze Geschichte der sowjetischen Staatssicherheit

14. Nov.

Kommunist Estonii, 12/1988, S. 3–8: Interview Tschebrikows für das estnische Fernsehen, Radio und ETA

16. Nov.

Kommunist, 11/1988, S. 4: »Im Obersten Gericht der UdSSR«: Untätigkeit der Miliz trug zu Verbrechen in Sumgait bei

1988, 17. Nov.

Iswestija über die Freigabe von bislang geheimgehaltenen Landkarten

Sowjetskaja kultura verweist darauf, daß in einem von Politisdat herausgegebenen Abreißkalender das Blatt vom 21. Dezember Stalins 110. Geburtstag gewidmet ist und sogar sein Portrait abgebildet ist

18. Nov.

Kommunist (Armenien): »Vor (uns) große Arbeit«. Rechenschafts- und

Wahlversammlung der Parteiorganisation des Komitees für Staatssicherheit der armenischen SSR.

Iswestija über das Buch von J. Guinel und B. Violet über die Geheimdienste, die sich als »Superministerien« aufführen, und die militärische Ausbildung afghanischer Guerrillas in Frankreich

19.–26. November *Ogonjok*, W. Bykow: »Knüppel gegen Glasnostj?« MWD-Einsatz gegen Demonstration zu Allerseelen am 30.10. in Minsk

20. Nov. *Moskowskie nowosti*: Die Zeitung korrigiert nach einer Beschwerde der Politischen Verwaltung der inneren Truppen des MWD ihre Meldung, diese hätten an der Zerschlagung des Meetings vom 30.10. in Minsk teilgenommen (*MN*, 6.11.88). Die Initiative sei nicht von den inneren Truppen des MWD ausgegangen, sondern von einer Unterabteilung der Miliz, die ebenfalls dem MWD untersteht. Ca. 800 Milizionäre wandten Gewalt an

21.–27. Nov. »Woche des Gewissens« im Kulturpalast der Moskauer Elektrolampenfabrik

25. Nov. *Komsomolskaja prawda*: Gewaltanwendung in MWD-Abteilungen in Litauen. Behauptung, daß der vom MWD festgenommene I. Jakucevicius an Alkoholvergiftung starb, nicht zutreffend. Gerichtsmedizinische Untersuchung zeigte: Tod durch Schlag auf den Magen

26. Nov. *Prawda*: Interview mit dem Leiter der Hauptverwaltung der inneren Truppen

des MWD, Generaloberst Ju. W. Schatalin, über die Lage in Aserbaidschan und das Problem Nagornyj Karabach: »Einige Personen, die scheinbar den Kampf für die Perestrojka propagieren, nutzen nationale Gefühle, um die Gesellschaft auf den Weg der Destabilisierung zu stoßen.«

1988, 26. Nov.–3. Dez.   *Ogonjok*: S. Alperina fordert angemessene Büroräume im Zentrum Moskaus für die Gesellschaft »Memorial« statt des zugewiesenen Raums von ca. 11 Quadratmetern in der Tschernjachowskij Str. Nr. 2, der die scheinbare Bedeutungslosigkeit der Organisation signalisiert

27. Nov.   *Iswestija*, N. Matukowskij: »Die Wahrheit über Kuropaty«: In den vermuteten 510 Massengräbern liegen die Überreste von nicht weniger als 30 000 Menschen. Archäologen nennen noch höhere Zahlen. »Ja, jetzt bin ich zutiefst überzeugt, daß ein gesellschaftliches Gericht über Stalin stattfinden muß, und das so schnell wie möglich.« *Moskowskie nowosti*, R. Medwedjew über die Zahl von Stalins Opfern: bei einer vorsichtigen Schätzung zwischen 42 und 49 Millionen insgesamt

29. Nov.   *Snamja junosti*, D. Jurasow: 1953 bis 1957 wurden 612 000 Personen rehabilitiert. Aber diese Zahl steht in keinem Verhältnis zu der der Verurteilten.

Dezember   *Argumenty i fakty*, Gespräch mit der Regisseurin M. Golodowskaja über ihren Film über das Solowetskij-Lager »zur Besonderen Verwendung« (SLON).

Woprosy istorii KPSS 12/1988: W. A.
Kutusow und O. N. Stepanow über die
Parteizelle der Petrograder Tscheka;
a. a. O., S. 40–55: F. I. Firsow und I. S.
Jaschborowskaja: »Die Komintern
und die Kommunistische Partei
Polens«: Stalins Verbrechen an dieser
Partei.

Semja 12/88, über Kinder von Repressierten, die für ihren romantischen
Sinn litten. Anläßlich eines Films über
die in den 30er Jahren nach Igarka
deportierten Kinder

1. Dez.	»Memorial« zum 54. Jahrestag der Ermordung S. M. Kirows

Sowjestskaja Belorussija: Der weißrussische Verlag »Die weißrussische Sowjetische Enzyklopädie« beginnt Auswahl von Materialien für ein Buch über
die Repressionen unter Stalin

2. Dez.   *Sowjetskaja Rossija*: General I. Katar-
gin, Leiter der (Vereinigten) Hauptverwaltung des MWD der UdSSR für
Besserungsanstalten (po isprawitelnym
delam) über Perestrojka in seinem
Bereich

1988, 3. Dez.   *Prawda*: vom 29.11. bis 1.12. fand in
Moskau die dritte Sitzung der Kommis-
sion von Historikern der UdSSR und
Polens statt. Das Schicksal der in Katyn
umgekommenen polnischen Offiziere
ist eine Frage, »die weiterer sorgfälti-
ger Forschung bedarf«.

Sowjestkaja molodjosch, Roj Medwedjew: Solschenizyns GULAG eine ernste Forschungsarbeit, aber »verleumderische« Konzeption.

337

Wetschernjaja Moskwa, »Solowki: Das Lager zur besonderen Verwendung«

7. Dez.

Literaturnaja gaseta, Sotnikow im Interview mit A. Rybakow: »Vielleicht brauchen wir ein ›Weißbuch‹ – ein Martyrolog und Verzeichnis der Verluste« (durch den Stalinismus).
A. a. O.: Das Sekretariat des Schriftstellerverbandes der UdSSR hat eine Allunionskommission für das literarische Erbe der repressierten und umgekommenen Schriftsteller gewählt. Vorsitzender W. W. Karpow
Moskowskaja prawda, E. Dodolew über Ex-MWD-Minister N. A. Schtscholokows Laufbahn und »Ende mit Blei«.
A. a. O.: Interview mit R. Swjatek, Autor des kürzlich in London herausgebrachten Buches »Der Wald von Katyn«, der angeblich in Lagern von Workuta, Norilsk und Irkutsk Augenzeugen kennenlernte, die die Vermutung äußerten, der Massenmord sei von Gestapo-Agenten vollbracht worden
Utschitel (Perm): Aufruf des pädagogischen Instituts Perm und einer Reihe von Einzelpersönlichkeiten – u.a. Je. Jewtuschenko –, den 1. Dezember im Andenken an die Ermordung von S. M. Kirow am 1. 12. 1934 zum »Tag des Gedenkens an die Stalinschen Repressionen« zu erklären, Mittel für ein Denkmal in Perm zu sammeln, Forschungsarbeit zum Studium des Schicksals der Repressierten aus dem Institut zu beginnen und das ZK der KPdSU zu bitten, Chruschtschows (Geheim-)Bericht vor dem XX. Parteitag zu veröffentlichen

1988, 10.–17. Dez.	*Ogonjok*, 50/88, Leserbrief E. A. Prjanischnikow, Moskau: »Es ist nötig, Stalins Handlungen in einem Kriminalverfahren abzuurteilen, um der Revision der auf seinen Befehl hin repressierten Personen eine Rechtsgrundlage zu geben«.
14. Dez.	*Iswestija*, Leserbrief von Sch. Jampolskaja: Warum Paketsendungen an Häftlinge beschränken, nämlich erst nach Absitzen der Hälfte (!) der Strafe und nicht mehr als drei pro Jahr von nicht mehr als je 5 kg Gewicht?
16. Dez.	*Krasnaja swesda*: Interview mit dem Mitglied des Kollegiums des KGB der UdSSR, Generalleutnant W. S. Sergejew, zum 70. Jahrestag der Gründung der militärischen Spionageabwehr. *Bakinskij rabotschij*: Entlassungen aus dem MWD Aserbaidschans wegen Unterlassung nötiger Maßnahmen
21. Dez.	*Iswestija* über die Premiere des Films »*Wlastj solowetzkaja*«: Aufruf, die Zeugnisse ehemaliger Stalin-Opfer zu sammeln

Vorsitzende der sowjetischen Staatssicherheit

7.(20. Dez.) 1917 – 6. Febr. 1922	F. E. Dzierziński
1918, Juli – Aug.	Ja. Ch. Peters
1926 – 34	W. R. Menschinkij
1934 – 36	G. G. Jagoda
1936 – Nov. 1938	N. I. Jeschow
1938 – 1945	L.P. Berija
1941, 3. Febr. – 20. Juli	B. N. Merkulow, Chef des NKGB
seit Juli 1941 – 14. April 1943	L. P. Berija, Chef eines einzigen NKWD
1943, 14. April	wieder NKGB unter W. N. Merkulow
1946	W. S. Abakumow, Chef des MGB (Ministerium für Staatssicherheit)
1951 – 53	S.D. Ignatjew
1954, seit März	S. N. Kruglow Vorsitzender des KGB
1954 – 58	I. A. Serow
1958 – 61	A. N. Schelepin
1961 – 67	W. E. Semitschastnyj
1967 – 82	Ju. W. Andropow
1982, Mai – Dez.	W. W. Fedortschuk

| 1982 – 1. Okt. 1988 | W. M. Tschebrikow |
| 1988, seit 1. Okt. | W. A. Krjutschkow |

Zitierte Geheimdienste und Institutionen

AVH   *Államvédelmi Hivatal*, ungarisches »Staatsschutzbüro«, 1949 aus der Unterstellung unter das Innenministerium befreit

AVO   *Államvédelmi Osztály*, die im März 1946 von der Ordnungspolizei abgetrennte »Staatsschutzabteilung« Ungarns

BfV   *Bundesamt für Verfassungsschutz*, gegründet 1950, dient auch der Spionageabwehr; seine Aufgaben entsprechen etwa denen des amerikanischen FBI. Präsident: H. Pfahls (vgl. Sp. 36, 1985, S. 25), seit April 1987 G. Boeden

BND   *Bundesnachrichtendienst*. Ging 1956 aus der »Organisation« R. Gehlens (seit 1947) hervor. Gehlen war zuvor Leiter der militärischen Feindaufklärung »Fremde Heere Ost« gewesen, die 1943–45 die hinsichtlich des Militärwesens und der politischen Führung der Sowjetunion wohl bestinformierte Organisation der Welt war. Personal und das intakte Archiv wurden von Gehlen bei Kriegsende den USA zugespielt und von der CIA übernommen. Gehlen, einer der »Meisterspione« des Jahrhunderts, leitete den BND 1956–1968. Heutiger BND-Präsident: H. G. Wieck

CIA   *Central Intelligence Agency* der USA, besteht seit 1947

DGI   *Dirección General de Inteligenica* (»Allgemeines Aufklärungs-Direktorat«), kubanischer Geheimdienst, gegründet 1961 mit Unterstützung des KGB, 1968 vom KGB »gleichgeschaltet«

D.g.s.e.   Direction générale de la sécurité extérieure (»Allgemeine Verwaltung für Äußere Sicherheit«);

Name des französischen Geheimdienstes seit dem 4.4.1982

DGSE *Departamento General de Seguridad del Estado* (»Allgemeine Abteilung für Staatssicherheit«) des sandinistischen Regimes in Nicaragua; gegründet ca. eine Woche nach der Machtergreifung am 26.7.1979

D.s.t. *Direction de la surveillance du territoire* (»Verwaltung für die Überwachung der Sicherheit des Landes«), französische Spionageabwehr

EKU *Ekonomitscheskoje uprawlenije* (»Wirtschaftsverwaltung«) der sowjetischen Staatssicherheit, 1922 – 1953

FBI *Federal Bureau of Investigation* (»Bundesbüro für Ermittlungen«), gegründet 1908, untersteht dem Generalstaatsanwalt der USA; zuständig für Verbrechensaufklärung und Spionageabwehr

FSLN *Frente Sandinista de Liberacion Nacional* (»Sandino-Front für Nationale Befreiung«), vom Studenten Carlos Fonseca Amador 1961 gegründete castristische »Befreiungsbewegung«. Sie beruft sich auf General C. A. Sandino, der in den zwanziger und dreißiger Jahren gegen die amerikanischen Besatzungstruppen kämpfte und während eines von A. Somoza Garcia gegebenen Festessens ermordet wurde. Seit Juli 1979 herrschende Partei Nicaraguas

GB, »Gebisten« *Gosudarstwennaja besopasnostj* (»Staatssicherheit«) der UdSSR. Ein Gebist ist jemand, der für die GB arbeitet (»Staatsschützer«)

GKNT *Gosudarstwennyj komitet nauki i techniki* (»Staatskomitee für Wissenschaft und Technik«) beim Ministerrat der UdSSR. Es wurde im September 1965 im Zuge der Kossyginschen Wirtschaftsreform gegründet und dient der »Prognose, Auswahl und Begründung vorrangiger Entwicklungseinrichtungen in Wissenschaft und Technik« (A. Aganbegjan, *STP*, 5, 1986, S. 26) sowie der Koordination der Forschung (*Sp*, 41, 1971, S. 120 f.). Es überwacht auch die Durchführung der Pläne im Bereich Wissenschaft und Technologie. In der Praxis verfolgt es die ausländischen Entwicklungen auf diesem Gebiet im Hinblick auf all das, was für die Sowjetunion, ihre Wissenschaft, Wirtschaft und Rüstung bedeutsam werden könnte (vgl. *Expr*, 8.2.1985, S. 30). Zu diesem Zweck arbeitet es eng mit der KGB-Verwaltung für Technik und Wissenschaft zusammen (Barron, 1978, S. 103)

GKO   *Gosudarstwennyi komitet oborony*, das »Staatliche Verteidigungskomitee« der Sowjetunion im Zweiten Weltkrieg. Der aus fünf (später: acht) Mitgliedern und Kanditaten des Politbüros bestehende Ausschuß wurde im Anschluß an das Modell des *Sowjet Rabotsche-krestjanskoj oborony* (des »Rats für Arbeiter- und Bauernverteidigung) im Bürgerkrieg (1918 – 20) (vgl. V. M. Kuricyn, *SGiP*, 5, 1985, S. 4) gebildet. Am 30.6.1941 trat er an die Stelle des Verteidigungsausschusses. Etwa zwei Drittel seiner knapp 10 000 Dekrete und Erlasse (A. Sorokin, *Pr*, 25.1.1985) bezogen sich auf Militärwirtschaft und Produktion (A. Judovič, *RS* 58/84, S. 6). Faktisch handelte es sich bei diesem über allen Institutionen von Staat *und* Partei stehenden Gremium um einen persönlichen Beraterstab des Diktators Stalin; professionelle Militärs waren bezeichnenderweise nicht Mitglieder

GPU   *Gosudarstwennoje politischeskoje uprawlenije* (»Staatliche Politische Verwaltung«) der Sowjetunion, 1922 – 23

GRU   *Gosudarstwennoje raswedywatel'noje uprawlenije* (»Staatliche Aufklärungsverwaltung«) des sowjetischen Generalstabs (seit 28.10.1918)

GUGB	*Glawnoje uprawlenje gosudarstwennoj besopasnosti* (»Hauptverwaltung für Staatssicherheit«) der UdSSR, Abteilung des NKWD seit Juli 1934
GULAG	*Gosudarstwennoje uprawlenije lagerjami* (»Staatliche Lagerverwaltung«), gegründet 1930
KDS	*Komitet sa d'ershawna sigurnost* (»Komitee für Staatssicherheit«) Bulgariens
KGB	*Komitet gosudarstwennoj besopastnosti* (»Komitee für Staatssicherheit«) der Sowjetunion; seit März 1954
KHAD	*Khidmat i Ittelaat i Daulati* (= »Staatlicher Informationsdienst«) des sowjetisierten Afghanistans; nach KGB-Muster organisiert und faktisch von zwei KGB-Generälen kontrolliert (AFP, 17.12.1982). Ca. 20 000 bis 30 000 Mann Personal. (Vgl. *ZB*, 21, 1984; S. 4; *IHT*, 20.4.1984). Kürzlich in »Ministerium für Staatssicherheit« umbenannt (Posev, 6, 1986, S. 41). Das führende Personal ist zum Teil in Moskau ausgebildet worden
MfS	*Ministerium für Staatssicherheit* (»Stasi«) der DDR; seit Juni 1952
MGB	*Ministerstwo gosudarstwennoj besopasnosti* (»Ministerium für Staatssicherheit«) der Sowjetunion, 1946–53
MI 5	*Military Intelligence, Department Five*, der britische militärische Geheimdienst, der auf die Haldane-Reformen im War Office zurückgeht. Er wurde 1909 zusammen mit MI 6 gegründet und ist zuständig für die Verhinderung der internen Subversion. Seine Kompetenzen überschneiden sich mit dem *Special* Branch der Polizei (vgl. Dobson und Payne, 1984, S. 200)

MI 6	*Military Intelligence, Department Six*, bekannt als *Secret Intelligence Service*. Er besteht seit 1911 und ist für die britische Feindaufklärung im Ausland zuständig (vgl. Dobson und Payne, 1984, S. 201)
MOOP	*Ministerstwo Ochrany obschtschestwennogo porjadka* (»Ministerium zur Wahrung der öffentlichen Ordnung«), reorganisisertes Innenministerium unter Chruschtschow. Ab Mai 1967 wieder Allunions-Ministerium, seit November 1968 wieder *MWD*
Mossad	»Institut« (bzw. »Institution«), genau: »Zentralinstitut für Auslandsaufklärung und Sonderaufträge« Israels, gegründet 1951 aufgrund einer Direktive von Ministerpräsident D. Ben Gurion. Mossad ging (in erster Linie) aus *Shai*, der Aufklärungsabteilung der jüdischen Untergrundarmee *Haganah* in Palästina, hervor
MWD	*Ministerstwo wnutrennich del* (»Innenministerium«), seit 1946. Unter Berija im Juni 1953 für Staatssicherheit und »Ordnungspolizei« zuständig, seit 1954 nur noch für letztere
NKGB	*Narodnyj komissariat gosudarstwennoj besopasnosti* (»Volkskommissariat für Staatssicherheit«), sowjetische Staatssicherheit Februar – Juli 1941, April 1943 – 46; danach *MGB*
NKWD	*Narodnyj komissariat wnutrennich del* (»Volkskommissariat für Inneres«), Juli 1934 – 1946
NSA	*National Security Agency* des US Department of Defense; gegründet unter Präsident H. Truman und zuständig für Radio-, elektronische und Satellitenaufklärung und -dechiffrierung
Ochrana	*Otdelenie po ochrane obščestvennoj bespasnosti i porjadka*, die »Abteilung zur Aufrechterhaltung der gesellschaftlichen Sicherheit und Ord-

nung« im zaristischen Rußland, 1866 bis Februar 1917

OGPU	*Objedinjonnoje gosudarstwennoje politischeskoje uprawlenije* (»Allgemeine Staatliche Verwaltung«); neuer Name 1923 – 24 der GPU nach Einführung der sowjetischen Unions-Verfassung von 1923
OVIR	*Otdel vis i registracij* (»Abteilung für Visa und Registrierungen«), UdSSR
Politbüro	s. unter *ZK*
Razwedupr	*Raswedywatel'noje uprawlenije* (= Aufklärungsverwaltung«) der sowjetischen Streitkräfte, gegründet Oktober 1918, = *GRU*
SAVAK	*Sazman Anniat va Attelaat Keshvar* (»Nationaler Nachrichten- und Sicherheitsdienst«), iranischer Geheimdienst, gegründet 1957, aufgelöst 1979
Securitate	Genau: *Serviciu de securitate* (»Dienst für [Staats-] Sicherheit«) Rumäniens, gegründet 1950. Die Generaldirektion (bzw. Hauptverwaltung) Staatssicherheit und diejenige für »öffentliche Sicherheit« unterstehen dem Innenministerium. Aufgabe der Staatssicherheit sind »offensive« politische und ökonomische Nachrichtenbeschaffung im Ausland, Überwachung der Emigration, Spionageabwehr, Verhinderung der Subversion, Personenschutz. Sie hat ihre Organe sowohl in den 11 Provinzen als auch in den zahlreicheren Bezirken (vgl. Dordević, 1986, S. 321). Chef: Tudor Postelnicu (*RFE*, vol. 11. No. 47, part IV, 21.11.1986, S. 44)
Sownarkom	Rat der Volkskommissare
Speznas	Truppen zur »besonderen Verwendung« (*spezialnovo nasnatschenija*), im Westen auf 7 000 bis 8 000

347

Kommandos mit ca. 20 000 bis 30 000 Mann geschätzte Sabotage-Eliteeinheiten des sowjetischen Generalstabs, die aber nicht eigentlich Teil der sowjetischen Armee sind

Stasi	siehe *MfS*

STB	*Statni tajna bezpecnost* (»Geheime Staatssicherheit«), Name der tschechoslowakischen Staatssicherheit bis 1968

Tscheka (Kurzform von WTscheka)	*Tschreswytschajnaja komissija po bor'be s kontrrewoljuziej i sabostashom* (»Außerordentliche Kommission zum Kampf gegen Konterrevolution und Sabotage«) des bolschewistischen Regimes 1917 – 1922

Ucigos	*Ufficio Centrale per le Indagini Generali e le Operazioni Speciali* (»Zentralbüro für Allgemeine Untersuchungen und Sonderoperationen«) Italiens, gegründet 1978; untersteht dem Innenministerium und koordiniert die Anti-Terrorismus-Bekämpfung

WTscheka	*Wsresrossijskaja Tschreswytschajnaja komissija po bor'be s kontrrewoljuziej i sabostashom* (»Allrussische Außerordentliche Kommission zum Kampf gegen Konterrevolution und Sabotage«) des bolschewistischen Regimes 1917 – 22

ZK	*Zentralkomitee* der Partei (KPdSU). Zwischen den Parteitagen (die nominell die oberste Willensbildungsinstanz sind, praktisch aber bei heute ca. 5 000 Delegierten zur effektiven Entscheidungsfindung gar nicht fähig sind) Exekutivorgan der Partei, faktisch aber in Anbetracht seiner Größe (heute 307 Mitglieder und 170 Kandidaten) vor allem eine Art Repräsentation der Hochbürokratie der Sowjetunion. Die wirkliche »Regierung« ist das Politbüro, sein »Apparat« das Sekretariat, das aufgrund seiner Vorbereitung der Politbürounter-

lagen sowie Kontrolle der Durchführung der Polit-
bürobeschlüsse durch die Bürokratie selbst ebenfalls erhebliches politisches Gewicht haben kann.
Dies galt bis zu Gorbatschows Reformen. Inzwischen ist fast die Hälfte aller ZK-Abteilungen
abgeschafft und das Personal des Parteiapparats
reduziert worden. Seit dem September-Plenum
von 1988 gibt es sechs ZK-Kommissionen, die aber
bis Anfang 1989 noch nicht einmal alle tagten;
Auch das Politbüro trat nicht mehr regelmäßig
zusammen.

ZOMO *Zmotoryzowane Oddzialy Milizji Obywatelskiej*
(»Motorisierte Abteilungen der Bürgermiliz«),
nach den Unruhen von 1956 in Polen ausgebaute
Miliz, heute eine der effektivsten der Welt.
Angeblicher Gründer war ein ehemaliger Wehr-
machtsoldat, der dann vom NKWD ausgebildet
wurde. ZOMO wird z.T. aus Kriminellen rekrutiert, die diesen Dienst einer Gefängnisstrafe vor-
ziehen sowie aus Absolventen des Wehrdienstes,
die keine besseren Berufschancen zu haben glauben (vgl. *FAZ*, 6.12.1983).

Abkürzungen (Literatur)

AFP	Agence France Press, Paris
Ag	Agitator, Moskau
Aif	Argumenty i fakty, Moskau
AP	Associated Press, New York
BIOst	Bundesinstitut für ostwissenschaftliche und internationale Studien, Köln
CSM	The Christian Science Monitor, Boston
DAS	Deutsches Allgemeines Sonntagsblatt, Hamburg
ddp	Deutscher Depeschendienst, Bonn
dpa	Deutsche Presse-Agentur, Bonn
Ec	The Economist, London
EIU	Economic Intelligence Unit, London
epd	Evangelischer Pressedienst
Expr	L'Express, Paris
F	Freedom at Issue, New York
FAZ	Frankfurter Allgemeine Zeitung, Frankfurt/Main
FR	Frankfurter Rundschau, Frankfurt
GA	Generalanzeiger, Bonn
G2W	Glaube in der 2. Welt, Küsnacht-Zürich
HA	Hamburger Abendblatt, Hamburg

IHT	International Herald Tribune, Paris
Iz	Izvestija, Moskau
JDW	Jane's Defense Weekly, London
K	Kommunist, Moskau
KNA	Katholische Nachrichten-Agentur, Bonn
Koms pr	Komsomol'skaja pravda, Moskau
KZ	Krasnaja zvezda, Moskau
LG	Literaturnaja gazeta, Moskau
M	Le Monde, Paris
MN	Moskovskie novosti, Moskau
ND	Neues Deutschland, Berlin-Ost
NM	Novyj mir, Moskau
NRS	Novoe russkoe slovo, New York
NW	Newsweek, New York
NYT	New York Times, New York
NZZ	Neue Zürcher Zeitung, Zürich
Pr	Pravda, Moskau
PSS	Polnoe sobranie sočinenij (= Gesamtausgabe der Werke Lenins)
RCL	Religion in Communist Lands, London
RFE	Radio Free Europe, München

RFED	Radio Free Europe Daily, München
RL	Radio Liberty Research, München
RLD	Radio Liberty Daily, München
RM	Russkaja mysl', Paris
RS	Radio Svoboda, München (russische Version von RL)
rtr	Reuter
SGiP	Sovetskoe gosudarstvo i pravo, Moskau
SK	Sovetskaja kul'tura, Moskau
SN	Salzburger Nachrichten, Salzburg
Sp	Der Spiegel, Hamburg
SPP SSSR	Sobranie postanovlenij pravite l'stva SSSR, Moskau
SR	Sovetskaja Rossija, Moskau
SŠA	SSchA, Moskau
STP	Sozialismus, Theorie und Praxis, Moskau
SV	Socialističeskij vestnik, New York
SVE	Sovetskaja voennaja enciklopedija, Moskau
SZ	Süddeutsche Zeitung, München
T	Time Magazine, New York
TASS	Telegrafnoje agenstvo Sovetskogo Sojuza = »Telegrafenagentur der Sowjetunion«, gegründet 1925
taz	Tageszeitung, Berlin

TLS	Times Literary Supplement, London
TT	The Times, London
USNWR	U. S. News and World Report, Washington
UT	USSR Today. Soviet Media Features Digest, compiled by Radio Liberty Monitoring
VF	Voprosy filosofii, Moskau
VVS SSSR	Vedomosti Verchovnogo soveta SSSR, Moskau
W	Die Welt, Essen
WSJ	Wall Street Journal, Heerlen, Niederlande
Z	Die Zeit, Hamburg
ZB	Zeitbild, Bern
ZSF	Zentrales Sowjetisches Fernsehen, Moskau

Literatur

Im Text ist eine phonetische, im Literaturverzeichnis die wissenschaftliche Transkription des Russischen benutzt.

Active Measures, in: Survey 27 (118–119), 1983, S. 49–67.

Adams, James, Soviet Special Forces in America: The Day Before, in: Orbis, 2, 1988, S. 199–215.

Adelman, Jonathan, R., Terror and Communist Politics: The Role of the Secret Police in Communist States. Boulder, Colorado/London: Westview Press 1984. IX, 292 S.

Agabekow, G. S., ČK za rabotoj. Vospominanija. Berlin: »Strela« 1931. Neuauflage Israel 1989.
OGPU: The Russian Secret Terror. New York: Brentano 1931. Neuauflage: Westport, Conn: Hyperion Press 1975. 277 S.

Agee, Philip, Inside the Company. CIA Diary. Toronto/New York/London/Sydney: Bantam Books, 6th printing 1981. X. 660 S.

Agurskij, Mikhail, The Attitude to Religion in the New Russian Literature, in: Religion in Communist Lands, 2, 1982, S. 145–155.

Akhmedov [Achmedov], Ismail, In and Out of Stalins' GRU: A Tatar's Escape from Red Army Intelligence. Frederick, Maryland: University of Publications America, Inc. 1984. XV, 222 S.

Alexiev, Alex, The Kremlin and the Pope. The Rand Paper Series, Santa Monica, Cal., April 1983, 17 S.

Antič, Oksana, Nekotorye izmenenija v relegioznom zakonodatel'stve, in: Radio Free Europe, Radio Liberty, RS 65/86, 4.4.1986, 3 S.

Antonov-Ovseyenko, Anton, The Time of Stalin. Portrait of a Tyranny. New York: Harper & Row 1981. XVIII, 374 S.

Archiv der Gegenwart. Bonn/Wien Zürich: Siegler Co. KG. Verlag für Zeitarchive.

Arendt, Hannah, The Origins of Totalitarianism. New York: Meridian Books, Inc. 1960. XV, 520 S.

Armstrong, John A. Hrsg., Soviet Partisans in World War II. Madison: The University of Wisconsin Press 1964. XVIII, 792 S.

The Assassination Attempt on Pope John II. Hearing before the Commission on Security and Cooperation in Europe. Ninety-Seventh Congress, second session, September 23, 1982. Washington, D.C.: U.S. Government Printing Office 1983. III, 29 S.

August, Frantisek, and David Rees, Red Star Over Prague. London: The Sherwood Press Ltd. 1984. XXII, 176 S.

Awtorchanow, A., Sila i bessilie Brežneva, Političeskie etjudy. Frankfurt/Main: Posev-Verlag 1979. 328 S.

–, Andropov i ego pravlenie, in: Posev, 8, 1983, S. 26–36.

–, Zagadka smerti Stalina. (Zagovor Berija). Frankfurt/Main: Posev-Verlag 1976. 317 S.

Barghoorn, Frederick, C., The Security Police, in: H. Gordon Skilling and Franklyn Griffiths, Hrsg., Interest Groups in Soviet Politics. Princeton, New Jersey: Princeton University Press 1971, S. 93–129.

Barmine (Barmin), Alexander, Einer der entkam. Lebensgeschichte eines Russen unter den Sowjets. Mit einer Einleitung von Max Eastman. Wien: Verlag Neue Welt o.J. [um 1945]. 465 S.

Barnds, William J., Intelligence Functions, in: Commission on the Organization of the Government for the Conduct of Foreign Policy, June 1975, vol. 7, appendix U: Intelligence Functions Analyses.

Barriere gegen Rauschgift. Stenogramm des Internationalen Journalistentreffens zum Thema: »Beitrag der VR Bulgarien bei der Bekämpfung des Rauschgiftschmuggels« 6.2.1985. Sofia: Sofia Press 1985. 105 S.

Barron, John, KGB. Arbeit und Organisation des sowjetischen Geheimdienstes in Ost und West. München/Zürich: Droemer-Knaur 1978. 518 S.

–, KGB heute. Moskaus Spionagezentrale von innen. Bern/München: Scherz Verlag 1984. 447 S.

–, Die 100 000 Augen des KGB, in: Spiegel, Nr. 28–30, 1984.

Barwicz, Romuald, UBE a sowiecka sluzba bezpieczeństwa, in: Kultura, 6, 1970, S. 77–100.

Baschanow, Boris, Ich war Stalins Sekretär. Frankfurt-Main/Berlin/Wien: Verlag Ullstein GmbH 1977. 269 S.

Becker, Abraham S., Sitting on Bayonets? The Soviet Defense Burden and Moscow's Economic Dilemma, in: Soviet Union/ Union soviétique, 10, 1983, S. 287–309.

Belli, Humberto, Breaking Faith. The Sandinista Revolution and Its Impact on Freedom and Christian Faith in Nicaragua. Winchester, Illinois: Crossway Books 1985. XVI, 271 S.

Berliner, Joseph S., Factory and Manager in the USSR. Cambridge: Harvard University Press 1957. XV, 386 S.

Bialer, Seweryn, und Joan Afferica, The Genesis of Gorbachev's World, in: Foreign Affairs, 3, 1986, S. 604 – 644.

Bittman, Ladislaw, The Deception Game. Czechoslovak Intelligence in Soviet Political Warfare. Syracuse, N. Y.: Syracuse University Research Corporation 1972. XXV, 246 S.

–, Zum Tode verurteilt. Memoiren eines Spions. Aus dem Tschechischen von Karola Büssem und Leonore Germann. München: Lev Roitman Verlag 1984. 255 S.

Blackstock, Paul W. und Frank L. Schaf, jr., Intelligence, Espionage, Counterespionage and Covert Operations. A Guide to

Information Sources. Vol. 2 in the International Relations Information Guide Series. Book Tower, Detroit: Gale Research Company 1978. XV, 255 S.

Borcke, Astrid von, Das April-Plenum des Zentralkomitees und die Umbesetzungen im Politbüro, in: Osteuropa, 12, 1973, S. 917–929.

–, Der Kreml und die Entspannungspolitik. Machtkonstellation und Richtungskämpfe, in: Moderne Welt. Jahrbuch für Ost-West-Fragen. 1976, S. 252–270.

–, Die Ursprünge des Bolschewismus. Die jakobinische Tradition in Rußland und die Theorie der revolutionären Diktatur. München: Johannes Berchmans Verlag 1977. 646 S.

–, Significance and Problems of Macro-Political Analysis: The Case of Soviet Studies. Berichte des BIOst, 10/1980 (a). 18 S.

–, Die sowjetische Interventionsentscheidung: Eine Fallstudie zum Verhältnis sowjetischer Außen- und Innenpolitik, in: Heinrich Vogel (Hrsg.), Die sowjetische Intervention in Afghanistan. Entstehung und Hintergründe einer weltpolitischen Krise. Baden-Baden: Nomos Verlagsgesellschaft 1980 (b), S. 119 – 180.

–, Die Sowjetunion und der Machtwechsel, in: Sowjetunion 1982/83. Ereignisse, Probleme, Perspektiven. München/Wien: Carl Hanser Verlag 1983, S. 17–29.

–, Innenpolitische Bestimmungsfaktoren der sowjetischen Rüstungs- und Sicherheitspolitik, in: Sowjetunion 1982/83. Ereignisse, Probleme, Perspektiven. München/Wien: Hanser 1983, S. 60–71.

–, Das Comeback des KGB, Aktuelle Analyse des BIOst 39–1984. 26.11.1984, 8 S.

–, Warum brauchen wir Kremlologie? BIOst: Informationen aus der Forschung Nr. 5, 6, 7, 20–22. 1984.
Teil I: Vom Sinn und Unsinn sowjetischer Informationspolitik;

357

Teil II: Quellen und Methoden des Kremlologen.
Teil III: Die Hauptkritiken an der Kremlologie: Wie stichhaltig
sind sie?

–, Die Rolle des Geheimdienstes, in: Sowjetunion 1984/85, Ereignisse, Probleme, Perspektiven, München/Wien: Carl Hanser Verlag 1985, S. 64 – 73.

–, Das Paramilitärische im Wettbewerb der Systeme, in: Herder Korrespondenz, 4, 1985, S. 161 – 165.

–, Der unsichtbare Gigant, Aufbau und Arbeitsweise des KGB, in: Die politische Meinung, Mai/Juni 1985, S. 42 – 48.

, Die amerikanische sicherheitspolitische Debatte und die Sowjetunion. Die fehlende Dimension. Berichte des BIOst 14–1986. 158 S.

Gorbatschows Abrüstungsinitiativen. Neue Sicherheitspolitik oder Taktik im Dienste einer alten Strategie? In: Herder Korrespondenz, 10, 1987, S. 491 – 499.

–, Gorbachev's Perestrojka: Can the Soviet System be Reformed? Washington, D.C.: Institute for Defense Analyses, Oct. 1987, S. 81 – 113. S. auch Berichte des BIOst, 1, 1988, 39 S.

–, KGB international: Zur Rolle der Geheimdienste in der sowjetischen Außen- und Sicherheitspolitik, in: Sowjetunion 1986/87. Ereignisse, Probleme, Perspektiven. Hrsg. BIOst. München/Wien: Carl Hanser Verlag 1987, S. 306 – 316.

–, Militär und Politik in der Sowjetunion: Zur Rolle des Militärs im politischen Entscheidungsprozeß, in: Hannes Adomeit, Hans-Hermann Höhmann, Günther Wagenlehner (Hrsg.). Die Sowjetunion als Militärmacht. Stuttgart/Berlin/Köln/Mainz: Verlag W. Kohlhammer 1987, S. 73 – 89.

–, W. M. Tschebrikow zum 110. Geburtstag von F.E. Dzierziński: Der KGB und die Perestrojka. BIOst. Aktuelle Analysen Nr. 30–32/1987. Je 8 S.

–, Neues Nachdenken über Religion? Zeichen der Veränderung in der Sowjetunion, in: Herder Korrespondenz, 6,1988, S. 271–276.

–, Perestrojka und der »Historikerstreit« in der Sowjetunion, BIOst, Aktuelle Analysen, Nr. 2, 1988, 13.1.1988, 8 S.

–, Perestrojka und die Gegenoffensive der Konservativen: Zu den Hintergründen von Gorbatschows Rede zum 70. Jahrestag der Oktoberrevolution, BIOst, Aktuelle Analysen, Nr. 3,1988, 13.1.1988, 8 S.

–, Gorbatschows Rede zum 70. Jahrestag der Oktoberrevolution; ein Kommentar, BIOst, Aktuelle Analyse, Nr. 4,1988, 13.1.1988, 8 S.

–, und Gerhard Simon, Neue Wege der Sowjetunion-Forschung. Beiträge zur Methoden- und Theoriediskussion. Baden-Baden: Nomos Verlagsgesellschaft 1980. 160 S.

Bortoli, Georges, Mort de Staline. Paris: Robert Lafont 1973.

Brahm, Heinz, Ansätze zu einer Gewissenserforschung in der Sowjetunion, BIOst, Aktuelle Analyse Nr. 21/87.

–, Christus in den sowjetischen Medien. BIOst, Aktuelle Analyse, Nr. 3, 1987.

Brzezinski, Zbigniew K., The Permanent Purge. Politics in Soviet Totalitarianism. Cambridge: Harvard University Press 1956. 256 S.

Bukowski, Wladimir, Pazifisten gegen den Frieden. Friedensbewegung und Sowjetunion. Bern: SOI 1983. 52 S.

Burks, R. V., Die nahende Krise in der Sowjetunion (I), in: Osteuropa, 6,1983, S. 449–462.

Campbell, E. E., The Soviet Spetsnaz Threat to NATO, in: Air Power Journal, 2,1988, S. 57–61.

Carrère d'Encausse, Hélène, Le pouvoir confisqué. Gouvernants et gouvernés en U.R.S.S. Paris: Flammarion 1980. 328 S.

Castro Hidalgo, Orlando, Spy for Fidel. Miami: E. A. Seemann 1971. 110 S.

[Anonym.] Ce que le communisme international a coûté en vies humaines, in: Est & Ouest, Nr. 640, 1.–31.5.1980, S. 120–126.

Checinski, Michael, Poland, Communism, Nationalism, Anti-Semitism. New York: Karz-Cohl Publishing 1982. VIII. 289 S.

–, Terror und kommunistische Politik, in: Osteuropa 9,1982, S. 741–753.

Chochlow, Nikolaj Ewegenjewitsch, Ich sollte morden ... Ein Tat-sachenbericht nach amtlichen Protokollen und Schilderungen des MWD-Stabsoffiziers N. E. Chochlow. Frankfurt/Main: Verlag Friedrich Rudl 1954. 45 S.

[Chruščev, N. S.], Secret Speech of Khrushchev Concerning the »Cult of the Individual«. Delivered at the Twentieth Congress of the Communist Party of the Soviet Union. February 25, 1956, in: The Anti-Stalin Compaign and International Communism. A Selection of Documents edited by the Russian Institute, Columbia University, New York: Columbia University Press 1956, S. 1–89.

Cline, Ray S., Secrets, Spies and Scholars. Blueprint of the Essential CIA. Washington, D. C.: Acropolis Books 1976. XII, 294 S.

–, Soviet Footprints in St. Peter's Square. Manuskript. The Center for Strategic and International Studies, Georgetown University, Washington, D. C., 26 January 1983. 4 S.

–, und Yonah Alexander, Terrorism: The Soviet Connection. New York: Crane Russak 1984. XI, 162 S.

Codevilla, Angelo, Comparative Historical Experience of Doctrine and Organization, in: Roy Godson (Hrsg.), Intelligence Requirements (s. unten), 1980, S. 11–36.

Colton, Timothy J., Commissars, Commanders and Civilian Authority. The Structure of Soviet Military Politics. Cambridge, Mass.: Harvard University Press 1979. 365 S.

Commonwealth of Australia 1954 – 55, Report of the Royal Commission on Espionage, 22nd August 1955. V, 483 S.

Conquest, Robert, Inside Stalin's Security Police. London 1985, IX, 222 S.

–, Kolyma: The Arctic Death Camps. Oxford/New York/Toronto/Melbourne: Oxford University Press 1979. 256 S.

–, Power and Policy in the U.S.S.R. The Study of Soviet Dynastics. London Macmillan 1962. X, 485 S.

–, Hrsg., The Soviet Police System. London usw.: Bodley Head 1968. 103 S.

–, The Tactics of Terror, Besprechung von G. Leggett, The Cheka (s. unten), TLS, 4th December 1981, S. 1439.

Constantinides, George C., Intelligence und Espionage: An Analytical Bibliography. Boulder, Colorado: Westview Press 1983, 559 S.

Crozier, Brian, The Surrogate Forces of the Soviet Union. Conflict Studies, Security Special, No. 92, February 1978. 20 S.

–, Soviet Pressure in the Caribbean. The Satellisation of Cuba. Conflict Studies, No. 35, May 1973. 20 S.

Cvigun, L.S., Lenin i VČK, Moskau: Politizdat 1975.

Dahm, Helmut, Ende vom Anfang – oder Anfang vom Ende? Kontinent, 3,1988, S. 13 – 25.

Davidson, Donald L., Liberation Theology and the Religious Roots of Rebellion, in: Parameters, Journal of the US Army War College, 2, 1986, S. 70 – 80.

Davydov, Jurij Nikolaevič, Etika ljubvi i metafizika svoevolija. (Problemy nravstvennoj filosofii.) Moskva: »Molodaja gvardija«, 1982. 286 S.

Deacon, Richard, A History of the Russian Secret Service. London: Frederick Muller 1972. 568 S.

Deriabin, Peter, with T.H. Bagley, Fedorchuk, the KGB and the Soviet Succession, in: Orbis, 3, 1982, S. 611 – 635.

Deriabin, Peter, and Frank Gibney. The Secret World, London: Arthur Barker Ltd., 1959, 334 S.

Deschner, Günther, Reinhard Heydrich. Statthalter der totalen Macht. Biographie. München: Wilhelm Heyne Verlag 1977. 348 S.

Deutsch, Karl W., Risse im Monolith: Möglichkeiten und Arten der Desintegration in totalitären Systemen, in: Wege der Totalitarismusforschung, Hrsg. Bruno Seidel und Siegfried Jenkner, Darmstadt: Wissenschaftliche Buchgesellschaft 1974, S. 197 – 227.

Directory of Soviet Officials, Washington, D.C., CR 81 – 1143, May 1981.

Dobson, Christopher, and Ronald Payne, The Dictionary of Espionage, London: Harrap 1984. XIV, 234 S.

Dordević, Obren, Leksikon bezbednosti. Beograd: Partizanska knjiga 1986. LIX, 435 S.

Duin, Edgar, C., Committee for State Security (Komitet gosudarstvennoi bezopasnosti, KGB). The State Security Apparatus of the Soviet Government from 1954 to the Present Day, in: The Modern Encyclopedia of Russian and Soviet History, ed. Joseph L., Wieczynski, Gulf Breeze, Fl.: Academic International Press 1978 ff., Bd. 7, 1978, S. 197 – 203.

–, Ezhov, Nikolai Ivanovich, in: the Modern Encyclopedia of Russian and Soviet History, Bd. 11, 1979, S. 34 – 39.

Dulles, Allen, The Craft of Intelligence, New York/Evanston/London: Harper & Row Publishers 1963. VIII, 277 S.

Dzhirkvelov, Ilya, Secret Servant, My Life With the KGB and the Soviet Elite. New York, Cambridge, San Francisco usw.: Harper & Row 1987. 398 S.

Dziak, John J., Soviet Intelligence and Security Services in the Eighties: The Paramilitary Dimension, in: Orbis, 4, 1981, S. 771 –786.

Ebon, Martin, The Andropov File. The Life and Ideas of Yuri V. Andropov, General Secretary of the Communist Party of the Soviet Union, London: Sidgwick & Jackson 1983. 284 S.

Emerson Vermaat, J. A., The Polish Secret Police and the Popieluszko Case, in: The Journal of Church and State, 2, 1986, S. 249 – 261.

Erickson, John, Threat Identification and Strategic Appraisal by the Soviet Union, 1930 – 1941, in: Ernest R. May (Hrsg.), Knowing One's Enemies. Intelligence Assessment Before the Two World Wars. Princeton, New Jersey: Princeton University Press 1984, S. 375 – 423.

Ermacora, Felix, UNO-Berichte über die Lage der Menschenrechte in Afghanistan. Bonn: Bonner Friedensforum 1986. 133 S.

Fainsod, Merle, How Russia is Ruled. Revised edition. Cambridge, Mass.: Harvard University Press 1963. IX, 698 S.

Floridi, Alexis Ulysses, S.J., Moscow and the Vatican. Ann Arbor, Michigan: Ardis Publisher 1986. 279 S.

Francis, Samuel T., The Soviet Strategy of Terror. Washington, D.C.: The Heritage Foundation 1985. XIV, 100 S.

Freedman, Lawrence, US Intelligence and the Soviet Strategic Threat. London and Basingstoke: The Macmillan Press Ltd. 1977. XV, 235 S.

Freemantle, Brian, KGB. New York: Holt, Rinehart and Winston 1982. 192 S.

Fricke, Karl Wilhelm. Die DDR-Staatssicherheit. Entwicklung, Strukturen, Aktionsfelder. Köln: Verlag Wissenschaft und Politik 1982. 263 S.

Frolik, Josef, The Frolik Defection. London: Leo Cooper 1975. VIII, 184 S.

Fry, Michael G., und Condoleezza Rice, The Hungarian Crisis 1956: The Soviet Decision, in: Studies in Comparative Communism, 1 & 2, 1983, S. 85 – 98.

Furov [Furow], Vassilij, Die kirchlichen Kader und Maßnahmen zur Einschränkung ihrer Tätigkeit im gesetzlichen Rahmen, in: Glaube in der 2. Welt, Nr. 11, 1980, S. 1 – 27; Nr. 12, 1980, S. 25 – 53.

Garder, Michel, Du mythe de la volière à la réalité tchékiste, in: Esope, No. 390, 15 mars – 15 avril 1978, S. 7 – 15.

George, Alexander L., Propaganda Analysis. A Study of Inferences Made From Nazi Propaganda in World War II. Evanston, Illinois, White Plains, N.Y.: Row, Peterson and Company 1959. XXII, 287 S.

Glinski, Gerhard von, Eifrig am KGB geflickerlt, in: Rheinischer Merkur, 22.5.1987. S. auch die Antwort von H. Dahm, a.a.O., 12.6.1987 (von der Redaktion stark gekürzt).

Godson, Roy, ed., Intelligence Requirements for the 1980's: Analysis and Estimates, New Brunswick, USA/London, U.K.: National Strategic Information Center 1980. IX, 223 S.

–, Intelligence Requirements for the 1980's: Elements of Intelligence. Washington, D.C.: National Strategic Information Center 1979. V, 91, 31 S.

Golitsyn [Golicyn], Anatoly, New Lies For Old. The Communist Strategy of Deception and Disinformation. New York: Dodd, Mead & Company 1984. XVIII, 412 S.

Gorbatschow, Michail, Perestrojka. Die zweite russische Revolution. Eine neue Politik für Europa und die Welt. München: Droemer-Knaur 1987. 344 S.

Gouzenko [Guzenko], Igor, The Iron Curtain. New York: E. P. Dutton & Co., Inc. 1948. VIII, 280 S.

Grant, Natalie, Deception on a Grand Scale, in: International Journal of Intelligence and Counterintelligence, 4, 1986, S. 51 – 77.

Guevara, Che, Guerrilla Warfare. With an Introduction and Case Studies by Brian Loveman and Thomas M. Davies, Jr. Lincoln and London: University of Nebraska Press 1985. 440 S.

Hart, Douglas M., Soviet Approaches to Crisis Management: The Military Dimension, in: Survival, 5, 1984, S. 214 – 223.

Henze, Paul B., Misinformation and Disinformation. The Plot to Kill the Pope, in: Survey, 27 (119), 1983, S. 2 – 21.

–, The Plot to Kill the Pope. London/Canberra: Croom Helm 1984. 216 S.

Hobbes, Thomas, Leviathan. New York, London: E.P. Dutton and Company, Inc., J.M. Dent and Sons, Ltd. 1950. XXXV, 630 S.

Höhne, Heinz, Kennwort: Direktor, Die Geschichte der Roten Kapelle. Frankfurt am Main. S. Fischer Verlag GmbH 1970. 335 S.

–, Der Krieg im Dunkeln. Macht und Einfluß der deutschen und russischen Geheimdienste. Berlin: Ullstein 1988. 608 S.

Hough, Jerry F. and Merle Fainsod, How the Soviet Union is Governed. Cambridge, Massachusetts and London, England: Harvard University Press 1979. XIV, 679 S.

Hough, Jerry F., The Gorbachev Reform: A Maximal Case, in: Soviet Economy, 2, 1986, S. 302 – 312

–, Testimony before the Subcommittee on National Security of the Joint Economic Committee on Economics, US Congress, October 5, 1987. 17 S.

Huntington, Samuel P., Hrsg., Authoritarian Politics in Modern Society. The Dynamics of Established One-Party Systems. New York: Basic Books 1970. X, 533 S.

Iran, Evaluation of U.S. Intelligence Performance Prior to November 1978. Staff Report, Subcommittee on Evaluation, Permanent Select Committee on Intelligence, U.S. House of Representatives. Washington, D.C.: GPO 1979. 8 S.

Iz istorii Vserorssijskoj Črezvyčajnoj Komissii 1917–21. Sbornik dokumentov. Hrsg.: G.A. Belov u.a. Moskva: Politizdat 1958. XV, 510 S.

Jugov, Aleksandr, Dnepropetrovskaja mafija, in: Posev, 7, 1977, S. 39–48.

Kaiser, Robert G., Russia. The People and the Power. New York: Atheneum 1976. XIII, 499 S.

Kasnatschejew [Kaznačeev], Alexander, Wegweiser nach Westen. Erlebnisse eines Sowjetdiplomaten. Köln: Verlag Wissenschaft und Politik, o.J.. 280 S.

Kernig, C.D. u.a., Sowjetsystem und demokratische Gesellschaft – eine vergleichende Enzyklopädie. 6 Bde. Freiburg/Basel/Wien: Herder 1966–72.

The KGB's Spies in America. Special Report, in: Newsweek, 23.11.1981, S. 28–33.

Kissinger, Henry, The White House Years, London: Weidenfeld and Nicolson and Michael Joseph 1979. XXIV, 1521 S.

Kitrinos, Robert W., International Department of the CPSU, in: Problems of Communism, 5, 1984, S. 47–75.

Knight, Amy W., The KGB: Police and Politics in the Soviet Union. Boston: Unwin/Hyman 1988. XX, 348 S.

- The KGB and Soviet Reform, in: Problems of Communism, 5, 1988, S.61–70.

–,The Powers of the Soviet KGB; in: Survey, 3 (112), 1980, S. 138–155.

–, Soviet Politics and the KGB-MVD Relationship, in: Soviet Union/Union soviétique, 11, pt. 2, 1984, S. 157–181.

–, The Soviet Security Police on the Eve of Its Seventieth Anniversary, in: Radio Liberty Research Bulletin, RL 484/87, 8.12.1987. 5 S.

–, Viktor Chebrikov and the Politics of Perestroika. Radio Liberty Research Bulletin, RL 252/88. 6 S.

–, Corruption and the Law Enforcement Organs, in: Radio Liberty Research Bulletin, RL 384/88, 30.8.1988. 6 S.

Konstitucija (Osnovnoj zakon) Sojuza Sovetskich Socialističeskich Respublik. Konstitucii (Osnovnye zakony) sojuznych i avtonomnych sevetskich socialističeskich respublik. Moskva: Gosudarstvennoe izdatel'stvo juridičeskoj literatury 1960. 939 S.

Kopásci, Sandor, Au nom de la classe ouvrière. Les mémoires du préfet de police de Budapest en 1956. Récit recueilli par Tibor. Paris: Éditions Robert Laffont 1979. 346 S.

Kourdakov [Kurdakov], Sergei, Vergib mir Natascha, Frankfurt/Main: Felsenverlag GmbH. 8. Auflage, 1983. 232 S.

Krasnov, Vladislav, Soviet Defectors. The KGB Wanted List. Stanford, California: Hoover Institution Press 1986. XIII, 264 S.

Kravchenko [Kravčenko], Victor, I Chose Freedom. The Personal and Political Life of A Soviet Official. London: Robert Hale Limited 1947. 496 S.

Kreutzahler, Walter, Die Blutspur auf dem Balkan. Woher der bulgarische Geheimdienst seine Befehl bezieht, in: Rheinischer Merkur/Christ und Welt, 24.12.1983.

Krivitsky, W.G., Ich war in Stalins Dienst! Amsterdam: Verlag Allert de Lange 1940. 295 S.

Krüger, Herbert, Allgemeine Staatslehre. Stuttgart: W. Kohlhammer 1964. XXIII, 1028 S.

Lammich, Siegfried, Der »Popieluszko-Prozeß«. Sicherheitspolizei und katholische Kirche in Polen. Mit einem Geleitwort von Bischof Josef Stimpfle. Bericht und Dokumentation im Auftrag der Internationalen Gesellschaft für Menschenrechte. Köln: Verlag Wissenschaft und Politik 1985. 109 S.

Leggett, George, The Cheka, Lenin's Political Police. The All-Russian Extraordinary Commission for Combating Counter-Revolution and Sabotage (December 1917 to February 1922). Oxford: Clarendon Press, 1979. XXXV, 514 S.

–, Lenin, Terror and Political Police, in: Survey, 4, 1975, S. 157 ff.

–, Lenin's Reported Destruction of the Cheka Archive, in: Survey, spring 1979, S. 193 – 199.

–, The Cheka and a Crisis of Communist Conscience, in: Survey, 3, 1988, S. 122 – 137.

Lenin, V.I., Gosudarstvo i revoljucija. Polnoe sobranie sočinenij, izd. pjatoe tom 33. Moskva: Gosudarstvennoe izdatel'stvo političeskoj literatury 1962, S. 1 – 120.

–, Reč' na Vserossijskom soveščanii politprosvetov gubernskich ı uezdnych otdelov narodnogo obrazovanija, in: Polnoe sobranie sočinenij, izd. pjatoe, tom 41, Moskva: Gospolitizdat 1963.

Leontovitsch, Victor, Geschichte des Liberalismus in Rußland. Frankfurt a.M.: Vittorio Klostermann 1957. XV, 426 S.

Lewtschenko [Levčenko], Stanislaw, Andropow ist der Herr im Haus. Der übergelaufene KGB-Major Stanislaw Lewtschenko über den Sowjetgeheimdienst und seinen Chef Andropow, in: Spiegel, 14.2.1983, S. 122 – 133.

Lewytzkyi, Borys, Die rote Inquisition. Die Geschichte der sowjetischen Sicherheitsdienste. Frankfurt: Societäts-Verlag 1967. 395 S.

Lindner, Robert, Nicaraguas Weg in die Volksdemokratie, in: Osteuropa, 7/8, 1985, S. 593 – 603.

Litwinow, Maxim, Memoiren. Aufzeichnungen aus den geheimen Tagebüchern. München: Kindler Verlag 1956. 292 S.

Mackiewicz, Josef, Katyn. Ungesühntes Verbrechen. Frankfurt a.M. 1983.

– The Katyn Forest Murder. London: Hollis and Carter 1951.

McNeal, Robert H., Guide to the Decisions of the Communist Party of the Soviet Union, 1917 – 1967. Toronto and Buffalo: University of Toronto Press 1972. XLIX, 329 S.

Man'kovskaja, I. L, und Ju. P. Šarapov, Kul't ličnosti i istoriko-partijnaja nauka, in: Voprosy istorii KPSS, 5, 1988, S. 57 – 70.

Marchetti, Victor, and John D. Marks, The CIA and the Cult of Intelligence. Introduction by Melvin L. Wulf. New York: Alfred A. Knopf 1980. XXI, XXVT, 398 S.

Mastny, Vojtech, Russia's Road to the Cold War. Diplomacy, Warfare, and the Politics of Communism, 1941 – 1945. New York: Columbia University Press 1979. XIX, 409 S.

Medvedev, Roj, Kniga o socialističeskoj demokratii. Amsterdam/Paris: Alexander Herzen Foundation, Editions Grasset & Fasquelle 1972. 401 S.

Medvedev, Roy A., and A. Zhores, Khruschev. The Years in Power. Transl. Andrew. R. Durkin. New York: Columbia University Press 1976. XIX, 198 S.

Medwedjew, Zhores, Der Generalsekretär Michail Gorbatschow: Eine politische Biographie. Darmstadt/Neuwied: Luchterhand 1986. 402 S.

Menges, Constantin (Hrsg.), Briefing Packet of Soviet/Cuban Involvement in Central America and the Caribbean Basin. Kennan Institute for Advanced Russian Studies of the Woodrow Wilson International Center for Scholars. 1985 (keine durchgehende Paginierung).

Metzl, L., Reflections on the Soviet Secret Police and Intelligence Services, in: Orbis, fall 1974, S. 917–930.

Michel, Patrick, und Georges Mink, Mort d'un prêtre. L'affaire Popieluszko: analyse d'une logique normalisatrice. Textes traduits du polonais par Maryla Laurent. Paris: Fayard 1985. 345 S.

Miko, Francis R., and Alexis Pogorelski, Soviet Succession. The Library of Congress, Congressional Research Service. Major Issues System. 8.3.1982. Issue Brief Number 82090.

Mikojan, A.I., V pervyj raz bez Lenina, in: Ogonek, 50, 1987, S. 5–7.

Mikólajczyk, Stanislaw, The Rape of Poland. Pattern of Soviet Aggression. Westport, Connecticut: Greenwood Press Publisher 1972. Abdruck der Auflage von 1948. XIII. 309 S.

Miller, R.F., und T.H. Rigby, Religion and Politics in Communist States. Occasional Paper No. 19, Department of Political Science, Research School of Social Sciences, The Australian National University. Canberra 1986. 141 S.

Mlynař, Zdeněk, Nightfrost in Prague. The End of Humane Socialism. Transl. Paul Wilson. New York: Karz Publishers 1980. V, 300 S.

–, Die Normalisierung in der Tschechoslowakei nach dem Jahre 1968, in: W. Brus, P. Kende, Z. Mlynař, »Normalisierungsprozesse« im sowjetischen Mitteleuropa. Ungarn. Tschechoslowakei. Polen. Forschungsprojekt Krisen in den Systemen sowjetischen Typs. Geleitet von Zdeněk Mlynař mit wissenschaftlichem Beirat. Studie Nr. 1 o.J. [1982?], S. 19 – 43.

–, Mon camarade Mikhail Gorbatchev, in: L'autre Europe, 7–8, 1985, S. 180 – 186,. S. auch: L'Unitá, 9.4.1985; Kurier, 19. und 20.4.1985.

Monas, Sidney, The Third Section, Police and Society in Russia Under Nicholas I. Cambridge, Massachusetts: Harvard University Press 1961. VIII, 354 S.

Mondič, Michail, Smerš. (God v stane vraga.) Frankfurt am Main: Posev 1948. 2. Auflage 1984. 212 S.

Myagkov, Aleksei, Inside the KGB. An Exposé by an Officer of the Third Section. Richmond, Surrey, England: Foreign Affairs Publishing Co., Ltd. 1977. 131 S.

–, Soviet Sabotage Training for World War III, in: Soviet Analyst, 20.12.1979, S. 2 – 6.

Naisbitt, John, Megatrends. Ten New Directions in Transforming Our Lives. New York: Warner Books 1984. XXXII, 333 S.

Nikolaevskij, Boris I., Russkaja cerkov' na na novom etape, in: Socialističeskij vestnik, Nr. 5 – 6 (563 – 564), 28.3.1945, S. 56 – 59.

–, Sovietizacija cerkvi, in: Socialističeskij vestnik, Nr. 15 – 16 (753 – 754), 6.9.1945, S. 165 – 167.

–, Bulganin (Kontury političeskoj biografii), in: Socialističeskij vestnik, 2 – 3 (679 – 680), Febr.-März 1955, S. 33 – 36.

–, Power and the Soviet Elite. »The Letter of an Old Bolshevik« and Other Essays. New York/Washington/London: Frederick A. Praeger 1965. XXI, 275 S.

Nolte, Ernst, Der Faschismus in seiner Epoche. München/Zürich: R. Piper Co. 1979. XIV, 633 S.

371

Nowak, Jan, The Church in Poland, in: Problems of Communism, 1, 1982, S. 1 – 16.

Nujkin, Andrej, Novoe bogoiskatel'stvo i starye dogmy, in: Novyj mir, 4, 1987, S. 245 – 259.

Orlov, Alexander, Handbook of Intelligence and Guerilla Warfare. Ann Arbor: The University of Michigan Press 1963. 187 S.

–, Kreml-Geheimnisse. Übers. Dr. Karl Kindermann. Würzburg: Marienburg Verlag 1953. 438 S.

Orlow, Jurij, Vom Sinn der Reformen Gorbatschows, in: Kontinent, 3, 1988, S. 6 – 12.

Pacepa, Ion, Horizons rouges. Dans les coulisses de la maison Ceaucescu. Paris: Presses de la Cité 1988. 325 S.

Page, Bruce, David Leitch, Phillip Knigthley, Philby. The Spy Who Betrayed a Generation. London: André Deutsch 1968. 296 S.

Penkovsky [Penkovskij], Oleg, The Penkovsky Papers. Introduction and Commentary by Frank Gibney. Foreword by Edward Crankshaw. Transl. P. Deriabin. London: Collins 1965. 349 S.

Pethybridge, Roger, A Key to Soviet Politics. London: Allen and Unwin 1962. 207 S.

Petrov, Vladimir and Evdokia, Empire of Fear. London: André Deutsch Ltd. 1956. 351 S.

Philby, Kim, My Silent War. With an Introduction by Graham Greene, London: Macgibbon & Kee 1968. XXV, 164 S.

Pietsch, Walter, Revolution und Staat, Institutionen als Träger der Macht in Sowjetrußland 1917 – 1922. Köln: Verlag Wissenschaft und Politik 1969. 173 S.

Pincher, Chapman, Inside Story. A Documentary of the Pursuit of Power. London: Sidgwick & Jackson 1978. 400 S.

–, Too Secret Too Long. The Great Betrayal of Britain's Crucial Secrets and the Cover-Up. London: Sidgwick & Jackson 1984. VIII, 638 S.

Pons, Philippe, Le Vatican saisi par la géopolitique, in: Le Monde, 7./8./9. August 1985.

Portnow, W.P., WTschk. 1917–1922. Moskva: Juridičeskaja literatura 1987. 208 S.

Pospielovsky, Dimitry, Russian Nationalism and the Orthodox Revival. Religion in Communist Lands, winter 1987, S. 291–309.

Powers, Thomas, The Man Who Kept the Secrets. Richard Helms & the CIA. New York: Alfred A. Knopf 1979. XV, 393 S.

Požarov, A.I., Ekonomičeskie osnovy oboronnogo moguščestva socialističeskogo gosudarstva. Moskva: Voennoe izdatel'stvo Ministerstva Oborony 1981. 190 S.

Pravdin, A., Inside the Central Committee, in: Survey, autumn 1974, S. 94–104.

Rahr, Alexander, The KGB: Shield and Sword of Perestroika, in: Radio Liberty Research Bulletin, RL 383/88, 29.8.1988. 7 S.

Ransom, H. H., The Intelligence Establishment. Cambridge, Mass.: Harvard University Press 1970. Second Printing 1971. XVI, 309 S.

Rappoport, Vitaly, and Yury Alexeev, High Treason: Essays on the History of the Red Army, 1918–1938. Durham, N.C.: Duke U.P. 1985. XVII, 436 S.

Raufer, Xavier, URSS, mouvements de libération nationale et Internationale terroriste, in: L'autre Europe, 3–4, 1984, S. 161–189.

Rees, David, The Crisis in United States Intelligence. Conflict Studies, No. 114, December 1979. 17 S.

373

Regnard, Henri, L'URSS et le renseignement scientifique, technique et technologique, in: Défense nationale, dec. 1983, S. 107–121.

Rhoer, Edward Van Der, The Shadow Network. New York: Charles Scribner's Sons 1983. 359 S.

Richelson, Jeffrey, Sword and Shield. The Soviet Intelligence and Security Apparatus. Cambridge, Mass.: Ballinger 1986. XVIII, 279 S.

Rockefeller, Nelson A., Report to the President by the Commission on CIA Activities Within the United States. Washington, D.C., Government Printing Office, Stock Number 141–015–00074–8, June 1975.

»Romanov, A.I.« (Pseud. von Boris Bachlanov), Nights Are Longest There. Smersh From the Inside. Transl. Gerald Brooke. London: Hutchinson 1972. 256 S.

Rosenfeldt, Niels Erik, Knowledge and Power. The Role of Stalin's Secret Chancellery in the Soviet System of Government. Copenhagen: Rosenkilde and Bagger 1978. 219 S.

Roth, Paul, Sowjetische Massenmedien attackieren den Papst, in: Informationen und Berichte. Digest des Ostens, 2, 1985. 9 S.

Rush, Myron, The Rise of Khrushchev. Washington, D.C.: Public Affairs Press 1958. VI, 116 S.

Sablier, Edouard, Le fil rouge, Histoire secrète du terrorisme international. Paris: Plon 1983. 308 S.

Sakharov, Vladimir, [and] Umberto Tosi, High Treason. New York: Ballantine Books 1980. 311 S.

Schalamow, Warlam, Geschichten aus Kolyma. Frankfurt/Berlin/Wien: Ullstein 1983. 350 S.

Schapiro, Leonard, The Communist Party of the Soviet Union. New York: Random House 1959. XIV, 631 S.

374

–, The General Department of the CC of CPSU, in: Survey, 3 (96), 1975, S. 53 – 65.

Schlomann, Friedrich-Wilhelm, Operationsgebiet Bundesrepublik. Spionage, Sabotage und Subversion. München: Universitäts-Verlag 1984. 393 S.

Schmid, Karin, Neue Meldevorschriften in der UdSSR, BIOst, Aktuelle Analyse Nr. 41/1984, 18.12.1984. 8 S.

–, Einschränkungen des grenzüberschreitenden Informationsaustausches in der UdSSR. Teil I: Propagandistische und administrative Maßnahmen. Berichte des BIOst, 2, 1985. 45 S.

Schmidt-Häuer, Christian, Michail Gorbatschow, München/ Zürich: Piper 1985. 367 S.

Schneider, Eberhard, Breschnews neue Sowjetverfassung. Kommentar mit den Texten der UdSSR-Grundgesetze von Lenin über Stalin bis heute. Stuttgart. Verlag Bonn Aktuell GmbH 1978. 121 S.

Sejna, Jan, We Will Bury You. London: Sidgwick & Jackson 1982. 205 S.

Ševčenko, A., Interv'ju s Arkadiem Ševčenko, in: Kontinent, Bd. 35, 1983, S. 413 – 436.

XVII s"ezd Vsesojuznoj Kommunističeskoj Partii (b), 26 janvarja – 10 fevralja 1934g. Stenografičeskij otčet. Moskva: Partizdat 1934. 719 S.

XX s"ezd Kommunističeskoj Partii Sovetskogo Sojuza, 14 – 25 fevralja 1956 goda. Stenografičeskij otčet. Moskva: Gosudarstvennoe izdatel'stvo političeskoj literatury 1956. Bd. I. 640 S.

XXIII s"ezd Kommunističeskoj Partii Sovetskogo Sojuza 29 marta – 8 aprelja 1966, Stenografičeskij otčet. Moskva: Izdatel'stvo političeskoj literatury 1966. Bd. I. 640 S.

XXIV s"ezd Kommunističeskoj Partii Sovetskogo Sojuza, 30 marta – 9 aprelja 1971 goda. Stenografičeskij otčet. Moskva: Izdatel'stvo političeskoj literatury 1971. Bd. I. 598 S.

Service, R.G., The Road to the Twentieth Party Congress: An Analysis of the Events Surrounding the Central Committee Plenum of July 1953, in: Soviet Studies, 2, 1981, S. 232 – 245.

Seth, Ronald, Forty Years of Soviet Spying. London: Cassell 1965. VIII, 294 S.

Shtromas, Alexander, Political Change and Social Development. The Case of the Soviet Union. Frankfurt am Main/Bern: P. Lang 1981. 173 S.

Shultz, George P., New Realities and New Ways of Thinking, in: Foreign Affairs, 4, 1985, S. 705 – 721.

Simon, Gerhard, Die Kirchen in Rußland. Berichte, Dokumente. München: Manz Verlag 1970. 228 S.

–, Nationalismus und Nationalitätenpolitik in der Sowjetunion. Von der totalitären Diktatur zur nachstalinschen Gesellschaft. Habilschrift für die Kölner Universität, 1985. 619 S.

Slusser, R. M., The Budget of the OGPU and the Special Forces from 1923 – 24 to 1928 – 29, in: Soviet Studies, April 1959, S. 375 – 383.

–, in: P. Juviler and H. Morton, eds., Soviet Policy-Making in Transition. N.Y. 1967.

–, Recent Soviet Books on the History of the Secret Police, in: Slavic Review, March 1965, S. 90 – 98.

Smith, Danny, 100 000 Juden gerettet. Raoul Wallenberg und seine außergewöhnliche Mission in Budapest. Neuhausen-Stuttgart: Hänssler-Verlag 1986. 184 S.

Smith, Edward Ellis, Der junge Stalin. München/Zürich: Droemer-Knaur 1969. 462 S.

Sokoloff, Georges, Les militaires soviétiques et l'économie: l'équation Pojarov, in: L'URSS et l'Europe de l'Est, No. 4793, 1985, S. 17 – 23.

Solovyov, Vladimir, and Elena Klepikova, Yuri Andropov. A Secret Passage to the Kremlin. New York/London: Collier Macmillian Publishers 1983. XIV, 302 S.

Solženicyn, Aleksandr, Archipelag GULAG, 1918 – 1956. Opyt chudožestvennogo issledovanija. 3 Bde. Paris: YMCA Press 1973 – 1975. 606, 657, 581 S.

Solschenizyn [Solženicyn], Alexander, Die Eiche und das Kalb. Skizzen aus dem literarischen Leben. Darmstadt und Neuwied: Luchterhand Verlag 1975. 711 S.

Solzhenitsyn [Solženicyn], Aleksandr, Misconceptions About Russia are a Threat to America, in: Foreign Affairs, 4, 1980, S. 797 – 834.

Sorge, Richard, Richard Sorge's Own Story, in: Charles A. Willoughby, Sorge: Soviet Master Spy, London: William Kimber 1952, S. 109 – 186.

–, Sovetskaja voennaja enciklopedija, Bd. 7. Moskau: Voennoje izdatel'stvo Ministerstva oborony SSSR 1979.

Soviet Acquisition of Militarily Significant Technology: An Update [Washington, D.C.: kein Herausgeber angegeben], September 1985. 34 S.

Stalin, J.V., Sočinenija. Moskva: Gosudarstvennoe izdatel'stvo političeskoj literatury 1952 – 55. 13 Bde.

Stephen, R., Smersh. Soviet Military Counterintelligence during the Second World War, in: Journal of Contemporary History, Oct. 1987, S. 585 – 614.

Sterling, Claire, The Terror Network. The Secret War of International Terrorism. London: Weidenfeld und Nicolson 1981. IX, 357 S.

377

–, The Time of the Assassins. New York: Holt, Rinehart and Winston 1983. 264 S.

Steven, Stewart, The Spymasters of Israel. London/Sydney/Auckland/Toronto: Hodder and Stoughton 1980. XXI, 329 S.

Stiller, Werner, Im Zentrum der Spionage. Mainz: v. Hase & Koehler Verlag 1986. 373 S.

Stricker, Gerd, Die Kirchen in der Sowjetunion 1975 – 1985. Berichte des BIOst 18/1986. 94 S.

»Suvorov, Viktor« [Pseud.], Inside the Soviet Army, New York: Macmillan Publishing Co., Inc. 1982. VIII, 296 S.

–, Soviet Military Intelligence. London: Hamish Hamilton 1984. XIII, 193 S.

–, Spetsnaz: The Soviet Union's Special Forces, in: Military Review, March 1984, S. 30 – 46.

–, GRU, Die Speerspitze. Bern/München/Wien: Scherz Verlag 1985. 286 S.

–, Inside the Aquarium. The Making Of A Top Soviet Spy. New York: Berkley Books 1987. 344 S.

Sur l'Eglise Orthodoxe Russe. Réponses de quatre participants à une table ronde. Cahiers du samizdat, No. 127, mai-juin 1987, S. 3 – 9; a.a.O., No. 128, juillet – août 1987, S. 3 – 18.

Swiatlo, Józef, Za kulisami bezpieki i iparti. New York 1955.

–, Blazynski, Zbigniew, Mówi Józef Swiatlo. Za kulisami bezpieki i partii. London: Polska Fundacja Kulturalna 1986. XIII, 319 S.

–, Hinter den Kulissen des polnischen Regimes, in: Hinter dem Eisernen Vorhang (München), 1954, S. 1 – 32.

Taheri, Amir, L'Esprit d'Allah, in: L'Express, 4.10.1985, S. 51 – 58. (Es handelt sich um Auszüge aus dem Buch desselben Verfassers: Khomeiny. Paris: Balland. 1985.)

Tatu, M., Le KGB évince-t-il le parti? In: Politique étrangère, 1/1983.

Robert W. Thurston, Miami University, Ohio, Besprechung von A. v. Borcke, KGB. Die Macht im Untergrund, in: Jahrbücher für Geschichte Osteuropas, 3, 1988, S. 442 – 443.

Tolstoy, Nikolai, Die Verratenen von Jalta. Die Schuld der Alliierten vor der Geschichte. Mit einem Vorwort von Heinz Höhne. München: Wilhelm Heyne Verlag 1981. 674 S.

Tolz, Vladimir, The Death and »Second Life« of Lavrentii Beria, Radio Liberty Research Bulletin 479/83, 23.12.1983. 11 S.

Trozkij, L., Komintern i GPU, in: Bjulleten' oppozicii, No. 86, Juni 1941, S. 4 – 15.

Tucker, Robert C., Hrsg., Stalinism. Essays in Historical Interpretation. New York: W. W. Norton & Company, Inc. 1977. XX, 332 S.

–, Swollen State, Spent Society, Stalin's Legacy to Brezhnev's Russia, in: Foreign Affairs, 2, 1981/82, S. 414 – 435.

Die ukrainische Katholische Kirche. Kirche in Not/Ostpriesterhilfe. Beiträge zur Religions- und Glaubensfreiheit 1. München 1988. 108 S.

Ulč, Otto, Czechoslovakia and the Polish Virus, in: Current History, vol. 80, nu. 465, 1983, S. 154 – 158, 181 – 182.

Uris, Leon, Topas. Roman. München: Wilhelm Heyne Verlag 1984. 382 S.

Van Bergh, Hendrik, Die Wahrheit über Katyn. Der Massenmord an polnischen Offizieren. Mit einem Vorwort von Prof. Friedrich August Frhr. von der Heydte. Berg am See: Kurt Vorwinckel-Verlag 1986. 368 S.

Villemarest, Pierre de, Sowjetspionage in Frankreich. Mainz: v. Hase & Koehler Verlag 1969. 286 S.

Vins, Georgi P., KGB (Staatssicherheit der UdSSR) in Pastorenrolle. Elkhart, Indiana: G. P. Vins o.J. 18 S.

Vosjoli, P. L., Thyraud de, Lamia. Boston/Toronto: Little, Brown and Company 1970. 334 S.

Voslensky, Michael, Nomenklatura. Die beherrschende Klasse der Sowjetunion. Wien/München/Zürich/Innsbruck: Verlag Fritz Molden 1980. 550 S.

Wet Affairs, Classified CIA Report to J. L. Rankin, General Counsel of the President's Commission on the Assassination of President Kennedy, in: Survival, vol. 27 (118/119), autumn-winter 1983, S. 68 – 79.

Wieczynski, Joseph L., Hrsg., The Modern Encyclopedia of Russian and Soviet History. Gulf Breeze, Florida: Academic International Press, 1978 ff. (bislang 42 Bände).

Wolin, Simon, and Robert M. Slusser (Hrsg.), The Soviet Secret Police. New York: Praeger 1957. IX, 408 S.

Wolton, Thierry, Le KGB en France. Paris: Bernard Grasset 1986. 310 S.

Wright, Peter, Spy Catcher. The Candid Autobiography of a Senior Intelligence Officer. With Paul Greengrass. New York: Viking 1987. 392 S.

Mr. X, with Bruce E. Henderson and C.C. Cyr, Double Eagle. The Autobiography of a Polish Spy Who Defected to the West. Indianapolis/New York: The Bobbs-Merrill Company, Inc. 1979. X, 227 S.

Yanov, Alexander, The Russian New Right. Right Wing Ideologies in the Contemporary USSR. Transl. Stephen P. Dunn. Berkeley, Cal.: University of California Press 1978. XVI, 185 S.

Yassmann, Viktor, The KGB Under *Glasnost'*: Creating a New Image, in: Radio Liberty Research Bulletin, RL 198/88, 11.5.1988. 8 S.

–, The KGB and Perestroika, in: Radio Liberty Research Bulletin, RL 382/88, 29.8.1988. 6 S.

Zadorožnjuk, I. E., Besprechung von I. I. Braznik, Pravo. Religija. Ateizm. Pravovoe soderžanie naučnogo ateizma, in: Sovetskoe gosudarstvo i pravo, 2, 1986, S. 138 – 141.

Zawodny, I. J., Death in the Forest, Notre Dame 1962.

Zolling, Hermann und Heinz Höhne, Pullach intern. General Gehlen und die Geschichte des Bundesnachrichtendienstes. Hamburg: Hoffmann und Campe 1971. 378 S.

Žusenin, Nikolaj, Berija. Neskol'ko epizodov odnoj prestupnoj žizni, in: *Nedelja*, 22. – 26.2.1988.

Zweig, Stefan, Joseph Fouché. Bildnis eines politischen Menschen. Fischer Taschenbuch Verlag 1981. 286 S.

Personenregister

383

Sachregister

Teil 1

Der Auftrag

1. Ein schwedischer Diplomat in geheimer Mission

1944, auf dem Weg nach Auschwitz ...

Er tritt aus dem Schatten wie ein geheimnisvoller Retter; er erscheint, als alle Hoffnung verloren ist und jedes Herz vor Angst erstarrt. Sein »Buch des Lebens« fest umklammert, bewegt er sich flink zwischen den vielen Menschen hindurch, die dicht aneinandergekauert in dem trostlosen, dunklen Backsteingebäude an der österreichischen Grenze liegen. Mit dem schwarzen Ledermantel und der Pelzmütze wirkt er unscheinbar, fast verweichlicht. Aber dieser Eindruck täuscht! Mit leiser Stimme wendet er sich an die Frauen: »Ich möchte Ihnen allen gerne helfen, aber bitte verzeihen Sie mir, ich kann nur wenige retten.« Er spricht wie zu sich selbst, noch immer in gedämpfter Lautstärke. »Ich muß die Jungen zuerst befreien; ich habe so wenig Zeit ...«

Mit ein paar Blicken nimmt er das jammervolle Bild in dem dunklen Raum in sich auf. Ungarische Jüdinnen, junge Mädchen und ältere Frauen, sind nach einem qualvollen 180-km-Marsch von Budapest bis hierher vor Erschöpfung zusammengebrochen. Von Durchfall geschwächt, ausgedörrt und hungrig, von Schmutz und Staub der Reise bedeckt, von Läusen geplagt, ohne privaten Bereich für Hygiene, so sind sie an die österreichische Grenze gestolpert. Von hier sollen sie wie Schlachtvieh in Güterzüge geschoben und nach Auschwitz transportiert werden. An ihrer Brust ist ein gelber Stern befestigt: das Wahrzeichen ihres Todesurteils.

Er sieht diesen Frauen an, daß viele von ihnen wohlhabend und stolz gewesen sind, unberührt vom Schicksal der Juden in den benachbarten Ländern. Jetzt sind sie wie benommen; völlig entgeistert und wie unter Schockeinwirkung starren sie vor sich hin, ohne ihre Lage zu begreifen; stumm, niedergeschmettert von dem furchtbaren Schicksal, das ihnen droht. Unfähig zu glauben, was sie gesehen und erlebt haben, gefangen in einem grauenvollen

Alptraum, scheinen sie jedes Schamgefühl verloren zu haben und fast jenseits aller Hoffnung zu stehen.

Sie erkennen ihn sofort. Seine Legende geht ihm voraus. »Das ist Wallenberg«, flüstert eine ältere Frau. »Rette uns, bitte rette uns – wir werden alle sterben!« geht ein Schrei durch den Raum, als sich ihre Stimmen zu dieser einen Bitte vereinigen und den geheimnisvollen Mann anflehen, sie mit dem Wink eines Zauberstabes in ihre friedlichen Häuser zurückzubringen.

Der Todesmarsch hat ihnen den letzten Rest ihrer Würde genommen. Wie in Trance kämpfen sie sich vorwärts, hilflos den höhnischen Bemerkungen und Flüchen der Gestapo-Aufseher und der ungarischen Gendarmen ausgesetzt. Müde Nachzügler erhalten brutale Kolbenschläge in den Rücken. Wer nicht Schritt halten kann, bricht zusammen und wird in Matsch und Schlamm am Straßenrand dem Tod überlassen. Im eiskalten Regen bewegt sich die Kolonne durch die ungarische Landschaft vorwärts, an ländlichen Steinhäusern vorbei. Von zuckenden Blitzen begleitet, krachen gewaltige Donnerschläge am Himmel, wie ein Wehklagen für die, die nicht mehr weinen können, und ein Totengeläute für die, die gefallen sind.

Obwohl Hitlers gefürchtete Gestapo die europäischen Juden systematisch vernichtet hatte und Gerüchte über die »Endlösung« des Dritten Reiches auch nach Ungarn gedrungen waren, glaubten sich die jüdischen Gemeinden dort vor diesem Krebsgeschwür sicher. Das alles änderte sich mit dem Pochen an der Tür um Mitternacht. Mütter preßten ihre Kinder an sich, als sie auf die überfüllten Wagen stiegen. Wer sich widersetzte, erhielt kurzerhand eine Kugel in den Kopf. Und dann schließlich die Todesmärsche zur österreichischen Grenze. Die schlimmsten Ängste bestätigten sich – es gab kein Entrinnen aus dem Henkersnetz.

Selbst Raoul Wallenberg war nicht gefaßt auf das Bild der Erniedrigung und Demütigung, das sich ihm hier bietet. Man sieht ihm seine Erschütterung an; manchmal zuckt er zusammen. Diese Bilder werden ihn nicht wieder loslassen – Frauen, die wie Schlachtvieh auf ihr Ende warten.

Er überwindet sich zu einem Gang durch den Raum; unter dem einen Arm hält er noch immer das schwarze Buch. Er schlägt es oft auf und notiert sich die Namen derer, mit denen er spricht. Er wiederholt seine Worte, damit sie auch im letzten Winkel der Scheune jeder hört. »Bitte verzeihen Sie mir. Sie müssen mir verzeihen. Ich wünschte, ich könnte Ihnen allen helfen. Ich habe den Auftrag, die jüdische Nation zu retten. Ich kann nur ein paar hundert retten, ich muß mich vor allem um die Jungen kümmern.«

Mitten in Gestank, Schweiß und einer Traube von Menschen, die alle seine Aufmerksamkeit auf sich lenken wollen, fällt sein Blick auf eine junge Frau in einer dunklen Ecke. Sie liegt auf dem kalten, feuchten Boden, wo sie hingekrochen ist. Sie fühlt sich schwach und fast unfähig, sich zu bewegen, als habe alle Kraft ihren Körper verlassen. Obwohl sie jung ist, knapp 17 Jahre, haben der Marsch von Budapest und die entsetzlichen Erlebnisse unterwegs praktisch alles Leben aus ihr herausgepreßt.

Sie hat einen ungeheuer starken Überlebenswillen, aber es gelingt ihr nicht, ihre Sinne zusammenzunehmen und ihren Körper aufzurichten, um sich an diesen geheimnisvollen Mann zu wenden. Sie beobachtet ihn genau und verfolgt jede seiner Bewegungen mit den Augen, bis sich ihre Blicke für einen winzigen Moment begegnen.

»Ich dachte nicht, daß er mir wirklich helfen würde«, erinnert sie sich. »Ich weiß noch, wie überrascht ich war, daß er so gut aussah – und so sauber – in seinem Ledermantel und seiner Pelzmütze, wie ein Wesen aus einer anderen Welt, und ich dachte: Warum gibt er sich mit so elenden Geschöpfen wie uns überhaupt ab?«

Als sie ihn sagen hört, daß er die jüdische Nation retten will, bekommt sie Herzklopfen. »Ich hatte noch nie zuvor etwas von einer jüdischen Nation gehört. Von dem jüdischen Volk, das schon, aber nicht von einer jüdischen Nation.« Zu diesem Zeitpunkt drohte Hitlers Endlösung; das Ziel des Dritten Reiches war die vollständige Vernichtung von elf Millionen europäischen Juden.

Vorsichtig steigt Wallenberg über die in dem Raum liegenden Menschen und nähert sich der jungen Frau. Er beugt sich zu ihr herunter und sieht ihr offen ins Gesicht. Seine Augen sind freundlich und sanft. »Wie heißen Sie?«, fragt er mit seiner beruhigenden und tröstenden Stimme. Sie spürt, daß er hinter ihre Scham und Erniedrigung sieht. Sie antwortet ihm flüsternd, versucht, den Lärm zu durchdringen, den seine Anwesenheit in der Scheune verursacht. Er hält das Buch mit einer Hand und kritzelt mit seinem silbernen Füller schnell eine Notiz hinein: Miriam Herzog ...

Im nächsten Moment ist er verschwunden. Die Begegnung dauerte nur wenige Sekunden, aber sie rettete Miriam Herzogs Leben; diese kostbaren Augenblicke würde sie niemals vergessen.

hänssler

John Testrake
Terror im Cockpit

Fanatischen Luftpiraten ausgesetzt

Gb., 200 S., Nr. 78.013, ISBN 3-7751-1388-6

Freitag, 14.06.1985, ein Tag, der in der Geschichte der internationalen Luftfahrt Schlagzeilen machte. Gekapert von libanesischen Luftpiraten endet der TWA-Flug 847 nicht in Rom, sondern in Beirut. Der Pilot, John Testrake, nimmt den Leser mit hinein in die nun folgenden, qualvollen 16 Tage des Wartens und Schreckens. Die Auswirkungen dieses Ereignisses sind noch bis heute hochaktuell.

Rudolf Decker
Operation Umwelt

Ideen zur Bewältigung einer Krise

Geb., 464 S., Nr. 79.101, ISBN 3-7751-1264-2

Der Autor beklagt nicht ein Szenario des Untergangs, sondern legt konkrete »Ideen zur Bewältigung der Krise« vor. Für die zukunftsorientierte Gestaltung des menschlichen Lebensraums mit Verkehr, Städteplanung, Industrie und Landwirtschaft ist dieses Buch unentbehrlich.

Bitte fragen Sie in Ihrer Buchhandlung nach diesen Büchern!
Oder schreiben Sie an den Hänssler-Verlag, Postfach 1220,
D-7303 Neuhausen-Stuttgart.

hänssler

D. Smith

100 000 Juden gerettet

Raoul Wallenberg und seine außergewöhnliche Mission in Budapest

Gb., 192 S., Nr. 78.006, DM 24,80, ISBN 3-7751-1200-6

Die fesselnde Geschichte des schwedischen Diplomaten Raoul Wallenberg, der während des Zweiten Weltkriegs Zehntausenden von Juden in Ungarn das Leben rettete und nach der Eroberung Budapests durch die sowjetische Armee auf geheimnisvolle Weise verschwand.

Bitte fragen Sie in Ihrer Buchhandlung nach diesem Buch!
Oder schreiben Sie an den Hänssler-Verlag, Postfach 1220,
D-7303 Neuhausen-Stuttgart.